I0741355

OEUVRES

DE

CONDORCET.

PARIS. — TYPOGRAPHIE DE FIRMIN DIDOT FRÈRES, RUE JACOB, 56.

OEUVRES

DE

CONDORCET

publiées par

A. CONDORCET O'CONNOR,

Lieutenant-Général

ET M. F. ARAGO,

Secrétaire perpétuel de l'Académie des Sciences.

—

TOME ONZIÈME.

PARIS.

FIRMIN DIDOT FRÈRES, LIBRAIRES,

IMPRIMEURS DE L'INSTITUT,

RUE JACOB, 56.

1847.

POLITIQUE.

—

TOME I.

LETTRE

D'UN LABOUREUR

DE PICARDIE,

A M. N*** (1).

AUTEUR PROHIBITIF, A PARIS.

1775.

(1) Cette initiale désigne M. Necker.

LETTRE

D'UN LABOUREUR

DE PICARDIE,

A M. N***.

Monsieur,

Il y a environ un mois que le général des troupes de la ferme, qui commande dans notre canton, m'a apporté un gros livre, qu'il m'a dit être de vous. « Tenez, ajoutait-il, voilà ce qu'on appelle un bon livre : vous y trouverez des secrets infaillibles et faciles pour que le blé soit toujours à bon marché. » Après avoir travaillé pendant six jours de la semaine, j'emploie ordinairement le septième à faire avec mes enfants des lectures qui puissent leur donner des connaissances utiles dans leur état, ou le leur faire aimer. Autant il me paraît nuisible d'enlever tant de jours à la culture, pour les abandonner à l'oisiveté et à la débauche, autant je désirerais qu'il y eût un jour de chaque semaine consacré à des instructions utiles, et terminé par une fête champêtre. J'ai lu quelque part, qu'il y avait un pays où les habi-

1.

tants crevaient les yeux de leurs esclaves, pour qu'ils battissent leur lait sans distraction. Non-seulement ces hommes étaient cruels, mais ils entendaient mal leurs intérêts. Le travail n'en va que mieux quand il est fait gaiement et par des gens qui voient clair.

En parcourant la table de votre livre, je ne me sentais pas de joie. Tout ce que nous avons jamais désiré de savoir se trouve réuni dans cet ouvrage : mais je fus bien trompé, lorsqu'en le lisant à mes enfants, je vis que ni eux ni moi, nous ne pouvions en entendre une page. Cela paraît pourtant écrit en français, nous disions-nous.

Cependant, j'ai un peu compris ce que vous dites sur le peuple, et votre nouvelle législation des blés.

Je vous remercie de l'intérêt tendre que vous prenez à ce pauvre peuple : mais, en vérité, il n'est ni si heureux ni si malheureux que vous le dites (1).

Tant qu'il a de la jeunesse, de la santé et du travail, son sort est supportable ; peut-être même est-il meilleur que celui du riche : car on dit que tout homme qui a plus de cent pistoles de rente, ou qui est exempt de taille, est pendant toute sa vie tourmenté d'une maladie qu'on appelle vanité, et dont l'effet infaillible est d'empoisonner ses jouissances, et de rendre ses peines plus amères.

Mais lorsqu'une famille est chargée de faire subsister des vieillards ; lorsque la mort lui enlève son chef, ou que, né avec une constitution faible, il est souvent exposé à manquer d'ouvrage ; lorsque de

____

(1) Pages 32 et 152.

longues maladies l'ont épuisée, elle tombe dans un état d'angoisse et de détresse, où il ne lui reste , contre une destruction lente et cruelle, que des ressources humiliantes ou criminelles.

Vous dites que «pour soulager le peuple, le gouvernement n'a presque d'autre moyen que d'ordonner de ne vendre le blé qu'au marché, lorsqu'il passera un certain prix; de défendre aux marchands d'en acheter, à moins qu'ils ne promettent de ne pas le revendre dans le pays; de forcer les boulangers à avoir chez eux des provisions; de fournir des fonds à des marchands de blé privilégiés; de ne laisser sortir que des farines, et seulement lorsque le blé sera à bon marché; enfin, de n'ordonner tout cela que pour dix ans. »

Hélas! Monsieur, j'avais espéré, depuis quelque temps, que la destruction des corvées, la suppression des gabelles, et celle de la taille arbitraire, offriraient bientôt au peuple des ressources assurées contre les accidents qui l'exposent à la misère.

Je voyais, dans la suppression de la taille arbitraire, une diminution d'impôt pour le pauvre, la liberté rendue à l'industrie, que tenait captive la crainte d'une augmentation de taille.

Dans la suppression des gabelles, je voyais l'exemption d'un droit énorme, levé sur une denrée de consommation journalière, droit dont le peuple fait tous les jours les avances : j'y voyais la facilité d'avoir plus de bestiaux, et des bestiaux plus sains; d'augmenter par là les ressources du peuple et la masse de ses subsistances.

Dans la destruction des corvées, enfin, je voyais que mes malheureux voisins ne seraient plus forcés de travailler sans salaire pendant quinze jours : qu'au contraire, ce changement, en assurant à chaque homme environ quinze journées de plus par année, suffirait pour prévenir, dans les campagnes, le manque d'ouvrage.

Je ne parle point de tout ce que ces sages opérations épargneraient au peuple de vexations, de concussions, d'inquiétudes, d'humiliations, de traitements cruels, etc.

J'ai peine à croire que votre législation fasse de plus grands biens.

Premièrement, quand le blé sera cher, le peuple des campagnes sera obligé d'aller à trois lieues de chez lui, et à des moments marqués, acheter, argent comptant, au marché le blé qu'il aurait pu acheter chez son voisin à toute heure, à meilleur marché et souvent à crédit. A la vérité, vous assurez que cette loi ne serait jamais exécutée, mais qu'il faut toujours la faire, afin de s'en servir contre qui l'on jugera à propos : et un des grands défauts que vous trouvez au système de la liberté, c'est qu'il ne fournit aucun prétexte pour punir les marchands de blé trop avides. J'avais toujours cru que des lois dont l'exécution n'était pas générale, dégénéraient en oppression ; qu'on ne les faisait valoir que contre ceux qui ne pourraient acheter le droit de s'y soustraire. Mais quoi qu'il en soit, si la loi est exécutée, il y a perte de temps et augmentation de prix pour le paysan ; si elle ne l'est pas, il y aura quelques avanies faites au hasard à quelques marchands de blé : cela pourra divertir le peuple, mais je ne vois point encore de soulagement réel.

Secondement, vous ne voulez pas qu'on achète au marché pour revendre sans destination. D'abord la nécessité de déclarer au greffe quelle est la destination du blé qu'on a acheté, suffira pour dégoûter de ce commerce. D'ailleurs, faudra-t-il que la destination soit pour vingt, pour dix, pour deux lieues seulement de l'endroit du marché? Sera-t-on tenu de revendre ou de faire sortir le blé dans la huitaine ou dans la quinzaine? S'il vient à augmenter au lieu de l'achat, ne rendra-t-on pas à ceux qui ont acheté, avec une destination éloignée, le droit de revendre sur le même lieu? Cette partie de votre loi ne serait-elle pas alors absolument illusoire? Dans le temps de cherté, presque tout le blé est entre les mains des marchands et des propriétaires riches : presque tout est dans les villes. Les habitants des campagnes ne peuvent commodément l'y aller chercher : les meuniers, les blatiers viennent en apporter chez eux. L'entière liberté de vendre à qui et partout où l'on veut, est donc alors de la plus grande nécesssité.

Vous voulez qu'il y ait une provision chez les boulangers, c'est-à-dire, que vous voulez les forcer, pendant une partie de l'année, à avoir chez eux une certaine quantité de blé. Mais qui payera le surcroît de dépense, que cette contrainte occasionnera aux boulangers? Ceux qui achèteront leur pain.

Et vos agents secrets, employés par le gouvernement au commerce de blé... Ah! Monsieur, ce sont les plus habiles gens du monde pour remédier aux disettes qu'ils ont fait naître.

La permission de ne faire sortir que des farines, aura l'avantage immense de conserver en France plus de son, sans compter celui de donner aux propriétaires de moulins le privilége exclusif du commerce étranger, et d'introduire une exportation de grains, qui ne sera pas un encouragement pour l'agriculture.

Enfin, Monsieur, je ne vois rien dans tout cela qui tende à soulager le peuple. Vous proposez de ne faire cette loi que pour dix ans, je trouve que c'est beaucoup trop encore : mais laissez - nous d'abord essayer de la liberté aussi pendant dix ans.

Oh! cela est fort différent, direz-vous, parce que le peuple est une espèce d'animal très-patient, mais qui au moindre bruit de cherté devient furieux : le seul mot de prohibition, de loi contre les marchands de blé, lui rend la raison et le calme. Voilà le véritable fondement des lois prohibitives : car, après tout, on doit respecter la faiblesse de ce pauvre peuple, qui est disposé à tout souffrir, pourvu qu'on songe à lui donner du pain. S'il n'avait pas de préjugé contre la liberté, ce système en vaudrait bien un autre : mais les préjugés du peuple sur cet objet sont absolument incurables. N'est-ce pas à peu près, Monsieur, ce que vous avez voulu dire, dans ce que j'ai pu entendre de votre livre, sur les motifs des lois prohibitives?

Le peuple est stupide, sans doute; mais ce n'est

pas sa faute. Avant le 13 septembre 1774, on n'avait point encore daigné traiter le peuple comme une société d'êtres raisonnables : abandonné à des charlatans de toute espèce, jamais on n'avait songé à lui donner sur rien des idées justes, des notions précises. Est-il étonnant, après cela, qu'il se laisse entraîner aux plus grossières apparences, qu'il soit la dupe de l'artifice? Mais les erreurs de l'ignorance sont plus aisées à détruire que celles de l'intérêt et de l'orgueil; et voilà pourquoi je crois que le peuple sera guéri de ses fausses opinions sur le commerce des blés, longtemps avant les hommes les plus éclairés qui partagent ses préjugés. S'il n'est pas en état de saisir des preuves compliquées, quelques années d'expérience, la confiance dans le gouvernement, fortifiée chaque année par des opérations bienfaisantes, le spectacle des fourbes qui l'égarent, démasqués et punis, suffiront pour affaiblir ses préjugés, en attendant qu'une éducation plus raisonnable, qu'il serait si aisé et si utile de procurer à ce peuple, vienne préserver la génération naissante de toute erreur funeste.

J'ai vu quelquefois ce pauvre peuple s'échauffer pour le blé! Eh bien, dans nos villages où tout le monde se connaît, j'ai remarqué que ce n'étaient pas les plus malheureux, mais les plus déshonorés, qu'on voyait à la tête des séditions : ceux qui les suivaient étaient entraînés, non par la faim, mais par une fureur qu'on leur avait suggérée. Un homme qui aurait faim enlèverait du pain, de la farine, du blé même; il le porterait dans sa chaumière, il se hâterait d'en préparer la nourriture nécessaire au soutien de sa vie.

Au lieu de cela, tantôt ils pillaient les meubles d'un marchand de blé, parce qu'on leur avait dit que ce marchand ne vendrait du blé que lorsqu'il vaudrait 6o francs le setier. Tantôt ils détruisaient un moulin économique, dont le propriétaire leur vendait du pain à meilleur marché, parce que les boulangers les avaient assurés que cet homme mettait de la craie avec sa farine. D'autres prenaient le blé des gens d'église, parce que, disaient-ils, le bien de l'Église est le bien des pauvres, et que c'est pour cela qu'il ne paye point de vingtièmes. Quelques-uns enlevaient du blé de force, le payaient le prix qu'ils voulaient, et croyaient leur expédition légitime, parce qu'ils avaient *droit de vivre*.

Or, Monsieur, croyez-vous qu'il soit impossible de persuader au peuple, que si un homme a tenu un propos dur et barbare, cela ne donne pas le droit de le piller ; que les meuniers économiques ne mettent pas de craie dans le pain ; que les biens des moines leur appartiennent, tant que le gouvernement voudra bien les leur laisser, et que payer le setier 12 livres quand il en vaut 3o, c'est précisément comme si on prenait 18 francs dans la poche du possesseur de ce blé ?

Croyez-vous qu'on ne puisse pas faire entendre au peuple que le besoin ne lui donne pas plus le droit de voler du blé que de l'argent ; que ces deux vols ne peuvent être excusés que dans les mêmes circonstances ; que celui qui achète 15 francs un se-

tier de blé qui en vaut 3o, ne peut alléguer la nécessité pour excuse, parce qu'il pouvait acheter un
demi-setier pour 15 francs, et travailler pour en
gagner 15 autres?

Nous venons de voir une troupe de brigands dé-
molir des moulins, jeter à la rivière les farines et les
blés, en disant qu'ils manquaient de pain, et crier
qu'ils avaient faim en répandant l'or à pleines mains.
Nous les avons vus traîner à leur suite un peuple
trompé, à qui ils persuadaient que l'intention du
gouvernement était que le blé fût à bon marché;
fabriquer de fausses lois pour le tromper. Nous
avons vu des gens du peuple, riches en terres et en
effets, se joindre aux pillards, et soudoyer des hommes qui pillaient pour eux. Nous avons vu cette fureur se communiquer de proche en proche, et
cette opinion qu'il est permis de prendre du blé où
il y en a, et de le payer ce que l'on veut, prête à
devenir l'opinion générale.

Cela prouve, sans doute, qu'il est facile de séduire et d'égarer le peuple. Mais croyez-vous qu'il
soit impossible de lui faire sentir que des scélérats
ont abusé de sa facilité pour le rendre criminel; que
c'est un mauvais moyen, pour procurer du pain au
peuple, que de jeter les farines à la rivière; que le
cultivateur qui a fait venir le blé à force de travaux
et de sueurs, le marchand qui l'a payé de son argent, doivent avoir la libre disposition de leur blé,
comme l'homme du peuple a la libre disposition de
ses habits, de ses meubles; que toute taxe d'une
denrée qui n'est pas l'objet d'un privilége exclusif,

est un véritable vol ; que le gouvernement enfin n'a
point le droit de gêner, entre les concitoyens d'un
même État, la liberté d'acheter et de vendre une
denrée nécessaire? Lorsque ces réflexions très-simples sur l'*injustice* des lois prohibitives, et la fermeté
du gouvernement à maintenir la liberté comme juste
et comme utile, auront disposé les gens du peuple
à regarder cet état de liberté comme l'état le plus
naturel, pourquoi ne leur ferait-on pas entendre
qu'il est de leur avantage que le cultivateur soit
maître absolu du grain qu'il recueille, afin qu'il soit
plus intéressé à augmenter la reproduction; qu'il
est de leur intérêt que le commerce soit libre, afin
qu'on leur apporte du blé quand ils en manqueront;
qu'il est de leur intérêt que les magasins de blé
soient sacrés, afin qu'on leur prépare une ressource
dans les années stériles?

Ces simples réflexions ne suffisent pas, sans
doute, pour résoudre toutes les difficultés qu'on
élève contre la liberté du commerce des grains; mais
elles suffisent pour rassurer le peuple, pour lui faire
sentir que les partisans de cette liberté ne sont pas
des monstres qui *empruntent sa voix pour le dévorer.*

Vous dites que le peuple haïra toujours les marchands de blé, qu'il appelle monopoleurs, et
qu'ainsi cet état, flétri par l'opinion, ne sera jamais un état honnête. Mais, Monsieur, le peuple
hait les financiers, qu'il appelle maltôtiers, et les
marchands d'argent, qu'il appelle usuriers : direz-
vous que ces états sont malhonnêtes? Tous ces préjugés ont une source commune; ces différents

états (1) n'ont été remplis longtemps que par des hommes déshonorés : tous trois protégés, employés en secret par le gouvernement, étaient flétris par des lois ; longtemps leurs opérations n'ont été qu'un tissu de manœuvres coupables. Mais ces préjugés, fondés autrefois sur la raison, et maintenant désavoués par elle, se dissiperont, et le peuple deviendra moins injuste, en devenant moins malheureux.

Parmi les causes qui entretiennent la haine du peuple contre les marchands de blé, il en est une à laquelle on n'a pas daigné faire attention, parce qu'elle est absurde, mais qui n'en est pas moins puissante : chaque année, des chanteurs parcourent les campagnes avec des *complaintes* : tantôt, *c'est un pauvre* qui a proposé à un fermier de lui vendre du blé à bon marché, quoiqu'il soit cher ; le charitable fermier va remplir le sac, et en revenant il trouve son pauvre, transmué en un grand crucifix qui fait force miracles. Une autre fois, c'est un fermier qui a dit, en reniant Dieu, qu'il aimait mieux être mangé des rats, que de vendre son blé à une pauvre femme ; et voilà soudainement que les rats viennent le manger jusqu'aux os, comme Popiel, duc de Lithuanie, et je ne sais quel archevêque de Mayence,

---

(1) Notre agriculteur, qui ne connaît pas les finesses de la langue, avait mis *métier*. En français, on dit le métier de laboureur, le métier de poëte, de philosophe, le métier de la guerre ; mais il serait de la plus grande impolitesse de parler du métier de fermier d'impôts, de banquier, d'agent de change ; ce serait manquer au respect que, dans toute nation bien policée, on doit à l'or et au talent d'en amasser.

à ce que disent les historiens les plus respectables.
Enfin, un coquin de fermier a osé dire qu'il deviendrait tambour, si le blé ne montait pas à 60 francs
le sac; et sur-le-champ voilà son ventre changé en
tambour, et ses bras en baguettes : les voisins accou-
rent charitablement pour le tuer; mais, comme de
raison, les balles s'aplatissent sur son ventre....

Quant aux marchands de blé emportés par le diable, aux sorciers qui escamotent le blé pour produire
la famine, il n'y a rien de plus commun; et pourquoi voudriez-vous que le peuple ne crût pas tout
cela, et cent autres sottises qu'on lui insinue par la
même voie, que la jeunesse apprend par cœur, et
qui sont la seule éducation qu'elle reçoive après être
sortie des écoles? Ne lisent-ils pas au bas : *vu* et *approuvé?* et ces mots, suivis des signatures les plus
respectables, comment le peuple devinerait-il que
signer qu'on approuve, signifie le plus souvent qu'on
n'approuve pas?

J'ai ouï dire qu'à Paris on prenait les plus grands
soins pour empêcher les illustres habitants de cette
ville, de se gâter l'esprit par la lecture des livres de
certaines gens qu'on appelle philosophes, c'est-à-
dire, amis de la sagesse. Je crois qu'on rendrait un
grand service au peuple des campagnes, si on mettait ces marchands de mensonges (quoiqu'ils ne
soient pas amis de la sagesse) au pilori avec cet
écriteau : *Colporteurs d'histoires inventées, pour rendre les hommes imbéciles et méchants.* Je suis persuadé que cette correction serait très-instructive et
très-exemplaire.

Je reviens aux préjugés du peuple sur le blé. Il y a dans ce canton des gens bien intentionnés, qui ont l'honnêteté de répandre que si le blé est cher, c'est parce que le gouvernement en a fait passer aux étrangers : le peuple croit cette absurde calomnie, et il a raison. Il voyait, il n'y a pas longtemps, l'exportation défendue par une loi publique, et permise à des personnes privilégiées, par des ordres secrets; pourquoi ne croirait-il pas que l'on suit aujourd'hui le même régime? Il n'y a encore que le peuple du Limousin qui sache pourquoi ce qui se faisait en 1771, ne se fait pas en 1775; mais, dans quelques années, le peuple de toute la France le saura.

Vous exagérez la stupidité du peuple. Nous sommes ignorants, parce qu'on n'a point daigné nous donner les moyens de nous instruire; parce qu'il est tout simple qu'une jurisprudence, une législation de finances, qu'aucun jurisconsulte, aucun financier ne peuvent se vanter d'avoir entendues en entier, n'offrent qu'un brouillard à des hommes qui n'ont ni le temps ni l'habitude de la réflexion; mais nous savons saisir les idées simples qu'on nous présente clairement, et raisonner avec justesse sur ces idées; nous savons souffrir avec patience les outrages que nous ne pouvons repousser; mais nous ne sommes pas abrutis au point de ne les plus sentir.

Nous détestons les lois, en vertu desquelles un pauvre père de famille, qui n'a point cent écus d'argent comptant, est envoyé aux galères, et marqué d'un fer chaud, pour avoir acheté à bon marché du sel qui n'est souillé d'aucune ordure; nous sommes indignés qu'on ose faire si peu de cas de notre liberté et de notre honneur. Nous savons que ceux qui nous traitent ainsi, n'ont d'autre avantage au-dessus de nous, que de s'être enrichis de nos dépouilles, et cela redouble notre indignation.

Vous dites que nous sommes tentés de regarder les riches comme des *êtres d'une nature différente*, que leur grandeur *est une magie qui nous en impose.* Ah! Monsieur, que nous sommes éloignés de ces idées! Nous voyons passer quelquefois de ces riches fastueux, et ce n'est point du respect qu'ils nous inspirent; nous savons combien les métiers qui les ont enrichis, sont moins nobles que les métiers utiles qui nous donnent à peine de quoi vivre. Nous sentons que si leur argent leur donne la facilité d'acheter des jouissances dont nous sommes privés, il ne leur donne aucun droit d'obtenir sur nous des distinctions ou des préférences; et l'homme en place, le grand seigneur qui leur accorde ces distinctions, se dégrade à nos yeux; nous le regardons comme un vil esclave de l'or.

Nous payons avec joie la dîme destinée à l'entretien des pasteurs, chargés de nous instruire et de nous consoler. Mais nous savons trouver très-injuste que nos pasteurs soient réduits à partager notre pauvreté, tandis que nos dîmes sont consommées par des abbés et des moines qui, heureusement pour nos mœurs, ont renoncé au soin de nous rien apprendre.

Lorsqu'un malheureux, qui manquait de pain, n'a pu aller travailler quinze jours, sans salaire, à plusieurs lieues de sa maison ; lorsqu'il a mieux aimé désobéir à un piqueur, que de laisser sa famille exposée à mourir de faim, on le condamne à une amende qu'il ne peut payer ; et pour le punir d'être pauvre, on le traîne en prison : croyez-vous que nous n'ayons pas l'esprit de trouver ce traitement barbare, quoique ce malheureux ait *du pain* dans son cachot ?

Croyez-vous que nous ne sentions pas que, grâce aux épices, au privilége exclusif des procureurs et des avocats, et aux subtilités de la chicane, il n'y a point de praticien de la ville voisine, qui ne puisse nous ruiner de fond en comble, sans qu'il soit possible de nous défendre, sans que jamais il risque d'être puni ?

Que lorsqu'un riche injuste attaque notre propriété, tout ce que nous avons sera consommé en frais de justice, avant de l'avoir obtenue ; et que si nous préférons l'orgueil de nous défendre, au parti humiliant d'acheter la paix, nous risquons notre ruine totale ?

Qu'il n'est pas absolument juste que le blé que nous avons semé, soit mangé par les lièvres ou par les sangliers de notre seigneur ?

Que si nous souffrons des violences de la part d'un riche, des vexations de celle d'un subalterne, qu'il nous sera impossible d'obtenir une réparation, et qu'en osant la solliciter, nous nous exposons à une vengeance dont les lois ne nous préserveront pas ?

Voilà l'origine de cette patience apparente, que vous avez prise pour de la stupidité. Mais un roi juste et qui veut le bien de son peuple, nous a rendu l'espérance et la voix.

Nous osons attendre de lui des lois de *propriété*, qui nous garantissent le peu que nous avons, contre les ruses de la chicane et les entreprises de l'homme accrédité; des lois de *liberté* qui défendent nos personnes de la violence des exacteurs, qui nous délivrent de l'esclavage des corvées; des lois de *justice* qui protégent notre personne et notre honneur contre le crédit du riche, contre la tyrannie des pouvoirs subalternes. Car c'est dans ces abus que consiste la *force*, vraiment funeste au peuple, *que donne au riche contre le pauvre* la corruption de la société, et non pas le droit de propriété; c'est contre cette force qu'il invoque le secours de son roi.

Voilà, Monsieur, ce que nous espérons, et ce que nous osons hautement préférer à votre législation des farines, à cette précaution de garder tout le son pour nous, que vous semblez regarder comme une découverte lumineuse. Pardonnez, si je vous parle avec quelque vivacité; mais votre pitié nous humilie, en même temps qu'elle cherche à nous soulager. Vous voulez qu'on nous fasse l'aumône, parce que nous sommes des êtres misérables, incapables d'entendre raison, incapables de sentir le prix de la liberté et des bonnes lois (pag. 170.) Nous mériterions ces reproches, si nous pouvions les souffrir sans indignation.

Vous avertissez les propriétaires, que si le peuple perdait ses préjugés sur le commerce de blés, il pourrait s'éclairer en même temps sur d'autres objets.

Croyez-vous, Monsieur, qu'il serait dangereux de souffrir que le peuple sortît de son ignorance?

Croyez-vous que l'homme devienne méchant en s'éclairant?

Croyez-vous que les voleurs de grand chemin soient d'habiles raisonneurs, et qu'il leur ait fallu de grandes lumières pour trouver les raisons, sur lesquelles ils fondent leurs réclamations contre la propriété et les lois?

Ou seulement avez-vous prétendu avertir charitablement les riches, que si le peuple s'éclaire, il saura mieux se soutenir contre l'oppression et contre la ruse? Et qu'ainsi il vaut mieux pour les riches, laisser le peuple piller les marchands de blé, que de risquer qu'en apprenant à respecter la propriété des autres, il n'apprenne en même temps à se défendre?

Oserais-je vous représenter, Monsieur, qu'un homme qui fait un gros livre *sur la législation et le commerce des blés*, aurait dû s'instruire avec plus de soin des détails de nos campagnes?

Vous voulez prouver que l'exportation n'est pas nécessaire pour encourager à défricher; et vous dites que l'on cultive aussi bien les terres qui rapportent cinq pour un, que celles qui rapportent six. Il n'est pas question de savoir combien de fois la terre rapporte la semence qu'on lui a confiée, mais de savoir ce qu'elle rapportera au-dessus des frais de culture, de semence, de récolte. Dans les terres à défricher, il y en a qui rapportent très-peu au delà de ces frais: il y en a qui peuvent rapporter beaucoup au delà des avances, mais qui demandent des avances considérables. Or, comme le laboureur risque, si l'année est mauvaise, de ne pas retirer ses avances sur ces terres nouvelles; que les frais de culture, le loyer du fonds, la dîme, et la dépense nécessaire à sa subsistance, peuvent alors absorber au delà du produit de ses terres anciennes, il faut, pour le déterminer à risquer une entreprise, qu'il soit sûr que, dans une année d'abondance, son blé ne tombera pas à vil prix. Dans les mauvaises années, le cultivateur ne vend presque point de blé, et il a tout vendu avant le rehaussement : il n'a donc d'encouragement que dans le bon prix des années fertiles.

D'ailleurs, il ne s'agit pas seulement de défricher, il faut faire rapporter six à la terre qui ne rapportait que cinq; et pour cela il faut employer de nouvelles ressources, faire des avances dont l'intérêt diminue à mesure que la culture plus parfaite rend les améliorations plus difficiles. Ce n'est pas tout encore : nous faisons porter du blé à des terres qui ne portaient que du seigle; les terres à blé se sont couvertes de lin, de chanvres, de colzas : l'aurions-nous fait si le surplus de blé produit, par une culture perfectionnée, ou par les terres nouvelles, n'eût dédommagé, par le bon prix des années fertiles, de ce qu'il a coûté pour le produire?

Enfin, Monsieur, croyez-vous que nous ne soyons conduits que par l'espérance du gain, comme les négociants des grandes villes, comme si nous n'avions *que ce levier dans le cœur?* Nous gagnons à l'heureuse nécessité qui nous attache aux campagnes, d'aimer par-dessus tout la liberté et la paix. Nous retirons ordinairement de nos terres de quoi payer le propriétaire, le décimateur et nos ouvriers, la rentrée des autres frais de culture, une subsistance honnête, quelques épargnes pour notre vieillesse et pour marier nos filles. Pensez-vous que nous irons risquer ces épargnes, nous livrer à des cultures nouvelles, à des procédés qui exigent une attention plus forte, nous condamner à une augmentation de peines, de soins et d'inquiétudes, et cela pour être exposés à avoir des querelles avec les préposés de votre législation, pour être rançonnés par vos agents secrets?

Vous dites que nous payons en argent le salaire de nos ouvriers de labourage, que vous appelez laboureurs et cultivateurs : ce fait n'est point exact, ce qui suffit pour faire tomber tout le raisonnement par lequel vous prouvez, dans cet endroit, que les économistes sont de terribles animaux.

Vous dites qu'il y a des marchés dans presque tous les villages : cela n'est pas vrai dans ce pays, où il y a souvent cinq à six lieues d'un marché à l'autre. J'ai ouï dire qu'il en était de même de plusieurs autres cantons.

Vous supposez que les habitants des villages qui n'ont point de marché, font quatre ou cinq fois l'année leur provision de blé ; et vous ignorez que le peuple des villages achète à très-petite mesure, et que c'était quarante ou cinquante qu'il fallait dire : vous ajoutez qu'il ne sera nullement gêné de rapporter cette quantité de blé avec les autres provisions. Ainsi, Monsieur, selon vous, le consommateur de village ne sera point gêné d'avoir à rapporter environ

5oo livres de plus que ses provisions, qui peut-être ne pèsent point 2o livres : selon la vérité, c'est 5o à 6o livres qu'il faudra qu'il rapporte de plus sur son dos, et qui, selon vous, ne le gêneront nullement.

Vous croyez que si l'on n'est pas forcé de ne vendre qu'au marché, les gens des villes seront obligés d'aller chercher leur blé de campagne en campagne.

Vous ignorez que dans presque toutes les villes on est nourri par les boulangers : que les magasins des marchands de blé, les greniers des propriétaires sont presque tous dans les villes, et que dans le temps de cherté, ce sont elles qui doivent nourrir les campagnes.

Vous ignorez qu'il a été permis cette année, par un arrêt du conseil, de porter du blé par mer d'une province à l'autre.

J'avais jusqu'ici regardé l'art de conserver les grains, comme un art bienfaiteur, et je pratiquais avec succès les moyens proposés par M. Duhamel. Mais cet art est propre à augmenter *la puissance naturelle du vendeur sur le consommateur*, et il serait par conséquent très-sage de le proscrire. De quoi s'est avisée l'Académie de Limoges de donner un prix à celui qui enseignerait les meilleurs moyens de préserver les blés des charançons, et de détruire ces insectes ? Voilà ce que c'est que de n'avoir que de petites vues; si jamais les vôtres font fortune, nous verrons les sociétés littéraires proposer des prix pour le meilleur moyen de multiplier les charançons, les vers, les papillons et autres insectes qui mangent les blés.

Comme je raisonnais sur ce sujet avec mon curé, qui lit tous les livres nouveaux, il m'a appris que M. L... qu'il regarde comme le plus conséquent des auteurs prohibitifs, voulait que le peuple ne se nourrît que de poisson pourri, parce que les marchands ne peuvent le garder, et que cette nourriture soulève le cœur des gens un peu délicats.

Il faut avouer que la tendresse des auteurs prohibitifs pour le peuple, leur a inspiré de bien heureuses découvertes.

Vous assurez, Monsieur, que la France est dans le plus haut point de prospérité : et vous en concluez qu'il n'y faut pas faire de lois nouvelles sur ses subsistances, *parce qu'on ne doit pas faire d'expériences d'anatomie sur un corps vivant.* Si c'est en 1775, temps où a paru votre livre, qu'il ne faut point faire de loi nouvelle, à la bonne heure; nous devons suivre la loi du 13 septembre, et ne pas essayer de votre *nouvelle* législation. Si c'est avant le mois de septembre 1774, que vous placez la grande prospérité, alors on eut tort de faire la loi du 13. Mais aussi vous avez tort de proposer, en mai 1775, une nouvelle expérience d'anatomie : car s'il ne faut pas faire d'expérience d'anatomie sur les corps vivants, il faut encore moins les répéter; donc, etc.

Vous faites *signer votre requête* par *l'utile laboureur* et *le pauvre cultivateur.* Permettez-moi de vous dire, que moi qui suis du métier, j'ai pris la liberté d'en présenter une toute contraire. Voici la copie de la mienne :

« Monseigneur ,

« Vous nous avez délivrés d'une loi tyrannique,
« qui nous forçait à ne vendre, à n'acheter des
« subsistances que dans les marchés, où il nous
« fallait ensuite payer au seigneur la permission
« d'obéir aux ordres du roi.

« Tandis que, par une loi générale, il nous était
« ordonné de n'acheter qu'aux marchés, il était dé-
« fendu aux fermiers, par une loi de police par-
« ticulière, d'acheter à ces mêmes marchés du grain
« pour eux ou pour leurs chevaux. Vous nous avez
« délivrés de l'oppression de ces règlements contra-
« dictoires, et arbitrairement exécutés.

« Il nous était défendu, dans le temps de cherté,
« d'acheter du pain aux marchés des villes où nous
« étions contraints de porter nos blés, où ce blé, que
« nos travaux avaient fait naître, était déposé dans
« les greniers des chapitres et des moines : et c'est
« encore une vexation dont vous nous avez délivrés.

« La défense de faire sortir d'une ville le blé qui y
« était une fois entré, était une autre chaîne que vous
« avez brisée.

« Daignez achever votre ouvrage.

« On n'ose plus nous vexer par des règlements ;
« mais faites que les blatiers qui vont aux marchés
« des villes chercher le blé dont les campagnes ont
« besoin, ne soient plus exposés à des menaces, à des
« abus de pouvoir, à des ruses de chicane. Ne souffrez
« pas que les partisans du régime prohibitif donnent

« des atteintes sourdes à la loi paternelle de la liberté.

« Délivrez cette liberté des entraves qui lui restent.
« Qu'une denrée nécessaire à la vie, comme l'air
« qu'on respire, ait une circulation aussi libre. Affran-
« chissez les blés des droits de péage.

« Détruisez ces droits de minage, de stellage, de
« hallage, de mesurage, restes honteux de notre an-
« tique servitude. Ils s'opposent à la distribution natu-
« relle des subsistances ; ils soumettent le commerce
« à l'inspection, aux procédures d'une nuée de com-
« mis, citoyens inutiles, qu'il faut encore que le com-
« merce soudoie.

« Détruisez les banalités : tant qu'elles subsiste-
« ront, le commerce des farines ne sera point vrai-
« ment libre. L'adresse avec laquelle les meuniers
« peuvent, à leur gré, diminuer ou augmenter la
« quantité ou le poids de farine que rend une même
« mesure, est une source de voleries si variées, si
« difficiles à constater, que la liberté en est l'unique
« remède. Comme le meunier est marchand de blé,
« il a soin de donner moins de farine à ceux qui
« achètent ailleurs que chez lui. Il est dur que le
« pauvre, à qui un travail opiniâtre procure à peine
« de quoi acheter sa subsistance, ne soit pas libre
« d'acheter celle qu'il croit ou la meilleure ou la
« moins coûteuse : qu'il ne puisse la faire moudre
« par celui dont il espère obtenir le plus de farine;
« et ces soupçons fussent-ils mal fondés, il est cruel
« qu'il soit forcé de porter un blé acheté par tant de
« sueurs, à un homme qui croit devoir lui en voler
« une partie.

« Nous ne nous arrêterons ni aux fours banaux,
« genre de servitude plus barbare encore et plus
« nuisible, ni aux communautés de boulangers, et
« aux taxations pour le prix du pain qui en sont la
« suite. Ces fléaux sont réservés aux villes, ils sont
« l'ouvrage de la pédanterie, qui y a succédé à la
« barbarie de nos ancêtres.

« Toutes les institutions qui gênent la liberté, doi-
« vent toutes être également proscrites; et leur pros-
« cription, en montrant que la loi de la liberté en-
« tière est regardée par le gouvernement comme une
« loi perpétuelle et inviolable, mettra le sceau aux
« biens que la liberté doit procurer; l'opinion que
« cette loi sera durable, peut seule établir, entre le
« prix des subsistances et celui des journées, la pro-
« portion qu'ils doivent avoir.

« Tels sont, Monseigneur, les vœux et les espé-
« rances de ceux à qui vous avez rendu la douceur
« de pouvoir espérer. »

J'étais au désespoir de ne pas entendre votre livre
tout entier : je priai mon curé, qui est un très-bon
homme, et qui a une jolie bibliothèque, de me le
traduire en langage ordinaire. Au bout de deux jours,
il est revenu avec un livre à la main : « Tenez, me
dit-il, voilà une traduction du livre de M. N., très-
fidèle, très-claire, et faite d'avance. » J'ai ouvert ce
volume, il a pour titre : *Dialogue sur le Commerce
des blés, entre M. de Roquemaure et le chevalier Za-
nobi,* 1770.

J'ai rapporté votre ouvrage à M. le capitaine qui
demeure à la ville : il était avec le vicaire de sa pa-

roisse et un échevin. « Messieurs, leur dis-je, je voudrais savoir pourquoi vous, et les gens qui sont de même état que vous, vous êtes en général si déchaînés contre la liberté du commerce des blés? »

« Mon ami, dit le capitaine, je n'entends rien à toutes ces questions : mais j'ai peur que, de la liberté du commerce des blés, on ne passe à la liberté du commerce du sel et du tabac; et si cela arrivait, mes troupes et moi, nous deviendrions inutiles; nos seigneurs les fermiers n'auraient plus de quoi nous payer de retraites. Autrefois il y avait, année commune, cinquante arrêts du conseil pour étendre les droits de la ferme au delà des conventions du bail : depuis que cet homme à systèmes est en place, il n'en a pas fait rendre un seul. Aussi... »

« Ma foi, dit l'échevin, s'il s'avisait d'étendre la liberté des blés sur tous les objets qui se vendent aux marchés, nous n'aurions plus ni règlements à faire, ni amendes à prononcer; autant vaudrait-il être de simples particuliers : et puis il serait dur, pour nos bourgeois, que les étrangers, que des paysans vinssent librement acheter des denrées sur nos marchés, et les faire renchérir. »

« Il serait à craindre, dit alors le vicaire, que la liberté de vendre du blé n'amenât celle de vendre du papier noir et blanc; et vous sentez qu'alors l'État serait perdu sans ressource. »

« *Du pain* et *une religion*, voilà ce qu'il faut au peuple, dit notre auteur. » C'est dommage qu'il ne puisse entrer ni dans le paradis ni au conseil. *Du pain* et *une religion!* voilà précisément ce que les jésuites avaient fait au Paraguay : ils distribuaient à chaque habitant un peu de maïs et beaucoup de reliques, et ils donnaient le fouet à quiconque aurait osé faire un pas, dire un mot, sans la permission du père supérieur. Voilà ce que nous aurions fait en Europe, si on nous eût laissés faire. *Fort peu de pain* et *beaucoup de religion*, voilà ce qui vous resterait tout au plus sans Henri IV, Gustave-Adolphe et les Nassau : aussi comment sont-ils morts?

C'est l'abus des mots de liberté et de propriété, comme l'a encore très-bien observé notre auteur (et il tenait votre livre entre ses mains avec complaisance) : c'est l'abus de ces mots, *qui a causé les maux les plus affreux*. César, le meilleur des humains, n'aurait pas été réduit à faire égorger un million d'hommes pour persuader aux Romains de lui obéir, s'ils n'avaient pas eu la bêtise de croire qu'ils étaient plus *libres* sous leurs consuls. Si les bourgeois de Genève n'avaient pas raisonné si subtilement sur la *liberté politique*, ils se seraient soumis au petit conseil, ou ils n'auraient pas traité les natifs comme leurs sujets, et il n'y eût pas eu deux hommes de tués dans leur dernière guerre civile. Si les Manichéens, les Albigeois, les Hussites, les Vaudois, les Protestants, n'avaient pas eu l'opiniâtreté de vouloir conserver la *liberté* de penser, nous n'aurions pas été obligés de faire égorger plus de deux millions de ces hérétiques, pour la plus grande gloire de Dieu, sans compter environ un pareil nombre de Catholiques qui ont péri dans ces saintes expéditions. Si les Mahométans n'avaient point eu la fantaisie de prétendre que des infidèles pouvaient être légitimes propriétaires d'un pays où notre Dieu avait été autrefois enterré pendant trois jours, il n'y aurait point péri trois millions de Musulmans et de Chrétiens dans nos pieuses croisades. Si les Américains avaient eu l'esprit de comprendre que la terre où ils étaient nés n'était point à eux, mais aux Espagnols, à qui le Pape en avait transporté la propriété, il n'aurait point fallu en égorger cinq ou six millions pour faire entendre raison au reste. Si on ne s'était pas avisé, dans le seizième siècle, d'imaginer que le bien de l'Église appartenait à l'État qui pouvait le reprendre, pour en faire un usage plus utile, il n'y aurait pas eu de guerres de religion. Car de quelque prétexte qu'ils se couvrent, soyez sûr que quand les hommes font la guerre, c'est toujours pour de l'argent qu'ils se battent; et si le roi Henri IV ne s'était pas mis dans la tête qu'il pouvait redemander l'héritage de ses pères au roi d'Espagne, qui le possédait, en vertu d'une bulle, un ex-feuillant ne l'aurait pas tué comme ennemi du Saint-Siége. Il ne tiendrait qu'à moi de vous prouver par cent exemples de cette force, que l'amour mal entendu de la liberté et de la propriété est cause de presque tous ces maux; d'abord.....

J'ai toujours eu horreur des massacres. Étant jeune, j'avais le choix d'une ferme, ou d'une compagnie de troupes légères. J'ai préféré la ferme; j'ai voulu pouvoir dire toujours avec ce vieillard d'une de nos tragédies :

> Dans d'utiles travaux, coulant ma vie obscure,
> Je n'ai point par le meurtre offensé la nature.

J'ai donc laissé le vicaire continuer sa déclamation contre l'abus de la propriété et de la liberté, et je suis retourné chez moi, bien convaincu que sans la liberté on ne respire jamais qu'à demi.

Oserais-je vous demander, Monsieur, ce que vous pensez de l'exportation des haricots, qu'on défend toujours avec celle du blé; de l'exportation des châtaignes, qu'on a interdite dans quelques provinces, et de celle des œufs frais et du petit salé, contre laquelle on a dernièrement voulu faire une belle loi? Ne pouvait-on pas permettre seulement l'exportation des châtaignes bouillies et des omelettes, afin de rendre, comme celui de la farine, *ce commerce plus difficile*, et de garder *le bénéfice de la main-d'œuvre?*

J'ai l'honneur d'être, avec le plus profond respect, etc.

M. N. a été un peu surpris de recevoir cette lettre d'un laboureur de Picardie; il s'est adressé à un de ses correspondants, dont il a reçu la réponse suivante :

« Je connais beaucoup le laboureur dont vous me parlez, c'est un homme bizarre : il a pu être riche, il est pauvre; il a une femme et six enfants; il ne lui est arrivé que des événements fâcheux, et je n'ai jamais vu personne avoir l'air plus content de son sort.

« Ses parents avaient fait une grande fortune; quand ils furent rassasiés d'argent, ils devinrent avides de distinctions : ils voulaient que leur fils aîné fût un grand seigneur, et obligèrent en conséquence leur cadet à étudier pour être prêtre. A peine fut-il sous-diacre, qu'il devint malheureusement amoureux de sa cousine germaine : elle était jolie, pleine de sensibilité, d'esprit et de raison; mais comme sa branche était demeurée pauvre, jamais les parents ne voulurent consentir à un mariage si inégal; et en mourant, ils réduisirent à la légitime le sous-diacre qui n'avait pas voulu devenir prêtre.

« Sa fortune était encore honnête, mais il en dépensa la plus grande partie pour obtenir de Rome la double permission dont il avait besoin pour aimer sa cousine sans péché. Il se réduisit sans peine à mener avec sa femme la vie de fermier : mais s'étant avisé de vouloir faire quelques expériences sur l'eau de la mer et sur la nicotiane, les fermiers généraux, qui dans ce temps-là n'aimaient pas la physique, lui firent un procès, et il aurait été condamné aux galères s'il ne lui fût resté de l'argent et quelques protections.

« L'année d'après, il reçut un soir la lettre suivante :

« Monsieur, je me moque des *lois de propriété*, «*parce que je ne possède rien*, et des *lois de justice*, «*parce que je n'ai rien à défendre*; vous avez droit «de recueillir le blé que vous avez semé; *moi j'ai* «*droit de vivre* : vos titres sont chez un notaire; *mais* « *mon estomac est ma patente;* et si vous ne déposez «pas cent écus demain au premier chêne à gauche «en entrant dans le bois par le grand chemin, votre « ferme sera brûlée après demain. »

« Comme notre fermier a quelque chose d'extraordinaire dans l'esprit, il ne crut pas qu'on pût raisonner ainsi sérieusement ; il ne prit cet argument que pour une mauvaise plaisanterie, et ne songea point à prendre de précaution : il fut incendié; pas une gerbe n'échappa : la justice rechercha les coupables.

« Le pauvre fermier était chargé par son bail des frais de justice, et il lui en coûta mille écus pour un arrêt qui condamna à mort deux incendiaires : malheureusement on découvrit, six semaines après l'exécution, qu'ils étaient innocents, et que les juges s'étaient trompés, parce qu'ils avaient suivi trop scrupuleusement l'ordonnance de 1670 qui, comme on sait, est exactement calquée sur la procédure secrète de l'inquisition : cet accident affligea notre laboureur plus que toutes ses pertes.

« Il commençait à se rétablir, lorsqu'une grêle détruisit ses moissons; il lui restait quelques épargnes : il avait recueilli beaucoup de fèves et de légumes de cette espèce, et il espérait se retirer de son malheur. Mais nous étions alors dans le temps le plus florissant du règne prohibitif. Il s'avisa de vouloir exporter ses fèves pour en tirer plus d'argent; elles furent confisquées, et pour se les faire rendre, il lui en coûta plus que leur valeur. Comme il n'avait pas recueilli de blé, il en acheta d'un de ses voisins; un juge le sut : il était alors défendu d'acheter ailleurs qu'au marché, et notre laboureur fut trop heureux d'en être quitte pour perdre son blé. Il alla donc au marché acheter d'autre blé et de l'avoine : il se préparait à l'emporter, mais on lui saisit le tout et on le condamna à l'amende, parce qu'il était, disait-on, défendu aux fermiers d'acheter au marché. Il ne lui restait qu'un petit écu. « Que j'achète du moins quelques pains pour mes enfants, s'écriait-il en pleurant ; » et il va chez un boulanger : mais on l'arrête à la porte de la ville : «Il est défendu d'exporter du pain, lui dit-on encore ; » et comme il n'a plus de quoi payer d'amende, on le mène en prison.

«Sorti de prison, il court retrouver sa femme et ses enfants, il les trouve en larmes. Le fermier voisin, qui était riche, avait racheté sa corvée, et en conséquence celle du pauvre laboureur se trouvait plus forte à peu près de moitié qu'elle n'aurait dû l'être. Il fallait aller travailler à quatre lieues : il court trouver l'ingénieur : « Monsieur, lui répond l'homme aux jalons, j'ai toujours observé que plus on travaille loin de chez soi, mieux on travaille ; comme cela est beaucoup plus coûteux et surtout plus pénible, on est pressé de finir. J'ai donc pour principe général de faire travailler les gens le plus loin de leur village qu'il m'est possible.» Le laboureur se plaignit de cette maxime générale ; on lui répondit qu'il était un mutin. Ses chevaux moururent, sa corvée ne fut point faite, et il fut condamné à l'amende et à la prison pour lui apprendre à être plus docile. Il avait espéré quelques soulagements de la part de ses maîtres ; mais ses maîtres étaient des moines ; et au lieu de le secourir, le procureur le chassa de sa ferme, parce qu'il n'avait pas voulu souffrir que sa fille... Maintenant il a vendu le reste de son bien pour monter une autre petite ferme. Vous voyez, Monsieur, que c'est un homme prévenu, qui ne sera jamais en état d'entendre que le gouvernement n'a rien de vraiment utile à faire pour le peuple, que d'adopter votre législation, comme vous l'avez si adroitement insinué en plusieurs endroits de votre ouvrage.

« Au reste, Monsieur, si ceci dure encore quelque temps, c'en est fait de *la prospérité* de l'État : nous trouverons à peine à vendre notre argent à trois et demi pour cent, au lieu de huit, neuf, qu'il rapportait les années *précédentes*. »

MONOPOLE

ET MONOPOLEUR,

ARTICLES EXTRAITS DES SUPPLÉMENTS D'UN DICTIONNAIRE TRÈS-CONNU.

> L'homme est né pour l'erreur ; on voit la molle argile,
> Sous la main du potier, moins souple et moins docile,
> Que l'esprit n'est flexible aux préjugés divers,
> Précepteurs ignorants de ce pauvre univers.

1775.

MONOPOLE

ET MONOPOLEUR.

Monopole, substantif masculin, et non féminin, comme le croient les gens qui crient contre *la monopole*, lorsque le monopole n'existe pas

On appelle monopole la vente exclusive d'une denrée faite, soit par un seul homme, soit par une compagnie. Et si, par des circonstances particulières, cette vente ne se fait que par une certaine classe d'hommes, ou même par un nombre de vendeurs plus petit qu'il n'aurait été dans le cas d'une circulation parfaitement libre, on peut dire, par extension, qu'il y a encore monopole.

Maintenant il faut distinguer deux sortes de monopoles. Le monopole de droit et le monopole de fait.

J'appelle monopole de droit celui qui est établi par une loi.

Telle est en France la vente exclusive du sel et du tabac par les fermiers généraux. Tels sont les priviléges exclusifs du commerce ou des manufactures. Les corps de marchands, les maîtrises, etc., sont encore autant de monopoles, puisque tous ces établissements tendent à diminuer le nombre des vendeurs, la facilité de la vente, et par conséquent à augmenter le prix des denrées.

Les ventes exclusives au profit du gouvernement, sont une espèce d'impôt indirect qui doit son origine à la faiblesse, à la corruption et à l'ignorance de la puissance législative.

Pour que cet impôt soit de bon rapport, il faut que la denrée puisse s'exploiter en grand, qu'elle se conserve facilement, qu'elle soit nécessaire au peuple, et qu'il en consomme beaucoup. Par ce moyen le produit de l'impôt est assuré, et le fardeau en tombe uniquement sur le peuple. Ainsi plus de crainte de soulever les grands et les riches, ni d'éprouver de refus de la part d'une assemblée d'états composée de gens considérables, trop peu éclairés pour savoir qu'on les appauvrit lorsqu'on opprime les mains qui cultivent leurs terres.

Le sel réunit ces avantages, et voilà pourquoi cette denrée est en ferme presque partout. Comme il n'y a pas beaucoup de denrées nécessaires à la vie, qu'on puisse mettre en ferme comme le sel, les inventeurs d'impôts ont trouvé une autre ressource : c'est de faire tomber l'impôt sur quelque denrée inutile en elle-même, mais dont un grand nombre d'hommes se soient fait un besoin. L'établissement d'un impôt de ce genre demande beaucoup d'adresse ; il faut que ce besoin factice soit assez fort pour que l'impôt n'en dégoûte pas ; il faut qu'il se soit répandu dans le peuple, car c'est le peuple qui fait la plus grande consommation ; et d'ailleurs ce ne serait pas la peine de prendre ces moyens détournés pour faire payer ceux qui ont quelque chose : le sublime de l'art de la finance est de faire payer l'impôt par ceux qui n'ont rien (1).

Mais ces conditions ne suffisent pas : il faut saisir l'instant où il reste encore dans les vieilles têtes quelque préjugé contre la denrée qu'on veut mettre en ferme. Par ce moyen, on évite cet air d'avidité qui déshonore toujours un gouvernement.

«On a bien fait d'établir cet impôt, disent les «gens raisonnables, il ne tombe que sur une chose «dont on peut se passer. Ceux qui ne voudront pas «le payer n'ont qu'à ne point prendre de tabac; ils «ne mourront point pour cela. Tant pis pour eux «s'ils en ont pris l'habitude, et si la privation les «rend malheureux; le gouvernement n'est pas obligé «de respecter nos fantaisies.» Ce qui, en termes équivalents, signifie que, pourvu qu'on ne tue pas les hommes, et qu'on ne les fasse point mourir de faim, on a le droit de les rendre aussi malheureux qu'on veut.

(1) Les administrateurs de finances ont pris pour règle de leur conduite cette maxime de l'Évangile : *On donnera à celui qui a déjà, afin qu'il regorge de biens, et on ôtera à celui qui n'a rien.* *S. Matthieu, chap.* 13. A la vérité, il n'est question que de l'autre monde dans le passage de l'Évangile, et il semble un peu dur de l'avoir étendu à celui-ci.

Comme on s'en plaignait un jour devant Mylord S... «Messieurs, dit-il, si vos rois et même vos administrateurs des finances sont des images de Dieu, comme vous le prétendez dans toutes vos brochures, vous ne devez pas trouver mauvais que votre royaume soit gouverné par les mêmes maximes que le royaume des cieux.»

D'autres raisonneurs verront dans l'édit une politique plus profonde : comme tout ce qui est nouveau est évidemment d'un usage dangereux, le gouvernement aura eu pour objet la santé et le bien-être du public, qu'il était important de dégoûter d'une habitude pernicieuse.

Malheureusement les fermiers, chargés de la vente, se conduisent selon d'autres principes : ils n'ont garde de regarder comme nuisible une habitude qui les enrichit. Aussi cherchent-ils à la répandre. Ils vont jusqu'à distribuer *gratis* au peuple, pendant quelque temps, la denrée privilégiée; et lorsqu'il est parvenu à ne plus pouvoir s'en passer, ils la lui vendent à prix d'or. Ils lui donnent un besoin, puis ils le privent des moyens de le satisfaire sans se ruiner.

Il est bon aussi de ne pas d'abord vendre la denrée à un prix trop exorbitant, de crainte que par humeur une partie du public n'en abandonne l'usage; mais il faut augmenter le prix graduellement et resserrer à mesure la sévérité des prohibitions.

C'est ainsi que l'impôt du tabac a été établi en France. On a, dit-on, proposé, il y a quelque temps, de mettre aussi le café en ferme ; mais les gens de l'art, ont trouvé que l'habitude n'en était pas encore assez enracinée parmi le peuple des villes, qu'il était encore presque inconnu à celui des campagnes; et ils ont jugé qu'il fallait attendre.

Les monopoles qui résultent des priviléges exclusifs, des établissements de maîtrises, ont l'avantage d'avoir toujours le bien public pour prétexte.

Si on accorde un privilége exclusif à l'inventeur d'une machine, c'est pour exciter l'émulation et récompenser le génie.

On donne un privilége à une manufacture ou nouvelle, ou coûteuse, pour qu'elle puisse s'établir ou se soutenir.

D'ailleurs, si on laissait la liberté aux manufactures, le public serait exposé à n'avoir que de mauvaises étoffes, au lieu qu'en assujettissant les ouvriers à des règlements, sur la matière qu'ils doivent employer, sur la forme, sur le poids de l'ouvrage qui doit en résulter, on est sûr que le public ne sera jamais trompé. Comme les ouvriers pourraient être tentés de violer les règlements, on établit des inspecteurs de manufactures, on leur donne le droit de confisquer les ouvrages contraires à la loi, de les faire attacher publiquement à un poteau, et si l'ouvrier ne se corrige pas, de l'y attacher lui-même. C'est ce que du temps de Colbert on appelait encourager les manufactures.

On donne à des compagnies le commerce exclusif des Indes et du Levant, parce que la concurrence entre les commerçants particuliers ferait hausser le prix des marchandises.

Enfin, dans tout commerce, dans tout métier, comment veut-on qu'un gouvernement sage se repose sur les différents intérêts des hommes, qu'il suppose que l'avarice des acheteurs et l'avidité des marchands se contre-balanceront sans qu'on s'en mêle, et qu'il laisse faire? Est-ce là gouverner? N'est-il pas bien plus beau de se mêler de tout, de vouloir tout embrasser, tout diriger? Aussi c'est le parti qu'on a pris presque partout. Cela donne aux administrateurs beaucoup d'importance, et c'est à quoi tendent même, sans qu'ils s'en aperçoivent, tous les gens en place, quand ils sont médiocres.

D'ailleurs, ces règlements, ces lois, cette administration inquiète, ne manquent jamais d'attirer l'admiration des sots. Et les sots forment le plus grand nombre. Ainsi, dans le régime prohibitif, il y a gloire pour le chef, profit pour les subalternes; et ce sont là d'assez bonnes raisons.

Le monopole de fait a lieu, lorsque les préjugés ou des manœuvres sourdes diminuent le nombre des vendeurs, nuisent à la facilité du commerce, et par conséquent le prix augmente. Prenons le commerce des grains pour exemple.

La défense de vendre ailleurs qu'au marché, l'obligation imposée aux marchands de faire inscrire leur nom au greffe, les droits de minage, les banalités, les communautés de boulangers (1) sont autant de causes qui introduisent dans ce commerce un monopole de droit. Mais les achats faits par le gouvernement, dont tout particulier redoute avec raison la concurrence, l'opinion qui flétrit les marchands de blé, la crainte des émeutes, celle des vexations de la part des magistrats subalternes, sont au-

(1) Sans les communautés de boulangers, la livre de pain ne coûterait qu'autant de deniers que le setier de Paris coûte de livres. D'après ce principe, qui même leur est trop favorable, il n'y a personne qui ne soit en état de prononcer sur l'utilité de ces communautés.

tant de causes qui introduisent dans le même commerce un monopole de fait.

Pour ôter les causes du monopole de droit, le gouvernement n'a qu'à le vouloir. Mais parmi celles de fait, il y en a qui tiennent à l'opinion, et qu'il n'est pas si aisé de détruire, d'autant plus que ce n'est pas de l'opinion des gens sensés qu'il s'agit ici, mais de celle du peuple.

En général tout acheteur a une pente machinale à regarder tout vendeur comme un ennemi; le bon Sterne l'a observé.

Où il devait marchander une mauvaise chaise de poste, il sentait une haine secrète s'élever dans son cœur, contre M. Dessein, et il gémissait sur la corruption de la nature humaine. Cette pente augmente avec le besoin qu'on a de la denrée, et il faut plus de réflexion que n'en font la plupart des hommes, pour sentir que sans le marchand, qui gagne à la vérité sur nous, la denrée nous coûterait encore plus cher, et qu'ainsi il fait à la fois son profit et le nôtre. Aussi le peuple en général hait-il tous les marchands, et ne dit-il du bien que de ceux qui lui vendent à crédit.

Cette haine est plus forte contre les marchands de blé, parce cette denrée est nécessaire. D'ailleurs lorsque le marchand de blé fait des achats, lorsqu'il conserve son blé dans des magasins, il en augmente le prix. A la vérité, lorsqu'il vend ensuite, il fait diminuer le prix, il fait que ce prix éprouve moins de variations, que la situation du peuple est plus uniforme, que sa subsistance est plus assurée, qu'il

n'éprouve plus ces alternatives d'abondance de blé
où il manque de travail (1), et de disette où son travail ne lui suffit pas. Ce qui importe au peuple, ce
n'est pas que le blé soit à un prix plus ou moins
haut, c'est que le prix n'en soit pas exposé à de
grandes variations, parce que le prix des salaires se
règle sur le prix ordinaire et non sur le prix moyen
du blé (2).

Mais ces idées sont trop compliquées pour le peuple; il ne voit dans le marchand de blé qu'un
homme qui est cause que cette denrée n'est plus à
un très-bas prix, qui la tient pour l'instant présent

(1) Lorsque le blé est à bas prix, les propriétaires et les cultivateurs ont moins d'argent, font moins travailler, et le peuple
souffre plus du défaut d'ouvrage qu'il ne profite du bas prix.

(2) Les gens riches peuvent se passer d'une grande partie des
ouvrages qu'ils veulent faire faire, plus aisément que le peuple ne
peut se passer de travail. Ainsi ils ne payent jamais un ouvrage
au-dessus du prix pour lequel ils peuvent espérer de l'avoir quelques mois après. Il en résulte que le prix des salaires n'augmente
avec le prix des grains, qu'après que cette augmentation a duré
longtemps, et par conséquent les chertés passagères de quelques
mois ne changent rien au prix des salaires.

Par la même raison, les salaires doivent diminuer plus promptement dans le temps des bas prix. Mais il faut encore quelque
temps, parce que l'ouvrier aimera mieux souffrir un peu, que
de réduire son travail à un prix moindre qu'il craint de voir subsister, même après le rehaussement du blé; d'ailleurs, comme
les malheureux qui n'ont ni ressources ni épargnes sont forcés à
consentir d'abord à cette diminution de salaire, le gros des ouvriers s'y refuse par vanité. Voilà pourquoi l'on peut dire qu'en
général c'est sur le prix ordinaire, et non sur le prix moyen des
subsistances, que se règle le prix des salaires.

à un prix plus haut, et cela suffit pour fonder la haine populaire.

Le seul remède à ce mal, est l'habitude et un commerce public et fait par un grand nombre de personnes. Le peuple en verra les opérations avec moins de frayeur; et comme chaque marchand emploiera un certain nombre de gens du peuple, il en résultera que, parmi le peuple même, beaucoup de gens prendront la défense de ce commerce. Les émeutes sont un des plus grands obstacles au commerce des grains. Pour s'exposer à la perte totale de sa marchandise et à toutes les violences du peuple, il faut l'espérance d'un immense profit.

Ce n'est point le besoin de pain qui cause ces émeutes, c'est l'idée qu'a le peuple qu'elles resteront impunies, c'est la persuasion où il est que le gouvernement est obligé de lui tenir le blé à bon marché; c'est enfin dans les chefs des émeutes l'espérance de piller.

Ordinairement aux premiers signes de mouvement dans le peuple, les magistrats subalternes cherchent à le calmer par des précautions timides; la peur les saisit, ils s'agitent, s'assemblent, et tous ces mouvements augmentent la terreur du peuple.

Si le peuple était convaincu que jamais le gouvernement ne se mêlera ni de faire ouvrir des magasins de force, ni d'arrêter les blés, et qu'il n'en a pas le droit; s'il était sûr que les chefs des séditions pour le pain seront sévèrement punis, si les magistrats subalternes avaient du courage, alors il n'y aurait plus de séditions.

Une dernière cause d'émeutes est l'intrigue de
quelques marchands : lorsque la liberté n'est pas
entière, ou qu'elle est nouvellement établie, il y a
peu de marchands de blé, et il est aisé à quelques-
uns d'eux de produire une disette apparente. Ils
répandent ensuite parmi le peuple des bruits de famine. Ce peuple se soulève, on veut acheter du blé
pour l'apaiser ; les marchands qui ont produit tout
le mal s'offrent alors au gouvernement, achètent
la préférence des subalternes, et lui vendent à prix
d'or le blé de leurs magasins. Les vexations de la part
des petits magistrats sont un mal presque universel.

D'abord il n'y a rien à gagner à protéger la liberté
absolue, et jamais on ne s'est fait de réputation en
ayant l'air de ne rien faire. Ensuite le but de tout
honnête échevin, c'est l'amour et l'estime du peuple de sa ville ; son ambition ne va pas plus loin.
Or, quoique ses ordonnances prohibitives nuisent réellement à ses bourgeois, puisqu'elles augmentent à la fin le prix du blé, cependant il a l'air
de leur sacrifier le peuple des campagnes. Il calque
ses lois sur celles de l'ancienne Rome : il traite les
campagnes voisines comme Rome traitait les nations vaincues ; et le bourgeois, devenu une espèce
de petit tyran pour le pays qui l'environne, chérit le
magistrat qui flatte son avidité et son orgueil.

De là ces défenses violatrices de la propriété de
faire sortir d'une ville les denrées qui y ont été exposées en vente, quoique tout l'effet de ces défenses
soit d'écarter les marchands de la ville où elles ont été
portées.

De là ces défenses faites aux fermiers d'acheter du grain dans les marchés.

De là ces défenses barbares aux habitants des campagnes, d'acheter du pain chez les boulangers de la ville.

De là ces ordres aux fermiers de garnir les marchés des villes et les visites faites chez eux.

Toutes ces lois traînent à leur suite les exactions des subalternes, les saisies, les amendes, les procédures, et, ce qui en est la conséquence, le découragement de l'agriculture, l'anéantissement du commerce des grains, les disettes dans les villes et la désolation dans les campagnes.

Mais le conseiller du roi ne voit rien de tout cela; il n'a ni remords de ses injustices, ni honte de ses sottises. Plus la cherté augmente, plus il redouble de prohibitions, de vexations, plus il met d'obstacles à ce qui pourrait la faire cesser. Le peuple, aussi ignorant que lui, le voit se démener en parlant de pain; il croit lui avoir obligation de ce qu'il mange, et il le bénit.

La terreur s'est alors emparée des marchands de grains : le petit nombre d'hommes qui font ce commerce se cachent en attendant un moment plus tranquille; mais le peuple les découvre, il crie au monopole. A ce mot, la tête de l'édile s'échauffe, et, fortement persuadé que tout marchand de blé est un scélérat, il en fait arrêter trois ou quatre au hasard, et les livre à la justice pour en faire un exemple. Nos graves sénateurs ont fait serment de croire tout ce qu'on croyait il y a deux cents ans. D'ailleurs, le peuple crie, il faut le calmer et sauver ses vitres; on fait pendre les malheureux marchands, c'est-à-dire, non-seulement des innocents, mais des hommes utiles et nécessaires.

Telle est la marche ordinaire du régime prohibitif que quelques gens d'esprit ont la bizarrerie de regretter, comme le comte de Boulainvilliers regrettait les lois féodales, et Caveirac le temps de la Saint-Barthélemy.

Mais, dira-t-on, est-ce qu'il n'est pas possible que des marchands de blé parviennent, par différentes manœuvres, à faire monter cette denrée à un prix excessif?

Oui, cela est très-possible, toutes les fois qu'il n'y aura pas de liberté. Mais la possibilité cessera du moment où la liberté sera établie, parce qu'avec un grand nombre de marchands il n'est plus possible d'arrêter la concurrence; parce que lorsque les lieux où l'on vend seront très-multipliés, le nombre des acheteurs sera moindre dans chacun, et les terreurs paniques plus difficiles à répandre.

Il est encore possible, dira-t-on, que des marchands conservent dans des magasins immenses tous les grains d'une récolte, qu'ils s'entendent entre eux pour ne vendre que lorsque le prix deviendra excessif.

Supposons que des commerçants aient pu former un tel projet, leurs magasins commencés lorsque le blé est à bas prix, le feront monter infailliblement; alors il faudra qu'ils l'achètent plus cher des fermiers aisés, des propriétaires riches ; le prix augmentera toujours, et les blés des nations voisines arriveront.

Pour éviter que cette concurrence ne fasse baisser le prix, il faudra les acheter encore ; et pour peu qu'une de ces opérations vienne à manquer, la société sera obligée de vendre à perte. Ainsi cette spéculation, pour être sûre, demanderait le crédit réuni de quelques milliers de négociants. Et l'accord parfait de quelques milliers de personnes, étant aussi impossible que celui de cent mille, cette objection se réduit à dire que si tous les gens qui ont du blé s'accordaient pour n'en point vendre, qu'il ne fût à un certain prix, ils l'y feraient monter. Ce qui est aussi vrai que la supposition d'un tel accord est ridicule.

Les magasins de blé, formés librement, sont utiles pour maintenir une plus grande uniformité de prix dans les différentes saisons de l'année, pour diminuer les variations d'une année à l'autre ; et l'on ne saurait trop répéter que ces variations sont seules le mal du peuple, parce qu'elles ne sont pas suivies de variations semblables dans le prix du travail. Ces magasins, en conservant du blé d'une année sur l'autre, sont encore le seul moyen de remédier à une disette réelle, ou aux terreurs qu'inspire l'idée d'une mauvaise récolte.

Quelques personnes éclairées croient que dans une matière qui intéresse si essentiellement l'existence d'un peuple entier, il ne faut rien laisser au hasard ; et comme il leur reste des doutes sur l'effet de la liberté entière, elles semblent désirer que le gouvernement fasse quelque chose pour prévenir les disettes.

Mais d'abord tout règlement, toute contrainte est une atteinte à la propriété et à la liberté des citoyens. Or, pour avoir droit de les forcer à en faire le sacrifice au bien public, il faut être sûr qu'il l'exige ; et assurément il ne suffit pas de n'être pas absolument sûr que ce sacrifice n'y sera point contraire. C'est précisément ce qui arrive ici; car soit qu'on examine les raisons, soit qu'on pèse les autorités, la probabilité est sûrement très-grande en faveur de la liberté.

D'ailleurs, on voudrait que le gouvernement ne fît, pour prévenir les disettes, autre chose que de protéger la liberté la plus entière. Mais que fera-t-il ? Est-on bien sûr que les moyens qu'il emploiera ne produiront point la disette au lieu de la prévenir ? N'est-on pas assuré, au contraire, que la liberté favorise l'agriculture, et qu'en augmentant la quantité du blé, elle rend plus difficiles les disettes réelles ? Quant aux disettes d'opinion, qui osera dire que tout ce que le régime prohibitif entraîne de découragement, d'embarras, d'abus, de vexations..... ne peut pas produire une disette plus facilement encore que la terreur panique, qui peut accompagner une entière liberté ?

Ainsi, le parti de faire quelque chose pour prévenir les disettes, ne doit pas être embrassé par ceux qui doutent, comme étant le parti le plus sûr.

Seulement, il est le plus sûr pour l'administrateur qui, quelque sottise qu'il fasse, n'a rien à craindre à ce commerce, leurs manœuvres, la crainte qu'ils inspirent à tout autre commerçant, produiront une augmentation réelle. D'ailleurs, les frais d'achat, de transport, que les abus rendent immenses, lorsque c'est le gouvernement qui paye, feront qu'il achètera à très-haut prix. Ainsi, pour procurer aux grandes villes une subsistance à bon marché, il faudrait une dépense énorme. Ainsi, pour nourrir le peuple des villes, on accablerait d'impôts le peuple des campagnes. On ne pourra par la même raison forcer de vendre à perte les boulangers, qu'il faudrait ensuite dédommager. Cependant voilà les seuls moyens que le génie des partisans du système des prohibitions ait enfantés jusqu'ici.

Supposons enfin que le gouvernement parvienne, à force d'argent, à faire en sorte que dans les villes le pain eût un prix à peu près uniforme; d'abord, s'il est au-dessous du prix commun des campagnes, le peuple qui les habite refluera encore plus sur les villes, les campagnes en deviendront plus faibles; et pour soutenir les mêmes opérations devenues plus chères, il faudra cependant charger encore plus ces malheureuses campagnes destinées à porter tout le poids de cette administration bourgeoise.

Ensuite que gagnera le peuple des villes à cette opération? Le prix de la main-d'œuvre se mettra au niveau du prix ordinaire du pain. Ainsi cette uniformité, produite par le gouvernement, ne ferait pas aux villes plus de bien que l'uniformité qu'aurait amenée la liberté entière, sans dévaster les campagnes, sans nuire à l'agriculture.

Tout le monde convient que l'effet nécessaire de la liberté du commerce des grains est d'augmenter la quantité de blé reproduit chaque année, et qu'au contraire l'effet des lois prohibitives est de la diminuer. Ainsi, le raisonnement des gens à prohibition se réduit à dire : Plus il y a de blé dans un pays, plus on doit craindre d'en manquer ; et c'est un moyen sûr d'en avoir beaucoup que de l'empêcher de croître.

D'où vient donc qu'un tel raisonnement, d'où vient que ces objections contre la liberté, si faibles en elles-mêmes, ont tant d'influence sur les esprits ? De la peur que les raisonneurs des villes ont des émeutes populaires, de ce qu'ils ont des vitres à casser.

La peur est l'origine de presque toutes les sottises humaines, et surtout des sottises politiques : elle seule a produit cette foule de lois absurdes ou oppressives sur le commerce des grains. En guérissant les hommes de la peur, on les guérirait de bien des préjugés et de bien des maux ; et une éducation qui élèverait l'homme au-dessus de cette maladie cruelle de l'âme, lui apprendrait à raisonner juste dans les sciences morales, plus sûrement que la logique de Port-Royal, ou même que l'étude de la géométrie.

Nous avons cru qu'un exemple aussi détaillé servirait mieux que des raisonnements abstraits à bien faire voir ce qu'on doit entendre par monopole, et comment on doit y remédier. D'ailleurs, il n'y a point de commerce où l'idée de monopole excite autant de terreur, et sur lequel elle ait donné lieu à de plus mauvais raisonnements.

Il résulte de cet exemple que dans tout commerce qui a pour objet une denrée de grande consommation (et heureusement toutes les denrées de nécessité première sont dans ce cas), il n'y a point de monopole à craindre, si la liberté est entière; que les seules causes qui puissent produire le monopole, sont ou de mauvaises lois, ou une mauvaise administration, ou des préjugés; que pour y remédier, il faut se corriger et s'éclairer; qu'il n'y a point proprement de monopoleurs, parce que le monopole est l'ouvrage du gouvernement et du peuple, et non celui des marchands; que les seuls coupables seraient ceux qui, par des manœuvres, contribueraient à augmenter les effets funestes de l'erreur, ou de la mauvaise administration; que ces manœuvres sont trop difficiles à constater d'une manière claire, pour qu'on puisse, sans tyrannie, en faire l'objet d'une loi pénale; que la punition de ceux qu'on en jugerait coupables, ne ferait que du mal par la terreur qu'elle inspirerait aux marchands; et qu'ainsi, au lieu de lois contre les marchands qui peuvent abuser de la sottise du peuple et de ses chefs, il en faudrait qui punissent les attentats contre la liberté; qu'il en faudrait surtout contre l'abus que les magistrats chargés de la police font de leur autorité; eux seuls sont les véritables monopoleurs.

Dans les denrées d'une petite consommation, le monopole de fait est plus facile. Un seul marchand, par exemple, peut *accaparer* tous les œufs d'un marché; et certainement ce sera un inconvénient pour le peuple de la ville, s'il est défendu à ceux qui ont des poules de vendre leurs œufs ailleurs qu'au marché. Car si on leur en laisse la liberté, tout le mal disparaîtra. Mais il est plaisant qu'on ait imaginé de regarder l'acheteur des œufs comme coupable, quoique tout son crime se borne à avoir troqué son argent contre des œufs. On l'a donc condamné à une amende, et pour mieux se mettre en garde contre un attentat aussi énorme, on a réglé la quantité d'œufs que chaque marchand pourrait acheter à un marché; passe-t-il le nombre, il paye une amende; et si on songe à ce qu'il faut payer pour maintenir ces règlements de conseillers du roi, inspecteurs de marchés, de visiteurs jurés, d'officiers de police, etc., il est difficile de croire que cette législation ait beaucoup diminué le prix des œufs.

Nous n'avons parlé jusqu'ici que des monopoles que le vendeur exerce sur l'acheteur. Il y en a d'une autre espèce, et que l'acheteur exerce sur le vendeur.

Par exemple, dans certaines villes, il est défendu de vendre des denrées au public, avant que l'évêque ou le seigneur aient pris leur provision; et si les marchands s'avisent de contester sur le prix avec son maître d'hôtel, ou de ne pas acheter sa permission, ils perdent ou une partie de leurs denrées, ou du moins une partie du temps où ils avaient le droit de vendre.

Dans toutes les villes bien policées, les marchands de comestibles et les étrangers n'ont le droit d'acheter qu'à une certaine heure; il faut laisser à l'habitant

de la ville le temps de faire ses provisions et le débarrasser d'une concurrence ruineuse. Si quelque
bourgeois est assez mauvais patriote pour prêter son
nom à un étranger, on le punit. On croirait que
l'habitant de la ville et celui de la campagne ne sont
pas citoyens d'un même État et membres d'une même
nation ; que chaque ville est en droit, comme Rome,
de se donner des lois utiles à Rome seule, oppressives pour le reste de la terre.

Il serait à désirer que le gouvernement abolît ces
restes de l'ancienne anarchie, qui ne subsistent que
parce qu'il ne daigne pas songer à les détruire.

Un autre monopole de même genre, est l'obligation
où sont les propriétaires de la Franche-Comté de ne
vendre leurs bois qu'aux fermiers généraux, et pour
l'exploitation des salines ; ou bien la loi qui oblige
ceux qui ont des bois, de fournir aux salpêtriers du
roi celui dont ils ont besoin. Le dernier de ces monopoles existe en Franche-Comté comme ailleurs ; en
sorte qu'il est arrivé quelquefois à des propriétaires
d'être mis à l'amende par les salpêtriers pour avoir
refusé de fournir du bois, et l'année d'après, d'être
poursuivis par la ferme pour leur en avoir fourni.

On a depuis peu étendu sur la Lorraine ce privilége
de la ferme, car il semble qu'on n'ait commencé que
depuis environ six mois à avoir en France quelques
idées du droit de propriété. On ignore à Paris tous
ces abus, ou si on en parle à souper, on en rit et on
les oublie ; car à voir le grand intérêt que les Parisiens
mettent à un souper, et leur profonde indifférence
sur leur législation, on croirait qu'ils ne connaissent

d'autres propriétés que celle du souper où ils sont priés.

Nous n'avons rien dit du monopole que les Hollandais exercent sur le commerce d'épiceries. Il n'est ici question que d'administration intérieure, et les brigandages de nation à nation ne sont pas de notre sujet. Les propriétaires des îles où croissent les épiceries savent combien ce monopole est onéreux, les nations de l'Europe sentent le poids du tribut que la Hollande leur impose, et il ne manque aux uns et aux autres que le courage et la volonté de s'y soustraire. Les Hollandais ont cru et croient encore que ce commerce exclusif et tyrannique est la source de leur grandeur. Mais ils cesseront bientôt de le croire.

Monopoleur (s. m.), homme qui agit ou qui écrit contre la liberté du commerce. (*Voyez l'article précédent.*) Il ne faut point pendre ces derniers; et la peine capitale pour ce genre de crime doit être le ridicule.

RÉFLEXIONS

SUR LES CORVÉES,

A MYLORD ***.

1775.

RÉFLEXIONS

SUR LES CORVÉES,

A MYLORD ***.

Vous avez été sans doute surpris, Mylord, d'apprendre que nous disputions en France pour savoir si les droits de corvée, de main morte, de banalité, de minage, de banvin, sont une institution bien utile au genre humain; si l'on doit regretter ces fruits de la sagesse de nos pères qui ont inventé toutes ces belles choses entre le cinquième et le neuvième siècle, qui, comme chacun sait, furent des siècles de lumière et de vertu. Nous avons de profonds politiques qui prétendent que si jamais ces belles institutions viennent à se perdre parmi nous, nous serons exposés à perdre en même temps les maximes qui ont fait la prospérité et la gloire de notre nation pendant ces siècles qu'une pernicieuse philosophie s'obstine à regarder comme des siècles de honte et d'infortune.

Mais des gens bien moins profonds, et guidés uniquement par un gros bon sens, ont de la peine à s'imaginer que, tandis que toutes les sciences ont fait des progrès si immenses, celle de la politique ait été seule en rétrogradant. Il serait bien étrange, selon eux, que les siècles de superstition et d'ignorance aient été ceux où l'on a raisonné le mieux sur l'art d'administrer les États.

Ils disent qu'en parcourant notre histoire depuis Hugues Capet, on ne voit, dans le gouvernement, qu'une seule maxime constante : celle de substituer un gouvernement réglé à l'anarchie féodale ; et que ce n'est pas sans doute cette maxime que condamnent les partisans des droits féodaux : que les règnes de saint Louis, de Charles V, de Louis XII, de Henri IV, sont moins recommandables par le bonheur que ces princes ont procuré à la nation, que par la grandeur des maux qu'ils ont eu à réprimer, par l'immensité des abus qu'ils ont eu à détruire ; et que les désordres causés par le système féodal n'étaient pas les moindres de ces abus. Ils ajoutent que s'ils cherchaient dans toute la durée de la monarchie un temps où un homme destiné à vivre voulût placer sa vie, ce serait le règne de Louis XIV, à commencer après la fronde, et celui de Louis XV, qu'il faudrait choisir ; que la liberté laissée à la nation de déployer son génie et son activité dans tous les genres, le progrès des arts et des lumières, la force du gouvernement qui a pu abuser quelquefois de sa force, mais qui ne laisse plus les citoyens exposés aux oppressions particulières ; que toutes ces causes ont fait fleurir l'agriculture et le commerce ; qu'elles ont été plus puissantes pour le bien que ce qui reste encore d'anciens abus ne l'a été pour le mal. On parle des mœurs de nos ancêtres, ajoute-t-on. Il est difficile, en lisant l'histoire, de croire qu'elles valussent mieux que les nôtres. On trouve à la fois plus de scandale et plus d'hypocrisie, plus de corruption et plus de férocité; une avidité aussi grande avec plus de violence, et avec moins de pudeur encore dans les moyens de la satisfaire.

J'avoue, Mylord, que ces raisons me paraissent assez bonnes, et je ne sais trop ce que pourraient y répondre de solide ces savants panégyristes des siècles d'ignorance. Mais ces raisons ne suffisaient pas pour résoudre la question des droits féodaux; car on pourrait prétendre, par exemple, que tout ce qu'ils avaient d'injuste ou de barbare a été détruit, et qu'il ne nous en reste plus que la partie qui était utile, ou qu'on ne pourrait attaquer sans violer la propriété.

Ainsi il reste toujours deux questions à examiner :

La première, si le remboursement des droits féodaux, qui est un bien pour le peuple, serait un mal pour la noblesse.

La seconde, si la puissance législative peut, sans blesser les droits de la noblesse, forcer les seigneurs à recevoir ce remboursement, et en déterminer les conditions.

Quoique ces questions ne puissent regarder votre nation, je suis sûr, Mylord, que vous ne m'écouterez pas sans intérêt. Les hommes assez vertueux et assez sages, pour ne désirer que d'être libres, et pour ne vouloir que jouir de leurs droits, savent combien il leur importe que les principes d'une politique humaine et juste soient pratiqués par leurs voisins, et que les erreurs nuisibles aux hommes n'aient pas d'asile sur la terre.

Pour résoudre ces deux questions, il faut savoir d'abord ce que l'on doit entendre par la noblesse. Ce ne sont pas, sans doute, les descendants des anciens conquérants des Gaules, de ceux qui composaient seuls, sous Charlemagne, les assemblées de notre nation. En effet, depuis que tous les ordres de l'État ont été admis à posséder des fiefs, et que la vénalité des charges qui donnent les priviléges de la noblesse, a porté le nombre de ces anoblis anciens ou modernes fort au delà de celui des gentilshommes, il est impossible de trouver quelques rapports entre le corps de l'ancienne noblesse et celui des possesseurs de fiefs ou des privilégiés.

Par la noblesse intéressée au remboursement des droits féodaux, il faut donc entendre la classe des possesseurs de fiefs, quelle que soit son origine; et comme cette possession est libre à tous les états, et ne change celui de personne, commençons par écarter de la question la vanité bourgeoise de posséder une terre, et d'exercer des droits seigneuriaux : il faut donc les considérer en eux-mêmes.

De ces droits, les uns sont sur les choses, les autres sur les personnes. Parmi les premiers, quelques-uns sont éventuels : tels que ceux qui se perçoivent pour les successions ou pour les ventes. Le rachat ferait succéder un revenu fixe et certain à ces profits inconstants.

De quel côté est l'avantage? Quel père de famille économe et sensé hésiterait un moment?

Ces droits peuvent être annuels, s'ils sont en argent. Comme l'augmentation de la masse des métaux
précieux diminue sans cesse la valeur réelle des valeurs numéraires, il y a du profit au propriétaire
des droits à les aliéner pour les changer contre un
fonds. Si ces droits sont payables en nature, leur
propriété n'est pas certainement préférable à un terrain d'un revenu égal qui peut être amélioré.

Venons aux droits personnels : tels sont ceux de
corvée; et les efforts de tous les seigneurs pour être
autorisés à les faire convertir en argent, prouvent
qu'ils trouvent eux-mêmes que le rachat leur serait
avantageux. Tel est encore le droit d'hériter de son
vassal au préjudice des héritiers naturels, s'ils ont
manqué à de certaines formalités; et je ne crois pas
qu'aucun seigneur puisse ne pas préférer une propriété foncière à ce droit qui étouffe l'industrie, et
qu'il ne peut presque jamais exercer sans des rigueurs
qui révoltent la nature.

Il y a des droits qui sont des impôts, comme les
droits de hallage, de minage; et la perception de
ces droits est embarrassante, souvent odieuse et
exposée à toutes les variations du commerce. L'établissement des marchés gratuits peut les réduire à rien.

Viennent enfin les priviléges exclusifs, qu'on appelle banalités, droits de banvin, etc. Ceux-là doivent la plus grande partie de leur valeur aux vexations que les fermiers, qui les louent, exercent avec
impunité sous la protection des seigneurs. Croira-
t-on que les seigneurs refuseraient d'abandonner un
revenu qui expose leurs vassaux à des vexations qui

XI.   5

les exposent eux-mêmes au malheur d'être haïs du peuple de leur terre, pour un revenu égal, mais innocent et légitime?

Mais outre ces motifs particuliers aux différentes espèces de droits, deux considérations générales doivent faire désirer le rachat aux possesseurs de fiefs.

D'abord, il n'y a aucun droit féodal dont la perception, la quotité, souvent même la propriété ne soit une source de procès; et depuis que notre jurisprudence a reçu sa forme actuelle, ce que la plupart de ces droits ont coûté en frais de justice aux propriétaires ou aux débiteurs de ces droits, aurait suffi pour les racheter. La seconde est que jamais cette propriété ne peut être regardée comme aussi certaine que celle d'une terre : l'une est fondée sur le droit de la nature; l'autre ne l'est que sur celui des fiefs.

On dira peut-être que les droits féodaux sont une espèce de biens plus nobles que d'autres.

J'avoue que je n'entends pas cette expression. On ne peut pas l'entendre des droits en eux-mêmes.

Qu'y a-t-il de noble dans le droit de forcer des paysans à nous donner leur travail, quand ce travail est la vie de leurs enfants?

Il peut y avoir de la noblesse à renoncer à de pareils droits, mais non pas à les exercer.

Qu'y a-t-il de noble dans le droit de dépouiller les enfants de l'héritage de leur père, lorsqu'ils n'ont pas rempli les formalités nécessaires selon les lois de votre fief?

Trouvera-t-on bien noble le privilége exclusif d'avoir dans un certain canton une machine à moudre le blé, à écraser les raisins ou les olives, à cuire du pain, à séparer le grain de la paille, etc.; et par quelle bizarrerie l'exploitation d'une manufacture libre serait-elle ignoble, et l'exercice d'un monopole serait-il regardé comme honorable?

Est-il noble de lever un impôt sur le pain du pauvre, et de lui ravir une partie d'une nourriture souvent au-dessous de ses besoins? — « Mais ces « droits conservés dans nos terres sont des monu- « ments de la puissance de nos ancêtres. » — Hélas! tout ce qu'ils prouvent, c'est que vos ancêtres ont été des tyrans; tâchez plutôt de prouver qu'ils ont été vertueux. S'ils ont eu les vertus d'un siècle barbare, ayez celles d'un siècle éclairé. Ils étaient les protecteurs de leurs vassaux; soyez les bienfaiteurs des vôtres. Conservez vos revenus; ils vous sont nécessaires pour servir la patrie, pour lui former des enfants dignes et d'elle et de vous; mais rejetez avec horreur tout ce qui, dans la perception de ces revenus, humilierait ou opprimerait des hommes : laissez la vanité de la noblesse, et songez à conserver la dignité de la nature humaine.

Ces droits féodaux ne sont point nobles par l'état de ceux qui les possèdent, puisque tout homme peut également les acquérir; puisque le premier homme de l'État peut devenir le vassal d'un des derniers, si celui-ci a exercé un de ces métiers qui enrichissaient en avilissant.

Ayons donc le courage de renoncer à la vanité

féodale; s'il nous faut absolument de la vanité, glorifions-nous de compter pour ancêtres des héros ou des hommes vertueux, de sortir d'une race courageuse qui n'a jamais subi le joug de l'esclavage; glorifions-nous d'exercer dans l'État des fonctions nobles et utiles, comme celles de défendre la patrie, de rendre la justice, d'éclairer les hommes, de partager avec les administrateurs le poids des affaires et celui de l'ingratitude publique.

J'ai vu craindre qu'après le rachat des droits féodaux, les seigneurs ne fussent moins respectés dans leurs terres. Ah! mes amis, contentons-nous de l'être autant que Cicéron à Tusculum, et Scipion à Linterne. Croyez-vous que Catinat, sans droits féodaux, ait inspiré moins de vénération aux habitants de Saint-Gratien? Croyez-vous que quarante années d'une vertu conservée sans tache à la cour et dans les armées, ne soient pas encore de meilleurs titres aux respects des hommes, que les nobles droits de champart ou de cuissage?

Mais si le rachat des droits féodaux est avantageux aux propriétaires de ces droits, il ne l'est pas toujours à ceux qui les payent.

Les droits de mainmorte sur les successions, les corvées féodales, les servitudes, les banalités ôtent le repos du peuple, ce seul dédommagement de sa pauvreté; ils l'humilient, l'exposent à la vexation, lui ôtent son activité, son émulation, sans lesquelles il n'y a dans les campagnes ni mœurs ni honnêteté.

Les droits de minage, de banvin, etc., nuisent à

l'agriculture, au commerce, à la sûreté, à la facilité de la subsistance. Voilà des droits dont il importe au peuple de se délivrer.

La manière de rembourser ces droits n'est pas toujours sans difficulté.

Je vais m'arrêter un moment sur cet objet. Tous les projets ne sont, sans doute, que des rêves ; mais il est doux de jouir du bonheur public, ne fût-ce qu'en songe.

Il y a des banalités de deux espèces : les unes, comme celles des fours, des pressoirs, consistent en un droit avec la propriété d'un four, d'un pressoir, et par conséquent il faut rembourser d'après le revenu net que ce droit produit, et distraire du fonds seulement la valeur de la machine et des bâtiments où elle est placée. La banalité des moulins à eau pour le blé, pour l'huile, etc., est très-différente.

Il ne suffirait pas de déduire du produit du moulin la valeur de cette machine, parce que le propriétaire a de plus le droit exclusif d'avoir un moulin dans telle étendue d'eau ; ce droit a cela de commun avec une véritable propriété, qu'il ne peut être rendu libre, lors surtout que la machine se meut par la chute de l'eau : alors, en effet, tout moulin une fois construit, entraîne l'impossibilité physique de construire un autre moulin, si ce n'est à des distances où l'on puisse se procurer une chute égale, sans détruire le premier moulin.

Ainsi, la propriété de la machine est inséparable du droit exclusif de disposer d'une certaine étendue de rivière.

Il faut donc, ou que les hommes assujettis à la banalité rachètent le moulin en entier pour le revendre ensuite, ou qu'ils ne rachètent que la partie du produit qui est due au privilége de la banalité.

Or, il n'y a aucun moyen d'évaluer ce profit.

Il faudra donc, dans les cas où le rachat de la banalité se trouverait forcé, s'en tenir au premier moyen; le second ne peut avoir lieu que dans le cas d'un traité parfaitement libre.

Si les corvées féodales sont converties en argent, c'est une véritable capitation. Le rachat en est facile à régler; mais toute communauté pauvre trouvera le rachat onéreux. Si elles ne sont exigibles qu'en nature, le rachat devient très-difficile à régler. Il ne serait pas juste de les faire racheter comme si le seigneur employait chaque année la totalité des journées qu'il est en droit d'exiger. L'évaluation ne peut donc être réglée que d'après les circonstances locales, sur les offres réciproques des seigneurs et des habitants, etc.

Il en sera de même des droits de banvin. Quant à ceux de minage, de hallage, etc., qui ne sont que de véritables impôts sur les consommations, le rachat en est aussi facile qu'il est avantageux aux seigneurs, et nécessaire à la prospérité publique.

Mais si, de ces servitudes avilissantes ou onéreuses pour le peuple, nous passons à des droits d'un autre genre, aux redevances en nature ou en argent, que les propriétaires de certaines terres sont obligés de payer chaque année, nous verrons que ce n'est plus qu'une affaire de pur intérêt ; et comme en le remboursant le vassal serait obligé d'aliéner une partie de sa propriété, pour avoir le produit entier de ce qui lui reste, la question se réduit à savoir s'il ne vaudrait pas mieux pour lui d'avoir un terrain plus étendu à mettre en valeur, mais avec une redevance, qu'un terrain libre, mais moins étendu, le revenu qu'il en tirerait comme propriétaire étant le même. Or, cela peut très-bien se soutenir ; et, dans ce cas, le rachat n'est avantageux au vassal qu'en ce qu'il le libère ; il sacrifierait, en se rachetant, son profit à sa tranquillité.

Les droits éventuels sont de deux sortes : les uns se payent à chaque mutation par mort. La manière de les rembourser serait de déterminer qu'elle doit être à un intérêt donné pour chaque année. Le fonds d'une rente qui se paye tous les 23 ans est la durée moyenne d'une possession ; et c'est ce qu'on peut trouver par la durée moyenne des règnes dans les monarchies héréditaires.

D'autres droits ne se payent que pour les successions collatérales ; alors on les évaluera de même ; mais seulement ce n'est plus la durée moyenne des règnes qu'il faut prendre, mais celle des branches dans les différentes races des rois héréditaires.

Il suffit d'une légère attention pour voir que la somme excédera le droit une fois payé. Or, on trouvera peu d'hommes qui croient faire une chose avantageuse en payant aujourd'hui plus de cent pistoles, par exemple, de peur que leur fils ne paye à leur mort cent pistoles seulement.

Quant aux droits de lods et ventes, et à tous ceux qui se payent à des époques dépendantes de la volonté humaine, le droit du seigneur est de recevoir une certaine somme toutes les fois qu'un événement incertain arrivera. La charge du vassal est d'avoir acheté une terre un certain prix, aux conditions, toutes choses égales d'ailleurs, de ne la revendre qu'un prix plus bas d'un douzième ou d'un seizième; il faudrait fixer un temps moyen d'une vente à l'autre, comme on a un temps moyen pour la durée d'une possession; cela est plus difficile, parce que la fréquence des ventes dépend de l'état du commerce, des mœurs, de la confiance dans le gouvernement; elle dépend de la quotité plus ou moins grande du droit; de la facilité des seigneurs à remettre une partie de leurs droits.

Et ce qui dépend des fantaisies humaines se peut-il calculer?

Si ces calculs ont des difficultés, c'est à vous, Mylord, que j'en demanderai la solution. L'amour des sciences exactes n'est pas moins héréditaire dans votre maison que les vertus patriotiques. Lorsque l'esprit est sans cesse occupé de grands objets, l'âme aussi a besoin d'avoir de grands intérêts. Quelques instants d'une puissance achetée au prix de la liberté de ses concitoyens et de sa postérité, doivent peu frapper un esprit accoutumé à la méditation de vérités éternelles; son âme veut aussi s'attacher à des choses qui ne périssent jamais; et l'espoir de voir le genre humain délivré des maux auxquels une trop longue expérience pourrait faire croire une durée éternelle, est le seul sentiment qui puisse la remplir.

Mais quand même le taux du remboursement de ces droits serait déterminé par un calcul exact, une plus grande difficulté s'oppose à leur remboursement; celle d'engager le possesseur d'un terrain à payer une certaine somme, afin que, lorsqu'il voudra vendre, il puisse espérer de le vendre plus cher d'une somme à peu près égale. Ainsi, quoiqu'il fût en général de l'intérêt public et de celui des vassaux d'éteindre ces droits éventuels en les rachetant, cette utilité est si éloignée, pour chaque particulier en général, qu'en supposant même que chacun eût des moyens pour acheter, il n'y aurait qu'un petit nombre qui se déterminerait à prendre ce parti.

Il serait possible cependant qu'un père qui craindrait que le payement des droits ne fût onéreux à ses enfants, un oncle à ses neveux, qu'un propriétaire qui formerait le projet d'acheter des terres considérables pour les revendre par parties, proposassent aux seigneurs de changer ces droits éventuels en redevances annuelles, qui, si elles étaient en nature, seraient bien plus utiles aux seigneurs. Ces redevances annuelles seraient remboursées un jour peut-être, tandis que les droits éventuels ne l'auraient jamais été; et cela n'est pas plus contradictoire que de voir un homme emprunter à rente, parce qu'il a une somme à payer, et chercher à se libérer ensuite.

Il serait donc vrai de dire que les seigneurs, s'ils

entendaient leurs véritables intérêts, devraient désirer le rachat des droits féodaux, bien plus que leurs vassaux. On a dit aux vassaux : « Tâchez d'obtenir de vos seigneurs qu'ils consentent aux remboursements des droits que vous payez; » et je dis aux seigneurs : Tâchez d'engager vos vassaux à racheter les droits qu'ils vous payent.

Examinons maintenant cette question de droit public : *Jusqu'à quel point la puissance législative peut-elle forcer les seigneurs ou les vassaux à faire les rachats qui sont utiles?*

Les opinions des publicistes sur la puissance législatrice peuvent se réduire à deux. Les uns disent que *la puissance royale n'a d'autres limites que celles qu'elle veut bien s'imposer à elle-même.* D'autres ont une opinion plus modérée.

Ils croient que la puissance ne peut légitimement violer le droit naturel; que, par exemple, elle ne peut empêcher les hommes de disposer librement de leurs personnes et de leurs biens, dans tout ce qui n'est pas contraire au droit d'un autre, et à l'exception de ce qu'en vertu d'une loi générale, on peut exiger que chacun d'eux sacrifie de sa liberté et de sa propriété pour la conservation du reste, pour la sûreté de la nation ou celle des particuliers; que la puissance législative ne peut pas ériger en crime, des actions qui ne blessent les droits d'aucun individu, etc., etc.

Ils ajoutent que cette opinion est adoptée par des souverains, respectés pour leurs vertus, bénis de leurs peuples, et que ces souverains n'ont pas cru faire de sacrifices en renonçant au droit d'être in-justes.

Il est clair que, dans le premier système, la puissance législative a tous les droits qu'elle a jugé à propos de prétendre avoir. Voyons ceux que, dans le second système, elle peut avoir sur les servitudes ou redevances féodales.

Les droits féodaux sont de deux espèces : les uns, qui se payent annuellement sur les terres, peuvent être regardés comme représentant une propriété. En effet, il est prouvé que les cens, les champarts, dîmes, etc. (1), ont été souvent le prix pour lequel les seigneurs ont abandonné certaines terres à leurs vassaux ; l'on peut même supposer qu'en général toutes les redevances de cette espèce ont eu cette origine. Lorsque les droits représentent la propriété, il serait également injuste de forcer les seigneurs à vendre ces droits, ou les vassaux à les racheter ; et tout ce que la puissance législative peut faire, c'est de régler la manière dont les communautés de vassaux qui voudraient traiter de ces droits avec leurs seigneurs, pourraient le faire et contracter d'une manière obli-

(1) Il faut observer ici que les dîmes ecclésiastiques ne peuvent être comprises dans cette classe de biens. Elles sont un impôt que l'État a consacré aux salaires des ministres de la religion. Plusieurs seigneurs laïques se sont emparés de ces dîmes ; d'où il résulte que dans les pays où les ecclésiastiques n'ont point de dîmes, où les seigneurs en lèvent une, et sont en même temps patrons des églises, la dîme féodale n'est qu'un véritable impôt destiné pour le culte public, et dont le seigneur a l'administration.

gatoire pour chaque particulier, même pour ceux qui n'auraient pas consenti.

Les autres droits féodaux, tels que tous les droits éventuels, les priviléges exclusifs, le droit de marchés, les servitudes représentant véritablement des impôts, ce sont des droits que la puissance souveraine a abandonnés aux seigneurs de fiefs, qui alors étaient obligés à un service militaire, à celui des tribunaux, etc., etc.

Or, le droit de mettre un impôt est un droit inhérent à la puissance législative, qu'elle ne peut aliéner : elle peut céder à perpétuité le produit d'un impôt ; mais si la perception de cet impôt est injuste, ou même seulement nuisible, elle peut en changer la forme, et le propriétaire n'a le droit qu'à recevoir un revenu égal.

La puissance législative peut donc détruire ces droits, en dédommageant le propriétaire.

Il serait singulier qu'en France, où des publicistes des écoles de droit prétendent que la puissance législative n'a point le droit d'aliéner une terre qui a fait partie, pendant quelque temps, du domaine de l'État, ces mêmes publicistes prétendissent lui disputer celui d'aliéner à perpétuité le produit d'un impôt.

Le changement de valeur des métaux précieux, le changement plus grand encore de la valeur des rentes perpétuelles assignées sur les fonds publics, ne laissent au gouvernement qu'un moyen légitime de dédommager : c'est le remboursement à des époques fixes.

Les servitudes connues sous le nom de main-morte et les corvées féodales sont si contraires au droit des hommes, à la prospérité des campagnes, à la puissance des nations, que, dans les temps même d'ignorance, la justice des rois s'est occupée de les détruire.

Mais lorsque des abus sont utiles à des hommes puissants, et ne pèsent que sur le peuple, ils subsistent longtemps après les lois qui les proscrivent.

Aussi avons-nous encore des servitudes en France; mais les serfs ont le droit de se racheter lorsqu'ils le demandent, et les seigneurs peuvent y être contraints. C'est ainsi que le parlement de Paris l'a prononcé en 1571, par la bouche de M. Séguier, premier président.

Aux états généraux de 1615, le tiers état a demandé la destruction entière de ces servitudes. Il avait demandé de même la destruction des maîtrises (1). Ce vœu du peuple vient d'être rempli par

(1) Extrait du cahier général du tiers état, présenté au roi à la clôture des états, le 23 février 1615 :

« Toutes maîtrises érigées depuis les états de Blois seront étein-
« tes sans que parci après elles puissent être réunies ni aucunes
« autres nouvelles établies, et soit l'exercice desdits métiers laissé
« libre à vos pauvres sujets.

« Tous édits d'arts et métiers et lettres de maîtrises accordées
« en France en faveur de mariages, naissances, ou pour d'autres
« causes quelques soient, soient révoquées, sans qu'à l'avenir il
« soit octroyé aucunes telles lettres de maîtrises, ni faire aucun
« édit pour lever deniers, sur les artisans pour raisons de leurs
« arts et métiers, et ou aucunes lettres de maîtrises seront faites
« et concédées au contraire soit enjoint vos juges n'y avoir aucun
« égard.

notre jeune monarque ; pourquoi celui de la destruction des servitudes serait-il écouté moins favorablement ?

Sans doute qu'il est digne d'un prince, ami de son peuple, de chercher, au bout de cent soixante années, quels ont été les désirs de ce peuple, la dernière fois qu'il lui a été permis de se faire entendre, et de les satisfaire s'ils s'accordent avec la justice ; si, dans des temps moins éclairés que le nôtre, ce peuple ne s'est pas trompé sur ses vrais intérêts.

Les banalités et les autres priviléges exclusifs peuvent être regardés, par les vexations qu'ils traînent après eux, par l'atteinte qu'ils donnent à la prospérité et à la liberté, comme de véritables servitudes ; la puissance législative a donc le même droit d'obliger les propriétaires de ces priviléges à en recevoir le remboursement.

Toutes les fois qu'une institution abandonne à un particulier le privilége, soit de gêner la liberté, soit de restreindre la propriété des autres, ou le souverain lui accorde un droit injuste, et alors non-seulement il peut le révoquer, mais même il n'a jamais

« Que les marchands et artisans, soit de métiers jurés ou autres
« métiers ne payent aucunes choses pour leur réception, lévement
« de boutiques, ou autres, soit aux officiers de justice, soit aux
« maîtres jurés et visiteurs de métiers ou marchandises, et ne fas-
« sent banquets et autres dépenses quelconques, ni même pour
« droit de confrairie, ou autrement, sous peine de concussion à
« l'encontre desdits officiers, et de 100 liv. d'amende contre cha-
« cun desdits jurés ou autres qui auront assisté aux banquets, pris
« salaires, droits de confrairie ou autres. »

eu le droit de l'accorder. Ou bien le souverain accorde une partie de l'impôt qu'il a le droit de lever pour la défense publique. Or ce droit est inaliénable par sa nature. En un mot, aucun privilége exclusif n'est une propriété; il émane nécessairement de la puissance législative, qui seule a pu légitimement imposer une gêne à chaque citoyen, pour le bien de tous. Mais, du moment où cette gêne nuit au bien général au lieu d'y contribuer, elle doit être abrogée.

Si la puissance législative a accordé ces droits comme solde du service militaire, et c'est là l'origine la plus noble que les partisans de la féodalité puissent trouver; si elle a assigné cette solde sur ces espèces d'impôts à perpétuité, mais seulement à donner une propriété égale en valeur, lorsqu'elle croirait remettre cet impôt à la nation, ou le remplacer par un impôt moins onéreux.

Si la banalité, si le privilége quel qu'il soit, est né d'une convention libre entre le seigneur et les vassaux, ils n'avaient pas le droit de la former, parce qu'ils n'avaient pas le droit, sans le consentement de la puissance législative, de mettre un impôt sur leur territoire. Celle-ci peut donc, en conservant au seigneur la valeur qui lui a été cédée, abroger un droit qui n'avait pu être ni établi par une convention, ni aliéné à perpétuité, même par le souverain.

Ces principes s'appliquent aux droits de marchés.

Il en serait de même des droits éventuels; mais ceux-ci, quoique nuisibles aux progrès de l'agriculture, sont des impôts bien moins onéreux; et si la vanité des seigneurs se blessait qu'on les forçât à les vendre, les vassaux se plaindraient peut-être avec plus de raison qu'on les forçât de les racheter. Ils pourraient dire que si la nation en général a intérêt au rachat de ces droits, la plupart des particuliers n'en ont aucun à payer d'avance, et qu'ils peuvent éviter de payer ce qui ne sera dû qu'à leurs héritiers, qu'il est d'autres impôts plus onéreux, dont l'extinction coûterait moins au peuple que cette opération.

Voilà, Mylord, ce que je pense sur ces intérêts, et sur les droits de la noblesse et du peuple, dans la grande question des droits féodaux ; je puis me tromper, mais je suis sûr de mes intentions, en désirant le soulagement du peuple ; je suis loin de vouloir l'abaissement de la noblesse, je ne crois point attaquer sa propriété, en proposant de lui donner une propriété meilleure et plus sûre, ou plutôt de substituer une véritable propriété au droit de lever un impôt, ou d'exercer un privilége exclusif. Ce n'est point *soulever les vassaux contre leur seigneur*, que de leur dire qu'ils sont intéressés à lui proposer une transaction qu'il serait en droit de rejeter. Ce n'est *ni les soulever contre leur seigneur ni les armer contre le souverain*, que de les avertir qu'ils ont le droit de s'adresser au souverain, si leur seigneur refuse une condition juste, ou de demander au législateur une loi générale sur un objet qui intéresse toute la nation ; ce n'est pas armer les peuples contre le souverain que de prétendre qu'il a droit de faire cette loi.

Quelques dames de mon voisinage, à qui on a parlé d'un livre où l'on proposait aux vassaux de s'assembler pour traiter avec les seigneurs du rachat de leurs droits, en ont été alarmées ; elles ont craint qu'en cas de refus, leurs vassaux ne les traitassent comme plusieurs dames du château l'ont été sous le règne du roi Jean. Mais les temps sont changés ; ils sont même devenus meilleurs, quoi qu'on en puisse dire ; et les esprits sont plus éclairés, les mœurs plus douces.

Si les paysans se sont soulevés contre des seigneurs qui, entourés de satellites, leur faisaient essuyer tous les outrages, toutes les violences, tous les caprices, ils n'ont aucune raison de traiter de même des seigneurs qui, soumis aux mêmes lois qu'eux, jugés par les mêmes tribunaux, n'ont sur eux d'autres avantages que ceux que leur donne la finesse de leurs gens d'affaires. Les paysans se sont soulevés contre leurs seigneurs lorsque, poussés au désespoir, ils ne voyaient aucune puissance sur la terre qui pût écouter leurs réclamations. Se soulèveront-ils sous un roi qu'ils savent occupé de leur bonheur, et qui leur a prouvé qu'il aurait le courage de faire tout ce qu'il croirait humain et juste ?

Le droit de s'assembler est de droit commun en France, pour les différentes communautés. C'est une suite de l'affranchissement, et jamais il n'a été contesté ; d'ailleurs, le droit de s'assembler, lorsque l'on a des intérêts communs, est de droit naturel ; et il subsiste dans l'état de société, toutes les fois qu'il n'a pas été restreint par une loi. Or, il n'y en a en

France aucune de cette espèce : tous les jours les tribunaux jugent des procès entre les seigneurs et les communautés ; et si quelques particuliers de ces communautés avaient intenté ces procès sans qu'il y eût d'assemblées, ils deviendraient eux seuls responsables des événements. Le droit qu'ont les communautés de s'assembler est donc reconnu en France. Elles pourront donc s'assembler pour proposer à leurs seigneurs le rachat de ces droits. Ces assemblées ne sont donc pas séditieuses. Si mes vassaux viennent me proposer le remboursement de mes droits, je recevrai ou je refuserai leurs propositions, en consultant mes intérêts ou l'intérêt public, selon que je serai dans ce moment plus ou moins vertueux. Mais je compterai assez sur le respect pour les lois, sur l'autorité de leurs ministres, peut-être même sur la reconnaissance que quelques vassaux peuvent me devoir, pour ne pas croire avoir besoin de courage en les refusant.

Si, à mon refus, ils implorent la justice du souverain, je ne m'en offenserai point. Je sais qu'on ne peut, sans barbarie, refuser ce droit au dernier des citoyens ; il est la seule consolation, l'unique du moins, du faible qu'on opprime. Il peut se dire : Je ferai parvenir ma plainte à un homme inaccessible aux petits intérêts qui animent mes oppresseurs ; leur dignité s'éclipse devant lui ; ils n'ont de pouvoir que celui qu'il leur donne. Dépositaire des lois, qui sont égales pour tous, il exerce sur tous une autorité égale ; mes oppresseurs et moi nous sommes égaux à ses yeux. Ils restent seuls avec leur injustice, et moi avec mon droit et mes malheurs. Ma faiblesse, ma misère sont ma défense, si le souverain est vertueux; c'est un titre auprès de lui, s'il ne l'est pas : caché loin de ses yeux, je n'ai du moins rien à craindre de ses passions.

Tel est le langage du peuple des monarchies, tel est le sentiment qui l'attache à cette constitution.

Je désire comme homme jaloux des droits de la nature humaine, comme citoyen zélé pour les intérêts de mon pays, comme gentilhomme attaché à la gloire de la noblesse, je désire que les restes honteux de la barbarie féodale soient à jamais abolis, parce qu'ils sont des monuments de l'injustice et non de la grandeur de nos ancêtres ;

Que les seigneurs remplacent, par une propriété territoriale, la propriété de droits qui ne les exposent que trop à la tentation honteuse de se rendre les émules des traitants, dans l'art de dépouiller le peuple ;

Que le peuple ne puisse plus regarder les seigneurs comme ses ennemis, et qu'il n'existe plus entre ces deux classes une guerre sourde qui les ruine en frais de procédures, et les distrait de leurs intérêts communs;

Que l'agriculture et le commerce, délivrés des gênes auxquelles ces droits les exposent, fassent tous les progrès que leur promet, et l'heureuse fécondité du sol, et l'infatigable activité de la nation ;

Que le peuple, rendu à la jouissance des droits de

la nature, le soit aux sentiments que cette jouissance ne manque jamais de produire, au respect pour les lois, à l'amour de la patrie;

Qu'il cesse d'être livré à l'humiliation, afin qu'il puisse supporter patiemment le travail et la pauvreté, et que le spectacle de l'homme avili et dégénéré ne vienne plus affliger mes yeux.

Je désire que les corvées féodales, les mainmortes, les banalités de toutes espèces, les droits de marchés, soient détruits par une loi juste, qui en ordonne le remboursement ;

Que l'amélioration de l'état du peuple, le progrès des lumières chez les seigneurs, amènent peu à peu l'anéantissement des autres droits.

Dans l'instant où je finissais cette lettre, j'apprends qu'un ouvrage sur les inconvénients des droits féodaux vient d'être condamné à être brûlé. Il faut croire que ce livre renferme de bien abominables principes. Je suis fâché cependant qu'on l'ait brûlé. Cette manière de traiter les livres m'a toujours un peu choqué; je ne sais si c'est parce qu'elle nous vient de Tibère, qui fut depuis imité par Domitien (1).

(1) Auguste avait fait brûler auparavant les livres de Labiénus, pompéien zélé, dont l'histoire était un libelle contre le parti des Césars. « Il faut donc me brûler aussi, moi qui les ai appris par cœur, dit alors un des partisans de Labiénus. » Tacite ne parle point de cet exemple de sévérité d'Auguste : il dit même qu'Auguste n'a rien fait de semblable à cette barbarie de Tibère. Apparemment que cet écrit de Labiénus était regardé comme un véritable libelle, comme une déclamation contre les Césars, plutôt que comme une histoire.

Tacite rapporte que Crémitius Cordus, accusé d'avoir loué Cassius et Brutus, fut obligé de se donner la mort ; il ajoute : « Les sénateurs ordonnèrent que ses « livres seraient brûlés par les Édiles, mais on les ca- « cha et on les lut. Il est bien ridicule d'imaginer que « l'autorité présente puisse éteindre jusqu'au souvenir « des siècles futurs : au contraire, l'éclat du châti- « ment donne du poids aux écrivains ; et quand on « a sévi contre eux, soit chez les rois étrangers, soit « ailleurs, on n'a fait que les rendre célèbres et se « déshonorer. »

Arulénus Rusticus et Hercunius furent condamnés à mort par Domitien. Le crime de l'un et de l'autre était d'avoir loué des hommes vertueux.

« On sévit et contre eux et contre leurs immortels ou- « vrages que les triumvirs furent chargés de faire brûler « dans la place publique, lieu des assemblées de la na- « tion. Nos tyrans croyaient sans doute étouffer dans « les flammes, la voix du peuple romain, la liberté « du sénat et le cri intérieur de tous les hommes. »

Ces expressions de Tacite sont un peu dures ; mais de son temps, les livres étaient rares, et l'usage de les brûler était récent. Depuis, les livres sont devenus si communs, et l'on a brûlé tant de livres et même tant d'auteurs, que lorsqu'on se contente de brûler les livres, à peine daigne-t-on en parler. Cette céré-monie ne flétrit, ni celui qui a mis du noir sur ce papier, ni celui qui le brûle. L'auteur y gagne huit jours de célébrité ; mais l'effet le plus réel est pour le libraire ; le livre se vend mieux et plus cher.

L'indignation de Tacite était juste. Il était aisé d'a-

néantir un petit nombre de manuscrits. Tibère et Domitien sont parvenus à priver la postérité des livres
qu'ils ont proscrits. A présent l'indignation serait ridicule; le livre reste; et dès que l'exemplaire brûlé
appartient à celui qui le brûle, personne n'est en
droit de se plaindre.

SUR L'ABOLITION

DES CORVÉES.

1775.

SUR L'ABOLITION

DES CORVÉES.

Bénissons le ministre bienfaisant qui noûs délivre du double fléau des corvées, et des exacteurs de corvées. Bénissons celui dont la main, en brisant le joug le plus odieux qui se soit jamais appesanti sur des hommes libres, nous fait trouver des ressources sur ces mêmes grands chemins si longtemps arrosés de nos larmes.

Tel est, d'un bout du royaume à l'autre, le cri de ce peuple qui ne demande au gouvernement que de lui permettre de travailler et de manger en paix le pain acheté par ses sueurs.

Mais le bienfait de la destruction des corvées trouve des censeurs dans la capitale.

Il faudra, disent-ils, payer un impôt, pour les chemins.

N'est-ce donc pas lever un impôt, que de forcer ceux qui n'ont que leurs journées pour vivre, à donner au gouvernement quinze jours de leur temps ?

N'est-ce pas lever un impôt, que d'obliger un laboureur à employer, pour le service public, ses chevaux et ses voitures ?

C'est si bien un impôt, que ceux qui avaient de l'argent étaient autorisés à racheter leurs corvées, qui, souvent alors, étaient faites par ceux qui n'avaient pu se racheter.

Il y aura donc cette seule différence, entre l'administration par corvées, et la nouvelle administration, que l'impôt sera payé par ceux qui ont quelque chose, au lieu de l'être par ceux qui n'ont rien ; qu'il sera diminué de tout ce qu'y ajoutaient les pilleries et les vexations des préposés ; des frais qu'il en coûtait aux corvoyeurs, pour se transporter sur des ateliers éloignés, d'après cette maxime barbare, que plus les paysans travaillent loin de leurs chaumières, plus ils se hâtent d'achever une corvée devenue plus fatigante. Les chemins construits par des ouvriers bien payés coûteront moins que lorsqu'ils l'étaient par des malheureux dont la misère avait épuisé les forces, et qui, ne gagnant rien pendant la corvée, n'avaient pas de quoi se nourrir et travaillaient mal. Concluons donc que, bien loin d'amener un impôt nouveau, l'abolition des corvées produit une diminution d'impôt.

Mais, ajoute-t-on, dans un besoin réel ou imaginaire, on s'emparera de l'impôt des chemins : ils seront abandonnés ou les corvées rétablies.

Il n'est malheureusement que trop prouvé par les faits (nous ne parlons pas ici du droit), qu'en France le gouvernement peut imposer les tributs qu'il veut, sans que ces tributs aient d'autres bornes que la justice de ceux qui gouvernent, ou les facultés du peuple ; ainsi on ne s'emparera jamais de l'impôt des chemins pour rétablir les corvées, 1° parce que ce serait un mauvais calcul : car les corvées coûteraient plus cher à l'État qu'un nouvel impôt égal à celui dont on se serait emparé. 2° Parce que les corvées une fois détruites ne reparaîtront plus. Il en sera d'elles comme de tous les autres usages barbares nés dans des siècles de férocité et d'ignorance : et nous serons délivrés des corvées pour jamais, aussi sûrement que de l'esclavage de la glèbe et de la scolastique (1).

Quant à l'abonnement des chemins, s'il y a des moments de souffrance, où la nation ne soit pas en état de payer la construction de nouveaux chemins, il faudra la suspendre. Mais supposons qu'un de ces moments soit arrivé dans le temps que les corvées subsistaient, quel avantage aurait-il pu résulter pour la nation, de ce que, outre ses autres charges, le peuple aurait eu de plus celle des corvées ? et si jamais on se retrouvait dans les mêmes circonstances, se plaindrait-on d'avoir ce fardeau de moins ?

En payant les chemins, on sait ce qu'ils coûtent, et l'on peut borner sa dépense. En les faisant faire par corvées, on ignore ce qu'on dépense. Voilà pourquoi les corvées pourraient continuer dans des temps où un impôt pour les chemins serait suspendu.

L'État ressemblerait alors à un homme dérangé qui

____

(1) Cet esclavage subsiste encore dans quelques provinces éloignées de la capitale : mais c'est une honte qu'un gouvernement aussi humain qu'éclairé s'empressera, sans doute, d'effacer.

dépense d'autant plus, que, ne payant rien et prenant à un plus haut prix, mais à crédit, il n'est pas effrayé du tableau de ses prodigalités.

D'ailleurs il y a peu de circonstances où les constructions de chemins doivent être interrompues lorsqu'elles sont payées, parce qu'alors elles sont une ressource pour le peuple, à qui elles procurent des salaires.

Enfin les chemins sont si utiles aux commerçants, aux grands propriétaires, aux villes ou aux provinces qu'ils traversent, et surtout aux voyageurs de tous les états, que pour les laisser dépérir, ou pour ne pas construire ceux dont l'utilité est réelle, il faudrait non-seulement que le gouvernement se livrât à des vues d'oppression, d'avidité, de prodigalité, mais encore qu'il eût perdu toute idée d'ordre; qu'il comptât pour rien la richesse de l'État, le commerce, les manufactures, et même la commodité des courtisans, des hommes riches : il faudrait qu'il fût également corrompu et stupide. Or, si l'état actuel des lumières en Europe, et surtout en France, n'est pas une ressource sûre contre la corruption des ministres à venir, il y a du moins un degré de stupidité et d'inertie qui ne peut plus être à craindre.

En un mot, pour être rassuré sur les inconvénients de l'impôt substitué aux corvées, il suffit qu'il ne soit ni plus aisé, ni plus difficile d'imposer une nouvelle taxe, que de détourner à d'autres usages celle des chemins.

Mais ce n'est là que le prétexte des cris qui menacent de s'élever contre la destruction des corvées :

ils ont des causes secrètes qu'il est bon de développer.

1° Les riches habitants de Paris voient, dans la destruction des corvées, un impôt à payer et le haussement des salaires pour les ouvriers de leurs terres; et comme ils n'ont ni le temps ni l'habitude de réfléchir, ils ne peuvent voir qu'il résultera de cette même destruction une amélioration de leurs terres, et, au premier bail, une augmentation de revenu supérieure à ce qu'ils peuvent perdre.

2° Supposons que dans un État il y ait un impôt qui rapporte vingt-quatre millions au trésor public, et qui en coûte cinquante-trois au peuple; que même cet impôt ne soit pas le seul de son espèce, et que le peuple paye plus de cent millions pour des frais de régie, qu'il serait facile de supprimer; supposons encore que les besoins de l'État, ou plutôt ceux de la cour, aient forcé d'anticiper sur les revenus publics, en sorte que ceux qui les reçoivent ou qui les distribuent fassent au gouvernement de grosses avances, à un intérêt onéreux, et qu'avec de l'économie et de l'ordre on puisse épargner au peuple le poids de ces intérêts; supposons enfin que de mauvaises opérations de finances, et la chute du crédit, aient introduit un immense agiotage, espèce de jeu où les remueurs d'argent jouent contre la nation, et sont sûrs de gagner; supposons que le rétablissement du crédit doive faire tomber ce jeu ruineux pour le peuple.

Il est clair qu'une bonne administration d'impôts, l'ordre dans les finances, le retour de la confiance publique, nuiront à l'avidité d'une classe très-nombreuse ; que tous ceux qui ont part à ces profits, ceux à qui la fortune des gens d'affaires procure des avantages ou des plaisirs ; que les descendants des traitants des générations passées ; que ceux qui se sont alliés à leurs familles ; qu'enfin tous ceux à qui les abus ont été utiles ou le sont encore, doivent, par intérêt ou par préjugé, s'élever contre tout ce qui est bien. Ils voient avec terreur, dans le gouvernement, le désir de soulager le peuple, parce que, pour le soulager, il faudra réduire leurs profits, ou flétrir la source de leurs fortunes.

Ne soyons donc pas surpris que l'abolition des corvées ait des adversaires. Pour lui en susciter une foule, il suffisait qu'elle fût la réforme d'un abus ; qu'elle annonçât dans le gouvernement le projet de supprimer tout ce qui ruine le peuple ou qui l'opprime.

Comment voulez-vous que le fils d'un homme qui s'est enrichi aux dépens du peuple oublie, en pérorant, que c'est aux exactions de son père qu'il a dû le droit de donner son avis ?

Comment celui qui, en se mariant, a consenti à partager le prix du sang du peuple, aurait-il l'ingratitude de ne pas défendre des abus, source de son opulence ? Comment n'y serait-il pas même involontairement porté ? Comment ne se soulèverait-il pas contre tout ce qui paraît tendre à exposer au grand jour la turpitude de ces abus, ou à les détruire ?

3° Dans un bon gouvernement, il n'y a point de fortune à espérer.

Les gens de mérite peuvent obtenir des encouragements, des récompenses, des places qu'ils ne peuvent regarder que comme le droit de se dévouer au service de la patrie : de fortune à faire, il n'y en a pour personne. Il doit donc arriver que dans la capitale d'un grand empire, où l'envie de s'enrichir a entassé les habitants de toutes les provinces, un bon gouvernement soit une espèce de calamité publique, où chacun voit la ruine de ses espérances. Ce sentiment, qu'à peine quelques scélérats osent s'avouer, agit en secret sur l'âme des hommes, à qui le spectacle du bonheur public ne cause pas un plaisir plus doux que tous ceux qu'on peut acheter : et voilà ce qui les dispose, même à leur insu, à regarder comme dangereux ou comme injuste tout ce qui, en faisant le bien du peuple, semble les avertir qu'il n'y a plus moyen de s'enrichir à ses dépens.

4° Pourquoi la suppression des corvées ne souffrirait-elle pas les mêmes obstacles que l'émétique et le pain mollet? Pourquoi ne défendrait-on pas cet usage de nos pères, avec autant de zèle que la philosophie d'Aristote, et les idées innées (1)?

Nous mangeons du pain mollet, nous prenons de

______

(1) On assure que dans une de nos provinces méridionales, je ne sais quels juges viennent de défendre d'enseigner les vérités que Locke a démontrées sur l'origine de nos idées.

l'émétique, et nous ne savons même plus ce qu'était la philosophie d'Aristote.

Il en sera de même des corvées; elles seront détruites, et il ne restera plus d'elles que leur nom, dévoué à l'éternelle horreur des amis de l'humanité.

Il y a des classes d'hommes condamnés à avoir toujours les idées d'un autre siècle : quand ils ne sont qu'absurdes, plaignons-les, et ne nous permettons d'en rire qu'autant qu'il le faut pour les corriger. Mais si, par des vues d'avarice et d'ambition, ils osent s'opposer au bien du peuple; si, non contents d'être les admirateurs des sottises antiques, ils veulent employer pour les défendre l'intrigue ou les bourreaux... puisse la main du génie leur imprimer une flétrissure éternelle, et les dévouer au mépris et à la haine de tous les siècles!

Les corvées ont deux grands protecteurs, l'avarice et la sottise. Français, réjouissez-vous de vivre sous un règne où ces protecteurs ont perdu leur crédit. Hélas! ils exercent un empire absolu sur les neuf dixièmes de ce triste globe, et ils sont bien puissants sur le reste.

Mais aussi n'oubliez pas que, dans la ville des frivolités, il s'est trouvé des hommes très-graves qui ont osé désirer que vous restassiez condamnés à travailler quinze jours sans salaires, lorsque vous n'avez que vos salaires pour vivre, de peur que, pour vous délivrer de ce fardeau, il ne leur en coûtât une imposition sur leur superflu, ou qu'ils ne fussent obligés de convenir que le génie et la vertu réunis dans un seul homme, pourront faire le bonheur de la France : et lorsque ces gens graves voudront faire du bruit, souvenez-vous qu'ils ne crient que pour leurs intérêts, et n'ayez plus la sottise de croire que ce soit jamais pour les vôtres.

RÉFLEXIONS

COMMERCE DES BLÉS.

1776.

7.

AVERTISSEMENT (1).

Cet ouvrage, dont quelques circonstances ont retardé la publication, est imprimé il y a long-temps; en le relisant, j'ai trouvé quelques passages qui m'ont paru demander des éclaircissements.

I. J'ai donné, page 127, la diminution de la consommation du pauvre dans les chertés excessives, comme une raison de ne pas craindre les manœuvres des marchands ou des boulangers, parce que cette diminution expose les marchands à garder leur blé, donne à la concurrence le temps de se rétablir, et qu'ainsi cette moindre consommation suffit pour ôter toute possibilité de produire une famine en quelques jours. Mais je n'ai eu garde de prétendre que la diminution forcée de la consommation ne fût pas un très-grand mal; j'ai voulu dire seulement que les marchands de blé ou de pain n'ont aucune possibilité de causer la famine, ni aucun intérêt de faire monter les subsistances fort au delà de leur prix naturel, et par conséquent d'obliger le peuple à diminuer sa consommation.

J'ajouterai ici que cette diminution dans la quantité des subsistances, ou le changement de nourriture auquel on est quelquefois obligé d'avoir recours, ne peut produire un effet sensible que lorsqu'il y a, d'une année à l'autre, une disproportion très-grande entre les prix; que l'égalisation des prix est le remède le plus sûr de ce mal, dont les effets ne sont pas à craindre, à moins qu'il ne dure longtemps, et que la diminution n'ait un rapport assez grand avec la quantité totale de la consommation. Alors il est d'autant plus terrible, qu'il détruit, presque sans ressource, le tempérament des jeunes gens et des enfants, s'oppose à leur croissance, dérange même leur conformation; et voilà encore une cause de dépopulation et de dégradation de l'espèce humaine, dont la liberté du commerce des subsistances sera le remède.

Qu'on ne me reproche donc point d'avoir regardé comme une chose peu importante, un

mal dont les funestes effets m'ont souvent fait
gémir; qu'on ne m'accuse point d'avoir manqué
de respect pour la misère du peuple. J'ai cherché, au contraire, à le rassurer contre des craintes que l'excès de la misère rend sans doute
excusables, et à faire sentir, qu'heureusement
pour lui, les effets du mal qu'on voudrait lui
faire, en cherchant à l'affamer, seraient trop
lents pour que des méchants pussent profiter
de son malheur, et espérer de s'enrichir en l'y
plongeant.

II. J'ai dit aussi, page 132, qu'un ouvrier qui
exigerait un salaire supérieur à ce qui est nécessaire pour vivre au plus grand nombre de
salariés, serait exposé à manquer d'ouvrage.
En effet, comme ce n'est pas une vue d'humanité qui fait employer les salariés, mais une vue
d'intérêt, il faut nécessairement que le taux général des salaires se règle sur ce qui est nécessaire à la subsistance du plus grand nombre de
familles. Celles qui auraient besoin que leurs
chefs eussent des salaires plus forts tombent
dans la misère, et n'en sont tirées que par des
secours particuliers. Les hommes ont assez d'humanité pour secourir les malheureux qui souf-

frent; mais ce serait trop espérer d'eux que de les croire capables en général de sacrifier leur intérêt habituel, de hausser, par exemple, le prix des salaires, uniquement pour rendre le peuple moins misérable, ou d'employer, par préférence, les salariés qui ont besoin d'un salaire plus fort.

Il est horrible, sans doute, que, dans la classe des salariés qui n'ont pas de métier, un grand nombre d'enfants, une femme infirme, des parents âgés, réduisent un chef de famille à une misère presque inévitable. Mais elle ne l'est réellement que quand des lois prohibitives, des impôts indirects, viennent mettre des entraves à l'industrie du peuple, troubler son repos, l'exposer à des avanies et à des vexations; ôtez ces entraves, vous verrez la culture se perfectionner et se varier, l'âme du peuple prendre plus d'activité et d'énergie, de nouvelles branches d'industrie se créer, le peuple, enfin, multiplier ses ressources, devenir plus indépendant du riche, pouvoir en exiger des salaires assez forts, non-seulement pour subsister, mais pour se mettre à l'abri des accidents. S'il peut y avoir quelque équilibre entre ceux qui ont tout et ceux qui n'ont rien, c'est seulement entre le besoin qu'a le pauvre de l'argent du riche, et celui qu'a le riche de l'industrie du pauvre, que cet équilibre peut s'établir.

III. J'ai cité souvent l'ouvrage de M. Necker, mais sans avoir la témérité de prétendre lui répondre. J'ai voulu seulement, en rapportant les objections des prohibitifs, me mettre à l'abri de l'accusation d'avoir combattu contre des chimères. Il fallait donc citer. J'ai choisi l'ouvrage de M. Necker comme le plus nouveau des ouvrages prohibitifs, et celui auquel les circonstances où il a été rendu public (1) ont donné le plus de célébrité. D'ailleurs, quoiqu'il n'ait cité personne, certainement cet auteur a trop de génie pour n'avoir pas inventé tout ce qu'on a pu imprimer avant lui d'un peu supportable.

M. Necker a donné des leçons de l'art de traiter les sciences politiques. Il ne veut pas qu'on emploie l'analyse pour en approfondir les grands principes. *C'est,* dit-il, *un instrument de rhé-*

(1) Il a paru entre les émeutes de Dijon et celles de Paris, et la deuxième édition a été distribuée au milieu de ces dernières émeutes. Il était impossible de choisir une circonstance plus favorable au succès d'un livre d'éloquence, où l'on attaquait les principes qui servaient de prétexte à l'émeute.

teur, qui sépare, qui divise tout ; il faut les enve-
lopper de la pensée, ou renoncer à les conce-
voir.

Or, j'avoue, à ma honte, qu'en étudiant l'histoire des sciences, j'ai cru m'apercevoir que,
depuis Hippocrate et Pythagore jusqu'à Locke
et M. D'Alembert, on n'avait fait aucune découverte que par l'analyse; j'avoue que je ne sais
pas du tout comment *on enveloppe un principe de
la pensée,* et qu'ainsi il me serait impossible de
m'entendre avec M. Necker sur les principes de
l'économie politique.

Un autre motif plus général eût suffi peut-
être pour me détourner d'écrire une critique
particulière. Le public accueille avec plaisir les
satires les plus violentes, quand elles attaquent
un homme de lettres. Celui qui regarde la littérature ou la philosophie comme l'occupation
de sa vie, semble annoncer la prétention d'é-
crire ou de penser mieux que les autres hommes.
Le public voit donc toujours avec plaisir contester cette prétention. On ne se dit pas : Si j'a-
vais écrit, je n'aurais pas eu tant d'esprit; mais
on se dit : J'aurais évité d'être si ridicule, je n'aurais pas avancé de telles absurdités. L'homme le

plus médiocre trouve dans les critiques de quoi se préférer, en secret, à l'homme le plus justement illustre, et n'y eût-il que la sagesse d'avoir évité de s'exposer en public, voilà déjà un dédommagement pour l'amour-propre. Combien de gens humiliés par la supériorité d'un grand homme, se sont-ils consolés en lisant les sarcasmes d'un folliculaire! C'est peut-être même un bien pour les hommes d'un véritable génie : qui sait à quels excès se porterait l'envie, si le respect pour la personne d'un grand écrivain était égal à l'admiration qu'inspirent ses ouvrages? Qui sait si souvent il n'a point dû à cette persécution littéraire l'avantage d'échapper à une persécution plus sérieuse?

Avant l'invention de l'imprimerie, les écrivains jaloux n'avaient d'autre ressource que de dénoncer leurs ennemis, et souvent ils parvenaient à les envoyer au supplice. Maintenant que la haine peut s'exhaler en libelles, elle a moins d'atrocité, et les lecteurs qui voient outrager le grand homme, dont la gloire les fatigue, lui pardonnent et ne le brûlent point.

Mais ce public, si indulgent pour les satires contre les auteurs, n'est plus le même, si la critique s'exerce sur un homme du monde, devenu écrivain par désœuvrement, par convenance, par politique. Comme la prétention de l'auteur est alors de prouver aux écrivains de profession qu'il ne tient qu'aux gens du monde de penser ou de s'exprimer aussi bien qu'eux, les lecteurs ne voient dans l'auteur critiqué que le défenseur de leur cause; et la critique, au lieu de consoler leur amour-propre, l'humilie. Ils regardaient d'ailleurs le désagrément d'être exposé à la censure, comme un inconvénient particulier de l'état des gens de lettres, inconvénient propre à compenser la réputation de supériorité de lumières accordée à cette classe d'hommes : mais lorsque la critique ose discuter l'ouvrage d'un homme du monde, les lecteurs ne font plus aussi bon marché de l'amour-propre des hommes de leur état, que de celui d'un auteur, et la critique la plus modérée paraît une satire (1).

(1) Par exemple, un homme du monde fait des livres, où il compare une société d'hommes de lettres estimables à des bêtes féroces. Il verse à grands flots le mépris le plus outrageant sur tous les philosophes qui osent traiter des questions de politique, bien que lui-même n'ait aucun autre titre pour s'en occuper; il choisit, pour ses premières hostilités contre eux, un temps où la

Ce serait, sans doute, une bien mauvaise politique à un littérateur de braver cette disposition générale.

Qu'importe que le public se trompe pendant quinze jours sur le mérite d'un ouvrage, qu'il doit ensuite oublier pour jamais? Quel grand mal y aurait-il qu'un faiseur de phrases se crût un grand homme dans sa coterie (1)?

Mais si ces querelles d'amour-propre avilissent la littérature, le courage de s'élever au-

liberté d'écrire leur est enlevée, et tout le monde admire sa modération.

A peu près dans le même temps, un simple homme de lettres observe modestement que l'habitude de passer son temps à calculer la manière la plus avantageuse de placer ses fonds, ne doit pas disposer l'esprit à une politique bien relevée, et l'on crie à la satire.

(1) Un auteur moderne a imprimé que *la vanité est une vertu sociale, parce qu'elle met son bonheur entre les mains des autres.* (Éloge de Colbert, page 34.) Mais comme la vanité se place toujours dans la jouissance des choses dont une grande partie des hommes est privée, il s'ensuit que la vanité n'a besoin des autres que pour en faire ses victimes, et qu'ainsi elle est précisément un vice anti-social; nous conviendrons cependant qu'elle peut faire le bonheur de ceux qui en sont attaqués, mais seulement lorsqu'elle est au point d'altérer la raison : alors elle est un bien tant que l'illusion dure, et il y a de la cruauté à la faire cesser. C'est pour cela qu'il est contre la morale de dire du mal des méchants auteurs, excepté lorsque leurs ouvrages peuvent nuire, soit à des hommes honnêtes, soit à la chose publique.

dessus de toutes les petites considérations pour dire ce qu'on croit la vérité, ne peut que l'honorer.

Puissent les gens de lettres craindre d'affliger la vanité de leurs confrères, lorsqu'il ne s'agit que de leur propre gloire, et ne pas craindre de se faire des ennemis, lorsqu'il est question de combattre pour la raison ou pour l'humanité!

RÉFLEXIONS

SUR LE

COMMERCE DES BLÉS.

PREMIÈRE PARTIE.

De la liberté.

Que tous les membres de la société aient une subsistance assurée dans chaque saison, dans les différentes années, et quel que soit le lieu qu'ils habitent; que surtout celui qui n'a que ses salaires puisse acheter la subsistance qui lui est nécessaire : tel est l'intérêt général de toute nation ; tel doit être le but de toute législation sur les subsistances.

On voit donc qu'avant de prononcer sur les avantages de la liberté du commerce des subsistances, ou sur l'utilité d'un règlement prohibitif, il faut avoir d'abord examiné les questions suivantes :

De quelle manière se fait la reproduction des subsistances? Dans quelles circonstances la reproduction augmente ou diminue-t-elle? Et comment l'augmentation de la masse des subsistances agit-elle sur le bien-être des différentes classes de la société?

Par quels moyens peut-on réparer l'inégalité de récolte d'un pays à l'autre?

Comment l'inégalité de récolte d'une année à l'autre peut-elle être rendue moins sensible?

Comment se forme le prix du blé pour les différentes années, pour les différents pays?

De quelle manière les salaires se proportionnent-ils aux prix des subsistances?

Comment il faut considérer le prix moyen, et quel est l'état du prix moyen le plus avantageux?

Combien il importe de diminuer les variations dans le prix, et quels sont les effets de l'égalisation des prix?

Et lorsque nous aurons établi quel est, sur ces différents objets, le véritable intérêt de la société, nous examinerons si le système de législation le plus simple, le plus naturel, celui de protéger la liberté illimitée, ne serait pas aussi celui qui conduirait le plus sûrement au but.

CHAPITRE PREMIER.

De la reproduction des subsistances.

Pour avoir du blé, il faut labourer la terre, acheter par conséquent des chevaux ou des bœufs, les nourrir, se procurer des bâtiments pour les loger eux et leurs provisions, payer les valets qui les servent et qui les conduisent, acheter enfin tous les outils du labourage.

Ensuite il faut que la terre soit préparée par quelque engrais; les chevaux, les bestiaux, les moutons en fournissent; mais quoique notre délicatesse repousse ces engrais loin de nous, il ne faut pas croire qu'ils ne coûtent rien au laboureur.

Cette manière de se les procurer exige même de grosses avances, dont on n'est dédommagé qu'en partie par le produit des bestiaux et des moutons.

Enfin, il faut acheter la semence, et payer les journaliers employés à couper les blés, à battre les gerbes; il faut des granges et des greniers.

On voit par là qu'il y a eu de premières avances, qu'il y en a d'annuelles, que d'autres enfin sont destinées à réparer le dépérissement des avances premières, et on peut aussi les évaluer en avances annuelles.

Ainsi, pour que la reproduction puisse ne pas diminuer, il est nécessaire que le laboureur récolte de quoi payer le propriétaire, le décimateur, les impôts, de quoi se rembourser de ses avances annuelles, et de quoi subsister.

Mais la reproduction ne peut augmenter, à moins que le cultivateur ne retire de plus une somme qu'il veuille employer en entreprises de culture.

Ce qui reste au fermier pour subsister, et quelquefois au delà de sa subsistance, peut être regardé comme l'intérêt de ses avances premières.

Ainsi, la reproduction diminuera rapidement toutes les fois que le laboureur sera obligé d'altérer chaque année la masse de ses avances premières.

Elle diminuera, mais d'une manière moins sensible, lorsque l'intérêt de ces avances premières deviendra plus faible. Deux causes pourront rendre cette diminution très-lente : la première, que dans les pays où il y a peu d'arts et de commerce, les habitants qui n'ont qu'un capital dont l'intérêt au denier ordinaire des emprunts ne les ferait pas vivre, l'emploient à la culture, dût-elle ne leur procurer que la certitude d'avoir du pain en travaillant toute l'année.

La seconde est l'habitude qui les attache à la terre, et, dans les pays où l'agriculture n'est pas opprimée, la douceur de ne dépendre que des saisons, et de n'avoir rien à demander qu'à la nature.

De même la reproduction augmentera avec l'intérêt des entreprises de culture, pourvu que le laboureur qui s'y livre ne soit pas trop exposé à des pertes, car alors il aimerait mieux faire un autre emploi de ses fonds, ou même thésauriser ; pourvu encore que l'on considère les états à mesure qu'ils sont utiles et non à mesure qu'ils rapportent; car alors le cultivateur, devenu un peu riche, abandonnerait le sien.

Il faut donc, pour que la reproduction augmente, 1° que les capitaux qu'on destine à la culture produisent un intérêt supérieur au taux ordinaire de l'argent; 2° que le risque de perdre ses avances soit très-petit; 3° que l'état de cultivateur ne soit exposé ni à l'humiliation, ni à l'oppression.

La reproduction peut augmenter par les défrichements, ou par une meilleure culture des terrains déjà mis en valeur; mais les effets d'une culture plus perfectionnée sont d'une importance bien plus considérable que les défrichements.

Il résulte de là, que l'amélioration de la culture ne peut être que la suite de l'augmentation des capitaux que le cultivateur y emploie, et par conséquent de l'accroissement des richesses du cultivateur.

L'avantage immédiat de cette augmentation de reproduction sera pour le cultivateur et pour le propriétaire. Mais pour connaître comment se partage cet excédant de produit, il faut observer :

1° Que l'augmentation qui a lieu dans le cours d'un bail est en entier pour le cultivateur;

2° Que dans la suite, comme ce n'est pas avec des avances égales que le même terrain donne un produit plus grand, mais que c'est en y consacrant des avances plus fortes, il faudra nécessairement que, la part du propriétaire prélevée, le cultivateur retire l'intérêt de ses nouvelles avances à un prix plus haut que l'intérêt commun de l'argent;

3° Que quand même les avances égales donneraient un plus grand produit, ce ne pourrait être qu'avec plus de soins, dont il faudrait que le cultivateur se trouvât payé.

Ainsi, le cultivateur gagnera dans chaque bail un nouveau capital, et dans les suivants une partie de l'intérêt de ce capital; et le partage de cet intérêt se réglera par la concurrence entre les fermiers, par le besoin qu'a le fermier de rester dans sa ferme, par le besoin plus grand qu'a le propriétaire de ne pas laisser sa terre en friche : car le propriétaire ne peut se passer de cultivateur; et le cultivateur, avec ses bras et le capital de ses avances premières, peut se passer des propriétaires.

Le tort que la diminution de la culture cause au propriétaire ou au fermier, se partage de la même manière : le cultivateur en ressent les premiers coups; et de même que l'amélioration de la culture, en augmentant successivement la masse des capitaux employés, n'a d'autre borne que la fécondité physique de la terre, de même la détérioration de la culture, en diminuant sans cesse ces capitaux, n'en a d'autre que l'abandon des terres.

Pour bien connaître tout l'avantage qui peut résulter en France de l'amélioration de la culture, il faut observer qu'il y a deux manières de cultiver : dans l'une, le propriétaire ne donne que sa terre, et le cultivateur fait toutes les avances; dans l'autre, le cultivateur, qu'on y appelle *métayer*, ne donne que sa peine et ses soins, le propriétaire fournit le reste, et les fruits se partagent.

Plus de la moitié de nos provinces est encore abandonnée à cette seconde manière de cultiver, que concourent à rendre très-désavantageuse le défaut d'intérêt du métayer pour la conservation des avances premières, le peu de soin ou d'intelligence du propriétaire livré à d'autres occupations, sa répugnance à confier au métayer des avances assez considérables : aussi ces provinces, qui ne le cèdent point en fertilité naturelle aux provinces cultivées par des fermiers, sont-elles d'un produit bien inférieur. L'augmentation des capitaux employés à la culture, celle du nombre des hommes qui s'y destinent, féraient nécessairement que de proche en proche des entrepreneurs de culture se chargeraient des terres que ces métayers (1) cultivent, et établiraient enfin, dans les provinces de l'intérieur du royaume, une fécondité égale à celle des provinces qui environnent la capitale.

Après avoir expliqué d'où dépend l'augmentation de la reproduction, les effets de cette reproduction augmentée, et les avantages que les propriétaires en retirent, il reste à voir si elle est également avantageuse au reste de la société, et surtout aux salariés.

Le propriétaire prend d'abord sa subsistance sur la production de la terre ; car si elle ne produisait que de quoi nourrir le propriétaire, lui-même cultiverait son champ, et le cultivateur périrait.

---

(1) Le nom de *métayer*, qu'on donne encore dans la Beauce aux cultivateurs, quoiqu'ils soient fermiers, prouve que ce changement ne s'y est fait que depuis quelques siècles.

Il faut ensuite que le cultivateur se nourrisse; et s'il ne recueillait que pour se nourrir, il se passerait de toute autre espèce de consommation, et il vivrait.

Les consommateurs n'ont donc que ce qui reste de subsistances après que le propriétaire et le cultivateur ont prélevé la leur.

Lorsqu'il y a une diminution dans la masse des subsistances, c'est donc la classe des salariés qui en manque; et jusqu'à ce que le nombre des hommes soit diminué proportionnellement à celui des subsistances, il y a dans cette classe des individus qui souffrent.

Ainsi, quand il ne s'agit encore pour le propriétaire ou le cultivateur que d'une diminution d'aisance, il s'agit de la vie pour le consommateur : il est donc le premier intéressé à ce que la masse des subsistances ne diminue pas.

L'augmentation des subsistances, au contraire, augmente la masse des salaires : ainsi, tant que le nombre des hommes n'est pas augmenté à proportion, il faut que la masse du travail augmente : ce qui ne peut se faire sans qu'un plus grand nombre d'hommes aient de l'ouvrage pendant un plus grand nombre de jours, sans qu'il y en ait pour les femmes et les enfants.

Ou bien le nombre de ceux qui veulent faire travailler, et ce qu'ils ont à donner étant augmenté, il y a plus de concurrence entre eux, et il faut que la valeur de la journée, exprimée en denrée, devienne plus forte. Cette aisance répandue parmi le peuple augmentera ensuite la population, qui tend ainsi toujours à se proportionner à la masse des subsistances.

Il n'est pas indifférent pour une nation d'augmenter la masse des subsistances produites par son sol, ou d'augmenter les produits de son industrie assez pour en acheter de l'étranger, une quantité égale de subsistances :

1° Parce que c'est une cause de trouble et de faiblesse pour une nation, que de dépendre habituellement des étrangers pour une partie de sa subsistance;

2° Parce que les propriétaires et les cultivateurs sont plus intéressés que les autres citoyens à ce que le pays qu'ils ne peuvent quitter soit gouverné par de bonnes lois;

3° Parce que l'agriculture forme des hommes plus forts, parce que ses travaux et ceux des métiers pénibles dont elle a besoin éloignent davantage les hommes de la débauche, et que, les dispersant plus également sur les terres, ils les empêchent de se corrompre.

CHAPITRE II.

Comment on peut réparer la différence qu'il y a dans les récoltes
d'un lieu à un autre.

Dans un même État, il peut y avoir des provinces qui aient constamment besoin de tirer des autres une partie de leur subsistance.

Il y a des cantons qui n'éprouvent de disette que par des accidents.

Dans ces deux cas, le commerce seul peut venir à leur secours : ni les propriétaires, ni les fermiers ne peuvent aller vendre loin d'eux.

Les consommateurs des provinces qui manquent peuvent encore moins aller chercher leurs grains : il faut donc qu'il y ait un marchand entre le possesseur de la denrée et le consommateur : l'intérêt de celui-ci doit être :

1° Que le commerce qui lui fournit son blé embrasse une grande étendue de pays, parce que plus cette étendue est grande, plus il est vraisemblable que les accidents se compenseront, et plus la subsistance sera assurée ;

2° Que cette subsistance ne soit pas exposée au hasard, qu'elle ne dépende point d'un commerce que le besoin aura fait naître ; mais qu'elle soit procurée par un commerce constant, et fait par des gens dont il soit l'occupation ordinaire.

En effet, chaque pays où la récolte a été mauvaise, aura alors des marchands qui sauront dans quel endroit il faudra acheter le blé, et qui connaîtront les moyens les moins dispendieux de le faire arriver; ils auront des commissionnaires déjà accoutumés à traiter avec eux, des lieux de dépôt tout préparés. Il y aura de même, dans les pays où la récolte aura été abondante, des commerçants qui ne perdront pas un instant pour faire leurs achats; et les secours seront prêts avant que l'on se soit aperçu du besoin.

Pour peu qu'il y ait de profit à faire dans cette spéculation, des marchands de blé la feront; au lieu que pour engager des capitalistes à se livrer à ce commerce pour une seule opération, il faut que le besoin se soit fait sentir d'une manière terrible, et promette des profits immenses.

CHAPITRE III.

De l'inégalité des différentes années.

Quoique dans un État qui embrasse une étendue de terrain très-vaste, il y ait naturellement une sorte de compensation dans chaque année, entre les récoltes des différentes provinces, cependant il y a encore des années d'abondance et des années de disette. Il y en a même pour l'Europe entière, quoique la différence soit moindre; et si le blé d'une année ne devenait pas une ressource pour les années suivantes, il arriverait quelquefois des disettes réelles.

Le blé ne peut se conserver qu'avec des soins; il est sujet à s'échauffer et à fermenter par l'humidité et par le défaut d'air (1); il est la proie des charan-

---

(1) Alors il contracte une odeur que l'on appelle *odeur de poussière*. Le pain fait avec ce *blé* a un goût désagréable; mais il n'a aucune qualité nuisible. Comme cette odeur est très-commune, le peuple des campagnes connaît très-bien ce blé, s'en nourrit, parce qu'il est meilleur marché, et n'en a jamais éprouvé d'inconvénient. Le peuple des villes croit qu'il empoisonne, et les échevins le font jeter à la rivière. On ôte au blé une grande partie de cette odeur, en le lavant et en l'étuvant : la farine qu'il donne alors, mêlée avec la farine de bon blé, fait du pain qui n'a plus de mauvais goût. Cette farine n'est pas plus malsaine qu'une autre, quoique peut-être un peu moins nourrissante. Voilà ce que savent depuis longtemps les boulangers et les meuniers; et en

çons, des teignes, des vers, des souris. On sait des moyens de le mettre à l'abri de ces accidents; mais ces moyens demandent une suite d'opérations trop compliquées pour le commun des propriétaires et des cultivateurs. Aussi l'art de conserver les grains n'est-il connu en France que de nom, malgré les soins d'un savant, qui, après avoir enrichi la chimie de vérités importantes, semble depuis longtemps s'être uniquement consacré à des recherches utiles au peuple.

Le seul moyen de perfectionner cet art si nécessaire, et par là de rendre les disettes réelles vraiment impossibles, serait qu'il y eût constamment des marchands occupés, dans les années d'abondance, à faire des magasins qui deviendraient la ressource des années de disette. Eux seuls pourront, quelle que soit l'abondance, assurer au cultivateur le débit de ce qu'il a recueilli au delà de la consommation annuelle. Eux seuls pourraient avoir un intérêt assez grand, assez constant, pour consacrer leurs soins, leur temps et les avances suffisantes, à pratiquer ou à perfectionner l'art de conserver les grains.

Autrement il arrivera :

1° Que l'impossibilité de se débarrasser de l'excédant de blé dans les bonnes années, dégoûtera les cultivateurs d'employer leurs capitaux à perfectionner la culture, puisque dans les mauvaises années leur

conséquence les échevins mangent, sans en jouir d'une santé moins solide, la même farine qu'ils auraient fait jeter, si on l'eût déférée à leurs soins paternels.

entreprise manquerait, et que le produit leur en serait inutile dans les bonnes ;

2° Que par cette même raison, les cultivateurs, pour éviter le risque de perdre leurs grains en voulant les garder, seront obligés de les employer à nourrir des bestiaux, à préparer des boissons ;

3° Que l'excédant des années d'abondance sera gaspillé en partie, détruit, aussi en partie, par les insectes, et qu'elles ne pourront plus réparer le mal des mauvaises années.

CHAPITRE IV.

Du prix des grains.

Sans entrer dans aucunes considérations métaphy-siques sur le prix, nous observerons qu'il ne se con-clut de marché, que lorsque l'acheteur offre au vendeur une somme telle que celui-ci croie avoir intérêt de vendre à ce prix dans le moment même.

Aussi, quelle que soit la concurrence entre les consommateurs, quelque besoin que chaque homme ait d'acheter du blé ou du pain, pour qu'un marchand refuse de lui en donner à un certain prix, il faut qu'il croie, ou qu'on lui fera une offre plus considérable, ou qu'il y aura de l'avantage pour lui à vendre plus tard.

Dès qu'il y a un grand nombre de vendeurs, il est impossible qu'il n'y en ait pas à chaque époque qui aient besoin de vendre. Or, comme les con-sommateurs n'ont pas besoin dans le moment même de toute la quantité de blé existante, tout marchand qui a des motifs pour vendre promptement, est obligé de vendre à un prix plus bas pour avoir la préférence.

Aux approches d'une nouvelle récolte, le mar-chand est intéressé à vendre pour faire rentrer des fonds qui peuvent ne lui avoir été confiés que jus-qu'à ce temps, pour se procurer des capitaux qu'il puisse employer à des spéculations nouvelles.

En effet, si son blé lui reste, il faut, pour qu'il ne perde pas, que le prix de l'année suivante, dans la saison de cherté, soit supérieur à celui de l'année actuelle, d'une quantité qui puisse dédommager de l'intérêt des fonds pendant une année, de la dépense qu'occasionne la garde du blé et du déchet qu'il éprouve.

Pour que le même marchand ait du profit à garder son blé, il faut que la somme que la vente lui produira l'année d'après soit plus grande que celle qu'il aurait retirée en vendant d'abord son blé, en rachetant du blé de la récolte nouvelle, et en le revendant. Ainsi, le marchand sera intéressé à ne pas risquer d'être forcé de garder son blé, à moins que les apparences de la récolte suivante n'annoncent la disette, et précisément dans ce cas, l'intérêt des consommateurs demande que le blé soit conservé.

Le propriétaire qui reçoit en grains le revenu de ses terres, saura bien moins calculer ses intérêts que les marchands; s'il est assez riche pour attendre, il comptera pour rien la perte de l'intérêt de l'argent qu'il aurait tiré en vendant plus tôt, parce que cet argent est un revenu destiné à ses dépenses. Il en sera de même du cultivateur, lorsqu'il lui restera du blé, et qu'il n'aura plus besoin d'en vendre pour ses avances de culture.

Ainsi, pour que ceux qui ont du blé aient, ou plutôt croient avoir intérêt de le vendre, il est utile qu'il y ait des marchands de blés, et que les cultivateurs aient un emploi assuré des fonds que la vente du blé peut leur produire.

Ce n'est point au besoin que le consommateur a d'avoir du pain qu'il faut comparer l'intérêt que le marchand a de vendre : c'est au besoin que le consommateur aurait du blé de ce marchand; et comme celui-ci a un grand intérêt de vendre avant la récolte, surtout lorsque le blé est cher, il arrive que dans ce cas chaque marchand se règle sur la probabilité que, s'il refuse de vendre à tel prix, une partie de son blé lui restera. Il a donc à craindre et la concurrence des autres marchands, et l'arrivée des blés étrangers, et même la diminution de la consommation : car ce marchand n'ignore pas que la quantité de la nourriture du peuple peut être considérablement diminuée pendant un assez long temps, sans autre effet que de détruire sa santé ; et qu'ainsi il est très-possible que l'augmentation du prix de la denrée produise une diminution de consommation.

Le besoin instantané des consommateurs n'a point cette influence terrible qu'on s'est plu à lui supposer. 1° Ce besoin instantané n'a lieu que pour le pain : en effet, le consommateur qui a de quoi acheter une mesure de blé sera contraint, si le prix devient exorbitant, d'acheter du pain en détail : c'est ce que dans les campagnes on appelle vivre au boulanger.

2° Si les vendeurs de pain le renchérissent trop considérablement, le peuple consommera moins à proportion pendant quelques jours : celui qui a des effets, les vendra à perte ; les autres auront recours à la charité des riches. Ce sera un état de souffrance,

mais non de famine pour le peuple ; et cet état cessera bientôt, sans qu'il en résulte aucun profit
pour les marchands : car, au bout de quelques jours,
il se présentera des vendeurs de pain ; et celui qui
aura voulu profiter du besoin instantané, perdra
ses pratiques. Or, si le peuple a besoin des vendeurs
de pain en général, chaque vendeur de pain en
particulier a besoin d'avoir des acheteurs qui se
fournissent chez lui. Il n'y a donc rien à craindre,
à moins qu'une folie épidémique ne s'empare,
le même jour, de tous les faiseurs de pain d'un
pays.

Ainsi, ni la nécessité absolue dont est le pain, ni
le besoin instantané qu'on en a, n'empêchent que
le prix du blé ne se fixe comme celui de toute
autre denrée ; qu'il ne dépende de même du rapport entre la quantité existante de la denrée et celle
de la consommation ; que la concurrence entre les
vendeurs n'y influe de la même manière.

Le prix varie d'une année à l'autre, selon que la
quantité de la reproduction a été plus ou moins
grande. Il varie aussi d'un pays à l'autre, selon le
rapport de la consommation de ces pays avec leur
fécondité.

S'il y a un commerce constant et toujours actif,
les achats de ce commerce feront monter le prix
dans le pays où il était moindre ; mais il baissera
dans l'autre. La différence des prix se rapprochera
très-près des frais de transport entre les deux pays ;
et plus il y aura de marchands, plus les risques seront petits ; mieux le commerce sera établi, moins

le transport sera coûteux ; plus les marchands se contenteront d'un moindre profit.

De même, si le commerce est en activité, les achats faits dans les années d'abondance y augmenteront le prix ; la vente des blés conservés le diminuera dans les autres. Et comme on a la double ressource, et du blé tiré d'un autre pays, et de celui qui a été gardé dans les magasins, les variations d'une année à l'autre, en supposant que la ressource que fournissent les pays les plus féconds ait été insuffisante, se rapprocheront beaucoup de la dépense qu'a entraînée la conservation du blé de l'année précédente, plus le profit du marchand. Ainsi, cette différence sera d'autant moindre, que l'art de conserver le blé se sera perfectionné davantage.

En regardant la consommation comme constante, ce qui est exact, excepté dans les très-grandes chertés, le blé doit augmenter à mesure que la quantité en diminue. Ainsi, plus on s'éloigne de la moisson passée, plus le blé augmente ; cependant, la crainte de garder son blé produira une diminution aux environs de la moisson prochaine, surtout si elle annonce l'abondance.

Mais ces différences d'une saison à l'autre seront encore diminuées par le commerce. La concurrence des marchands, faisant que les propriétaires pressés de vendre trouveront un plus haut prix, et cette même concurrence le faisant baisser dans la saison la plus chère, ces deux prix pourront ne différer jamais que du profit qu'il faut que fasse le marchand.

XI. 9

Il y a une augmentation, toutes les fois que les cultivateurs, occupés d'autres travaux champêtres, ne peuvent employer ni leurs chevaux à voiturer les blés, ni leurs ouvriers à battre les gerbes. Elle est surtout sensible peu après la moisson, dans le temps des semailles, parce que les propriétaires, payés en grains, n'ont pas encore de blé nouveau dans leurs greniers, et que les cultivateurs, qui croient qu'il faut changer de semence, en achètent alors tous à la fois.

Un plus grand nombre de marchands de blé fera encore disparaître cette variation.

En général, les variations du prix du blé seront égales aux frais de transport et de conservation, à l'intérêt commun de l'argent, et à un profit pour le marchand.

De même, le prix du blé pris sur le lieu où il a été produit et acheté du cultivateur, sera égal aux frais annuels de culture, dans lesquels il faut comprendre la nourriture et l'entretien du cultivateur; à l'intérêt des avances premières; à l'impôt territorial; à la dîme; à la portion prélevée par le propriétaire, et à un profit pour le cultivateur.

Toutes ces causes qui concourent à former le prix, excepté le revenu du propriétaire et le profit du cultivateur et du marchand, sont telles, que l'intérêt commun du propriétaire, du cultivateur, du marchand, du consommateur, est de les voir diminuer le plus qu'il est possible. Dans les autres, il paraîtrait que leurs intérêts dussent se trouver en contradiction; cependant, l'intérêt du consommateur est que le marchand trouve un profit assez grand pour que le commerce ne sòit pas interrompu; que le propriétaire tire assez de revenu de sa terre à blé, pour ne pas y essayer une autre culture; que le cultivateur, enfin, trouve un profit assez grand pour ne pas retirer ses capitaux de cette espèce d'entreprise.

Car si, par des circonstances particulières, le blé se trouvait pendant plusieurs années à un si bas prix, que ces profits fussent au-dessous de ce que nous venons de voir qu'ils devaient être, il est constant que les consommateurs se trouveraient exposés à des chertés excessives, et même à des disettes réelles, comme l'expérience ne l'a que trop prouvé jusqu'ici.

CHAPITRE V.

De la manière dont se proportionnent les salaires.

Pour que le salarié ne souffre pas trop, il faut qu'il ait de l'ouvrage pendant toute l'année, ou du moins dans toutes les saisons de l'année; que ses salaires soient suffisants pour le nourrir, lui et sa famille; c'est-à-dire, à peu près une personne avec lui : car, en effet, on peut supposer, en général, que chaque homme doit faire vivre une autre personne; ceux qui en ont un plus grand nombre à nourrir, ne formant point le plus grand nombre, ils resteraient sans ouvrage, s'ils demandaient davantage : il faut, enfin, que le salarié puisse amasser un petit mobilier, qui soit une ressource contre la cherté, contre la maladie, contre le manque d'ouvrage, contre la vieillesse, s'il a le malheur d'y atteindre.

Le salaire ne peut jamais baisser au-dessous de ce qu'il faut à un homme de travail pour se nourrir; autrement il ne travaillerait pas.

Mais comme la masse des salaires est proportionnée au désir que les propriétaires et les cultivateurs ont de faire travailler, les salariés seront exposés à manquer de travail, toutes les fois qu'il y aura plus de salariés que cette masse n'en pourra soudoyer au plus bas prix possible. Il y aura donc, ou une dépopulation jusqu'à ce que le manque de salariés fasse remonter les salaires, ou une augmentation de production jusqu'à ce que la masse totale soit proportionnée au nombre des salariés.

Dans le premier cas, la nation sera dans un état de souffrance; dans le second, elle s'avancera vers un état plus heureux.

Il y aura donc toujours à peu près le même rapport entre le prix des salaires et la quantité des denrées qu'un homme, une famille, doivent consommer, et par conséquent entre le prix des denrées et celui des salaires : c'est ce que les observations de plus de deux siècles ont confirmé.

Mais il faut remarquer que, dans les années de disette, le revenu des propriétaires payés en argent, des cultivateurs, des rentiers, exprimé en denrées de nécessité première, étant moindre que dans les autres années, ils en auront moins à employer en dépenses superflues; que ceux qui sont peu riches remettront à une autre année tout ce qui n'est pas nécessaire : qu'ainsi le nombre des salariés étant le même, et la masse des ouvrages et celle de leur salaire évalué en denrées, sera diminuée; il y aura une plus grande concurrence entre les ouvriers, et par conséquent le prix exprimé en denrées sera un prix plus bas. Cela est si vrai, que souvent, dans ces années, le peuple ne pourrait subsister, si quelques riches n'établissaient des ateliers par humanité; mais leur but étant de soulager le plus de malheureux qu'il est possible, les salaires, dans ces ateliers, seront encore au plus bas prix possible.

Dans les années où le prix des denrées sera très-bas, comme une partie de ceux qui font travailler se trouve avoir un revenu moindre en argent, il y aura une moindre masse de salaires exprimés en argent, et le peuple pouvant travailler à un prix plus bas, il résultera que le prix doit baisser; mais le peuple se refuse à ce baissement, dont il craint que l'on ne prolonge la durée. Ainsi, bien que dans une année de bas prix les salaires se soutiennent au même prix, le nombre en diminue, et le peuple manque d'ouvrage.

Les salaires demeurent donc constants, et ils sont égaux à ce qu'il faut aux salariés pour subsister, eux et leur famille, dans les années où les subsistances sont au prix le plus ordinaire : c'est donc sur le prix habituel des subsistances, et non sur leur prix moyen, que les salaires se règlent.

CHAPITRE VI.

Du prix moyen et de son influence.

On forme le prix moyen en prenant la somme des prix, soit dans différents temps, soit dans différents pays, et en divisant cette somme par le nombre des prix observés.

J'appellerai ici prix moyen, le prix moyen d'une même province dans différentes années, et je donnerai le nom de prix général au prix moyen de tous les pays où les subsistances circulent.

En général, le prix des denrées et celui des salaires se conforment aux variations que subit, d'un siècle à l'autre, le prix ordinaire du blé.

Ce prix serait égal à un prix moyen qu'on formerait, en ne faisant point entrer dans le calcul les prix qui s'écartent beaucoup du prix moyen; et comme ces prix s'en éloignent davantage en plus qu'en moins, le prix ordinaire est inférieur au prix moyen; et il l'est d'autant plus, que ces grandes variations sont plus fréquentes.

Il résulte de là que, toutes choses égales d'ailleurs, et absolument indifférentes pour chaque lieu, que le prix moyen y fût plus ou moins élevé, si le prix moyen était le même dans tous les pays qui commercent entre eux; mais le prix moyen peut être au-dessus ou au-dessous du prix général.

Il est désavantageux pour un État, que le prix moyen y soit sensiblement au-dessus du prix général. D'abord, il en résultera nécessairement une importation de subsistances étrangères, la diminution de la culture nationale, et la nécessité de la ressource précaire, et toujours dangereuse, d'un commerce étranger.

Les inconvénients d'un prix moyen, inférieur au prix général, sont encore plus grands.

Lorsque les subsistances manqueront dans ces pays, il faudra recourir au commerce pour y suppléer; il faudra donc que le blé y soit monté au-dessus du prix général, c'est-à-dire, à un prix exorbitant pour le pays, et dont il résultera nécessairement une disette.

D'ailleurs, puisque, comme nous l'avons dit, le prix des salaires se proportionne, dans chaque pays, au prix ordinaire des denrées de subsistance, il en résulte nécessairement que, dans les pays où le prix moyen est plus bas que le prix général, les salariés ne seraient jamais à portée de payer les denrées que le commerce pourrait amener pour leur subsistance. Ainsi, le succès des spéculations du commerce sera très-incertain dans ces pays, et l'effet du bas prix sera de les exposer à des chertés excessives pour eux, et même à la famine.

Si le bas prix moyen n'avait lieu que dans des pays où la culture est perfectionnée, où les denrées sont abondantes, on pourrait croire que ces inconvénients se présenteraient rarement; mais le bas prix moyen n'a lieu le plus souvent que dans les pays mal cultivés, sans commerce, où le peuple, au lieu de se nourrir de blé, vit de châtaignes, et de denrées à un prix plus vil; c'est sur le prix de ces denrées que se proportionnent les salaires : si elles manquent, le blé ne peut offrir une ressource à la portée du peuple, qui n'a que ses salaires. L'intérêt des salariés sera donc que ce prix moyen s'approche du prix général.

L'intérêt du cultivateur, et par conséquent du propriétaire, et celui de la reproduction, est aussi que le prix moyen ne soit point trop bas : en effet, si le prix moyen est bas, il en résultera que l'intérêt des avances, évaluées en argent, sera moindre étant employé dans les entreprises de culture, et qu'ainsi on y emploiera moins de capitaux ; or, comme plus la culture se perfectionne, plus l'intérêt des capitaux employés à de nouveaux perfectionnements diminue, il arrivera que si le prix moyen est bas, on cessera plus tôt d'employer ses fonds à la culture.

Si, au contraire, ce prix est trop haut, la concurrence désavantageuse avec l'étranger découragera la culture; et c'est par conséquent l'intérêt du cultivateur, que le prix moyen se rapproche du prix général.

Il y a une autre manière de considérer le prix moyen, qui n'est pas moins importante.

Le cultivateur vend, chaque année, ce qu'il a de blé au-dessus de sa consommation; dans les années de disette, cette quantité est beaucoup plus petite que dans les années d'abondance; il en résulte d'abord, que tant que le prix est plus grand dans les années moins fertiles, le prix moyen auquel le cul-

tivateur vend son blé sera au-dessous du véritable
prix moyen.

Supposons, en effet, qu'il recueille une année
3oo setiers, et que le prix en soit 20 livres; que
l'année d'après il recueille 200 setiers, et que le
prix soit 3o livres; il y aura de consommé 3oo setiers valant 20 livres, et 200 septiers valant 3o livres:
ainsi leur valeur moyenne sera $\frac{12000}{500}$ ou 24. Je suppose que le cultivateur en consomme 100 par an-
née, il y en aura de vendu 100 à 3o livres, et 200 à
20 livres : donc, leur prix moyen sera $\frac{7000}{300}$, $\frac{70}{3}$ qui
est plus petit que 24. Et de quelque manière que
vous évaluiez la proportion entre le prix des deux
années, la quantité constante de la consommation
du cultivateur et le rapport des prix, tant que le blé
sera plus cher dans l'année qui a produit le moins,
le prix moyen du vendeur sera au-dessous de la
valeur moyenne, et il ne lui deviendra égal que
quand les prix seront égaux.

Il résulte de la même observation, que le prix
moyen du cultivateur qui vend, et le prix moyen du
consommateur qui achète, sont bien différents. Supposons deux récoltes inégales produisant, l'une 3oo
setiers à 20 livres, et l'autre 200 à 3o livres, et que
le cultivateur consomme 100 chaque année, le prix
moyen du blé vendu est $\frac{70}{3}$. Mais le consommateur,
dont la consommation est constante, achètera chaque année 15o setiers qu'il payera une année 20 liv.
et l'autre 3o livres; le prix moyen sera donc $\frac{75}{3}$ ou
25, qui est plus grand que $\frac{70}{3}$: et quelque nombre
que vous mettiez à la place de ceux-ci, tant que le

prix des années moins abondantes sera supérieur, le prix moyen du cultivateur sera plus bas que celui du consommateur ; et ils ne peuvent devenir égaux, que les prix des années le soient. Au contraire, plus les prix des différentes années varieront, plus il y aura de différence entre la valeur moyenne du blé, le prix moyen du cultivateur et le prix moyen du consommateur.

CHAPITRE VII.

De l'égalisation des prix.

Il suit de ce qu'on vient de dire, que moins il y a de variation dans les prix, plus le prix moyen du cultivateur augmente.

En effet, si le cultivateur paye en nature, il sera, chaque année, obligé de prélever sur sa récolte la même quantité de grains pour payer le propriétaire et pour se nourrir ; dans les années de cherté, il ne lui restera qu'une petite quantité de grains à vendre ; dans les années de bas prix, il vendra beaucoup de grains : donc, plus les prix se rapprocheront, le prix moyen restant le même, plus le cultivateur gagnera.

S'il paye le propriétaire en argent, alors il sera obligé de vendre plus de blé dans les années abondantes, et moins dans les stériles ; mais comme il est forcé de vendre dans les premiers mois de l'année, il souffrira plus du bas prix qu'il ne profitera de la cherté ; et voilà le premier avantage qu'il retire de l'égalisation des prix.

Ensuite, plus les prix se rapprochent, plus le cultivateur sera sûr, dans les années abondantes, de vendre ses grains, et de les vendre à un prix plus avantageux ; ainsi, il aura toujours une raison suffisante pour se déterminer, soit à défricher, soit à perfectionner la culture; il aura une espérance moins incertaine d'être, en peu d'années, dédommagé de ses avances; il aura enfin des capitaux plus considérables à employer en entreprises d'agriculture.

Si le propriétaire fait lui-même valoir la propriété, l'égalisation des prix lui sera avantageuse pour les mêmes raisons qu'elle l'est aux cultivateurs.

Si le propriétaire est payé en argent, plus les prix seront égaux, plus la somme que le cultivateur lui donne pourra être forte : en effet, comme le cultivateur est obligé de vendre peu de temps après la récolte, lorsque les prix se rapprochent, la somme d'argent qu'il retire de la vente de ses grains est plus grande et plus également distribuée sur toutes les années du bail. Ainsi, le prix moyen restant le même, il y a dans l'égalisation des prix des avantages pour le propriétaire payé en argent.

Quant au propriétaire payé en nature, son avantage le plus grand, peut-être, sera d'avoir un revenu plus égal, et cet avantage est très-important : en effet, quoique le prix des autres denrées, et même des salaires, dépende de celui du blé, cependant il n'en suit pas les variations momentanées.

Je passe aux consommateurs : le cultivateur trouve un grand avantage dans l'égalisation du prix, le prix moyen restant le même; il en résulte qu'il en peut trouver encore, le prix moyen étant baissé : or, toutes les fois qu'une denrée coûte moins à celui qui l'a produite, la diminution de valeur se partage nécessairement entre le propriétaire et le consommateur.

Un autre avantage du consommateur naîtra de la conservation du blé, puisque cette denrée n'est gaspillée que quand elle tombe à bas prix.

La classe des consommateurs la plus importante est celle des hommes qui vivent de leur travail. Nous avons vu que ce n'est pas sur le prix moyen, mais sur le prix le plus ordinaire du blé, que les salaires sont réglés. Ainsi, l'égalisation des prix est avantageuse aux salariés : d'abord, ils seront plus forts en eux-mêmes, puisqu'ils s'approcheront davantage du prix moyen; et de plus, dans tous les temps, leurs salaires seront suffisants.

Les temps de bas prix ne peuvent les dédommager de ceux de cherté, parce que, surtout dans les campagnes, les salariés sont aux gages des cultivateurs et des propriétaires, qui font alors moins travailler, si le salarié ne consent point à diminuer le prix de la journée. D'ailleurs, ce qu'il gagnerait dans les années de bas prix au-dessus du nécessaire, il ne le réserverait pas pour des années plus fâcheuses; il l'emploierait à se rendre la vie plus douce, à acheter quelques meubles que dans les années suivantes il serait forcé de revendre avec perte. Il n'y a donc que l'égalisation des prix qui puisse assurer au pauvre de l'ouvrage et des salaires, l'un et l'autre proportionnés à ses besoins.

Les meubles, achetés dans des temps plus heureux, sont une ressource contre les accidents; ils préservent souvent le paysan de tomber dans la misère; mais on voit aisément que dans ce cas-ci, ce n'est que le faible remède d'un mal qu'il est aisé de prévoir. Cette ressource doit être gardée pour les événements que la sagesse des lois ne peut prévenir.

Le salarié doit craindre également et la cherté, où les salaires sont insuffisants, et le bas prix, où il manque d'ouvrage ; c'est l'égalisation qui fait sa sûreté et sa richesse : il lui importe peu que le prix moyen soit plus ou moins haut, pourvu qu'il n'y ait dans le prix que le moins de variations qu'il est possible. Au contraire, il est intéressé que le prix moyen ne soit pas trop bas : 1° parce que dans les années où il serait, par quelque accident, obligé de tirer sa subsistance de dehors, il se trouverait hors d'état de l'acheter; 2° parce qu'il doit désirer un prix assez élevé pour que la culture s'améliore; puisque, comme nous l'avons dit, l'état le plus heureux pour le salarié, est celui où la reproduction va en croissant, et où la population, qui tend à s'y proportionner, n'a pu encore y atteindre.

Mais si l'égalité entre les prix est le but auquel on doit tendre, nous avouons qu'il n'est possible d'en approcher que jusqu'à un certain point, et qu'il restera toujours une différence égale, tantôt aux frais de transport, tantôt à ceux de conservation, auxquels il faut ajouter l'intérêt que le marchand doit retirer de ses avances; et par conséquent le but que l'on doit se proposer, c'est de faire en sorte que ces frais et cet intérêt du marchand soient les plus faibles qu'il est possible.

CHAPITRE VIII.

Effets de la liberté indéfinie du commerce.

La reproduction augmente avec l'intérêt qu'ont les cultivateurs d'employer des capitaux en entreprises de culture. Cet intérêt est composé : 1° du profit de ces entreprises ; 2° de la probabilité du succès ; 3° du bien-être dont on jouit dans l'état de cultivateur.

Or, la liberté augmentera le profit du cultivateur, et le rendra plus sûr. En effet, plus la circulation embrassera une grande étendue de pays, plus il y aura de marchands de blé, et plus aussi, dans les années abondantes, il y aura de probabilité que la quantité excédante de blé produite par l'amélioration de la culture, trouvera des consommateurs, ou du moins des acheteurs. La concurrence entre les acheteurs empêchera que les cultivateurs, souvent nécessités à une prompte rentrée de leurs fonds, ne soient obligés de vendre à des prix trop bas ; le cultivateur sera donc plus assuré que toute la quantité de blé qu'il pourra faire naître sera vendue, et qu'elle lui produira, quelle que soit la fertilité de l'année, une rentrée avantageuse de ses avances.

Mais, c'est peut-être par l'amélioration de l'état politique du cultivateur, que la liberté contribue le plus efficacement à augmenter la reproduction. Les avances pour une culture un peu étendue sont très-considérables, et si on compare les travaux du laboureur, les soins perpétuels qui remplissent son année, la vie dure et frugale qu'il mène, le peu de plaisirs et de commodités dont il jouit, avec la vie que le même capital lui procurerait dans le commerce ou dans les affaires, on voit que ce n'est ni l'amour de l'argent qui l'attache à son état, ni le goût de la paresse, ni celui des plaisirs.

Mais, à l'exception de quelques classes privilégiées, les hommes ne sont pas des machines qui calculent et qui se déterminent toujours pour le parti où il y a le plus à gagner.

L'homme aime mieux dépendre de la nature que de ses semblables : il souffre moins à être ruiné par une grèle que par une injustice; c'est là ce qui attache l'homme à l'agriculture; ce qui l'empêche de la quitter, même lorsque sa fortune lui permet de choisir avec avantage des états plus doux, et, grâce à notre frivole vanité, plus honorés que le sien.

Mais le cultivateur perd tous ces avantages du moment où le commerce des subsistances n'est point libre : sous l'empire d'un régime prohibitif, quel qu'il soit, à l'exception du laboureur pauvre, que le besoin contraint à vendre dès les premiers mois qui suivent la récolte, et dont la grange humble, délabrée, presque vide, ne peut exciter l'avidité, le cultivateur tombe dans la dépendance de tous les subalternes employés au maintien des lois sur les subsistances. Ces subalternes seront d'autant

XI.   10

plus terribles, que parlant toujours de procurer du pain au *pauvre peuple*, ils auront le talent de rendre le cultivateur odieux en même temps qu'ils l'opprimeront. Il faudra qu'il apprenne à se démêler des ruses de ces subalternes, qu'il s'instruise dans l'art de les séduire, et alors que gagnera-t-il à ne pas aller ramper dans les villes? Qu'on songe d'ailleurs que le cultivateur, accoutumé à être la dupe des gens d'affaires de toute espèce, qui vivent dans les villes de ruses et d'oppression, se soumettra, pour avoir du pain, à tout ce que des lois prohibitives, qu'il n'entendra point, lui feront éprouver d'inspections, de prohibitions, de condamnations, de vexations; mais que son âme en sera flétrie et découragée, et qu'il n'ira point exposer le fruit de ses épargnes pour se procurer un superflu qu'on lui fait acheter au prix de son repos.

La culture sera donc abandonnée à des laboureurs pauvres, dégoûtés de leur état, et bornant leur industrie à ne pas mourir de faim.

Nous avons vu combien, pour que, dans les années très-fertiles, une partie du blé ne devienne pas la proie des animaux; pour que celui qui se garde d'une année sur l'autre soit préservé des insectes; pour que le peuple ait, contre la disette, la ressource des bonnes récoltes des années précédentes, et de celles des autres pays; combien, en un mot, pour rendre insensible autant qu'il était possible aux propriétaires, aux cultivateurs, aux consommateurs, la différence des années et des pays, il était nécessaire qu'il y eût des magasins de blé et un commerce actif, constant, fait par un grand nombre de capitalistes : or, tel sera l'effet de la liberté. Pour faire des magasins, il faut être sûr de conserver toujours la libre disposition de ce qu'ils contiennent.

Ainsi, il ne faut point espérer qu'il se forme de magasins, tant qu'on pourra craindre de les voir ouvrir par autorité, d'être contraint de les vendre ou à perte, ou avec le profit que le gouvernement daignera fixer.

Tant que toute la force de la loi ne défendra pas les magasins contre le peuple; tant que celui qui fait des magasins soumis à des visites, à des formalités, verra les lois et leurs dépositaires accréditer la haine et le préjugé populaire, le commerce des blés, fait en grand, demeurera concentré en un petit nombre de mains, et ne se fera que dans quelques lieux et dans certaines circonstances, tant qu'il ne sera point parfaitement libre.

Peut-on supposer, en effet, qu'un grand nombre d'hommes oseront confier des capitaux à un commerce qu'ils ne seront pas sûrs d'être toujours libres de faire ; qu'ils achèteront sans savoir s'il leur sera permis de revendre ; qu'ils transporteront leur marchandise au loin, sans pouvoir se dire quel en sera le sort ?

D'ailleurs le blé est une denrée d'un gros volume, d'une conservation difficile, dont le débit n'est avantageux que pendant un temps très-court. Si le marchand a le malheur d'essuyer une condamnation injuste, il faut s'y soumettre, ou risquer que tandis qu'on demande justice, le temps de vendre ne se passe, et souvent même que la denrée ne soit perdue.

Enfin, c'est avec la liberté seule qu'il peut y avoir un commerce constant; toute autre législation est changeante : les lois prohibitives, même selon leurs apologistes, doivent varier avec les circonstances. Jamais un marchand ne saura, sous leur empire, si les lois sous lesquelles il a acheté, seront celles sous lesquelles il vendra. Aussi, dans ce cas, toutes les ressources du commerce seront-elles réduites à des entreprises extraordinaires qu'on hasarde lorsqu'il y a de grands profits, et qui ne sont faites que par des marchands qui savent s'assurer de l'indulgence des lois.

Plus la liberté sera entière, plus il y aura de magasins, plus il y aura de capitaux employés au commerce des blés, plus il y aura d'hommes habitués à s'occuper de ce commerce. Il résulte de là que la liberté amènera la plus grande égalité possible dans les prix. En effet, le nombre des marchands, l'activité perpétuelle du commerce fait qu'il y aura, et une grande quantité de subsistances et de la concurrence entre les vendeurs, même dans les années et les pays où la récolte aura été insuffisante. Comme les marchands feront le commerce habituellement, ils n'auront point besoin, pour y être déterminés, d'espérer des gains immenses; ils se contenteront d'un profit beaucoup moindre. Par la même raison, les temps, les lieux des achats et des ventes seront mieux choisis, les moyens de transports seront plus multipliés, mieux connus, les marchands courront moins de risques, sauront mieux éviter les pertes;

et comme la différence entre les prix est égale aux dépenses, aux dédommagements que le marchand a droit de demander pour ses risques, et au profit qui doit lui revenir, l'effet de ces trois causes de l'inégalité des prix deviendra le plus faible qu'il est possible.

Ainsi, la liberté procurera la plus grande concurrence possible entre les acheteurs, dans les temps et dans les lieux où il y a le plus d'abondance ; la plus grande concurrence possible entre les vendeurs, dans les temps et dans les lieux où l'abondance est moindre, et par conséquent au plus haut degré possible la certitude du débit, celle de la subsistance et l'égalisation des prix (1).

Si ces raisons ne paraissent pas suffisantes, nous pourrons les appuyer de quelques faits.

En Angleterre, depuis 1711 jusqu'en 1770, espace de temps où elle a joui de la liberté, du moins en comparaison des lois prohibitives établies dans le reste de l'Europe ; en Angleterre, dis-je, le prix moyen a été 20 livres 15 sous 6 deniers le setier de Paris. Il y a eu 41 ans où le prix a été constamment fort près de ce prix moyen, et le terme du plus haut a été 30 livres 16 sous. En France, en

_____

(1) De graves auteurs qui n'ont découvert que la moitié de cette réflexion, qu'ils pouvaient cependant lire tout entière dans plusieurs ouvrages très-connus, ont imprimé que l'intervention des marchands augmentait la *puissance naturelle du vendeur sur le consommateur* : nous ne savons pas comment la moitié d'une remarque si simple quand elle est tout entière, a pu leur paraître *d'une finesse qu'ils avaient peine à rendre sensible.*

145 ans de prohibitions, le prix moyen a été 32 livres 15 sous. Dans neuf années seulement, le blé a été réellement à ce point; il a monté jusqu'à 77, 86 livres le setier. Le prix moyen de deux années entières a été à 63 livres. Il y a eu des bas prix de 9 et de 10 livres. Il résulte de là : 1° que la liberté diminue le prix moyen; 2° qu'elle tend à égaliser les prix; 3° que le haut prix du blé en 1775 se trouve fort près du prix moyen de 245 ans; et qu'ainsi tout l'effet de la liberté accordée au mois de septembre 1774 a été de faire en sorte que le prix du blé, dans la saison de cherté, fût à peu près au niveau du prix moyen, et il n'y a pas ici d'équivoque; c'est au prix moyen de Paris que l'on a comparé le prix de Paris en 1775 : et cependant on a osé faire entendre... Mais, pour apprécier avec justice l'effet de la loi du 14 septembre, il fallait s'informer du prix de la halle, il fallait lire quelques livres, et il est plus aisé de calomnier que de s'instruire. 4° Que la disproportion entre l'Angleterre et Paris est trop grande pour qu'elle n'eût pas envoyé du blé à Paris, si la sortie de France eût été libre comme l'entrée. On dira peut-être que c'est le prix de Paris et non celui de la France que nous comparons aux prix d'Angleterre : mais c'est aux prohibitifs de choisir si c'est aux lois générales, ou aux règlements de Paris, qu'il faut attribuer et l'extrême différence du prix moyen, et celle entre les variations des prix, plus effrayante encore et plus terrible.

Comparons le prix du setier de blé de Paris, à Paris et à Angoulême, dans les années 1740 et 1741.

En 1740 il est d'environ 43 liv. à Paris, de 16 liv. à Angoulême ; en 1741, de 32 liv. à Paris, de 15 liv. à Angoulême.

Les différences sont de 27 liv., de 18 liv. Croira-t-on que cette différence n'offrait pas plus de profit qu'il ne faut pour indemniser les frais de transports et donner un profit suffisant au marchand? Pourquoi donc cette disproportion a-t-elle subsisté? Faut-il en accuser la législation de Paris, ou celle de l'Angoumois? Car, selon les grands principes prohibitifs, les lois doivent changer tous les mois, et à chaque poste.

Mais, ce n'est pas seulement aux inégalités entre des pays éloignés, aux différences entre les années, que la liberté remédie.

Il y aurait souvent entre deux lieux voisins, et d'une saison à l'autre, des différences assez considérables, sans le commerce que font de petits capitalistes. Ce commerce assure aux cultivateurs, aux propriétaires peu riches, et forcés à vendre de bonne heure, l'avantage de vendre leurs grains à un prix moins bas. Il empêche les cultivateurs, les propriétaires riches d'être, dans un village, dans un petit canton, les seuls propriétaires de blé. Il faut les besoins d'une grande province pour attirer le secours du commerce en grand. Ce commerce en petit soulage ceux de quelques villages. Il évite aux paysans, aux fermiers, la peine de se déplacer pour acheter, ou pour vendre; donne aux uns la certitude d'avoir de l'argent, sans être obligés de vendre à vil prix, aux autres, celle d'avoir du pain, sans être exposés au monopole.

Les petits capitalistes ne peuvent subsister qu'en faisant rapidement circuler leurs fonds ; il faut qu'ils vendent et qu'ils achètent plus d'une fois par année. Leur concurrence est utile pour empêcher dans le prix, des hausses locales et momentanées. Mais aussi, la moindre gêne, le moindre retard, suffisent pour les ruiner ; et ils sont trop sûrs de ne pouvoir jamais obtenir justice, pour rien risquer, sans y être encouragés par des profits considérables.

La liberté tend à rapprocher le prix de chaque pays du prix général de l'Europe ; et c'est une conséquence de ce qui vient d'être dit sur l'égalisation des prix. Ainsi, la liberté fera baisser le prix dans les pays où ce prix est supérieur au prix général de l'Europe. Elle le fera monter dans les autres ; et ce n'est pas un mal, si, comme nous l'avons montré, c'en était un si grand que le prix moyen fût inférieur.

On pourrait dire que, du moins dans le temps où cette augmentation se fait, le peuple souffrira.

Nous avons vu que cette hausse produite par le rapprochement vers le prix général, avait lieu particulièrement dans les pays où les disettes sont terribles, et les variations des prix énormes et funestes ; que ces augmentations momentanées n'étaient suivies d'aucune augmentation de salaire, parce que la quantité des productions du pays n'avait pas augmenté. Ainsi, la gradation plus lente par laquelle les denrées s'élèvent vers le prix général ; l'augmentation réelle de production et celle de leur valeur en argent ; le haussement des salaires qui en est la suite, empêcheront ce rehaussement d'avoir, dans l'état de liberté, des effets dangereux, qu'il aurait nécessairement dans tout autre régime.

La liberté tend encore à diminuer le prix général de l'Europe, ainsi que le prix moyen de chaque pays : d'abord elle augmente la reproduction ; donc elle diminue le prix moyen jusqu'à ce que le nombre des consommateurs ait augmenté à proportion. Ensuite, plus il y a de concurrence entre les marchands, plus ils se contentent d'un moindre profit.

Plus ceux qui font un commerce y sont exercés, moins il y a de frais et de pertes.

Le gaspillage des blés, prévenu par la liberté, est encore une cause de diminution dans le prix.

Le rapprochement entre le prix du cultivateur et celui du consommateur en est une troisième, parce que le profit qui en résulte pour le cultivateur, le prix moyen étant le même, doit se partager entre le consommateur et lui.

Enfin, tous les risques, toutes les avanies que la liberté épargne au marchand, seraient entrés dans le prix des grains.

Il faut y joindre encore les préjugés du peuple et ses terreurs, plus funestes à mesure qu'elles se répandent dans des classes qui ne devraient point partager les opinions du vulgaire ; car toutes ces causes tendent à augmenter le prix, et la liberté la plus entière en est l'unique remède.

CHAPITRE IX.

Des avantages politiques de la liberté.

Il faut regarder l'augmentation de la population, non comme la cause, mais comme le signe d'un moindre malheur dans le peuple, parce que les mêmes causes qui font que la population augmente, font que le peuple souffre moins. En effet, plus les gens du peuple sont sains, moins ils éprouvent la misère et les maladies qui la suivent; moins ils vieillissent vite, et plus ils ont d'enfants. De même, plus la subsistance du peuple est facile, moins il périt d'enfants par les maladies du premier âge; moins il y en a qui contractent des obstructions; moins il en est à qui l'âge de puberté cause ou la mort, ou de longues infirmités : cette observation frappe tous ceux qui ont pénétré dans ces cabanes, où l'homme, accablé de tous les maux de la nature et de la société, borne tous ses vœux à désirer de ne plus souffrir; et elle suffit pour prouver comment une plus grande reproduction, une distribution de subsistance plus uniforme et à un prix plus égal, des salaires plus proportionnés à ce prix et plus assurés; comment, en un mot, la liberté du commerce des grains doit augmenter la population en diminuant le malheur du peuple.

Mais c'est une ancienne objection des auteurs prohibitifs, que des nations qui n'auraient d'autre art que l'agriculture, ne pourraient avoir qu'une population *imparfaite* (1), parce que ce serait avec l'échange de leurs subsistances qu'elles tireraient de l'étranger des denrées superflues (2). Par population *imparfaite*, on entend sans doute une population moindre qu'elle ne serait, si toutes les subsistances qu'un pays peut produire étaient employées à nourrir les habitants. Elle est donc imparfaite, lorsqu'une partie de ces subsistances est employée à tirer de l'étranger des objets de luxe. Ainsi, dans un pays où il y a du luxe et point d'industrie, comme en Pologne, en Afrique, il faut échanger beaucoup de subsistances pour fournir au luxe des grands propriétaires. Dans un pays où il y a du luxe, de l'industrie, et un sol fertile,

(1) Il n'est pas question d'examiner si, comme le prétend M. Necker, pag. 32, *deux mille hommes réduits au simple nécessaire, réunissent une plus grande quantité de bonheur, que mille un peu mieux vêtus et plus délicatement nourris.* Peut-être il serait difficile de prouver que les uns *ou les autres réunissent même une très-petite quantité de bonheur ;* car, il serait très-possible qu'au contraire, riches et pauvres, *réunissent une grande quantité de malheur.* Mais, c'est un fait que la dépopulation augmente avec la misère du peuple, et la population avec son *bien-être,* qui, pour le dire en passant, n'est pas la même chose que le bonheur. Ce bien-être consiste à n'être pas exposé à la misère, à l'humiliation, à l'oppression. C'est ce bien-être que les gouvernements doivent aux peuples. Il est nécessaire au bonheur, et il peut n'y pas suffire. Mais c'est à la nature à faire le reste. Les gouvernements, en s'occupant de perfectionner la physique, la morale et l'éducation, peuvent, à la vérité, corriger encore la nature ; mais ce n'est plus ici un devoir de justice, c'en est un de bienfaisance.

(2) Voyez M. Necker, page 34.

il sort peu de subsistances; on ne cultive en grains
que ce qui est nécessaire à peu près pour nourrir la
nation; le reste des terres est.employé en objets
susceptibles d'être manufacturés, et qui, soit par
eux-mêmes, soit par leur échange, doivent satisfaire
aux besoins du luxe. Ainsi, dans ces pays, où les terrains employés à produire les matières premières
du luxe ne nourrissent personne, la population
est encore *imparfaite*, malgré le luxe, les manufactures et le commerce. Supposons maintenant que,
chez une telle nation, la quantité des subsistances
vienne à augmenter : si c'est par des défrichements,
par une meilleure culture, le nombre des hommes
y augmentera; si la masse des subsistances augmente, parce qu'on s'occupera moins de cultiver
pour des objets de luxe, il peut y en avoir deux
causes : l'une, la diminution du luxe, et la population augmentera encore ; l'autre, qu'on ait préféré,
même pour le commerce étranger, de cultiver les
denrées de nécessité première, plutôt que toute
autre production. Or, cela n'arrivera que lorsque la
culture des subsistances sera devenue la plus profitable, c'est-à-dire, que dans le cas d'une très-
grande population, d'une culture très-perfectionnée;
et cet excès de subsistances, loin d'être un mal,
devient alors une ressource dans les années infer-
tiles, et un obstacle à la dépopulation.

Une nation qui aurait du luxe et de l'industrie,
sans un grand territoire, pourrait avoir une population supérieure à celle que l'étendue de son territoire semblerait lui permettre; l'industrie réparerait

les gaspillages du luxe, et la terre serait couverte de plus d'hommes qu'elle n'en aurait nourris, si elle eût été employée tout entière à produire des subsistances.

Mais un tel État n'offre qu'une apparence trompeuse de force et de richesse ; sa subsistance est dans la dépendance de ses voisins ; et quand il s'agit de calculer la force des États, il ne suffit pas toujours de compter les hommes. Les rudes travaux de l'agriculture, l'habitude de vivre en plein air et de braver les saisons ; celle de déployer, dans tous les sens, l'énergie de tous ses membres ; les métiers qui suivent l'agriculture, et qui, presque tous, exigent des hommes robustes ; tout cela donnerait, à nombre égal, une immense supériorité de force à un peuple agriculteur, sur un peuple manufacturier.

D'ailleurs, la supériorité de population qu'on doit à l'industrie, est aux dépens de celle des autres pays ; la supériorité de population qu'on devrait à une plus grande perfection de l'agriculture, serait tout entière au profit de l'espèce humaine : et pourquoi ne préférerait-on pas à une politique qui traite les étrangers en ennemis, celle qui les traiterait comme des frères ?

Dans un pays qui, sans autre ressource que l'agriculture, a le bonheur de ne pas connaître le luxe, la population, et surtout la force de la nation, approcheront du point le plus haut où les institutions humaines puissent les porter ; et cependant, si cette nation tire quelques denrées des étrangers, ce sera aux dépens de ses subsistances.

Telle était Rome, lorsqu'elle envoyait chercher un laboureur à sa charrue pour le mettre à la tête du sénat ou des armées.

> La terre fière alors d'un laboureur guerrier,
> Tressaillait sous un soc couronné de laurier.

Cependant, le peu de luxe qu'il y avait à Rome venait de l'exportation de ses grains. C'est dans le temps où ce pays avait ainsi une *population imparfaite*, que les hommes qui s'y formaient conquirent l'Italie, et étonnèrent le monde par des vertus auxquelles ils surent imprimer un caractère de grandeur et de force, qu'aucune autre nation n'a égalé.

Dans la suite, ils soumirent la Sicile, les Espagnes, la Grèce, les Gaules et une partie de l'Asie; alors leurs sages furent assez *maladroits* (1) pour regretter le temps où les Romains ne connaissaient d'autre art que l'agriculture. A la vérité, ces sages ne croyaient pas qu'elle fût propre à faire venir beaucoup d'argent; et lorsqu'au milieu des richesses du monde conquis, ils avaient la sottise de pleurer la perte de leurs anciennes mœurs,

> *Fecunda virorum*
> *Paupertas fugitur totoque arcessitur orbe;*
> *Quo res cumque perit,*

disaient-ils; mais voilà d'étranges expressions, et

(1) M. Necker, page 41.

Dès lors l'on verra diminuer et la débauche, qui croît à mesure que les hommes s'entassent dans des espaces plus étroits, qui se plaît avec l'oisiveté et la richesse, qui fuit enfin les travaux pénibles de la campagne;

Et cette soif hydropique de l'or qui ne quitte jamais nos riches, parce que, ne pouvant plus amasser pour augmenter leurs jouissances, ils amassent pour augmenter leur considération;

Et le respect pour la richesse qui dégrade et corrompt toutes les âmes, et l'idée d'être compté pour rien, d'être livré sans défense à toutes les vexations et à tous les outrages, qui flétrit l'âme du peuple, qui lui ôte toute honnêteté, tout courage, tout amour pour la patrie;

Et cette avidité qui fait qu'on ne rougit plus, ni d'avoir des liaisons avec un scélérat accrédité, ni de profiter des détresses publiques pour augmenter sa fortune, ni d'aggraver, par les dons immenses extorqués du gouvernement, le poids qui pèse sur les campagnes. Alors on verra moins de gens se vanter d'être ruinés, et croire qu'il est du bon air de demander l'aumône au prince, et d'employer, pour l'obtenir, les bassesses et les trahisons.

Ainsi, la liberté du commerce des grains, en assurant au peuple plus de subsistances, en les lui assurant d'une manière plus égale et plus à portée de ses facultés, le rendra encore plus nombreux, plus robuste, moins avili et moins corrompu.

—◦◦◦—

XI.   11

SECONDE PARTIE.

Des prohibitions.

Je me flatte d'avoir prouvé dans la première partie de cet ouvrage, que la liberté tend à maintenir la circulation et le prix des subsistances dans l'état le plus avantageux aux différentes classes de citoyens, et surtout au peuple. Je vais m'occuper maintenant de discuter les principes des auteurs prohibitifs, et les préjugés qui ont fait croire que les règlements étaient nécessaires ; je montrerai comment ces préjugés ont nui au bien, que sans eux, la liberté eût produit ; j'examinerai enfin les plus importantes des lois que l'esprit réglementaire a inventées jusqu'ici : sans doute il devait suffire de traiter ce dernier objet. Les hommes ne se sont réunis en société que pour conserver leur propriété et leur liberté ; ils n'ont pu consentir à en sacrifier une partie, que lorsque ce sacrifice a été nécessaire à la conservation du reste. C'est à ce titre seul que le souverain a pu avoir droit d'exiger des citoyens le renoncement à une partie de leur propriété ; c'est donc à ceux qui demandent des règlements prohibitifs, à prouver que ces règlements sont nécessaires au salut de la nation.

Lorsque les partisans de la liberté accusent les règlements des maux que le défaut des subsistances

et leur cherté ont pu produire, et que les prohibitifs
imputent ces mêmes maux à la liberté, si le législateur ne se croit pas en état de prononcer entre eux,
il doit adopter dans sa conduite le parti de la liberté,
parce qu'il n'a pas besoin de motifs particuliers pour
laisser à chacun l'exercice de ses droits naturels;
parce que les maux que cause la liberté sont l'ouvrage de la nature, et que ceux que produisent les
mauvaises lois sont la faute de ceux qui les font,
ou qui en protégent l'exécution. L'axiome *dans le
doute, abstiens-toi*, n'a pas lieu lorsqu'il est question
de conserver des règlements prohibitifs; car ce n'est
point s'abstenir que de garder des lois qui vous forcent à agir sans cesse contre la liberté et la propriété; ce n'est pas agir que de rendre la liberté,
que de détruire les lois prohibitives : c'est-à-dire seulement, qu'on cessera d'agir contre la liberté et la
propriété des citoyens.

Mais il ne suffirait pas aux prohibitifs d'avoir
prouvé qu'en général la liberté a de grands inconvénients, et qu'on peut y remédier par des règlements
prohibitifs; il faudrait qu'ils eussent prouvé que tel
règlement proposé remédie aux inconvénients de la
liberté, et n'en traîne pas à sa suite de plus grands
encore. En effet, les prohibitifs même ne discon-
viennent pas qu'on ne puisse faire un mauvais règlement : ainsi, comme on ne peut point limiter la liberté sans faire un règlement particulier, l'on doit
laisser la liberté illimitée tant qu'il ne sera point
prouvé que le règlement particulier lui est préférable.

Les maximes que je viens d'exposer seraient triviales en toute autre matière; dans celle-ci elles ont l'air d'un paradoxe : les préjugés du peuple et de ses chefs, leurs terreurs, la vanité des administrateurs subalternes et des habitants des villes, une fausse politique qui a voulu flatter sur ce point l'opinion des peuples, afin de violer leurs droits avec plus d'impunité; une politique étroite, qui, effrayée d'un mal présent, y applique au hasard le remède qu'on lui présente, sans prévoir les ravages que le remède causera à la longue dans le corps politique : toutes ces causes dont l'action s'est exercée sans relâche pendant plusieurs siècles, ont produit une telle masse de règlements, toujours insuffisants et toujours corrigés par des règlements plus insuffisants encore, que l'on est parvenu à croire que l'état naturel de l'homme civil était de ne marcher qu'avec des fers, et que le ministre qui ose les briser est regardé comme un ennemi par les captifs mêmes qu'il délivre; semblables à ces prisonniers, en qui une longue habitude de la prison a détruit toute activité et toute énergie, et qui, si on leur offre la liberté, demandent pour toute grâce, qu'on leur laisse leurs fers : telle est la cause qui rend si difficile la question que j'ai entrepris de traiter, et qui serait si simple sans cela. Il en est de même de tous les préjugés : combien de fois ne nous est-il pas arrivé de rougir, pour notre espèce, d'opinions absurdes, jadis accréditées, et que les efforts de la raison et du temps ont eu peine à vaincre; combien nos neveux n'auront-ils pas encore à rougir pour nous!

CHAPITRE PREMIER.

Des lois prohibitives, dans leur rapport avec le droit de propriété.

La propriété d'une terre renferme nécessairement
le droit de disposer à son gré des fruits de cette terre,
et toute loi qui gêne cette libre disposition est une
atteinte à la propriété territoriale, qui doit être aussi
entière, aussi libre, aussi invariable que celle des
denrées, des habits, et même que celle de l'argent.
Il n'y a qu'un cas où la loi puisse légitimement restreindre le droit de propriété : c'est celui où l'exercice de ce droit serait un crime; c'est-à-dire, où ce
droit devenant contraire à la sûreté ou au droit antérieur d'un autre, cesse d'être un droit, et n'est
plus qu'une usurpation et une violence.

Ainsi, on peut empêcher le possesseur d'une terre
de l'employer à une culture qui, en corrompant l'air,
causerait des maladies dans les habitations voisines :
ainsi, puisque dans les pays marécageux la vie
moyenne des hommes est souvent abrégée d'un cinquième, on peut, en dédommageant le propriétaire,
faire exécuter, sans son consentement, des travaux
qui doivent rétablir la salubrité de l'air.

Une loi prohibitive est une plus grande violation
du droit de propriété qu'un impôt mis sur la chose
possédée; l'impôt est un sacrifice que chacun fait

d'une partie de sa propriété pour conserver le reste; mais la propriété de ce reste lui demeure tout entière; au lieu que, par une loi prohibitive, non-seulement on sacrifie une partie de la propriété égale à tout ce que cette loi fait perdre, mais le droit de la propriété est violé en lui-même, puisqu'il n'y a aucune partie de son bien dont le possesseur conserve la propriété tout entière.

Examinons, d'après ces principes, si les lois qui gênent la liberté du commerce des grains peuvent être justes, ou, en termes équivalents, si celui qui cherche à vendre son blé au plus haut prix qu'il peut, commet un crime.

Le propriétaire qui refuse de vendre du blé au-dessous de son prix, au pauvre qui en a besoin, n'est pas plus coupable que le riche rentier qui refuse à ce même pauvre de lui donner l'argent nécessaire pour acheter le blé au prix du marché, puisque l'un est propriétaire de son blé, comme l'autre est propriétaire de son argent.

Le vendeur de blé qui refuse de le donner à 40 liv. le setier, parce qu'il espère le vendre 50 liv., n'est pas plus coupable que le vendeur d'argent qui refuse d'en donner, ou d'en prêter à quatre pour cent, parce qu'il espère le placer à un intérêt double.

Il y a des circonstances où l'un et l'autre peuvent être durs, inhumains, barbares même; mais tant qu'ils ne feront que disposer de ce qui est à eux, ce serait confondre toutes les notions que de regarder cette barbarie comme un crime. Il serait donc aussi injuste de contraindre des cultivateurs de porter leur blé à tel marché, que de forcer des capitalistes de prêter leur argent aux habitants d'une telle ville ; il serait aussi injuste de défendre de vendre du blé ailleurs qu'au marché, que de défendre de faire le commerce d'argent ailleurs qu'à la bourse.

Serais-je réduit à prouver que l'administrateur doit respecter la justice? De tous les mots qui consolent et rassurent les hommes, la justice est le seul que l'oppresseur n'ose prononcer, le nom d'humanité est dans la bouche de tous les tyrans.

Dans les mesures par lesquelles le gouvernement pourrait *modifier* la liberté du commerce des grains, comme disent les prohibitifs, il y en a d'injustes, comme celles qui attaqueraient la propriété, soit du possesseur des terres, soit du marchand.

Il y en a d'inutiles, de contraires au but qu'on se propose; de nuisibles enfin, telles que les achats faits par ordre du gouvernement; les gratifications accordées à des particuliers, ou à des compagnies; les ventes faites à perte, etc.

Ainsi, de ces mesures les unes sont prescrites par la justice, les autres ne le sont que par les principes d'une administration éclairée. Jamais un administrateur vertueux ne recourra aux premières; il sait qu'une injustice, produisît-elle un bien momentané, est toujours un grand mal, parce qu'elle détruit la confiance de la nation en la loi, parce qu'elle affaiblit tous les liens de la société; mais il peut être forcé, pour éviter un plus grand mal, d'employer les moyens qui sont nuisibles sans être injustes.

Un administrateur doit respecter la propriété jusqu'à la superstition : s'il se permet de la violer, son administration n'est plus qu'un brigandage; et le prétexte du bien public, dont il chercherait à se couvrir, une pure hypocrisie.

Les partisans du régime prohibitif sont obligés de prétendre qu'on ne doit respecter la propriété qu'autant que l'exercice en est utile au public; principe étendu, commode surtout, et qui figurerait à merveille à la tête d'un édit de banqueroute (1).

Ils prétendent que le droit de propriété est injuste en quelque sorte, à cause des grands avantages qu'il donne aux possesseurs de terre sur le peuple (2); et c'est pour diminuer ces avantages qu'ils proposent

(1) Ceci n'est malheureusement pas une plaisanterie : il est arrivé quelquefois aux mêmes ministres de faire des lois prohibitives et des édits de retranchements ; qu'on en consulte les préambules, on sera frappé de l'identité des principes qui y règnent. C'est toujours une vue d'utilité publique ; c'est le bien du pauvre peuple qui détermine à violer la justice.

(2) M. Necker dit, p. 149, II p., *que les propriétaires sont des lions dont il faut tromper la vigilance, et à qui il ne faut pas laisser le temps de s'élancer.* Il leur demande ailleurs, *si leurs titres sont écrits dans le ciel, et s'ils ont apporté leurs terres d'une planète voisine.* Cela peut être fort plaisant; mais cela ne prouve rien, parce que les habits des salariés, les effets qu'on achète sur la place, et même l'argent, ne viennent pas du ciel plus que les terres à blé; que ce n'est pas une *fantaisie* des possesseurs de blé de vouloir en disposer librement; que ce n'en serait pas une, dans les possesseurs d'argent et de papiers, de trouver mauvais qu'on visitât leurs registres et leurs coffres, etc. Substituons, dans tous les raisonnements des prohibitifs, l'argent au blé, et nous verrons M. Necker lui-même être de notre avis. Mais, selon lui, la propriété du blé est la seule dont il ne faille pas *exagérer le sentiment.*

dans les autres classes à raison de la facilité qu'on y a de changer de patrie. Il cesse presque absolument pour le propriétaire d'argent qui, par une opération de banque, devient en un instant Anglais, Hollandais ou Russe.

CHAPITRE II.

Des idées des auteurs prohibitifs sur la législation.

C'est presque uniquement sur la frayeur du peuple et sur ses préjugés que l'on a fondé la nécessité prétendue des lois prohibitives. On a donc été obligé d'insinuer qu'il fallait conformer les lois aux opinions du peuple, respecter son habitude plus que son utilité réelle, et sacrifier l'exacte justice à ses préjugés.

Cette doctrine a même été professée ouvertement. Pour l'excuser, on dit que les préjugés du peuple sont incorrigibles, qu'ils sont inséparables de la nature humaine, et qu'alors une erreur *doit être traitée comme une raison* (1); que la terreur du peuple produit des maux réels; qu'elle n'a d'autre remède que des lois qui flattent ses opinions. Nous examinerons dans la suite si le mal est si incurable qu'on veut le faire croire, et si ces lois prohibitives ne sont pas la principale cause des terreurs du peuple au lieu d'en être le remède. Nous nous bornerons ici à observer que cette maxime de modeler les lois sur les opinions du peuple pourrait avoir de terribles consé-

(1) Voyez M. Necker, p. 154, I part. : il soutient l'opinion que nous combattons ici, dans une grande partie de son ouvrage; mais comme, p. 41, II part., il n'est plus de l'avis du peuple, il revient formellement à notre opinion.

quences. Par exemple, dans un pays où le peuple croirait à la magie, où les maladies extraordinaires seraient attribuées à cette cause, un législateur qui intérieurement se moquerait de cette opinion, pourrait légitimement infliger des peines capitales contre un crime imaginaire; il serait excusé en disant que ces lois sont nécessaires pour calmer les esprits du peuple, pour rassurer les têtes faibles, etc.; en disant que tous les peuples ont cru à la magie, et que cette erreur tient à notre nature. Ainsi, un législateur qui ne partagerait pas les superstitions de ses contemporains et de ses compatriotes, pourrait les consacrer par des lois sanglantes, uniquement parce que le peuple verrait avec horreur quiconque oserait mépriser ces absurdités.

Observons ici combien toutes les législations oppressives forment entre elles un système, comment elles se lient, comment elles tiennent aux mêmes principes.

Il y a dans le régime prohibitif, des circonstances où les mêmes raisons qui ont déterminé à faire des lois de gêne, conduisent à employer des remèdes qu'il serait étrange de prescrire par des lois. Forcer de garnir les marchés, faire enfoncer les portes des magasins, et en arracher le blé malgré les propriétaires, les taxer arbitrairement, l'arrêter lorsqu'il a une autre destination, voilà de ces choses qui paraissent répugner à la majesté d'un législateur. Un auteur prohibitif proposait aux magistrats, aux pères du peuple, de se mettre alors à sa tête et de marcher à ces *expéditions*. Un autre, moins hardi, n'osant exprimer toute sa pensée, se bornait à insinuer vaguement que pendant la cherté, *il faut que l'administrateur déploie toutes ses ressources, et que quand l'orage sera passé, la loi reprendra sa tutelle* (1).

Il y a longtemps que l'on connaît cette idée, de laisser dormir les lois dans les temps difficiles. Il y a aussi longtemps qu'on abuse de cette maxime, et l'on a vu des gens assez timides pour se croire toujours dans ces temps difficiles, et ne trouver jamais le moment où l'on peut, sans danger, laisser agir les lois. Je ne crois pas que cette maxime doive recevoir d'application, si ce n'est dans l'état de guerre, lorsqu'il faut opposer la force publique à la violence; mais sûrement ce principe ne peut s'appliquer ici.

En effet, qui fixera le terme de cherté, où les expéditions qu'on propose cesseront d'être un brigandage et deviendront légitimes, où l'administration devra déployer ses forces ? Une telle maxime, en soumettant les marchands à la fantaisie des admi-

(1) Voyez **M.** Necker, p. 153, II part. **MM.** Linguet et Necker sont les seuls auteurs connus, qui, dans ces derniers temps, aient écrit contre la liberté du commerce des grains. On ne peut refuser à **M.** Linguet d'avoir écrit le premier, d'avoir mis dans son style plus de clarté, de naturel et de véritable chaleur. Le fond des raisons est le même. Cependant, l'ouvrage de **M.** Necker a fait beaucoup plus de bruit que *la réponse aux docteurs modernes;* ce qu'il faut attribuer, sans doute, à l'adresse qu'a eue **M.** Necker de bien choisir le moment où il a publié son ouvrage; cela est si vrai, que l'éloge de Colbert, où le livre sur la législation des blés se trouve presque en entier, n'a certainement pas excité le même enthousiasme.

nistrateurs subalternes, précisément dans le temps où les denrées ont le plus de valeur, ne produirait d'autre effet que d'anéantir le commerce, et d'acheter le soulagement d'un moment par la disette et la privation de toute ressource à l'avenir.

Lorsqu'on est forcé de convenir de la bonté d'une loi, c'est une consolation de pouvoir dire que l'on a mal choisi le temps de la faire : aussi les prohibitifs ont-ils prétendu que quand même la liberté serait bonne, il ne fallait pas l'accorder le 13 septembre 1774.

Lorsque l'on prévoit que des circonstances inévitables exciteront dans les prix un mouvement contraire au vœu public, il vaut mieux modifier un peu la loi qui existe, ou tempérer ses abus par le pouvoir administratif (1).

Ainsi, l'on propose au gouvernement d'éluder les lois en secret ; d'enseigner au peuple à les mépriser, à ne les plus regarder que comme un instrument dont les hommes puissants peuvent se servir à leur gré ; on oublie qu'un des principaux devoirs des dépositaires du pouvoir suprême, est de donner aux peuples l'exemple du respect pour les lois.

Quand même cette politique serait aussi juste et aussi noble qu'elle est leste et commode, elle ne pourrait être employée ici : les avantages de la liberté tiennent à ce que cette liberté est publique, à ce qu'elle est établie par une loi, à ce qu'elle produit un commerce de subsistances toujours actif,

(1) Voyez M. Necker, p. 162, II part.

parce qu'il y a toujours pour le marchand sûreté et certitude de vendre : or, il n'y a point d'acte d'administration qui puisse procurer ces avantages.

D'ailleurs, si une mauvaise récolte doit produire la cherté, si l'administrateur croit qu'une liberté illimitée est le seul moyen sûr de diminuer cette cherté, pourquoi la crainte des murmures suspendrait-elle un instant la publication de sa loi? Il y aurait de la cruauté à aggraver la misère du peuple, sous prétexte de respecter ses opinions. Un administrateur adroit aurait pu sans doute attendre une bonne année pour établir la liberté; un administrateur vertueux a dû l'établir dès le moment où il a cru qu'elle ferait le bien du peuple. D'ailleurs, si le blé est cher, quelque loi que l'on fasse, on est sûr que les gens qui ne réfléchissent point crieront contre elle. Il faut donc suivre sa conscience, publier la loi qu'on croit la meilleure, s'élever au-dessus de la clameur populaire; et ce qui prouve que l'administrateur a eu raison, c'est que le pain a été moins cher en 1775 que dans des années bien moins mauvaises, et sous un régime prohibitif très-approchant de la législation de l'auteur même qui désapprouve le moment choisi pour la liberté.

Si je me mêlais de donner des conseils aux administrateurs, je leur dirais : Voulez-vous suivre un système d'oppression, attenter à la propriété, à la liberté des citoyens? Respectez leurs préjugés dans les lois sur les subsistances, et vous vous épargnerez des murmures inutiles. Voulez-vous faire le bien

du peuple par une législation juste et paternelle?
Ne craignez point les préjugés populaires : malgré les artifices des ennemis du bien public, ces
préjugés céderont bientôt au sentiment de vos
bienfaits.

Il y a cependant chaque année un temps marqué
par la nature pour la promulgation des lois sur les
subsistances ; c'est le moment qui suit la récolte,
parce qu'alors on a le temps de faire, pour l'année
même, des spéculations de commerce d'après la
nouvelle législation, et que les esprits sont moins
disposés à recevoir les terreurs qu'on cherche à
leur inspirer : c'est ce même instant que tout auteur qui a l'utilité pour objet, doit choisir pour
combattre l'opinion du gouvernement sur les subsistances.

Un des motifs pour lesquels on a soutenu que l'on
devrait respecter nos anciennes lois sur les subsistances, c'est l'état de prospérité du royaume, au
mois de septembre 1774 (1); elle était au plus haut
point, à ce qu'on a prétendu : cela est très-vraisemblable, mais cela ne fait rien à la liberté du commerce des blés. Depuis vingt ans, la France a eu
sept années d'une guerre malheureuse et onze de

(1) La raison qu'on apporte pour prouver qu'il ne faut pas
faire de lois nouvelles dans les temps de prospérité, c'est qu'il
ne faut pas tenter d'*expérience d'anatomie sur les corps vivants.*
On peut répondre que plus un malade est sain, plus il est en
état de supporter une opération de chirurgie. M. Necker, p. 164,
II part.

XI.   12

cherté, soit sous une liberté très-imparfaite, soit surtout sous des prohibitions très-sévères ; cette haute prospérité n'est donc pas l'effet du bas prix des grains. D'ailleurs, puisque la prospérité de l'État a augmenté avec le haut prix des grains sans liberté, elle augmentera avec le haut prix accompagné de la liberté ; autrement il faudrait attribuer la grande *prospérité* uniquement à ce qui s'est fait depuis 1770 jusqu'en 1774. Nous ne nierons pas que ces années n'aient été pour beaucoup de gens le temps de la plus haute *prospérité ;* mais, encore une fois, ce n'était pas à cause du bas prix des denrées.

Il ne faut pas croire que les prohibitifs bornent leurs précautions à restreindre la liberté du commerce des blés. Les autres libertés sont enveloppées dans la même proscription ; cet amour de la liberté n'est, selon leur chef, qu'un goût d'enfant.

Il remonte à l'enfance du genre humain ; les mots de prohibitions (chose étonnante) *lui parurent alors le bruit de ses chaînes ;* il ne savait pas que ce sont des liens salutaires, à peu près, à la vérité, comme les ligatures dont on enveloppe les enfants, de peur qu'ils ne s'estropient, et qui les rendent contrefaits et malheureux.

On demandera peut-être ici quelle peut donc être la cause de cette haine pour la liberté, si étrange et pourtant si commune dans des gens qui ne peuvent raisonnablement espérer de devenir les maîtres ?

Les biens que donne la liberté sont de deux sortes : d'abord il y a les avantages de la liberté ;

ensuite, il y a le plaisir qu'on éprouve à être libre. De même, la servitude rend malheureux, et par les maux qu'elle entraîne, et par le sentiment de la dépendance, par le spectacle de l'espèce humaine dégradée et reléguée, pour ainsi dire, dans la classe des animaux domestiques.

Supposons maintenant qu'il existe des gens incapables de sentir la douceur de la liberté, qui ne sachent qu'en calculer les avantages; ils ne sentiront, par la même raison, la servitude que par le mal qu'elle leur fera, et ils ne manqueront pas de mettre ce mal en balance avec les avantages qu'elle peut avoir. Cela posé, tant que ces hommes ne seront pas précisément dans la classe du peuple, ils aimeront les lois qui, pesant sur cette classe seule, feront à ses dépens le bien des classes supérieures; ils se blesseront qu'on ose demander que les lois soient égales pour tous les hommes, parce qu'ils veulent se réserver d'être impunément injustes envers les faibles, et qu'il ne leur en coûtera qu'un peu de bassesse pour se mettre à l'abri de l'injustice des gens puissants. Ils seront flattés de toutes les lois prohibitives, parce qu'elles ne sont que l'expression du soin, bien ou mal entendu, qu'a pris le gouvernement du bien-être ou du repos des consommateurs riches, en leur sacrifiant la liberté, les droits du reste de la nation.

On voit donc qu'en général la liberté ne peut avoir pour partisans dans l'ordre des gens qui parlent, que le petit nombre de ceux dont l'âme pure et élevée s'indigne de la servitude, que blesse la vue des vexations, suites nécessaires d'une police prohibitive.

Ce petit nombre préférera la douceur de se sentir libre, de n'être point humilié par le spectacle de l'oppression de leurs frères, au triste plaisir de peser sur les dernières classes de la société. Le reste fera des vœux pour un régime prohibitif, pour les impôts qui exigent des recherches et entraînent des vexations, parce que le peuple seul y est exposé; pour des lois criminelles, iniques et barbares, parce qu'elles ne sont jamais exécutées à la rigueur contre les gens riches ou accrédités; pour que la liberté d'écrire soit ôtée, parce qu'ils comptent pour rien les intérêts publics, et qu'ils seront toujours à portée de défendre les leurs; pour que les droits de la nation soient sacrifiés à des prérogatives particulières, parce que, si elles les placent au-dessous de quelques hommes, elles empêchent le peuple de se placer à côté d'eux; pour que le gouvernement soit oppresseur, parce qu'il n'y en a parmi eux aucun qui ne se flatte d'avoir quelque part à ce droit d'opprimer.

Aristote prétendait qu'il y avait des esclaves par nature, mais que ce défaut d'organes pour sentir le prix de la liberté soit naturel, ou qu'il soit le fruit d'une éducation corrompue, il est malheureusement très-commun, et il oppose l'intérêt mal entendu d'un petit nombre d'hommes actifs et puissants, au bien général des nations; il fait que les souverains qui veulent rendre leur peuple heureux ont à combattre les clameurs publiques bien plus que s'ils voulaient le tyranniser.

Et peuvent-ils entendre la voix de leur peuple ? Les larmes que la douleur lui arrache coulent en secret : daigne-t-on s'occuper de les essuyer ? Trop accoutumé à voir le bien public servir de prétexte aux lois fiscales sous lesquelles il gémit, il craint de se livrer à une joie trompeuse. Combien de fois un souverain, égaré par de lâches flatteurs, n'a-t-il point pris pour les gémissements de son peuple, les cris que la crainte de perdre leur proie arrachait aux gens qui se nourrissent de sa subsistance ? O rois ! voulez-vous connaître les vœux du peuple ? Interrogez les esclaves qui vous servent, les grands de votre cour, ceux qui prétendent à quelque autorité, tous ceux que vos bienfaits, ou des emplois de finances nourrissent aux dépens du trésor public. Connaissez l'homme qu'ils haïssent et qu'ils craignent, et ne croyez que lui.

Revenons aux opinions contraires à la liberté que les prohibitifs ont soutenues.

Quand on détruit l'unité d'opérations convenable au commerce des Indes, unité représentée par le mot de privilége exclusif, et qu'on admet tous les négociants à ce commerce, on croit agir pour le plus grand nombre, parce qu'en effet on ouvre la carrière à un plus grand nombre de spéculateurs : mais si cette concurrence élève le prix des marchandises étrangères dans le royaume, et diminue dans l'Inde celui des marchandises françaises, certainement l'intérêt public est contrarié, et ce qu'on a fait pour la pluralité des agents est un vrai dommage envers la nation. Page 60.

Sur cet article nous renverrons les prohibitifs aux

mémoires de M. l'abbé Morellet, imprimés dans le temps de la destruction de cette compagnie marchande et guerrière, qui n'a jamais fait la fortune que de ses directeurs, et n'a jamais été redoutable qu'à ses généraux. Ils y verront s'il était juste de consumer une partie considérable de l'impôt levé en France sur le peuple, à construire, dans l'Inde, des palais aux employés de la compagnie, sous le prétexte de procurer aux habitants de nos grandes villes, la porcelaine, la toile peinte et le café d'Arabie à meilleur marché.

Et même cette prédiction de M. Necker, que les marchandises de l'Inde deviendront plus chères avec la liberté, a le malheur rare, pour une prophétie, d'être fausse, quoique faite après coup. On demandait à un de nos commerçants des ports de Bretagne, si la liberté du commerce de l'Inde était utile? *Cela ne peut durer,* répondit-il; *c'est une chose affreuse, les denrées de l'Inde sont pour rien.*

Il n'y a que trois circonstances où le commerce doive être fait par une compagnie :

1° Lorsque, pour se soutenir, il a besoin qu'on permette à la compagnie de mettre un impôt sur la nation, ou de la rançonner;

2° Lorsque le commerce ne se fait qu'à force de trahisons et de fourberies, un particulier craindrait de se déshonorer;

3° Lorsque le commerce se fait par le brigandage et à main armée.

Il ne faut donc point établir de compagnie de commerce.

Je croirais faire outrage à ma nation et à mon siècle, si j'entreprenais de prouver cette conséquence.

Si par de pareils motifs, et pour donner au Languedoc une part plus grande ou plus directe dans le commerce de France avec les Échelles du Levant, on permet à cette province de suivre ce négoce directement, et d'en recevoir les retours dans ses ports, sans l'entremise de la ville de Marseille, on croira faire céder l'intérêt du petit nombre de personnes qui conduisent le commerce de France au Levant, à l'intérêt d'un plus grand nombre qui veut s'en mêler, et l'on imaginera servir la pluralité : mais si cette permission accordée à la province du Languedoc, en augmentant le besoin des précautions contre la peste, accroît un peu la chance de ce terrible danger, ou si l'augmentation du nombre des marchands français au Levant dérange des institutions favorables au soutien général des manufactures nationales ; alors cette permission, donnée pour l'intérêt d'un plus grand nombre de négociants, devient contraire à l'intérêt public, et l'on restreint la bienfaisance du souverain au lieu de l'étendre. Page 61.

On craint donc que la liberté du commerce du Levant ne donne la peste ; mais cette maladie n'est pas plus commune en Italie qu'en France, et cependant le commerce du Levant s'y fait par plusieurs ports ; d'ailleurs, si les vaisseaux ont la liberté d'aborder à trois ou quatre ports, il en abordera un plus grand nombre dans les quatre ensemble, mais un moindre dans chacun : ainsi, en prenant les mêmes précautions qu'à Marseille, la sûreté sera plus grande.

Remarquons en passant que, selon M. Necker, la liberté du commerce du blé donne la famine, et que celle du commerce du Levant amène la peste : qui sait même si la libre exportation ne donnerait point la guerre, lorsque le blé ayant passé chez les étrangers qui refuseront de le laisser rentrer, il faudra l'aller chercher à main armée? Jamais, depuis le voyant Gag, on n'avait prophétisé tant de fléaux, et son disciple a bien raison, sans doute, de s'élever contre la liberté, jusqu'à presque regretter que la respiration de l'air ne puisse être assujettie à des règlements.

Qu'on abolisse les règlements qui rendent plus authentiques les mœurs, les talents et le caractère des personnes qui remplissent les différents états de la société; et que chacun, sans aucune formalité, soit médecin, avocat, notaire, agent de change; cette liberté mettra ces professions à la portée d'un beaucoup plus grand nombre de personnes, et l'on se croira peut-être bienfaisant envers la pluralité : mais si toutes ces précautions servent, les unes à préserver le peuple de livrer sa vie à des charlatans, les autres à garantir la confiance publique, leur abolition fera le mal de la multitude. Page 62.

Les exemples sont bien choisis, et depuis le jour où la question de détruire les maîtrises a été agitée pour la première fois, il n'y a pas, dans les cent dix-huit corps de métiers, un seul maître qui ne les ait cités d'un air triomphant à ses *compagnons*, lors-

qu'ils s'avisaient de regarder comme contraires à l'é-
mulation des règlements qui les condamnent à être
toujours esclaves, quelques talents qu'ils puissent
acquérir.

Essayons cependant de répondre : 1.° Chez les
Grecs, chez les Romains, était médecin et apothi-
caire qui voulait ; nous ne voyons pas cependant
que jamais ils se soient plaints sérieusement d'être
empoisonnés par leurs médecins. Si l'on songe d'ailleurs à l'ignorance, soit des chirurgiens qui traitent
les habitants des campagnes, soit des charlatans qui
les empoisonnent, soit des droguistes qui fournissent leurs remèdes ; si l'on observe que le peuple
même de la capitale n'est traité que par des garçons
chirurgiens ou par des empiriques, et que ce sont
les épiciers qui lui vendent des drogues ; si enfin on
n'oublie pas que les examens de médecins, de chirurgiens et d'apothicaires, se réduisent presque partout à de vaines formalités, on verra que l'utilité de
toutes ces corporations exclusives se borne à bien
peu de chose. 2.° Quant aux avocats, lorsque les habitants de Rome ou d'Athènes avaient pour défenseurs Démosthène, Eschine, Périclès, Cicéron, César,
Brutus, les Gracques, les Catons, le dernier citoyen,
s'il se croyait opprimé, pouvait s'adresser aux premiers personnages de la république ; le fils d'un con-
sul ou d'un général, souvent général lui-même, au
retour de sa victoire, se faisait honneur de plaider la
cause du pauvre ; et je doute que tous les règlements de l'ordre des avocats puissent valoir jamais
le droit laissé à un citoyen faible, timide, ignorant,

de choisir son organe et son défenseur, et que s'il y
eût eu à Rome ou à Athènes un tableau des avocats,
on y eût jamais lu les noms de maître Périclès ou
de maître César.

CHAPITRE III.

De la popularité des auteurs prohibitifs.

C'est au nom du peuple qu'on demande des lois prohibitives; mais c'est aussi sous prétexte de défendre le peuple qu'on a de tout temps violé les droits des citoyens.

Nous avons déjà prouvé que le moyen d'assurer la subsistance du peuple était de laisser au commerce des blés une liberté entière : examinons maintenant l'espèce d'intérêt que les prohibitifs ont la bonté de prendre au peuple.

Selon les prohibitifs, les idées du peuple ne vont pas au delà du pain qui le nourrit (1).

Que le grand vizir dise au sultan que le peuple de Stamboul ne demande que du pain, et que dès qu'il en a il ne lui faut plus rien, le grand vizir fait son métier; il regarde les humbles esclaves de sa hautesse comme des bêtes de somme, qui n'ont rien à exiger s'il daigne les nourrir; mais le peuple fran-

(1) Voyez M. Necker, pag. 162, I part. M. Necker y ajoute : *La religion qui le console.* On ne voit pas trop ce que la religion a de commun avec le commerce du blé : ce passage nous rappelle le conte d'un homme qui faisait voir sa maison de campagne à des étrangers : « Vous devez bien aimer cette maison? lui dit l'un d'eux. » — « Oui, M.; mais j'aime encore plus la vérité et la vertu. »

çais a droit d'attendre autre chose de la bonté, et on ose dire, de la justice de ses souverains. Ceux qui le gouvernent repousseraient avec indignation les vils flatteurs qui oseraient leur dire que le peuple ne leur demande que du pain.

Il demande que tous les hommes soient égaux aux yeux de la loi et de ses ministres, comme ils le sont par la nature ; afin que le citoyen, quel que soit son rang, ou sa richesse, ne puisse, ni opprimer le pauvre au nom des lois, ni les violer avec impunité contre lui.

Il demande que s'il est condamné à la pauvreté et au travail, il ne le soit point à l'humiliation. Que l'on délivre donc ses yeux du spectacle scandaleux du respect prodigué à l'or. Que les riches, contents des plaisirs qu'on peut acheter, n'aspirent plus à la considération qui ne devrait jamais être à prix ; et que le pauvre puisse leur dire : C'est assez pour vous d'avoir de l'or, comme ils ont osé lui dire tant de fois : C'est assez pour vous d'avoir du pain.

Ce peuple voit sans peine accorder des distinctions aux descendants de ceux qui sont morts en combattant pour lui ; il a vu, sans être humilié, appeler au partage des mêmes honneurs, les fils de magistrats à qui il doit son repos et sa sûreté : mais il ne peut souffrir de voir s'élever insolemment sur sa tête, des hommes dont le seul mérite est d'avoir aimé l'argent, pour en faire l'unique objet de leurs pensées (1).

(1) On lit, dans un livre nouveau : *que le peuple s'habitue à regarder les riches comme des êtres d'une nature différente ; leur*

Il s'indigne de voir celui dont les travaux ont fait naître le blé qui nourrit l'homme, moins honoré que les marchands des métaux qui le corrompent; et tandis qu'il respecte le faste d'une grandeur où il ne peut atteindre, il envie le luxe et les plaisirs du riche, parce qu'il sait que, pour les partager, il ne lui en coûterait que de s'avilir.

Mais, disent les prohibitifs, qu'est-ce que tout cela fait au peuple? La plus nombreuse partie des citoyens ne peut-elle pas dire aux autres : *Que me font vos lois de propriété? nous ne possédons rien; vos lois de justice ? nous n'avons rien à défendre; vos lois de liberté? si nous ne travaillons pas aujourd'hui, nous mourrons demain* (1).

Nous répondrons : que moins le peuple possède, plus il doit désirer que la propriété de ses habits, de ses meubles, de sa chaumière, de ses salaires, de ses épargnes, de la chèvre dont le lait nourrit ses enfants, soit assurée par des lois dont un riche voisin ne puisse se jouer. Ce n'est pas seulement pour défendre ceux qui ont, contre ceux qui n'ont rien, que les lois de propriété sont faites, c'est surtout pour défendre ceux qui ont peu, contre ceux qui ont beaucoup.

pompe et leur grandeur sont une sorte de magie qui lui en impose. Page 153. Dans un autre livre du même auteur, on lisait : *que le peuple regarde les riches comme des êtres d'une espèce différente, et leur magnificence comme un attribut de leur grandeur :* la grandeur des riches ! il y a dans cette expression une naïveté qui ne permet pas de se fâcher.

(1) Voyez M. Necker, page 170.

Quant aux lois de justice, le peuple en a grand besoin contre les vexations des riches; n'a-t-il pas son honneur, sa famille, sa vie à défendre? les mêmes choses enfin que le riche, hors une seule, et la plus vile de toutes : de l'argent ?

Enfin, celui qui dit : Si je ne travaille pas aujourd'hui, moi et ma famille, nous mourrons demain, a grand besoin de lois de liberté; par exemple, de lois qui lui assurent la liberté de travailler : il ne faut donc pas qu'on puisse le forcer à travailler sans salaire, comme cela se pratiquait il n'y a pas longtemps; il ne faut pas que si cet homme n'est accusé d'aucun crime, l'avidité des traitants puisse le retenir dans un cachot (1). Il faut, puisqu'il est obligé de travailler, et qu'ainsi il n'a pas le temps d'aller chercher ses subsistances, laisser aux autres la liberté de les lui apporter, etc.

Les lois relatives aux subsistances sont presque les seules par lesquelles on puisse adoucir le sort du peuple (2), et il y a une grande vérité qui me semble peu marquée : c'est que la partie de la nation qui vit de son travail, ne peut se ressentir de la bonté du souve-

----

(1) Le code des gabelles, publié par le grand Colbert, est une des plus ridicules et des plus odieuses productions de l'esprit humain : ce qu'il y a d'étonnant, c'est que de pareilles lois aient subsisté plus d'un siècle, et subsistent encore chez une des nations les plus éclairées de l'univers; elles y ont même été perfectionnées à plusieurs égards.

(2) Voyez M. Necker, page 164 : le sort du peuple est très-misérable, selon cet auteur; car, pag. 162, *il ne tient à la société que par ses peines, et de tout cet espace immense qu'on appelle avenir, il*

rain, qu'autant que ses bienfaits sont momentanés (1)

Nous ne pouvons être de cet avis : il nous semble que le peuple pourrait désirer une administration d'impôts où ils seraient toujours avancés par le propriétaire. Cette administration enrichirait la caisse publique des frais énormes que coûte la perception des impôts indirects ; elle rendrait à la culture, à des métiers utiles, à l'estime publique, les hommes qui se dévouent à tout ce que cette perception exige de manœuvres odieuses ; elle affranchirait la culture, les manufactures, le commerce, des entraves dont le régime fiscal les a accablés ; elle délivrerait le peuple des vexations, des terreurs, sous lesquelles ce régime le fait gémir ; elle le soulagerait du sentiment de l'oppression, plus pénible mille fois que celui de la misère.

Une jurisprudence civile, telle que chaque citoyen

n'aperçoit jamais que le lendemain. A la vérité, on ne peut lui enlever, page 32, *ni le spectacle de la nature qui le réjouit à son réveil, ni le mouvement qui le distrait, ni cette curiosité qui l'agite, ni cette espérance qui console l'avenir ;* mais comme cet avenir ne s'étend qu'au lendemain, ainsi que nous venons de le voir, ce n'est pas là une grande ressource.

(1) Voyez M. Necker, pag. 149. Vous lisez, il est vrai, dans la page précédente, qu'il ne faut pas abolir les droits de hallage, parce que, si la nation profitait de cette suppression, *ce ne serait que dans un espace de temps trop borné pour déterminer les vues vastes et étendues qui appartiennent au législateur.* Ces contradictions, qui pourraient nuire à un ouvrage de raisonnement, ne font rien à un livre d'éloquence, où le lecteur, ébloui par le brillant des phrases, oublie, en lisant chaque page, ce que la précédente contenait.

pût entendre les lois qui décident de son sort, qu'il ne fallût plus être riche pour défendre sa propriété, que le pauvre ne vît plus ses petites possessions n'être à lui que d'une manière précaire, puisqu'il est au pouvoir de tout homme riche, de tout procureur, de tout huissier, de les lui enlever par des chicanes que l'infortuné ne peut démêler, et contre lesquelles il ne peut réclamer, parce qu'il ne lui reste pas de quoi payer, dans les différents tribunaux, les salaires des ministres de la justice.

Une jurisprudence criminelle, où l'instruction ne fût plus ni secrète, comme celle de l'inquisition, ni totalement dirigée contre les accusés, où l'on n'imaginât plus de les livrer à des tourments horribles pour assurer la conscience ou pour suppléer à la sagacité des juges; une jurisprudence où la peine de chaque crime fût établie par une loi précise; où la vie des hommes ne dépendît plus que de la loi et non de *l'arbitrage* des juges; où l'on ne prodiguât plus des supplices cruels, plus propres à rendre les mœurs féroces qu'à empêcher le crime; où l'on n'infligeât point les supplices des parricides pour des crimes imaginaires : une jurisprudence telle que tout crime fût poursuivi, quelque grand qu'en fût l'auteur; où aucune classe d'hommes ne prétendît le droit de n'être jugés que par leurs confrères, droit équivalent à l'impunité; où le juge prévaricateur eût lui-même des juges sévères; en sorte que les tribunaux criminels fussent la consolation du peuple et non plus son effroi.

Une administration vigilante et ferme, telle que tout homme chargé d'une portion de l'autorité souveraine, et qui oserait en abuser, ne pût se dérober ni à ses regards, ni à sa justice.

La destruction de ces corvées, où l'on forçait à travailler quinze jours, sans salaire, des hommes qui n'avaient que leurs salaires pour nourrir leurs familles; l'abolition de toutes les gênes qui tiennent captifs l'industrie et le commerce, qui diminuent la reproduction et la masse des salaires.

La suppression de ces usages cruels, qui forcent les hommes à partager le fruit de leurs sueurs avec les bêtes fauves, qui punissent comme un brigand le possesseur d'un champ, s'il a osé tuer un sanglier qui le ravageait, qui empêchent un propriétaire d'enclore sa terre pour que la chasse y soit plus libre, qui l'obligent d'y planter des épines pour que l'on ne puisse y traîner des filets, et qui le forcent à laisser détériorer sa récolte sur la terre, jusqu'à ce que les nids des perdrix soient en sûreté.

Des canaux qui assurent la subsistance du peuple, en offrant au commerce en grand, des moyens de transport sûrs et peu dispendieux.

Enfin, une éducation publique, vraiment digne de ce nom, qui puisse embrasser tous les individus d'une grande nation; instruire chacun de ce que dans son état il lui est utile de savoir, de ce que ses besoins lui permettent d'apprendre : une éducation telle qu'aucun homme de génie, dans quelque état que le sort l'ait fait naître, ne pût échapper à la science, à l'art pour lequel la nature l'a formé;

une éducation qui apprît à chaque homme à aimer la patrie et les lois, à sentir le besoin de l'estime publique et le prix de la bonne conscience.

Croira-t-on que de tels bienfaits ne produisissent qu'un bien momentané pour le peuple? Est-il donc si sûr qu'on doive regarder comme une chimère l'espérance de perfectionner l'espèce humaine et d'en améliorer le sort? Ah! loin de nous les hommes qui se plaisent à répéter qu'il n'y a rien à faire pour le bonheur de l'humanité; qu'ils se contentent de se dispenser d'y travailler, qu'ils ne portent point le découragement dans l'âme de ceux qui osent encore espérer ce bonheur ou prétendre à le faire! Si l'espérance de la félicité du peuple est une erreur, c'est la seule utile, la seule qu'il ne faille pas ôter au genre humain.

Ce n'est point seulement par pitié pour le peuple que les prohibitifs veulent qu'on respecte *ses préjugés* sur le commerce des grains.

Si l'aveuglement du peuple pouvait être dissipé par la force de l'évidence, effet de la science moderne, est-il bien sûr que cet accroissement de lumières fût un avantage pour les propriétaires? Si le peuple était capable de se rendre aux vérités abstraites, n'aurait-il pas en même temps la faculté de réfléchir sur l'origine des rangs, sur la source des propriétés, et sur toutes les institutions qui lui sont contraires (1)?

(1) Voyez M. Necker, p. 158: La *source des propriétés* est donc une *institution* contraire au peuple, et il a besoin d'être éclairé pour comprendre cette grande vérité. Ne dirait-il pas, avec plus de

Ainsi voilà les propriétaires eux-mêmes intéressés à laisser le peuple dans ses préjugés, dût-il leur en coûter quelque chose, de peur que, s'il venait à s'éclairer, il ne voulût les dépouiller entièrement. Je ne saurais être frappé de ce danger; plus les hommes s'éclaireront, mieux ils connaîtront leurs intérêts et leurs droits; plus, par conséquent, ils respecteront la propriété et les lois : l'esprit de destruction et de brigandage a presque toujours accompagné l'ignorance. Nous n'avons garde de croire que, dans cet article, l'auteur ait voulu dire que tous les préjugés se tiennent, que si on éclaire le peuple sur le commerce des blés, il est à craindre qu'il n'étende bientôt cette lumière sur d'autres objets; qu'il n'abjure les erreurs qui ont fait sa honte et son malheur; qu'il ne voie les abus et n'en désire la réforme : en sorte que tous les gens qui vivent des préjugés publics, doivent faire cause commune contre ceux qui, en rendant la liberté au commerce du blé, ont voulu en même temps éclairer le peuple sur cet objet important de l'administration.

On peut apprécier maintenant l'espèce de popularité des auteurs prohibitifs, et la comparer à celle de leurs adversaires.

raison, que le peuple apprendrait, en s'éclairant, comment la sûreté des possessions est utile à ceux même qui ne possèdent rien, parce que c'est dans un grand pays le seul moyen d'assurer la subsistance des hommes, d'exciter leur activité et leur industrie? On voit dans le peuple des gens très-grossiérs, qui savent très-bien dire que le droit de propriété est un droit injuste, et même se conduire en conséquence.

13.

Ceux-ci veulent aussi que le peuple ait du pain, non aux dépens des propriétaires de terres à blé, mais par l'augmentation du prix des salaires, par celle de la reproduction, par une circulation plus rapide.

Ils plaignent la misère du peuple, mais sans le condamner à l'humiliation et à l'ignorance; ils savent que les hommes qui le composent sont tous leurs égaux; et ils veulent, en les éclairant, appeler leurs frères à partager avec eux les seuls vrais biens de l'homme, la jouissance et le sentiment de ses droits, le plaisir de connaître la vérité et de pratiquer la vertu.

Tels sont les vœux des écrivains économistes; méritent-ils d'être comparés *à ces animaux féroces qui imitent la voix des enfants pour dévorer les hommes?*

Citoyens vertueux, qui avez consacré votre vie entière au noble emploi d'éclairer le peuple sur ses intérêts, qui avez sacrifié à ce devoir et la réputation littéraire que vous eussiez pu acquérir par des travaux inutiles, mais brillants, et la fortune qu'il est toujours si aisé de faire quand on le veut bien; voilà donc votre récompense! Mais, que vous importe? Ces vaines déclamations ne vous empêcheront pas d'être utiles, elles ne peuvent vous faire de mal.

CHAPITRE IV.

Des préjugés du peuple sur le commerce des blés.

Voici peut-être la seule question difficile que je puisse avoir à discuter dans le sujet que je traite; ce n'est plus sur la nature des choses, ni sur la volonté de l'homme conduit par la raison, ou fidèle à la voix de ses vrais intérêts, qu'il faut raisonner ici : c'est sur la fantaisie d'une multitude ignorante, effrayée, et que, sous une administration éclairée et vertueuse, tous les ennemis du bien public ont intérêt de séduire.

Je vais donc examiner les préjugés du peuple sur le commerce des grains, en chercher l'origine, voir s'ils sont encore aussi incorrigibles que les prohibitifs le prétendent, et j'essayerai de prouver que les maux dont les prohibitifs accusent la liberté d'être la cause, sont l'ouvrage des mauvaises lois; et que c'est parce que le peuple a malheureusement adopté les principes de ces écrivains, que la liberté n'a pas produit tous les biens qu'elle pouvait produire.

C'est un préjugé particulier aux habitants des villes de croire que le gouvernement est obligé de leur faire venir des grains, ou de les leur procurer à un certain prix, dût-il fatiguer de règlements, et même vexer les propriétaires, les cultivateurs, les marchands, les boulangers; dût-il faire lui-même le commerce avec perte.

Le gouvernement doit à la nation de défendre les droits de chacun de ses membres, et c'est un devoir de justice. Il doit des secours à ceux qui souffrent, et c'est un devoir d'humanité. Il peut employer à soulager la portion la plus misérable du peuple, une partie de l'impôt levé sur tout le peuple; mais il ne doit à personne de le nourrir aux dépens d'un autre (1).

Quant aux achats faits par le gouvernement, ils seraient une surcharge pour la nation; ils coûteraient, en pure perte, des frais immenses; ils ne procureraient au peuple qui souffre, qu'un soulagement momentané; ils s'opposeraient aux secours que le commerce libre aurait naturellement amenés. Ainsi ces moyens que le peuple attend du gouvernement, seraient ou injustes ou nuisibles tous deux à la fois.

(1) Voilà ce que le parlement de Toulouse a voulu dire, en avançant que le souverain ne devait pas la subsistance à son peuple; et cela ne méritait pas la déclamation de M. Necker (p. 162). Il a fini par annoncer qu'il va dire des choses dont on sera bien *étonné;* et ces choses *étonnantes,* mises en français vulgaire, se réduisent à dire que le peuple n'ayant pas des salaires assez forts pour acheter du pain lorsqu'il est cher, il faut que le gouvernement fasse baisser le prix du pain. Le parlement de Toulouse aurait conclu du même fait, que le gouvernement doit chercher à procurer l'augmentation des salaires : il dirait que tel a déjà été à Toulouse l'effet de la liberté; et assurément cette opinion n'est pas plus criminelle que ce que dit M. Necker n'est étonnant.

Le gouvernement ne peut-il donc rien pour le soulagement du peuple? Il peut assurer aux pauvres un salaire et de l'ouvrage; il peut surtout attirer des subsistances, en protégeant la liberté du commerce, en punissant toutes les violences, et en dédommageant des pertes que ces violences ont causées, et qu'il n'a pu prévenir.

Mais d'où vient que ce peuple a ce préjugé? Est-ce qu'il est égaré par la crainte de mourir de faim? Non, c'est parce que, accoutumé à vivre sous des lois prohibitives, il a toujours vu le gouvernement lui procurer des blés, tantôt en opprimant ceux qui en avaient, tantôt en faisant avec eux des traités ruineux; tantôt en décourageant l'agriculture, tantôt en obérant l'État; et comment n'aurait-il pas une erreur que la conduite du ministère entretenait, que ses chefs partageaient avec lui?

Quelques années de liberté sous une administration ferme, invariable, sous des ministres dignes de la confiance du peuple, qui daigneront lui développer leurs motifs, dont il ne pourra accuser ni la probité, ni les lumières, ni le zèle, ni l'activité, détruiront ces préjugés; et le peuple comprendra, enfin, que le gouvernement n'a pas plus le droit de disposer du blé du laboureur, que de l'argent de l'habitant des villes.

Le peuple regarde les marchands de blé comme ses ennemis, comme des fripons qui sont la cause de la cherté. Ce préjugé a des causes très-simples : 1° le penchant naturel à tout acheteur de regarder tout vendeur comme son ennemi; 2° l'idée que le

marchand a fait augmenter le prix ; car il est aisé
au peuple de voir que la concurrence des marchands
a fait hausser le prix dans le temps où ils font leurs
achats; il lui est difficile de reconnaître, lorsque ce
même marchand vient à vendre, que sa concurrence
empêche le blé *de s'élever encore*; 3° l'intérêt que
le marchand a de ne vendre que lorsqu'il y a du
profit; intérêt qui, dans la réalité, n'est favorable
qu'à l'égalisation des prix, mais qui, dans l'opinion
du peuple, produit le renchérissement : à ces causes
il s'en joint d'autres, qui peut-être même sont les
plus fortes. Le commerce du blé n'a presque jamais
été fait que par des meuniers ou des boulangers,
qui, grâce aux banalités et aux corporations, vexent
le peuple et lui sont justement odieux; que par des
hommes chargés, soit par le gouvernement, soit
par les corps, de faire des approvisionnements; que
par des négociants accrédités qui avaient obtenu des
permissions particulières, ou par de véritables monopoleurs, qui réunissaient presque tout le commerce en un petit nombre de mains, et dont l'intervention, souvent accompagnée de manœuvres ou
d'abus d'autorité, nuisait plutôt qu'elle ne servait à
la distribution des subsistances. La haine du peuple
pour les marchands de blé, n'est donc que trop
fondée; mais ce n'est point sur de véritables marchands exerçant un commerce libre, que porte cette
haine : c'est sur des hommes qui savent mettre à
profit la gêne que les lois prohibitives apportent à la
circulation des subsistances. Jusqu'ici cette haine
s'est même étendue dans des classes de citoyens plus

élevées, et le commerce le plus utile de tous est en quelque sorte flétri par l'opinion.

Heureusement il est aisé de rassurer les capitalistes qui voudraient faire cet usage de leurs fonds : lorsque le commerce des subsistances est libre, il n'y a plus aucun motif raisonnable de regarder les marchands de blé comme des hommes avilis; il est même assez facile de faire sentir à tout homme accoutumé à réfléchir, l'absurdité de ce préjugé : or, l'opinion des hommes éclairés forme à la longue l'opinion publique; elle finira donc par être favorable aux marchands de blé ; il suffira même peut-être de quelques années de liberté ; et quand il resterait alors dans le petit peuple quelque haine contre les marchands de blé, cette haine ne détournerait pas les hommes honnêtes de se livrer à ce commerce ; c'est de l'opinion. publique qu'ils ont besoin, et non pas de l'opinion populaire. Quand on parle d'opinion, il en faut distinguer trois espèces : l'opinion des gens éclairés, qui précède toujours l'opinion publique et qui finit par lui faire la loi ; l'opinion dont l'autorité entraîne l'opinion du peuple; l'opinion populaire enfin, qui reste celle de la partie du peuple la plus stupide et la plus misérable, et qui n'a d'influence que dans les pays où le peuple n'étant compté pour rien, la populace oblige quelquefois un gouvernement faible de la compter pour quelque chose.

D'ailleurs, la haine du peuple pour les marchands de blé diminuera lorsqu'une partie des causes qui l'excitent disparaîtra avec la liberté; lorsque cette haine sera forcée de se diviser entre un plus grand nombre d'hommes; lorsque le commerce, devenu public, ne laissera plus soupçonner de manœuvres; lorsqu'une partie du peuple devra ses subsistances aux salaires des marchands de blé, et alors cette haine finira par n'être plus que l'aversion générale que le consommateur pauvre a pour tout vendeur opulent.

Le peuple regarde les magasins de blé comme les causes de la disette, et il croit que le gouvernement a le droit d'empêcher de faire des magasins et de faire ouvrir ceux qui sont fermés.

Cette erreur du peuple est trop grossière pour être de quelque durée. Il est aisé de lui faire sentir que les magasins où le blé se conserve, peuvent avoir d'autre objet que d'assurer la subsistance publique; que ce sont eux qui le préservent d'une disette réelle; qu'en forçant ceux à qui ils appartiennent à les ouvrir, en lui procurant par là un soulagement momentané, on lui ôtera toutes ses ressources pour l'avenir; qu'en défendant les magasins, on expose sa subsistance au hasard. D'ailleurs, la cause de cette erreur tient encore aux mauvais effets du régime prohibitif : le peuple ne connaît de magasins que ceux qui ont été faits par le gouvernement, ou par des permissions arbitraires, ou par des vues particulières. Il n'a pu jusqu'ici les regarder comme des moyens employés à sa subsistance; il pourra sentir un jour les effets de la loi qui lui rend la liberté de ses subsistances; mais il ne peut les deviner.

Il s'est toujours trompé sur la cause des disettes, il en a longtemps accusé les juifs et les sorciers, et *comme les préjugés du peuple faisaient la loi*(1), on ne manquait pas de brûler les juifs et les sorciers. Depuis, il en a accusé avec autant de raison les propriétaires ou les fermiers; et pour lui plaire, on a volé légalement les cultivateurs et les propriétaires; il en a même accusé quelquefois les marchands chargés de commissions du gouvernement, ou protégés en secret, et il n'a eu alors que trop souvent raison; mais on s'est bien gardé de l'écouter.

Maintenant on a essayé de lui persuader que les gens qui lui apportent, ou qui lui conservent du blé, sont ceux qui veulent le faire mourir de faim; on l'anime surtout contre les meuniers ou les boulangers qui s'avisent de lui vendre de la farine ou du pain à meilleur marché; et il a eu la bonté de croire ce qu'on lui disait, et d'agir en conséquence.

Pourquoi ne se persuaderait-il pas, enfin, que les disettes réelles sont l'ouvrage de la nature, et les disettes d'opinions, celui des mauvaises lois? Pourquoi n'en accuserait-il pas ceux dont les déclamations dégoûtent du commerce des subsistances, ceux qui effrayent les marchands par des clameurs ou par des prophéties séditieuses?

Pourquoi l'habitude qui a persuadé aux hommes tant de sottises, perdrait-elle toute sa force quand elle agit en faveur de la vérité?

Le peuple regarde les enlèvements de grains comme un vol qu'on lui fait: je ne crois pas non

____

(1) M. Necker trouve cela assez juste, p. 154, que les préjugés du peuple fassent la loi.

plus ce préjugé incorrigible. Ne pourrait-on pas faire entendre au peuple que le blé qui est sur son territoire, ou qu'on vient d'y amener, n'est pas plus à lui qu'à la partie de ses concitoyens à qui on l'a destiné; que s'il a le droit de s'en emparer de force, la province voisine a le droit de le reprendre; que s'il a le droit de l'arrêter, elle aura également celui d'arrêter, dans une autre occasion, le blé qui serait pour lui? Mais qui a donné ce préjugé au peuple? L'abus de l'autorité municipale : souvent un échevin s'est permis, pour se faire admirer de son peuple, tantôt d'arrêter le blé qui était entré dans sa ville, tantôt d'empêcher les campagnes voisines de porter leurs blés ailleurs que vers leur capitale ; chaque corps municipal se conduisait comme si sa ville eût formé une république séparée, comme si le reste de la nation eût été ou des étrangers, ou ses esclaves.

Agité de ces divers préjugés, le peuple accuse à la fois de la cherté des subsistances, et le gouvernement et les propriétaires des magasins ou des convois. Il ose proposer aux magistrats de faire des lois de vol et de brigandage, et il est enhardi par le succès qu'il a quelquefois obtenu; il exige qu'on fasse baisser le prix des subsistances par des moyens onéreux à la nation, et qui bientôt doivent retomber sur lui-même; et il n'a pas oublié que souvent le magistrat a eu la faiblesse de lui obéir : si on lui refuse, il se croit permis de détruire des magasins dont il regarde la formation comme un crime, de piller les maisons de ceux qu'il se peint comme des scélé-

rats qui cherchent à l'affamer. Il agit sans crainte
comme sans scrupule. Il se souvient que ces attentats ont presque toujours été impunis; et comme
presque toujours les dépositaires de l'autorité, inti-
midés, et ne voyant plus d'autre intérêt que d'a-
paiser le peuple, ont fait des règlements propres à
flatter ses préjugés et ses passions, il doit demeurer
persuadé que s'il souffre, c'est par la négligence ou le
crime de ceux qui gouvernent, qu'il peut les forcer
à lui rendre justice, ou se la faire à lui-même. Il est
aisé de soulever un peuple ainsi disposé : aussi les
émeutes ne sont point formées par des malheureux
que la faim pousse au désespoir, et qui, dans leur
égarement, trouvent tout légitime pour préserver
leurs enfants de la mort : si cela était, le peuple dé-
truirait-il les subsistances dont il éprouverait le besoin? proposerait-il d'acheter à bas prix sa provision
de blé, s'il manquait d'argent pour acheter du pain?
Toutes ces émeutes sont faites par une populace
agitée d'une crainte vague de la disette, d'une haine
sans objet contre ceux qu'elle en accuse : cette populace est conduite par des fripons qui ont eu soin
d'exciter ses craintes et qui en profitent.

Tantôt c'est un marchand de blé qui s'est assuré
que s'il y a une révolte dans une telle ville, il sera
chargé par le gouvernement d'y porter du blé.

Tantôt c'est un négociant qui, par son habileté,
s'est attiré la jalousie de ses confrères; et ils cherchent à le faire piller.

Ici, c'est un homme contre qui une cabale a intérêt d'exciter le peuple, et on le lui représente comme

un scélérat qui garde du blé dans des magasins immenses pour affamer ses concitoyens.

Là, ce sont les boulangers et les meuniers que leur rivalité dans le commerce des subsistances rend ennemis, et qui cherchent réciproquement à se décréditer et à se rendre odieux par de ridicules imputations.

Quelquefois ce sont des scélérats qui veulent piller, et qui espèrent que l'indulgence qu'on doit à la folie du peuple leur assurera l'impunité.

Ce sont enfin.....; mais je m'arrête : il y a des gens qui sont si sûrs de leurs intentions et de leur conscience, que toutes les fois qu'on parle en général de quelque trame coupable, ils croient que c'est eux qu'on accuse.

Peut-on guérir cette frénésie du peuple? Oui, sans doute.

S'il n'est pas toujours assez éclairé pour entendre les motifs des administrateurs, il se trompe rarement sur leurs intentions; et si un ministre éclairé et vertueux a mérité son amour et sa confiance, il sera moins porté à la crainte, il croira que ce qu'on fait pour lui est ce qu'il y avait de mieux à faire; il se dira : Si je souffre, c'est qu'il n'est pas en son pouvoir de me soulager. Le peuple n'est imbécile que parce qu'on s'est plu longtemps à l'abrutir; il n'est injuste que parce qu'il a été longtemps le jouet des oppresseurs.

D'ailleurs, s'il voit que le gouvernement, compatissant à ses plaintes, est inébranlable à ses menaces; s'il voit assurer, par des mesures sages et fermes, l'entière exécution des lois; s'il voit punir les voleurs dont il a protégé le crime, et ces hommes plus coupables qui ont détruit des subsistances en criant qu'ils voulaient s'en procurer, et ces scélérats qui ont profité de ses préjugés pour le rendre coupable; alors tous ceux qui, dans le peuple, ont des sentiments d'honneur, craindront de partager la honte de ces pillards; ils rougiront de leur avoir servi d'instrument.

Si d'ailleurs chaque ville est obligée de réparer les dommages que le peuple qui l'habite a causés, tous les habitants riches, tous ceux qui ont quelque crédit dans le peuple seront intéressés à le retenir, et ils réussiront : si enfin l'opinion des chefs des villes, des magistrats, des hommes respectés, flétrissait ceux qui prennent part à ces émeutes, elles ne seraient plus formées que par la plus vile populace; et dès lors la saine partie du peuple pourrait arrêter le désordre.

Il suffira donc encore, pour contenir le peuple, que l'opinion publique soit en faveur de la liberté du commerce, du respect pour la propriété, que le public reconnaisse les avantages qui sont la suite de ce système, et les inconvénients des remèdes que le préjugé populaire demande, et qu'accordait l'ignorance ou la faiblesse.

C'est donc l'opinion publique qu'il s'agit surtout de ramener; et pourquoi en désespérerions-nous? Pourquoi n'en serait-il pas du commerce des blés comme du mouvement de la terre, de la circulation du sang, de l'émétique, de la gravitation universelle, de l'inoculation, etc., etc., sur lesquelles cette opinion a changé, quoiqu'aucun des préjugés contraires n'ait manqué d'apologistes très-graves et très-éloquents?

Les auteurs prohibitifs semblent regarder le respect pour les préjugés du peuple comme un devoir de commisération. Ils peignent ce pauvre peuple qui souffre tous les outrages qu'on lui fait, et qui ne demande que du pain; nous avons déjà montré que cette fausse pitié des prohibitifs est aussi funeste au peuple, qu'elle lui est injurieuse?

Mais ce n'est pas du pain que le peuple demande lorsqu'il se soulève, ce sont de mauvaises lois, et l'on n'est pas obligé de lui en donner; ce n'est pas la faim qui l'égare, c'est une crainte vague qui le trouble; il invoque des moyens dont il a cent fois éprouvé l'inutilité, dont l'exécution augmente sa peur en la flattant; et si on lui refuse d'y recourir, semblable à un enfant à qui on ôte ses lisières, il craint de tomber, il ne sait que faire de sa liberté. Ce peuple qui demande du pain n'est pas le peuple laborieux et tranquille qui habite nos campagnes, et qui sait que c'est de son travail et non du gouvernement qu'il doit attendre ses subsistances; ce n'est pas même l'artisan des villes; si quelquefois il se livre à l'esprit de l'erreur et de sédition, c'est pour obéir à un mouvement étranger qu'on lui a imprimé. Le peuple qui crie pour le pain, est la populace des grandes villes (1); c'est à elle qu'on propose de sa-

______

(1) On dira peut-être que les émeutes de 1775 ont été faites par

crifier, et le droit de propriété, premier fondement des sociétés, et l'intérêt de toute la nation.

Ainsi les tyrans de Rome portèrent, à force d'impôts et de lois prohibitives, la dépopulation et la stérilité dans les plus belles provinces de l'Empire, pour obtenir dans le cirque les applaudissements d'un peuple corrompu, à qui il ne fallait plus que du pain et des farceurs.

Ainsi les empereurs de Constantinople, occupés de nourrir, aux dépens des provinces, le peuple inquiet et superstitieux de leur capitale, devinrent le jouet de cette populace, qui n'était terrible que pour ses maîtres, et qui devint bientôt avec eux la proie des barbares. Ainsi, dans Constantinople moderne, qui, en changeant de religion et de souverains, n'a

les habitants de la campagne ; ce qui est d'autant plus singulier, que la loi du 14 septembre, en affranchissant de l'obligation de ne vendre qu'au marché, était évidemment très-favorable aux campagnes. Aussi a-t-il fallu tromper le peuple pour le mener au pillage; ce n'est qu'à force d'émissaires, de faux bruits, de lois supposées, etc., qu'on l'a soulevé; et lorsqu'une fois on a eu formé une troupe de pillards, il a dû arriver naturellement que l'exemple et le succès, qu'on exagérait, aient étendu le brigandage : aussitôt que le peuple a été détrompé, le calme a reparu.

L'ordre de ne vendre qu'au marché, et la défense faite aux habitants de la campagne d'emporter du blé des marchés des villes, les enlèvements de blé faits dans les campagnes par ordre du gouvernement, et d'autres manœuvres, peuvent encore soulever les campagnes. Mais en disant que ce n'est pas le peuple des campagnes qui crie pour le pain, et qui demande des lois prohibitives, nous n'avons point prétendu dire qu'il n'y eût pas des moyens de le soulever.

XI. 14

point changé de maximes, le gouvernement, tyrannique dans les campagnes, est l'esclave de la populace des grandes villes.

Un roi sage doit distinguer les murmures de la populace des gémissements de la nation; il ne sera point injuste, parce que les mutins lui ordonneront de l'être.

Il ne sacrifiera point un peuple dispersé, qui ne peut se faire entendre, aux cris tumultueux d'une multitude insensée.

Qu'un despote, après avoir aliéné le cœur de la nation, s'imagine avoir besoin de flatter la populace; que même il se croie obligé de nourrir ceux à qui il a tout ôté. Un roi juste, qui ne demande à ses sujets que ce qu'il lui faut pour les défendre et les gouverner, se contentera de protéger leurs propriétés et leur liberté par des lois égales pour tous; il laissera les citoyens se partager à leur gré les productions d'un sol toujours fertile, quand les fruits de la terre appartiennent à celui qui les a semés.

Au reste, cette idée n'est pas la mienne. M. l'abbé G. a fort bien développé, dans ses Dialogues (1), que la liberté convenait à un gouvernement juste et cher aux peuples, et les lois prohibitives à un gouvernement tyrannique et abhorré.

(1) *Dialogues sur le commerce des blés*, par M. l'abbé Galiani.

CHAPITRE V.

Des préjugés de ceux qui ne croient pas être peuple.

Il y a deux sortes de peurs : la peur machinale et la peur réfléchie.

La terreur du peuple sur les subsistances est une peur machinale ; et nous avons vu qu'elle était presque toujours l'effet, tantôt du spectacle des approvisionnements faits par le gouvernement, de ses précautions, des actes de violence qu'il croit nécessaires, tantôt de la vue d'esinquiétudes que les administrateurs subalternes n'avaient pas la prudence de cacher au peuple, tantôt enfin des manœuvres des méchants.

La terreur des hommes chargés de l'administration et celle des raisonneurs sont une peur réfléchie.

L'une et l'autre ont également le pouvoir de troubler la raison ; mais le délire de l'une est ardent, il produit des émeutes et des pillages ; il doit être combattu par une administration ferme et agissante. Le délire de l'autre est tranquille, on le prendrait pour de la prudence ; il ne produit que des règlements et des projets, et il ne doit être combattu que par la raison, qu'il faudrait peut-être aider quelquefois par le ridicule, qu'on sait être si propre à accélérer sa marche.

Un des premiers préjugés que cette peur réfléchie

ait enfantés, c'est la crainte du monopole et la nécessité de le prévenir par des règlements.

Il y a monopole dans le commerce ou lorsqu'il est fait uniquement par un privilége exclusif, ou lorsque, par l'effet des mauvaises lois ou par quelque artifice, le nombre des vendeurs est très-petit. Nous avons vu que ce qui engageait les vendeurs à se contenter d'un moindre profit, venait principalement de ce que les acheteurs n'ayant pas besoin de la denrée de tel vendeur en particulier, celui qui sacrifierait l'intérêt qu'il a de vendre et de faire circuler ses fonds à l'espérance de profiter d'une cherté excessive, risquerait de perdre sa denrée, ou au moins de la garder et d'être forcé de la donner à un moindre prix, après avoir perdu pendant longtemps l'intérêt de ses fonds et les profits d'une autre spéculation de commerce. Ainsi, le monopole n'est à craindre que lorsque les vendeurs sont réduits à un très-petit nombre. En effet, il peut alors arriver que chacun ait une espérance raisonnable qu'on aura absolument besoin de sa denrée, et qu'ainsi il veuille la garder jusqu'à ce qu'elle monte à un prix tel que la concurrence devienne à craindre.

Voyons, d'après ce principe, ce qui arrivera dans le commerce des grains.

En sortant de la récolte, il y a presque autant de marchands de grains que de cultivateurs : ainsi, il ne peut y avoir de monopole dans ce temps, à moins qu'on ne défende aux cultivateurs de vendre : c'est ce qu'on fait équivalemment en défendant de vendre ailleurs qu'au marché, parce que dans cette saison les cultivateurs ne peuvent encore y conduire leurs grains. Au reste, ce monopole ne produit point la famine ; il augmente seulement le blé d'un peu moins qu'il n'en coûterait aux cultivateurs, dans cette saison, pour le transporter au lieu du marché.

Si les cultivateurs n'ont pas assez de blé pour nourrir leur canton, il faut recourir au commerce. On voit que dans ce cas le seul moyen de multiplier le nombre des marchands qui apportent de loin, est d'accorder la plus grande liberté pour vendre, et dans les lieux où le blé est surabondant, la plus grande liberté d'acheter.

Vers la fin de l'année, il n'y a plus de blé à vendre que chez les cultivateurs et les propriétaires riches ; et il pourrait y avoir une sorte de monopole contre le peuple, qui ne peut aller chercher ses subsistances, s'il n'y avait des marchands de blé qui ont acheté des cultivateurs pauvres pendant l'hiver pour revendre dans le temps de cherté, ou des blatiers qui font circuler le blé dans les campagnes pour un profit assez médiocre : voilà donc un monopole dont la liberté est le remède.

Jusqu'ici il y a peu de disputes. Mais, dira-t-on, si vous abandonnez à l'avidité le commerce des subsistances, il arrivera que des marchands accapareront tout le blé d'une province, du royaume même ; qu'alors la subsistance du peuple sera dans leur dépendance, et que si, en protégeant la liberté du commerce, le gouvernement appuie de telles opérations de toute sa puissance, ces accapareurs pourront porter les grains à un prix excessif.

Il ne faudrait, selon M. Linguet, que deux millions; et, selon Necker, qu'un seul million pour affamer un grand royaume. On sent qu'un ennemi secret
pourrait aisément sacrifier un million à cette spéculation, tenir dans ses mains toute la subsistance de
la nation, la livrer à la famine et à la guerre civile.
Voilà de ces choses que les têtes étroites des économistes n'avaient pu prévoir.

Que répondre à cette objection tant répandue?
Qu'elle porte sur une supposition chimérique. Quel
temps choisira-t-on pour cette opération; le temps
qui suit la récolte? Le blé est alors entre les mains,
1° de tous les cultivateurs; 2° des propriétaires qui
reçoivent leurs revenus en grains : il faut bien du
temps et bien des agents pour accaparer des grains
ainsi dispersés. Ensuite il est impossible que ces cultivateurs et ces propriétaires gardent exactement le
secret, et que les mouvements des agents de ce
commerce ne soient aperçus : à peine une certaine
quantité de blé aura-t-elle été arrêtée, que les propriétaires, les cultivateurs riches voudront vendre
plus cher; plusieurs voudront garder, à moins qu'on
n'offre un prix exorbitant; d'autres, persuadés que
les accapareurs font de faux calculs, exigeront des
arrhes plus considérables, ou le payement entier.
Le prix des blés haussera dans les marchés; les magasins faits l'année précédente s'ouvriront; les marchands des provinces, des cantons où l'accaparement
n'aura point encore commencé, feront des spéculations sur cette hausse extraordinaire; les blés étrangers arriveront, et la concurrence se rétablira même

dans les pays où cette manœuvre aura été tentée. Mais, tout achat en grand y deviendra impossible, jusqu'à ce que la crainte de la cherté, excitée par les accapareurs, soit dissipée; et la quantité de blé qu'ils retiennent dans leurs greniers, fût-elle nécessaire à la consommation, le blé étranger réparera le vide, et les auteurs de cette manœuvre, ou perdront leurs grains, ou seront obligés de les vendre.

Il ne sera donc point possible d'affamer une province, un royaume, même avec des frais immenses, quand la liberté permettra l'entrée des secours étrangers, ou la concurrence des propriétaires et des marchands. Cet avantage n'a point lieu dans le régime prohibitif, parce que la crainte du pillage ou des règlements vexatoires écarte les secours des lieux menacés de disette.

On voit encore qu'il est surtout impossible que des négociants regardent une opération de cette espèce comme une spéculation de commerce dont ils puissent tirer avantage.

Quant à cette idée si répandue, que le besoin instantané et absolu de blé n'a aucune proportion avec l'intérêt qu'a le marchand de vendre sa denrée, et qu'ainsi il faut des lois pour empêcher le possesseur du blé d'abuser de sa force, on a déjà vu (chap. IV, p. 126 et 127) que la terreur qu'elle inspire est peu fondée, 1º parce que l'intérêt des possesseurs de blé, et la crainte de le garder, les déterminera à vendre aussi sûrement que le besoin détermine les consommateurs à acheter, quoique le motif soit moins fort; 2º parce que le besoin du consommateur est d'acheter du blé en général, et non pas d'acheter du blé de tel marchand; et que c'est le besoin qu'a le consommateur du blé de chaque marchand qu'il faut comparer avec l'intérêt que ce marchand a de vendre.

. Cette question de l'exportation n'est qu'un cas particulier de la question générale de la liberté du commerce des grains. Aussi est-il impossible de traiter avec méthode la question de l'exportation, sans avoir discuté d'abord celle de la liberté en général. Les prohibitifs (1) ont quelquefois suivi une méthode contraire, et ils ont eu de bonnes raisons pour la suivre.

Quelle que soit l'éloquence de ces écrivains, il leur aurait été difficile de tracer un tableau bien effrayant des suites de la liberté indéfinie dans l'intérieur. Cette liberté même a un grand nombre de partisans, qui trouvent tout simple que le blé qui croît dans un État se distribue librement à ses citoyens. Mais presque personne ne prononce le mot d'exportation sans une frayeur secrète. En sorte que, si on vient à bout de lier dans les têtes les idées d'exportation et de liberté, on peut espérer que les esprits, troublés par la peur, ne seront plus en état de discuter les raisons de la liberté, même dans l'intérieur. Ainsi, il est conforme, sinon aux règles de la raison, du moins à celles de la rhétorique, de commencer par la question de l'exportation. On est plus sûr de subjuguer les esprits en les effrayant, qu'en leur parlant raison : car la peur est une passion impérieuse.

(1) M. Necker, par exemple.

Mais si les prohibitifs ont intérêt de commencer leurs livres par la fin, il doit nous être permis de suivre une autre méthode. Nous ne parlons point aux passions des hommes; nous ne voulons que leur apprendre à connaître leurs intérêts et à être justes.

La liberté du commerce des grains est d'autant plus utile, qu'elle embrasse une plus grande étendue de terrain. Voyons si ce principe reçoit une exception, dans le cas où le terrain est partagé entre plusieurs États. Je distingue deux cas : celui où tous s'accorderaient pour établir une circulation libre;

Et celui où chaque État, se conduisant d'après des principes particuliers, permettrait ou défendrait l'exportation selon les circonstances.

Il faut considérer, dans les deux cas, la sûreté de la subsistance, son prix moyen, et les variations dans les prix;

Enfin, les avantages ou les inconvénients politiques de l'exportation.

Lorsque l'exportation est réciproque, elle a les mêmes effets que la circulation libre dans un espace plus étendu, et ces effets sont l'augmentation de la reproduction; une distribution des subsistances plus prompte et plus proportionnelle; moins de variation dans les prix par rapport aux saisons et aux années; moins de différence entre les prix d'un pays à l'autre; une diminution dans le prix moyen; des salaires plus uniformes et plus proportionnés aux besoins.

Ainsi, cette exportation réciproque est favorable à l'humanité en général. Mais l'est-elle à chaque nation? Certainement, si une nation éprouve une ba-

lance à peu près égale d'exportation et d'importation
la liberté lui sera utile.

Il n'y a donc qu'à examiner si elle l'est à une nation où l'importation est plus forte; si elle l'est à
celle où la balance penche du côté de l'exportation.

Supposons une nation qui reçoit plus qu'elle ne
donne; il est aisé de voir que la diminution du prix
moyen est toute à son avantage; que ses subsistances
seront plus assurées; que, dans l'état d'une liberté
perpétuelle et entière, elle n'aura jamais besoin,
pour se les procurer, d'employer de négociations,
d'acheter des permissions particulières, ou de prendre des précautions ruineuses. Plus cette nation sera
sans territoire, plus elle aura d'avantage à ce que l'exportation soit libre. Ainsi, malgré les préjugés, si
communs dans les États sans territoire, en faveur des
règlements prohibitifs, des greniers d'abondance, des
taxations, etc..., tous les citoyens finiront par désirer
la liberté générale de l'exportation, excepté ceux qui,
chargés de l'approvisionnement public, craindront
de perdre au moins une partie de leur importance.

La nation qui donne plus qu'elle ne reçoit, gagne
aussi à la libre exportation. En effet, si la défense
d'exporter est absolue, la reproduction diminuera à
proportion: ainsi, la prohibition ne produira, dans
le prix moyen, qu'une diminution passagère. Car,
pour diminuer la reproduction, il suffit d'un peu
de négligence, que le découragement ne manque
jamais de produire, tandis que, pour augmenter
le produit des terres, il faut des soins et des
avances.

Si l'exportation n'est qu'assujettie à des règlements, il en résultera les mêmes inconvénients que des règlements qui gênent la circulation intérieure, c'est-à-dire, diminution de reproduction, diminution de prix moyen pour le cultivateur, augmentation de prix moyen pour l'acheteur.

Ainsi, le peuple achèterait le blé à un prix moyen plus cher et à un prix moins constant ; le prix moyen du blé exporté serait moindre, et la nation tirerait moins d'avantage de ce commerce.

Il ne résultera donc que des maux de la non-liberté, ou de la liberté limitée d'exporter.

Supposons maintenant que la liberté d'exporter ne soit pas réciproque.

Il arrivera que l'on exportera des grains de l'État où l'on suit le système de la liberté, pendant le temps où leur prix sera peu élevé, et qu'alors on le fera monter.

Mais il faut observer que les États voisins n'étant pas libres, on n'y portera des grains que lorsqu'il y aura un grand profit, ou dans l'espérance de le vendre sur-le-champ ; que la gêne et les dangers que le commerce éprouve dans ces États, dégoûteront d'y porter, et qu'ainsi les négociants de la nation libre préféreront le commerce national au commerce étranger, lors même que celui-ci offrirait des profits plus considérables.

Quand ensuite cet État aura besoin de blé étranger, ce ne sera plus aux spéculations d'un commerce libre, mais à celles d'un commerce gêné par des restrictions, qu'il devra sa subsistance, et elle lui coûtera plus cher que si les États étrangers n'étaient pas soumis à ces lois, mais moins cher que s'il avait suivi leur exemple, puisque la liberté qu'il a conservée attirera plus de marchands et une concurrence plus grande. En effet, le blé étranger arrivera avec plus d'abondance dans un pays dont il lui sera libre de sortir sans formalité, et, comme les économistes l'ont dit et l'ont prouvé il y a longtemps, l'importation n'est vraiment libre que lorsque l'exportation l'est aussi. Une autre observation, non moins certaine, c'est que les marchands savent très-bien que, dans ces pays où la liberté est établie, *l'opinion influe* moins sur le prix des grains, que par conséquent les spéculations faites d'après les prix des grains y sont plus sûres : ainsi les marchands préféreront de les porter dans les pays de liberté.

D'ailleurs, le commerce y étant plus animé dans l'intérieur, il y aura plus de négociants nationaux.

Si l'exportation avait été défendue, ou elle l'aurait été absolument, et le cultivateur, n'ayant plus d'intérêt à se procurer cette quantité superflue, la reproduction aurait diminué ; si l'exportation avait été soumise à des restrictions, alors, ou il y aurait eu des permissions particulières d'exporter ; et comme elles sont une source de monopoles et de prévarications, comme des négociants privilégiés n'achètent du cultivateur qu'à très-bas prix, ces permissions auraient servi plutôt à dégoûter de l'agriculture qu'à l'encourager.

D'ailleurs, comme elles sont nécessairement accordées plutôt à la faveur et à l'intrigue du négo-

ciant, qu'aux besoins du commerce; comme les négociants qui ont ces permissions peuvent, par leurs
manœuvres, produire, dans le temps de leurs achats,
une baisse momentanée, il en résulte qu'il sort plus
de blé par ces permissions particulières, et même à
un prix plus désavantageux, qu'il n'en sortirait par
la liberté la plus entière. Car, enfin, cette liberté
n'est suivie de l'exportation, que quand les négociants y trouvent leur compte. Or, comme dans le
cas de la liberté, le prix est plus haut dans le pays
où on achète pendant le temps des achats, on cessera plus tôt d'en exporter, si l'exportation est libre,
que si elle se faisait en vertu de permissions secrètes
qui, dans le temps de l'achat, produisent une
moindre hausse dans les prix.

Si on limite l'exportation en fixant un prix, combien l'exécution d'une telle loi n'entraîne-t-elle pas
de formalités et d'abus? Par conséquent, combien
ne décourage-t-elle pas le commerçant honnête?
Combien n'encourage-t-elle pas l'artisan de manœuvres et de monopoles? D'ailleurs, si on fixe un haut
prix, la loi est inutile; car il ne sort pas de blé alors,
surtout pour aller dans des pays de prohibition. Si
on fixe un bas prix, la permission devient un encouragement à exporter; il sortira plus de blé que
si l'exportation eût été libre, parce qu'on se hâtera
davantage de le faire sortir, de peur de se trouver
arrêté aux frontières, si le blé éprouvait une hausse
imprévue.

Le blé n'est pas toujours destiné à être revendu
sur-le-champ; alors, soit qu'il ait été acheté dans la

vue d'être porté à l'étranger, soit que le négociant n'ait spéculé que pour le commerce intérieur, soit que, sans destination précise, il ait seulement compté sur l'augmentation générale de prix qui a lieu dans certaines saisons, le marchand préférera, même avec quelques frais de plus, de placer son magasin dans le pays d'où il sera toujours libre de sortir. Par conséquent, le marchand qui, dans un pays où l'exportation sera absolument libre, aura spéculé pour l'étranger, emmagasinera son blé dans son propre pays, et il y trouvera toutes sortes d'avantages. Ainsi, ce blé restera plus longtemps; et s'il survient un moment de cherté imprévue, il sera une ressource pour la nation; au lieu que si l'exportation n'eût été permise qu'à un certain prix, le même marchand aurait fait sortir son grain au moment même de l'achat.

Ainsi le pays qui, entouré de nations soumises au régime prohibitif, voudrait suivre leur exemple, n'en retirerait d'autre avantage qu'une diminution dans le produit de ses terres, un prix moyen plus haut, des variations plus grandes dans les prix, moins de ressources et des ressources moins sûres.

Comme on est forcé d'avouer que la liberté d'exporter n'entraîne presque jamais une exportation considérable, les prohibitifs sont réduits à dire qu'à la vérité l'exportation ne fait sortir qu'une petite quantité de blé, mais que cela suffit pour produire la crainte du peuple, et cette crainte pour causer un renchérissement considérable.

Ils peignent cent mille hommes renfermés, à qui

on donne cent mille pains chaque jour; ils appren-
nent qu'on leur a apporté un pain de moins, ils sont
saisis de terreur; chacun croit être celui qui est destiné à se passer de manger. Mais que suit-il de cette
effrayante hypothèse? Que si on dénonce au peuple
l'exportation comme un moyen de le faire mourir
de faim, on parviendra à lui en faire peur. C'est ce
qui est arrivé. Mais faut-il regarder l'exportation
comme nuisible, parce qu'à force de déclamations
et de sophismes, on peut fortifier les préjugés naturels du peuple contre l'exportation, au point de les
rendre dangereux?

Quelque utile que soit la libre exportation, elle
n'est pas, comme la libre circulation dans l'intérieur,
d'une justice indispensable et rigoureuse. Un souverain doit à chacun de ses sujets la liberté d'acquérir sa subsistance avec de l'argent, de la manière la
plus indépendante et la plus égale; il doit à chaque
propriétaire la libre disposition de ses denrées. Mais
ces principes, qui ne doivent subir aucune exception
dans l'intérieur de l'État, en peuvent souffrir à l'extérieur, parce que les États étant restés entre eux
dans l'état de nature, et même, lorsqu'il ne subsiste
pas de l'un à l'autre une circulation libre, dans une
sorte d'état de guerre, ce n'est plus d'après les lois de
la justice, c'est d'après celles du bien de l'État, ou
de l'utilité générale des hommes, que les administrateurs doivent se conduire : ainsi, tant que la libre
circulation à l'intérieur aura des obstacles, il serait
peut-être imprudent de laisser à l'exportation une
liberté illimitée; mais lorsque la liberté intérieure

sera établie ; que le commerce de blé, rassuré par la fermeté du gouvernement, sera devenu pour la nation une ressource toujours subsistante, toujours assurée, alors l'exportation pourra être établie sans danger pour la nation, et même sans causer de terreur au peuple.

Accoutumé à voir les marchands de blé tantôt lui enlever des grains, tantôt les lui rapporter, il ne s'embarrassera plus de la destination de ceux qu'il verra amasser. Ce qui le trouble, c'est que, dans le régime prohibitif, la liberté d'exporter n'étant accordée que par des permissions particulières, l'état de prohibition lui paraît l'état naturel et légitime ; et qu'ainsi il regarde ces permissions comme l'ordre de lui enlever une partie de sa subsistance, pour enrichir quelques hommes que l'administration protége. Cette idée a dû le révolter, et avec justice : car toute permission arbitraire, accordée à un particulier, est un vol fait, soit au propriétaire qui, s'il eût été libre de porter cette quantité au dehors, eût vendu plus cher, soit au peuple qui, sans cette permission, eût acheté le blé à meilleur marché.

Mais lorsque ces manœuvres coupables cesseront de frapper les yeux du peuple, la terreur, la défiance qu'elles nourrissaient dans son esprit, disparaîtront avec elles, et l'on sera forcé d'avouer que les erreurs du peuple, comme ses maux, sont presque toujours l'ouvrage des mauvaises lois (1).

(1) Ce serait peut-être ici le lieu de répondre aux objections qu'on a coutume de faire contre la liberté de l'exportation ; d'au-

Faut-il des mesures particulières pour approvisionner une capitale? Tout le monde répond affirmativement à cette question. Cette réponse est bien

tant plus que ces objections que l'on avait trouvées si neuves lorsque M. l'abbé Galiani les avait proposées en 1770, l'ont paru également et aux mêmes personnes, lorsque M. Necker les a reproposées en 1775; mais nous avons trouvé plus court de renvoyer, sur cet objet, au livre de M. l'abbé Galiani et à la réponse de M. l'abbé Morellet.

Voici une liste fort incomplète des obligations que M. Necker a à M. l'abbé Galiani qu'il a eu l'ingratitude de ne jamais citer.

« Le commerce des blés ne convient qu'à des nations dans l'en-« fance, à des pays dépeuplés, dit M. Necker. »

Cela est tiré des dialogues, pages 151, 152; et M. l'abbé Morellet y répond, pages 143 et 223.

« Il est plus avantageux à une nation de faire le commerce des « denrées manufacturées que celui des denrées premières.

« Et les manufactures sont plus favorables à la population que « l'agriculture!» Voyez M. l'abbé Galiani, pages 115 et 128; M. l'abbé Morellet, pages 182 et suivantes.

« Il est à craindre que les marchands n'aiment mieux porter du « blé à l'étranger, qu'aux provinces intérieures, et même cela « doit arriver. »

Voyez M. l'abbé Galiani, page 261 et suivantes, réfuté par M. l'abbé Morellet, page 251 et suivantes.

« Si l'exportation est libre, il est à craindre que le nécessaire ne « sorte. » Voyez les dialogues, page 132, et la réfutation, page 271.

« Avant de savoir si on peut permettre l'exportation, il faut être « sûr que le royaume ait du superflu, et ne la permettre que dans « ce cas. »

Voyez M. l'abbé Galiani, pages 135 et 138, et M. l'abbé Morellet, page 182.

« La différence que le caractère national doit mettre dans le « régime économique des différents États, les raisons pour lesquel-« les l'exemple de l'Angleterre n'est pas applicable à la France; »

naturelle; et quel homme à qui l'on exposerait le tableau de la consommation d'une grande ville, ne
croirait pas, au premier aspect, qu'il faut des

tout cela ne se trouve-t-il pas dans M. l'abbé Galiani, pages 73,
74, 75, 132? Et n'est-il pas réfuté par M. l'abbé Morellet, pages
48 et 132?

Et il en serait de même pour toutes les autres objections.

On pourrait pousser plus loin ce parallèle.

L'abbé Galiani n'a-t-il pas à peu près les mêmes principes sur
la propriété, quoiqu'il n'ait pas osé les énoncer aussi crûment?
N'a-t-il pas attaqué également par les mêmes raisons cette opinion
des économistes, que l'administrateur doit se conduire par des
principes généraux?

M. Linguet ne croit-il pas, comme M. Necker, que l'administration doit tout régler, se mêler de tout, ne rien abandonner à
l'intérêt et aux passions des hommes? et n'a-t-il pas été réfuté
par M. l'abbé Morellet, pages 117?

N'ont-ils pas traité tous deux les écrivains économistes avec la
même légèreté, le même mépris? Si l'un les appelle *de bonnes
gens, qui ne savent ce qu'ils disent et ce qu'ils veulent dire,* qui
font des ouvrages *destinés à avertir les honnêtes gens de se révolter,* l'autre ne les compare-t-il pas à des bêtes féroces? Ne peint-
il pas comme des imbéciles ceux qui écrivent et surtout ceux qui
agiraient selon ces principes généraux de liberté? N'a-t-il pas
prophétisé, p. 7, que leur courage *abstrait* serait forcé de se démentir? Ne dit-il pas, page 82, que les partisans des maximes
générales, et de la liberté, qui montrent de la fermeté par *la
conscience de leur faiblesse, cherchent à tromper les autres et à s'en
imposer à eux-mêmes?*

Le temps de les accuser de sédition était passé; ainsi les imputations d'opiniâtreté et de mauvaise foi étaient les seules qui
restassent à la modération de l'imitateur.

M. Necker n'a-t-il pas imité M. Linguet jusqu'à ses compa-
raisons? Selon le maître, les agriculteurs jouent contre les saisons; et puisqu'ils sont des joueurs, il est clair que leur état

moyens extraordinaires pour ramasser, dans un même lieu, cette masse énorme de subsistances? Et comment, à la vue des maux qui ne peuvent man-

est bien moins sûr que celui des manufacturiers. Selon le disciple, qui enchérit sur les idées de son maître, le commerce des subsistances est la plus *vaste table de jeu* qu'on puisse établir; et il est étonné que les lois ne le traitent pas comme le pharaon et la bassette.

Ne finissent-ils pas tous deux par un petit projet de législation parce qu'il faut bien qu'un livre finisse? Et le projet de législation ne contient-il pas la même idée de ne laisser sortir que des farines, etc., etc.?

Le livre de M. Necker n'est donc autre chose que les dialogues dont il a supprimé les contes pour rire, et les bonnes plaisanteries, auxquels il a su donner un air de méthode, et qu'il a revêtus d'un style plus grave, plus pompeux. Son ouvrage ressemble à cette statue grecque, élégante et svelte, qu'un empereur romain fit dorer et qui perdit toutes ses grâces.

Mais voici cependant un passage qui appartient en propre au disciple.

« Je vais répondre maintenant à une objection plus générale « (des partisans de l'exportation).

« La libre exportation peut exposer à des renchérissements d'où « résulteront des souffrances et des mortalités; mais ces mêmes « renchérissements donneront un nouveau zèle pour la culture, « on en verra naître de plus grands moyens, et les pertes momen- « tanées que la population aurait pu faire, seront avec le temps « amplement réparées. » M. Necker (page 71).

Si l'auteur de ce passage a lu ce raisonnement, à la fois atroce et ridicule, dans quelque ouvrage en faveur de la liberté de l'exportation, il devait citer le livre et la page. Pourquoi en effet attribuer en général une telle doctrine aux partisans de la liberté du commerce?

Mais si cette objection ne se trouve nulle part, alors il faut avouer que l'auteur s'est rendu coupable d'une accusation fausse quer d'arriver si tout ce peuple attend un moment sa subsistance, ou seulement peut craindre d'en manquer, ne tremblerait-il pas de confier au hasard de si grands intérêts? Cependant nous ne conseillerons jamais aux administrateurs de se remplir d'un *saint effroi*, comme vient de le faire un auteur prohibitif, et nous nous bornerons à demander si l'on connaît des moyens dont l'effet soit plus sûr que celui de ce principe général de tout commerce? Les denrées se portent de préférence partout où il y a une plus grande consommation et des gens plus riches, parce qu'il y a une plus grande probabilité de vendre, et l'espérance de vendre plus cher. Ainsi, dans un pays où le gouvernement ne se mêlerait en aucune manière des subsistances, un petit village serait bien plus exposé à manquer de pain que la capitale de l'empire; et c'est précisément cette immensité de besoins, si effrayante au premier coup d'œil, qui rend les secours plus certains.

Mais voyons quels moyens le gouvernement peut employer pour assurer la subsistance d'une capitale. Nous pouvons en distinguer de trois espèces :

1º Des lois prohibitives;

2º Des mesures d'administration;

3º Des lois d'oppression.

Il n'est ici question que des moyens qui auraient la capitale seule pour objet.

en matière grave; à la vérité Papinien assure que quand ce malheur arrive à un homme par l'effet d'une chaleur de tête, *Inconsultus calor*, il ne tombe point dans le cas de la loi *Memnia*.

Si la capitale a les mêmes lois prohibitives que le reste de la nation, elle en éprouve le même effet. Si elle en a de plus gênantes, elles ne serviront qu'à en éloigner les subsistances. On a souvent vu, dans les provinces, de grandes villes éprouver la cherté, tandis que des convois de blé se détournaient par la crainte des lois prohibitives, qu'un moment de terreur, ou les propos du peuple, avaient arrachées aux officiers de police.

Il n'y aurait donc de lois favorables à la capitale, que celles qui l'exempteraient des entraves imposées aux provinces. Mais ces lois seraient injustes; et d'ailleurs ce n'est point là ce que demandent les partisans du régime prohibitif.

Quant aux mesures d'administration, ce qu'elles coûtent est imposé sur tout l'État; elles sont donc injustes, en faisant payer au peuple des campagnes l'aisance qu'on veut procurer à celui des villes. D'ailleurs, les achats faits par ordre du gouvernement, les magasins formés à ses frais, les dédommagements payés aux boulangers qu'on force de vendre à perte, mettent la subsistance du peuple entre les mains d'un certain nombre d'agents qui, tous, sont d'autant plus employés et gagnent d'autant plus, que le blé paraît plus rare, et que le peuple est plus inquiet. Voilà donc une classe de gens intéressés à faire renchérir le blé, à exciter des mouvements dans le peuple, et cela seul serait un grand mal.

On a quelquefois rassuré les capitales, on leur a procuré l'avantage d'avoir des subsistances à meilleur marché, en forçant les habitants des campagnes voisines à y porter des grains, en ne leur permettant de transporter les grains, que pour les rapprocher de la capitale, en les obligeant de garder chez eux certaine quantité de grains en réserve : non-seulement ces vexations sont injustes, et nous sommes assez heureux pour que le monarque qui gouverne la France n'ait pas besoin d'autres raisons pour les proscrire, mais elles ont encore d'autres dangers : elles découragent la culture des subsistances dans les environs de ces mêmes capitales que l'on craint d'en voir manquer; elles sont le moyen le plus sûr de produire le mal que l'on veut éviter.

Il y a deux manières de manquer de subsistances dans une ville : la première, lorsqu'il n'y a point de blé; la seconde, lorsque le peuple ne peut l'acheter le prix qu'il vaut.

La première espèce de disette n'est pas à craindre avec une liberté absolue. 1° Nous avons déjà observé que les subsistances tendent toujours vers l'endroit où il y a le plus de consommation et de richesses. 2° Supposons que la capitale doive attendre une partie de sa subsistance de la mer ou d'une rivière, quels embarras n'en éprouverait-elle pas si la navigation est interceptée pendant quelques jours, et que les emmagasinements soient défendus? Si, au contraire, ils sont placés, ou près de la capitale, ou dans ses murs, ils offriront une ressource d'autant plus assurée, que ces accidents dont la possibilité est prévue, dont la saison est connue, entreront dans les spéculations des négociants, dont plusieurs chercheront à profiter de l'augmentation de prix que ces événements doivent produire.

Quant au défaut d'argent pour acheter le blé, il peut avoir deux effets : l'un d'empêcher les grains de venir, parce que les marchands n'en portent pas où ils désespèrent de pouvoir les vendre; l'autre est la disette que les pauvres éprouvent alors. Les capitales ne peuvent craindre le premier inconvénient. Quant au second, c'est au gouvernement d'y pourvoir, en assurant au pauvre du travail et un salaire proportionné aux prix des denrées; et il en coûtera toujours moins au trésor public pour mettre le pauvre en état d'acheter du blé, que pour faire tomber le blé à la portée du pauvre.

CHAPITRE VI.

De quelques lois proposées par les prohibitifs.

Nous ne parlerons point ici de ces lois par lesquelles on croyait favoriser l'agriculture et augmenter la reproduction des subsistances, en faisant arracher des vignes, en défendant aux propriétaires de mettre leurs terres en vignobles, etc. Nous ne dirons rien de ces visites faites à main armée chez les fermiers et dans les maisons où l'on soupçonnait qu'il y avait du blé; de l'ordre de faire garnir les marchés par force; des défenses de vendre, excepté au marché d'une telle ville, ou avec la permission du gouvernement; du droit que s'arrogeait la police municipale de certaines villes de taxer le blé; d'empêcher de faire sortir de la ville celui qui avait été une fois exposé au marché; d'arrêter celui qui traversait la ville avec une autre destination; de défendre aux habitants des campagnes voisines de faire au marché leur provision de blé, ou de s'y fournir de pain; d'interdire aux boulangers étrangers d'apporter du pain dans les villes, etc., etc.

Toutes ces lois que dictaient la peur, l'ignorance et le désir de plaire à la populace, ou aux boulangers, n'ont point encore été détruites partout, malgré la loi générale qui les abroge; mais personne n'ose avancer qu'elles puissent être utiles à la nation en général, et il est trop facile de voir que leur seul effet doit être d'écarter les subsistances de la ville où l'on voudrait les attirer en abondance; d'augmenter le prix des denrées par la terreur inspirée aux acheteurs, par les risques et les pertes auxquels les marchands sont exposés; de répandre l'opinion d'une disette prochaine, ce qui souvent suffit pour la produire; d'échauffer enfin les esprits du peuple qu'on voulait calmer.

Mais il est d'autres lois qui méritent d'être discutées, du moins par le nombre de ceux qui les croient utiles.

Le motif de la loi qui ne permet de vendre qu'au marché, est la crainte du monopole; on a voulu par là que tout commerce de grains fût public, et que le consommateur achetât du premier propriétaire.

Voici les inconvénients de cette loi :

1° Elle est très-incommode pour les habitants des campagnes, qu'elle oblige d'acheter à un marché éloigné le blé qu'ils auraient pu trouver à côté d'eux. C'est soixante livres de blé environ pour chaque famille qu'il faut aller chercher, souvent à quelques lieues de chez soi, tous les huit ou dix jours; et ceux qui vivent de leur travail ne peuvent perdre leur temps, ou leurs peines, qu'aux dépens de leur subsistance.

2° Elle augmente le prix pour les consommateurs des campagnes de ce que coûte le transport du blé, d'abord, du lieu où il a été recueilli au marché, ensuite du marché au lieu où il sera réduit en farine. Elle l'augmente pour le consommateur des villes dans le temps que les travaux champêtres empêchent les fermiers d'apporter du blé au marché, parce qu'alors elle multiplie le nombre des acheteurs.

3° Elle favorise le monopole, parce que les manœuvres par lesquelles on parvient à produire dans les prix une hausse ou une baisse momentanée, deviennent plus faciles lorsque la vente ne peut se faire que dans un lieu et à une heure indiquée.

4° Elle augmente les inquiétudes et les terreurs, parce qu'elle rassemble les acheteurs dans un même lieu ; et l'on sait à quel point ces maladies de l'âme sont contagieuses.

En multipliant les marchés, en les rendant libres, en permettant de vendre et d'acheter où l'on voudra, l'habitant des campagnes se fournissant à côté de chez lui, à l'heure même où il a besoin de blé, l'habitant des villes achetant, partie au marché, partie dans les greniers de la ville, ouverts à toute heure, tous auront une plus grande facilité d'acquérir leurs subsistances : rarement les consommateurs pourront se communiquer leurs craintes ; chacun, occupé de chercher des moyens particuliers de se procurer le blé dont il a besoin, ne sera agité que de sa propre inquiétude. Le pauvre des campagnes, l'ouvrier des villes achèteront à crédit du fermier, du propriétaire qui les font travailler, au lieu qu'ils sont forcés d'acheter au marché, argent comptant.

M. Necker prétend, p. 135, que lorsqu'on défend de vendre ailleurs qu'au marché, c'est le vendeur qu'on oblige d'aller chercher le consommateur, ce qui est plus naturel. Mais, 1° ce raisonnement supposerait que les habitants des campagnes ne doivent pas être comptés parmi les citoyens ; car cette loi n'a d'autre effet pour eux que de les obliger, soit consommateurs, soit vendeurs, d'aller conclure, loin de leur demeure, un marché qu'ils pouvaient faire à leur porte. 2° La plupart des habitants des villes n'achètent pas de blé au marché, mais se fournissent de pain chez les boulangers ; ainsi, le tableau pathétique du pauvre artisan qui cherche du blé de ferme en ferme, de village en village, ne fait rien ici ; il n'ira jamais, dans la réalité, que chez le boulanger.

3° La liberté n'empêche pas qu'il ne se vende du blé dans les villes, et qu'on n'y en apporte. On craint que les villes ne meurent de faim ; et dans les pays de blé, quelques mois après la récolte, presque tout le blé est dans les villes, dans les greniers des propriétaires, dans ceux des chapitres, des couvents, dans les magasins des marchands.

Mais, dit M. Necker, page 34, cette loi de ne vendre qu'au marché, ne sera pas exécutée à la rigueur. On tolérera les ventes faites en petite quantité à des consommateurs voisins ; c'est-à-dire, que cette loi n'est tolérable que lorsqu'elle n'est pas exécutée : mais avec cette tolérance arbitraire, les hommes chargés de l'exécution de la loi n'en auront pas moins un moyen sûr de ruiner le cultivateur, le propriétaire de blé, le marchand qui en aura vendu ailleurs qu'au marché ; ils pourront, ou fermer les yeux, ou faire exécuter la loi, selon leur intérêt ou leur caprice ; ils auront droit de traiter tel marchand de blé comme un homme qui n'a violé la loi que pour rendre service à son voisin, et tel autre marchand comme un monopoleur qu'on doit réprimer. Ainsi, tout marchand, tout cultivateur, tout propriétaire qui reçoit son revenu en blé, sera livré à un pouvoir arbitraire, dont tous les autres citoyens seront affranchis ; c'est-à-dire, que ces états si nécessaires à la subsistance du peuple, deviendront précaires, insupportables, et ne pourront plus être remplis que par des hommes que la nécessité y condamnera, ou que l'espérance d'un très-grand profit y retiendra.

M. Necker propose, p. 122, de défendre de vendre ailleurs qu'au marché seulement, lorsque le blé montera à un certain prix ; c'est-à-dire, qu'on prendra le moment où les inquiétudes du peuple sont le plus dangereuses, pour forcer les consommateurs à se rassembler, et à se communiquer leurs terreurs; qu'on annoncera, par cette précaution, que la disette est à craindre, et qu'il faut se précautionner contre elle; qu'on avertira ceux qui ont de l'argent de faire leur provision de blé. Ainsi, cette loi ne servirait qu'à faire hausser encore le prix des subsistances, qu'à en tenir une quantité considérable en réserve dans les greniers des riches; elle serait fatale aux campagnes, parce que le moment de la cherté est naturellement celui des travaux champêtres, celui où les journées sont plus longues, et le temps du paysan plus précieux. Enfin, elle serait d'autant plus inutile, qu'aux approches de la moisson, ce sont les villes qui nourrissent les campagnes.

M. Necker propose ensuite, p. 128, que l'on défende

aux marchands d'acheter du blé sans déclarer quelle en est la destination; et elle ne doit pas être de revendre sur le lieu même. Si cette loi avait lieu, il faudrait sans doute fixer un terme au bout duquel le marchand serait obligé de faire partir son grain; mais si avant ce temps il arrivait que le blé renchérît dans le lieu de l'achat, le blé, acheté par le marchand, ne pourrait-il pas alors y être revendu? Comment pourrait-on même ne pas le permettre? Et si on le permet, la loi se borne à défendre de revendre sur le lieu lorsqu'il n'y a rien à gagner. D'ailleurs, pour être sûr que le blé aille à sa destination, il faut des inspecteurs, des visites, etc. Le prix du blé sera augmenté des gages de tous ces gens-là, du prix de leur corruption, du produit de leurs vexations: enfin, les commerçants n'aiment pas à révéler à un greffe le secret de leurs spéculations. Aussi, dira-t-on que cette loi n'est faite que pour empêcher les marchands d'acheter; à la bonne heure: mais s'il est utile que les marchands revendent, il ne faut pas les dégoûter d'acheter. Règle générale : ou le commerce cesse, ou les avanies faites aux marchands sont payées par les consommateurs.

La dernière précaution proposée par les prohibitifs, est d'obliger chaque boulanger à avoir chez lui une certaine quantité de blé en dépôt pendant un certain temps. Les boulangers sont intéressés à acheter le blé bon marché, pour le revendre, transformé en pain, lorsqu'il est devenu plus cher; ils font alors le double profit de faiseurs de pain et de marchands de blé.

Ainsi, ils feront librement ce qu'on se propose d'exiger d'eux, et le feront plus à propos.

D'ailleurs, ce sera sans doute au gouvernement à fixer l'époque où il faut entamer ces provisions; s'il la fixe trop tôt, elles seront consommées quand la disette arrivera; s'il attend dans la crainte d'une disette plus grande, la récolte viendra; il sera obligé de dédommager les boulangers, et la précaution n'aura servi qu'à augmenter le prix du pain.

Enfin, cette précaution, comme toutes les autres de ce genre, aurait encore l'inconvénient de détourner les secours du commerce libre, parce que, dans les derniers temps qui précèdent la récolte, ces provisions remises dans le commerce peuvent être cause que le blé reste aux négociants qui l'auraient amené.

Telles sont cependant les lois les plus raisonnables que les auteurs prohibitifs aient proposées, et peut-être n'y a-t-il pas de plus forte preuve de la nécessité de donner au commerce des subsistances une liberté indéfinie, que la petitesse, l'inutilité et le danger des moyens qu'on a crus propres à parer aux prétendus inconvénients de cette liberté.

CHAPITRE VII.

Des obstacles qui s'opposent au bien que la liberté doit produire.

Nous avons déjà observé que le peuple ne pourra jouir de tous les avantages qu'il doit attendre de la liberté, tant qu'elle ne sera pas regardée comme une chose utile, juste et indépendante des révolutions que le ministère peut éprouver. Jamais, sans cela, on ne verra s'établir la juste proportion des salaires avec le prix des denrées. Jamais le commerce ne sera assez constant, assez actif, pour procurer l'égalité des prix; jamais l'art de conserver les grains ne se perfectionnera assez pour rendre les disettes impossibles.

Nous avons vu, en examinant les préjugés contraires à la liberté, que ces préjugés devaient leur origine à la peur, à la longue habitude d'une législation vicieuse; à cette opinion des habitants d'une ville, d'une province, d'un État, qu'ils avaient sur le blé de leur territoire, sur celui qui y était amené, sur celui même qui ne faisait qu'y passer, un droit supérieur à celui des propriétaires mêmes; à l'opinion enfin, que lorsque le blé renchérit, c'est au gouvernement à ramener l'abondance et à faire baisser le prix. Nous avons vu que ces préjugés se détruiraient peu à peu par l'expérience des bons effets de la liberté, par l'habitude d'une meilleure législation,

lorsqu'on ne verrait plus des commerçants privilégiés enlever la subsistance aux campagnes; lorsque
le gouvernement, cessant de partager les préjugés
populaires, ne viendrait plus au secours du peuple
qu'en lui procurant de l'ouvrage et des salaires.

Mais, malgré ces préjugés, l'opinion publique n'est
peut-être pas si défavorable à la liberté que l'on pourrait le croire au premier coup d'œil, si du moins
l'on entend par opinion publique celle des hommes
désintéressés et non prévenus; celle des hommes
que des motifs particuliers ou des préjugés d'état
n'engagent point à regarder la liberté comme dangereuse, ou du moins à le dire.

Des partisans de la liberté ont déjà exposé quel
était, contre la liberté du commerce des grains, l'intérêt particulier, bien ou mal entendu, de quelques
classes de la société, quels devaient être les préjugés
de quelques autres.

Ils ont prétendu que parmi les voix qui s'élèvent
contre la liberté, il ne fallait pas compter celle des
habitants des villes, lorsque, se regardant sans doute
comme plus importants pour l'État que les habitants
des campagnes, ils trouvaient juste que chaque ville
soumît à des lois oppressives les cultivateurs de sa
banlieue.

Ils croyaient ainsi que les officiers de police, les
maires des villes pouvaient se croire intéressés à
maintenir un régime qui leur donne plus d'importance, dans lequel ils ont l'avantage, si doux aux
hommes vulgaires, d'exercer, du moins dans les
temps de disette, un empire absolu sur une partie

par le zèle mal entendu de ceux même qui devraient veiller à leur exécution.

Les droits de hallage sont un des plus grands obstacles à l'établissement d'une liberté entière, soit qu'ils ne se lèvent que sur les grains qui entrent dans une ville et qu'on porte au marché, soit qu'ils s'étendent sur toutes les ventes qui se font dans un territoire.

En augmentant le prix des grains, ces droits ont l'inconvénient d'exposer les marchands à des avanies, de les soumettre à des visites, à des formalités, de gêner le commerce, d'employer beaucoup de gens à la perception de l'impôt, et il en résulte que si l'on remboursait les propriétaires des droits, aux dépens des consommateurs, ceux-ci se trouveraient soulagés encore des frais de perception et du surcroît de profit que retire le marchand pour se dédommager de la gêne qui lui est imposée.

Ce serait donc un acte de bienfaisance du gouvernement envers les consommateurs, que de les autoriser à faire le remboursement de ces différents droits, que de les assujettir à un impôt plus juste et moins fort pour les débarrasser et les délivrer de l'impôt de ces droits.

Mais serait-ce un acte de justice envers les propriétaires des droits?

On sera peut-être étonné que M. Necker, qui ne veut pas qu'on *exagère* la propriété du blé, ait *exagéré* celle des droits de hallage, au point d'en regarder la suppression comme une atteinte à la propriété. Ces droits, en leur supposant l'origine la plus légi-

16.

time, ne peuvent être regardés comme une véritable propriété ; ils ne sont qu'un impôt concédé par la nation à des particuliers ; mais quelles que soient les conditions de cette convention, la nation n'a pu aliéner à perpétuité le droit de lever un certain impôt : le droit d'administrer les impôts de la manière la plus avantageuse au peuple est inaliénable, est imprescriptible : tout ce que la nation doit aux engagistes de ces impôts, c'est un revenu égal, qu'ils puissent de même engager ou vendre. Une rente en argent ne pourrait pas avoir ces avantages, et le remboursement, assigné à un terme fixe, paraît être d'une justice rigoureuse.

Il faut distinguer en France deux espèces de droits appartenant aux seigneurs : les uns sont des droits attachés à la terre ; ils représentent le droit de propriété que les seigneurs avaient originairement sur les terres de leur fief, et qu'ils ont aliéné pour une rente perpétuelle. Ces redevances sont une véritable propriété, sur laquelle la puissance législative ne peut avoir aucun droit, à moins que pour quelques redevances particulières on ne puisse prouver qu'elles ont eu une origine différente. Les autres droits sont personnels, et se lèvent sur les consommations, sur les successions, sur les ventes, etc. Les seigneurs ne les possèdent point comme propriétaires, mais comme ayant exercé une partie de la souveraineté ; c'est une portion d'impôt dont la nation leur a laissé la jouissance, et qu'elle peut leur ôter en les dédommageant.

La propriété d'un droit, d'une charge, ne doit

pas être confondue avec la propriété d'une terre,
d'un meuble : le droit de propriété territoriale ou
mobilière est antérieur à la société qui a été établie
pour l'assurer; la puissance législative ne peut donc
y porter atteinte; mais l'établissement d'un droit,
d'une charge, d'une corporation, est postérieur à la
société, l'effet d'une loi, et par conséquent peut être
détruit par une autre. Si la nation a cédé ces droits,
si ces emplois ont été vendus, ils ne sont pas devenus la propriété de ceux qui les ont, mais seulement le gage d'une propriété égale à la valeur des
droits concédés, de l'argent avancé au gouvernement; c'est ainsi que la possession d'un contrat hypothéqué sur une terre, n'est pas la propriété d'une
partie de la terre.

Les banalités sont un autre obstacle à la liberté du
commerce des grains.

Dans les pays où les blés sont battus par des chevaux, quelques seigneurs ont le droit exclusif de
faire battre le grain de leur territoire. Ailleurs,
tantôt ils ont le privilége exclusif de le moudre, tantôt celui de faire cuire le pain. Tous ces restes honteux de l'ancien esclavage du peuple, lui font moins
de mal par l'impôt qu'ils lui coûtent, que par les
sentiments d'humiliation et de dégoût de son état,
inséparables de cette espèce de servitude.

La banalité des moulins est la seule qui nuise directement au commerce des blés : il est aisé de voir
que le droit de banalité ne pouvant ni augmenter
la consommation du blé, ni la quantité de farine
que chaque moulin peut moudre en vingt-quatre

heures, un moulin banal ne produit plus qu'un autre moulin, que parce que le meunier banal peut voler impunément les malheureux soumis à sa tyrannie. Ces voleries, presque toujours impossibles à constater, presque toujours protégées par les justices subalternes, qui appartiennent au même propriétaire que le moulin banal, tombent principalement sur la partie du peuple qui ne porte au moulin que de petites quantités à la fois, et qui peut moins se faire entendre; elles s'exercent avec une violence et une audace qui les rend encore plus insupportables, et parmi les oppressions sans nombre auxquelles le pauvre est condamné, c'est une de celles qui le navrent et le révoltent le plus.

Le gouvernement peut sans doute autoriser les communautés à rembourser les propriétaires des moulins banaux. Ce droit est un privilége exclusif, révocable du moment où il est nuisible; les communautés revendraient ensuite ces moulins presque aussi cher, en retranchant le droit de banalité.

Le gouvernement peut empêcher ce droit d'être nuisible au commerce, en le resserrant dans les bornes qu'il doit avoir. Établi par le seigneur sur ses vassaux, il ne doit pas s'étendre au delà de ce qui est nécessaire à leur subsistance; mais l'avidité des meuniers exigerait que cette loi fût protégée par une administration vigilante, inflexible pour l'oppresseur, prompte à écouter les plaintes du pauvre: on pourrait encore rendre les propriétaires responsables des vexations de leurs meuniers, et les en punir par la suppression de la banalité; c'est assurément une peine très-légère pour un des crimes les plus communs et en même temps les plus déshonorants pour l'espèce humaine : le vol fait au pauvre par le riche; et cette peine suffirait pour anéantir la banalité en peu d'années.

On voit donc qu'il y a encore quelque chose à faire, pour que la liberté soit entière; mais le peuple doit espérer que les ministres qui ont eu le courage de préférer des bénédictions qu'ils n'entendent point, aux applaudissements qu'il leur eût été si facile d'obtenir, daigneront mettre la dernière main à leur ouvrage.

CONCLUSION.

Ce qu'il peut y avoir d'utile et de bon dans ces réflexions ne m'appartient pas; je n'ai d'autre mérite que d'avoir cherché à présenter, d'une manière élémentaire, des vérités qui intéressent tous les citoyens. Je n'ai point exposé comme douteuses des choses dont je ne doute point : le premier qui proposa de douter de tout, fut le créateur de la philosophie. Ceux qui veulent aujourd'hui répandre des doutes sur ce qui est prouvé, en seraient les destructeurs. Il n'y a point de proposition de géométrie sur laquelle un esprit fin et faux ne puisse élever des difficultés qui ne seront jamais résolues.

Quand même j'aurais reçu le talent de l'éloquence, je ne l'aurais point employé ici : l'éloquence est l'art de transformer les hommes en enfants ; j'aimerais mieux avoir celui de changer les enfants en hommes.

Je n'attends d'autre fruit de cet ouvrage que le plaisir que l'on éprouve à dire hautement des vérités que l'on croit utiles. Quant à la gloire, il y en a de deux sortes : l'une qu'on obtient par de grands talents, et j'aurais tort d'y prétendre ; l'autre qu'on se procure par de petites ruses littéraires, et elle ne mérite pas que l'on s'en occupe (1).

Serai-je réduit à me disculper ici de prendre intérêt au bonheur public, et de m'en occuper? Tel

(1) Il me semble qu'on peut diviser les écrivains en deux classes.

Les uns n'ont pour but que la vérité; ils l'aiment pour ellemême et pour le bien qu'elle fait aux hommes. S'ils désirent la gloire, c'est surtout comme une preuve que la vérité n'a point échappé à leurs recherches. C'est du suffrage de la postérité qu'ils sont jaloux, parce qu'elle seule pourra sentir tout le prix des vérités qu'ils veulent ou découvrir ou répandre. Leur style est clair, parce qu'ils savent que ce qui est obscur pour les contemporains, est inintelligible pour le siècle suivant, et il est simple, parce que les déclamations qui plaisent aux oreilles de la multitude, offensent celles des hommes éclairés.

Les autres écrivains ont la célébrité pour premier objet; le succès d'un moment est ce qui les flatte. C'est à la multitude qu'ils s'adressent, c'est elle qu'ils veulent séduire ou entraîner; qu'importe qu'on l'éclaire ou qu'on la trompe, pourvu qu'elle applaudisse? Alors, plus le ton est extraordinaire, plus il est bon: l'exagération, la disproportion du style avec les objets qu'on traite, sont des moyens de réussir. L'emphase, la bouffissure sont nécessaires pour mériter le titre d'homme de génie; car jamais le peuple des lecteurs ne donne ce titre à un écrivain simple et correct, du moins pendant sa vie.

Racine ne l'a obtenu qu'après sa mort. On l'a refusé longtemps à M. de Voltaire pour l'accorder à Crébillon; et il a fallu, pour l'obtenir, que M. de Voltaire survécût à ses contemporains, et qu'une génération nouvelle le jugeât avec les yeux de la postérité.

Dans un ouvrage où tout est simple, clair et noble, on ne peut faire effet que par des traits vraiment sublimes; et qui peut se répondre d'en trouver? Mais si vous êtes continuellement obs

est le droit, telle est même l'obligation étroite de
tout citoyen ; et personne n'a besoin de mission
pour défendre les droits du peuple, ou combattre

cur, boursouflé, à la moindre chose passable qui vous échappera,
le lecteur, étonné de vous entendre, en sera ébloui comme on l'est
d'un éclair qui brille dans une nuit profonde. Ainsi, des pensées
que dans un livre bien écrit on n'aurait pas remarquées, seront
admirées dans le vôtre comme des traits de génie. On regardera
en pitié les gens d'un goût sec et délicat, mais sans imagination et
sans chaleur, que ces petits défauts empêcheront d'être sensibles
à vos grandes beautés.

Un auteur qui ne veut que faire du bruit, a un grand avantage
lorsqu'il soutient une erreur. Il est rare de découvrir des vérités
nouvelles ; et la vérité une fois découverte, demeure éternellement
dans la mémoire des hommes. Les erreurs sont faciles à découvrir ;
car rien n'est plus aisé que de soutenir la contradictoire des propositions que croient les gens éclairés, et dès lors on est sûr de
recevoir des sots, le titre de génie vraiment original : d'ailleurs,
on n'a pas même besoin d'avancer des erreurs nouvelles ; celle
qui a eu le plus de partisans est bientôt oubliée, et si elle vient
à reparaître, elle a éternellement pour le public toutes les grâces
de la nouveauté. (Voyez page 344 un exemple frappant de cette
observation.)

A la vérité, vous ne serez jamais relu ; qui sait même si, pour
peu que vos ouvrages aient d'étendue, vos plus chauds partisans
auront le courage d'aller jusqu'au bout ? Mais qu'importe, pourvu
qu'ils vous célèbrent ; et même, moins vous serez lu, plus votre
réputation durera. C'est encore une adresse bien heureuse que de
se rendre le défenseur des préjugés qui commencent à passer de
mode. On se donne la réputation d'un esprit supérieur qui voit
ce qui a échappé même aux esprits les plus éclairés ; et c'est le
cas de dire avec César, qu'il vaut mieux être le premier dans un
village que le second dans Rome.

Mais il est impossible d'épuiser toutes ces manières de réussir.

les préjugés nuisibles à son bonheur. Mais c'est presque un ridicule aux yeux de cette foule brillante et corrompue qui ne connaît de l'administration que l'étiquette de Versailles, et qui croit que tout va bien dans le royaume, tant que les gens de cour ont de grosses pensions et les gens d'affaires de bons cuisiniers. Qu'est-ce que cela lui fait, demandent-ils, d'un écrivain patriote? Comme s'il n'y avait de maux que ceux qui blessent directement notre individu! Le spectacle de l'oppression du pauvre, du malheur d'une nation entière, n'est-il pas un tourment insupportable dont on brûle de se délivrer? L'espérance de la félicité publique est peut-être le seul bien réel, ou plutôt la seule consolation qui existe sur la terre pour l'homme de bien : n'est-il pas trop heureux d'avoir dans sa patrie un ami, du bonheur duquel il puisse s'occuper, et à qui il n'ait point à craindre de survivre? Mais, ajoute-t-on, qui l'a chargé de la cause publique? La nature, quand elle lui a donné un cœur et du courage.

Un simple citoyen a-t-il le droit de discuter les matières d'administration? Nous ne ferons pas à la maxime contraire, maxime si chère aux subalternes,

Nous finirons par une anecdote. M. de la C. R. G. D. F. (*) ayant fait une assez mauvaise traduction de Tibulle, ses amis avaient peur que les critiques troublassent son bonheur; ils cherchaient à le consoler. «Ne craignez rien pour ma réputation d'auteur, leur dit-il, je viens de prendre un meilleur cuisinier.»

(*) Ces initiales désignent M. de la Chapelle, Receveur Général Des Finances, à la Rochelle.

l'honneur de la réfuter. Nous avons le bonheur de vivre sous un gouvernement qui voudrait rétablir les mœurs et ranimer l'amour de la patrie, et il est trop éclairé pour ne pas savoir qu'il n'y a ni mœurs dans les pays où il n'est pas libre aux hommes d'élever leur âme vers de grands objets, ni amour de la patrie dans une nation à qui il n'est pas permis de s'occuper de ses intérêts.

Est-ce aux gens de lettres à avoir une opinion sur ces matières? C'est à tous les citoyens, et à ceux surtout qui, comme les gens de lettres, ont une plus grande habitude de la méditation, et ne peuvent avoir d'autres intérêts que ceux du peuple.

FRAGMENTS

SUR LA

LIBERTÉ DE LA PRESSE.

1776.

FRAGMENTS

SUR LA

LIBERTÉ DE LA PRESSE.

I.

Principes généraux.

Un crime est une action de laquelle il résulte nécessairement, pour un ou plusieurs autres hommes, un tort grave que celui qui a commis l'action a eu l'intention de faire.

Nous disons un tort et non un mal, parce que tort signifie un mal que l'on n'a point droit de faire, et qui blesse le droit de celui qui le reçoit. C'est là ce qui distingue un homme dur, inhumain, d'un homme injuste ou criminel.

Nous disons un tort grave, parce qu'un tort léger ne doit pas être l'objet de la législation. Nous disons un tort fait avec intention, parce que ce qui est involontaire n'est pas du ressort de la loi. Par intention, nous entendons seulement la connaissance du tort qui a dû résulter de l'action; car celui qui fait un tort, à bonne intention, est coupable.

Nous demandons que le tort résulte nécessairement, 1° parce qu'il faut qu'il puisse être prouvé
qu'il existe un véritable tort; 2° pour qu'il puisse
être prouvé que le tort a été fait avec intention.
Cette dernière partie de la définition rentre dans les
précédentes, et dans un des principes suivants.

Le crime commis donne à la société le droit,
1° d'empêcher le criminel de commettre d'autres
crimes; 2° de le soumettre à la peine qu'elle a établie
d'avance pour ce genre de crime. Mais la société ne
peut avoir que le premier de ces droits contre ceux
qui commettent un tort grave sans intention de le
commettre.

Pour que la peine ait été établie avec justice, il
faut, 1° que, par sa nature, le crime soit susceptible
de preuves; c'est-à-dire, qu'on puisse prouver qu'un
homme a commis une telle action avec l'intention de
faire tort à un ou à plusieurs autres. 2° Que la peine
ne s'étende pas au delà de ce qu'elle doit être pour que
la crainte empêche le crime dans l'ordre général;
afin qu'on ne soumette pas tous les hommes à une
peine très-grave, parce qu'il y a quelques monstres
pour qui cette peine serait nécessaire : ajoutons que
cette nécessité est même très-douteuse. En effet, il
y aurait alors de l'injustice, non envers le criminel,
mais envers la société. 3° Qu'il ne résulte pas de
l'instruction ou de la punition du crime un mal plus
grand pour la société que celui qui aurait résulté
de l'impunité du crime. 4° Que la peine soit tellement établie, qu'il ne résulte pas un plus grand mal
pour le criminel, de la punition, qu'il n'en aurait

résulté, pour la société, de l'impunité du crime :
c'est pour cela qu'un tort léger ne doit pas être
l'objet des lois criminelles ; le trouble que l'instruction seule porte dans la vie d'un citoyen ou dans la
société, excéderait celui qui résulte de l'impunité.
Cette dernière condition est, je crois, ce qu'on doit
entendre par proportion entre le délit et la peine.

Nous observerons ici que le mot proportion ne
doit pas avoir ici le sens rigoureux qu'il a dans les
sciences exactes. Il ne doit signifier qu'une sorte d'é-
galité, d'analogie. Quand nous comparons le mal
qui résulte du supplice, pour le criminel, à celui que
le crime a fait à la société, nous n'entendons point
qu'il faut multiplier l'intensité du mal fait à la société, par le nombre de ses membres, pour comparer
ce produit à la douleur du supplice : ce calcul ne
s'applique point aux choses morales. N'est-il pas évident que tout homme préférera un très-petit mal
pour qu'un autre n'en éprouve pas un très-grand ?
Nous entendons seulement que la peine ne doit pas
excéder le mal que l'impunité habituelle du crime
causerait à un individu qui en serait la victime. Prenons le vol pour exemple. Supposez le vol impuni ;
la propriété n'existe plus, les hommes ne sont pas
même sûrs de jouir en paix du fruit de leur travail ;
ils mènent une vie misérable, inquiète, exposés à
des combats, s'ils veulent conserver le peu qu'ils
possèdent. Ainsi, la peine du vol doit être une vie
malheureuse, sans liberté, sans propriété, etc.

II.

Dans quel cas un écrit peut-il être un crime public?

Tant qu'un ouvrage reste entre les mains de son auteur, il n'est pas un crime; en effet, il n'en a résulté aucun tort. C'est donc la publication de l'ouvrage qui est le véritable délit. Ainsi, l'on ne peut poursuivre un auteur que lorsqu'il est prouvé, non-seulement qu'il est l'auteur du livre, mais qu'il est l'auteur de la publication : il faut qu'il soit prouvé qu'il a vendu ou donné son manuscrit à un imprimeur dans l'intention qu'il soit publié.

Il faut maintenant examiner dans quel cas un livre publié par l'auteur peut devenir un délit. Pour cela il faut qu'il fasse un tort, que ce tort soit la suite nécessaire de la publication, et qu'il soit fait avec intention. Or, 1° qui dit un tort, dit un mal reçu malgré soi. Ainsi, par conséquent, tout livre contre la religion, contre la morale, contre les mœurs, n'est pas un délit. En effet, quelque opinion que l'on ait sur les effets de ces livres, ceux qu'ils damneraient, qu'ils corrompraient, ne le seraient que parce qu'ils ont consenti à l'être, parce qu'ils ont mal raisonné. 2° Si ceux que ce livre a corrompus, comme on le suppose, font tort à d'autres, le crime n'en peut être imputé à l'auteur des ouvrages, puisque ce tort n'est ni nécessairement son fait, et qu'il ne peut être prouvé qu'il ait eu réellement la volonté que tel crime fût commis parce qu'enfin le crime est nécessairement une action particulière. Un homme n'est complice du crime d'un autre que lorsqu'il lui en facilite l'exécution, ou bien lorsqu'ayant l'intention de faire commettre le crime, il se sert d'un autre comme d'instrument. Or, l'auteur d'un livre contre les mœurs ne peut être censé avoir coopéré au crime d'aucune de ces deux manières; il ne peut donc en être complice. 3° L'intention de faire le mal ne peut être prouvée lorsqu'il s'agit de ces lives qu'on appelle faits contre la religion ou la morale; car, dans ces livres, l'auteur qui attaque cette religion, la croit fausse. L'auteur qui attaque ce principe de morale, le croit inutile, et il ne croit pas que son ouvrage fasse du mal; et il suffit, pour qu'il ne soit pas établi d'instruction ni de peine pour cette action, que l'intention ne puisse être prouvée.

On sent ici qu'il n'est jamais question que d'une impossibilité morale, c'est-à-dire, qui n'a qu'un nombre d'exceptions si petit, qui demande des combinaisons si extraordinaires, que ces exceptions ne peuvent être l'objet d'une loi.

Nous avons dit que même lorsque le crime existerait, il ne doit être traité comme tel que lorsqu'il ne résulte ni de l'instruction, ni de la punition, un plus grand mal pour la société qu'il n'en peut résulter du crime même; et cette condition suffirait seule pour rendre injuste toute procédure contre les auteurs convaincus d'avoir attaqué ces principes de la religion ou de la morale établie.

En effet, on ne peut nier qu'il n'y ait des religions

fausses, reçues généralement comme vraies par de grandes nations; on ne peut nier que ces religions fausses n'aient produit beaucoup de mal. De même, si les règles générales de la morale sont les·mêmes partout, il y a partout des principes de morale faux et dangereux. L'ordre dans lequel l'opinion a placé l'importance des devoirs est souvent contraire à l'ordre naturel, et c'est un plus grand mal qu'on ne croit. On a mis dans beaucoup de pays des actions indifférentes, ou même des crimes, au rang des bonnes actions; des actions licites, ou même vertueuses, au rang des crimes. Toutes ces erreurs sont funestes : c'est un devoir pour celui qui les a découvertes de chercher à éclairer ceux qui sont trompés; c'est violer les droits des hommes que de mettre des obstacles à la connaissance de la vérité sur ces objets importants, que de leur cacher les raisons pour ou contre leurs opinions : or, c'est ce qu'on ferait en soumettant à des peines les auteurs d'ouvrages contraires aux opinions reçues, parce que, de ce qu'un souverain, ou corps souverain, un peuple entier, a jugé ces opinions vraies et utiles, il ne s'ensuit pas qu'elles le soient : ils n'ont donc pas le droit d'empêcher de les combattre. Le droit qu'a chaque particulier d'examiner toute opinion, quelle qu'elle soit, ne peut être attaqué sans tyrannie; et c'est l'attaquer que d'empêcher chaque homme de dire publiquement ce qu'il pense sur cette opinion.

On peut faire, sur les ouvrages contraires à la religion reçue, une objection assez spécieuse; du moins elle a servi de prétexte, dans quelques pays, à des hommes qui, ne voulant point passer pour croire la religion populaire, par vanité, n'osaient cependant, par corruption ou par faiblesse, résister aux prêtres, qui demandaient des lois d'intolérance. Le peuple est fanatique, disent-ils, vos disciples le seront aussi. Vous allez donc, 1° exciter le peuple contre vous, et l'ordre de la société, la paix publique, seront troublés. 2° Vos sectateurs se porteront à des excès contre un culte établi par les lois ; eux-mêmes porteront atteinte à la tranquillité commune, au droit qu'a chacun de faire paisiblement des actions indifférentes, quel que soit le motif qui le porte à les faire. La première raison ne peut être sérieuse; c'est précisément comme si, au lieu d'établir des peines contre les voleurs qui dépouillent les passants dans une forêt, on proposait de défendre aux voyageurs d'y passer. Si le peuple est fanatique, établissez des peines contre les actions de fanatisme qui blesseront les droits des citoyens, et qui sont de véritables crimes.

Quant à la seconde raison, si les partisans d'une opinion contraire à l'opinion reçue troublent ceux qui ont cette opinion dans l'exercice de leurs droits, du droit qu'ils ont, par exemple, de faire une telle cérémonie, de faire un tel culte, c'est alors eux qui sont coupables; mais les auteurs des ouvrages qui inspireraient le fanatisme, ou pour, ou contre les préjugés, ne peuvent être coupables que comme complices ou instigateurs du crime de perturbateurs de la paix publique, ils peuvent être punis comme séditieux, mais non comme ayant soutenu telle ou telle opinion.

Si nous appliquons les mêmes principes aux ouvrages qui ont pour objet la politique, nous serons conduits aux mêmes résultats. En effet, tant que ces ouvrages traiteront des principes de la législation, de l'économie politique ou de la constitution, discuteront les droits des hommes ou ceux des gouvernements, les inconvénients des lois établies, les effets de la législation, des impôts ou du commerce, etc., il est aisé de voir, 1° qu'il n'en résultera point un tort involontaire pour ceux qui adopteront les opinions; 2° que les fautes que pourraient faire ceux qui agiraient suivant ces opinions, ne sont pas nécessairement le fait de l'auteur; 3° qu'il est également impossible de prouver que son intention a été de faire le mal; 4° qu'enfin, l'intérêt public exige qu'on puisse discuter les abus nuisibles; que les citoyens ont le droit de s'occuper de ces questions, et qu'on viole ce droit en défendant la publication des ouvrages où on les discute. Enfin, nous trouverons ici, comme ci-dessus, que ce n'est jamais pour telle ou telle opinion que l'auteur d'un livre est coupable, mais qu'il peut l'être comme perturbateur de la paix publique; que s'il peut mériter d'être puni, ce n'est pas comme auteur, mais comme séditieux.

Examinons donc maintenant dans quelles circonstances un auteur peut être coupable du crime de sédition; il s'en présente ici trois qu'il est nécessaire de distinguer.

I. Si le peuple s'est soulevé contre une loi établie, il est clair que tout homme qui publiera un ouvrage contre cette loi, pendant le soulèvement, est vraiment coupable. En effet, 1° il fait tort, puisque la publication de son livre nuit à la paix publique. 2° Ce tort est une suite nécessaire et immédiate de la publication. 3° L'intention de faire tort est prouvée, parce qu'il est impossible de supposer l'auteur assez imbécile pour ne pas savoir qu'un livre où l'on soutient des principes qui ont servi de prétexte à une révolte, est propre à la fomenter. Le droit des citoyens n'est pas violé par la punition décernée dans ce cas, parce que, aussitôt que l'ordre serait rétabli, ils rentreraient dans leur droit d'examen et d'opinion.

II. On peut supposer qu'il n'y ait pas eu de révolte, mais que l'auteur y excite, et que l'intention d'y exciter ne soit pas équivoque. Prenons pour exemple un état aristocratique par le fait. Qu'un homme publie un ouvrage où il pose en principe que le droit de souveraineté est inaliénable, qu'il appartient aux corps des citoyens, que ces citoyens assemblés ont le droit de changer la constitution actuelle, jusqu'ici l'ouvrage n'est pas du ressort des lois; ainsi, on ne peut sévir contre l'auteur sans injustice à son égard, sans injustice à l'égard de tout le peuple, qu'on ne peut priver de la liberté de s'éclairer sur ses droits et sur ses devoirs. Si l'auteur ajoute que les membres de l'aristocratie, s'étant déclarés législateurs, ont violé les droits du peuple, les ont usurpés, sont coupables envers lui; que leur autorité, comme législateurs, n'est pas légitime, l'auteur n'est encore coupable d'aucun délit; il avance une opinion qui peut exister dans sa tête, dans celle de ses lecteurs, sans que l'ordre soit troublé, sans qu'il en résulte aucun tort; car il pourrait même ajouter, sans se contredire : que, malgré l'illégitimité de ce pouvoir, le droit naturel, qui oblige tout homme à se guider, dans sa conduite publique, d'après l'utilité de ses concitoyens, l'oblige à respecter ce pouvoir, à vivre soumis à ces lois, en désirant qu'on les réforme; l'auteur n'est alors qu'un citoyen paisible qu'il ne faudrait point punir, quand bien même il se serait grossièrement trompé : mais s'il dit que tout homme a droit de résister à l'exercice de ce pouvoir qu'il suppose illégitime, d'opposer sa force à la force du gouvernement, dès lors le livre de cet auteur devient du ressort des lois. Supposons maintenant que la publication de ce livre soit suivie d'une sédition, et qu'il soit prouvé que le livre a contribué à l'exciter; l'auteur est séditieux, et peut être puni comme tel.

III. Si l'auteur d'un livre excite à une révolte prochaine un pays particulier, et que la sédition ait lieu, alors l'auteur est coupable; il n'est pas même besoin qu'il soit prouvé que l'ouvrage y a contribué. En effet, dans ce cas, le délit existe, le tort est fait, l'auteur du livre y a contribué, autant qu'il le pouvait, comme tel.

Si la sédition n'a pas lieu, le crime n'est pas consommé; il n'est pas commis sans succès; et c'est le cas d'un crime entrepris et manqué.

IV. Il y a une autre espèce d'ouvrages séditieux, dont il n'est pas superflu de parler ici avec quelque détail : ce sont les ouvrages fanatiques. On peut les distinguer en deux classes. Ceux où les auteurs prêchent l'intolérance, s'ils se bornent à soutenir que les législateurs légitimes ont le droit de persécuter, que c'est même leur devoir; ces auteurs ne doivent être punis que par le mépris et l'exécration publique. Que ce soit hypocrisie ou enthousiasme, ce sont des scélérats ou des fous; mais ils n'ont commis aucun crime dans l'ordre de la loi. Mais si, par leurs écrits séditieux, ils exhortent le peuple même à se faire justice, alors ils tombent dans le cas des auteurs séditieux : dans le premier cas même, il ne sont innocents que dans un gouvernement tranquille; et de tels ouvrages, publiés dans un temps de troubles, peuvent, comme les autres livres, capables d'exciter la sédition, devenir du ressort des lois; l'innocence de leurs intentions ne peut même être alléguée comme excuse. En effet, il est évident qu'ils ont eu l'intention de publier un ouvrage qui pouvait entretenir le trouble : ils se sont donc rendus coupables d'avoir contribué à exciter ce trouble.

Les ouvrages du second genre sont ceux où des fanatiques excitent à la révolte, soutiennent que tout particulier a le droit de tuer un prince excommunié, ou hérétique, ou persécuteur. Ces assertions rentrent dans le crime de sédition, et ce crime peut changer de nature, suivant qu'il est commis dans des temps tranquilles ou dans des temps de troubles.

Ces considérations nous conduisent à examiner deux questions : la première, relative aux crimes qui ne sont point consommés; la seconde, relative aux lois faites pour les délits qui, ayant été de vrais délits dans un temps, cessent de l'être en changeant de nature.

Nous avons vu que le crime donnait à la société un double droit : le premier, d'empêcher le criminel qui a mérité de perdre la confiance de la société, de commettre un nouveau crime ; le second, de le soumettre à la peine que la loi a établie pour détourner du crime ; et c'est relativement à ces droits de la société qu'il importe de distinguer ici le crime commencé, le crime entrepris et manqué, le crime consommé sans succès.

J'entends par crime commencé, celui dont on a commencé l'exécution : par exemple, un homme qui s'est caché dans une maison avec de fausses clefs, ou des instruments pour ouvrir les coffres ; dans ce cas, le crime est commencé : mais comme cet homme pouvait se retirer sans avoir commis le crime, retenu par les remords, par la crainte du châtiment, ou par celle de manquer son coup, etc., je le distingue du crime manqué, c'est-à-dire, du crime qui aurait certainement été accompli, si une force étrangère n'en eût empêché le coupable. Par exemple, le crime de ce voleur est un crime manqué, s'il est surpris ayant déjà forcé le coffre. Le crime manqué doit encore être séparé du crime consommé sans succès, comme celui d'un homme qui, après avoir volé, surpris par celui qu'il a volé, est dépouillé de son vol, ou celui d'un assassin dont le coup n'a point porté, ou n'a fait qu'une blessure légère.

Le crime commencé ne doit pas être traité comme

le crime manqué, 1° parce qu'il n'est pas possible de prouver que l'intention de le commettre eût été continuée jusqu'à l'exécution ; 2° parce qu'il est de l'intérêt de la société que le coupable ait toujours un motif de ne pas achever le crime. Nous croyons que le crime commencé ne donne le droit que de prendre des précautions contre celui qui est convaincu ; c'est un ennemi qui a fait contre elle des préparatifs de guerre ; mais nous croyons que le crime manqué doit entraîner la perte de tous les droits ; c'est un ennemi qui a déclaré la guerre, quoiqu'il ne l'ait pas faite. Dans ce cas, si la mort est nécessaire au salut public, nous la croyons même légitime, au lieu que dans le crime commencé, nous croyons qu'elle ne peut l'être. Quant au crime consommé sans succès, la société est en droit de le punir comme celui qui a réussi, à moins que des considérations tirées de ses intérêts, mais non des droits du coupable, n'engagent à mettre une différence dans la peine.

Dans le genre de délit que nous considérons ici, le livre qui excite à la sédition, à la révolte, doit être regardé, ou comme un crime commencé, ou comme un crime manqué ; comme un crime commencé, si son effet est, en général, d'exciter à la sédition, à la révolte, pour un objet général ; car l'auteur pourrait encore alors, s'il se repentait de sa témérité, renoncer, modifier ses principes dans leurs applications particulières ; comme un crime entrepris et manqué, s'il a excité à une sédition actuelle pour objet déterminé.

En effet, un homme qui, dans un temps paisible,

fait un livre séditieux, mais dont les maximes ne sont appliquées par lui à aucune société, à aucun temps en particulier, n'a fait que commencer le crime ; peut-être eût-il supprimé son livre dans un temps de trouble ; peut-être n'eût-il pas été jusqu'à faire l'application de ses maximes au lieu, au temps où il vit. Mais si ce même livre excite à une révolte particulière, et qu'elle n'ait pas lieu, c'est le cas du crime manqué, parce que c'est évidemment malgré lui qu'il n'a pas été consommé.

Nous avons parlé d'actions qui devaient être regardées comme ayant changé de nature, selon qu'elles étaient commises dans des temps tranquilles ou dans des temps de trouble. Telles sont plusieurs actions proscrites avec sévérité pendant la guerre, dans une ville assiégée ou menacée d'un siége, dans l'étendue d'un camp, etc., et qui, cependant, sont en elles-mêmes des actions indifférentes, qu'il serait tyrannique de défendre, si des circonstances extraordinaires ne leur donnaient une influence qu'elles n'ont pas dans l'ordre ordinaire. Mais ces actions ne peuvent être légitimement punies qu'en vertu d'une loi faite avant le délit, et qui ait fixé la peine de ces crimes. Il faut, si cela est possible que la loi marque les circonstances précises, où ces actions seront criminelles et punies ; et si cette précision n'est pas possible dans la loi même, il est nécessaire qu'une publication nouvelle avertisse que la nation est dans la circonstance où la loi est en vigueur ; et la loi ne doit être remise en activité qu'en vertu de cette nouvelle publication qui fixe pour un temps, plus ou moins long, le terme où cette loi sera exécutée.

Mais il ne faut pas croire que, même dans ce cas, la société ait le droit de défendre arbitrairement telle ou telle action, de la placer au rang des crimes; elle ne peut avoir ce droit que pour les actions qui, restées libres, amèneraient nécessairement, ou un tort grave ou un danger imminent.

C'est ainsi que le chancelier de l'Hôpital a défendu comme un crime le bris des images, action mauvaise en elle-même, parce qu'aucun homme n'a le droit de briser un meuble qui ne lui appartient point, sous prétexte que ce meuble peut être, à un autre, une occasion de crime; mais le bris des images, pour tous, ne serait, dans l'ordre de la justice ordinaire, qu'une de ces actions qui obligent seulement à la réparation du dommage.

C'est ainsi que la reine Élisabeth put, sans tyrannie, défendre, pour un temps, de prêcher sans une permission écrite de sa main. L'action de prêcher est indifférente. Tout homme a droit de prêcher ceux qui veulent l'écouter; tout homme a le droit de se faire prêcher par qui il veut. Mais cette liberté pouvant exciter des troubles, Élisabeth avait le droit, sans injustice, de faire cesser cette loi pour un espace de temps déterminé. L'Hôpital, tout éclairé qu'il était, ne sentit pas cette distinction; et cette loi contre le bris des images a servi de prétexte, en 1766, à un acte de fanatisme qui aurait déshonoré la France aux yeux de l'Europe, si l'indignation des gens éclairés et l'horreur publique n'avaient montré qu'elle n'était pas l'ouvrage de la nation, mais le crime de quelques hommes indignes de leur pays et de leur siècle.

C'est encore ainsi que François Ier défendit aux théologiens d'imprimer sans sa permission. Il est clair qu'un théologien a le droit de raisonner comme un autre homme, que la société ne doit pas plus priver les particuliers de livres sur la théologie, que de livres sur les tours de gobelets. Mais les théologiens par leurs ouvrages avaient troublé la paix publique; et dès lors on pouvait légitimement leur ordonner de se taire. Louis XV a renouvelé la même défense. Il eût mieux valu, sans doute, laisser une liberté entière d'écrire pour et contre : on a pu avoir une mauvaise politique; mais la loi n'était pas injuste en elle-même, elle ne l'était que faute d'avoir fixé un terme à la défense.

Nous avons montré dans quelles circonstances il pouvait résulter d'un livre un crime de sédition commencé, entrepris et manqué, ou un véritable crime; nous avons vu que le premier donnait seulement à la société le droit de prendre des précautions contre celui qui en était convaincu, que les deux autres ne devaient être passibles que de différents degrés de peine. Mais on dira, sans doute, que toute loi pénale, quelle qu'elle puisse être, ne peut avoir pour objet qu'une action précise et déterminée, et que l'action d'exciter à la sédition par des écrits publics n'est pas susceptible de cette détermination précise, qui seule peut rendre une loi légitime. Cette difficulté n'est pas insoluble.

Si, par exemple, on disait que tout ouvrage qui

renferme évidemment une déclaration claire et directe que des particuliers, une association particulière, un corps, ont et doivent user du droit d'opposer la force à la puissance publique et de troubler la paix, sera réputé séditieux, une telle énonciation ne laisserait aucun lieu à des interprétations tyranniques.

A la vérité, si les amis de la liberté sont contents de cette solution, les autres pourront dire qu'il n'arriverait presque jamais de se trouver dans le cas de la loi et qu'il serait facile de l'éluder. Nous en conviendrons sans peine; mais nous observerons que la loi, au lieu de punir le crime, aurait l'avantage plus grand de le prévenir; que les moyens employés pour l'éluder seraient tels, que le livre ne pourrait plus être censé avoir contribué nécessairement et directement à la sédition.

Au reste, ce ne serait pas ici le seul genre d'actions pour lesquelles un des moyens les plus sûrs de rendre les véritables crimes très-rares, consisterait à ne plus les confondre avec des actions du même genre, qui ne sont pas des crimes. Par exemple, ce n'est pas un crime suivant la loi que de frauder par adresse un monopole, un privilége exclusif; c'en est un de le violer par la force, à main armée; eh bien ! rien ne serait plus rare que la contrebande faite à main armée, si elle était la seule que la loi mît au rang des crimes.

III.

Dans quel cas un livre peut-il être un délit particulier?

Jusqu'ici, nous n'avons parlé que du tort que des livres peuvent faire à la société en général; parlons du tort qu'ils peuvent faire à de simples particuliers, ou à des citoyens comme membres du gouvernement, enfin, à des corps.

Dans ce cas, le délit peut se diviser en calomnie, en diffamation, en injure.

Il n'est pas ici question de la calomnie proprement dite, qui est l'accusation ou la dénonciation fausse d'un délit : la calomnie dont il s'agit ici, est l'imputation fausse d'une action telle, que celui qui en serait convaincu ou cru coupable en éprouverait un mal réel. Il y en a deux espèces : ou le fait dont on accuse est un délit qui serait puni par les lois, ou c'est une action qui entraînerait seulement la perte de l'estime publique.

Dans le premier cas, outre le déshonneur auquel les hommes honnêtes seraient exposés, si la calomnie restait impunie, ils le sont encore au risque de subir une instruction qui peut exposer un innocent à une condamnation non méritée. Cette considération doit entrer dans le degré de la peine, la rendre plus grande que s'il s'agissait de l'imputation d'un fait dont les suites n'exposent qu'au déshonneur. Mais on voit ici que plus l'instruction est prompte, moins elle est douloureuse pour les accusés ; plus enfin la loi a pris de précaution pour mettre l'accusé en sûreté, moins aussi elle doit établir de différence entre la peine que méritent ces deux espèces de calomnies.

On peut demander si, pour subir la peine infligée au calomniateur, il faut que le fait imputé soit prouvé faux, ou s'il suffit que celui qui l'a imputé n'en ait pu prouver la vérité ? Il est clair qu'il est nécessaire, pour qu'il y ait vraiment calomnie, que celui qui accuse ait cru le fait faux ; mais l'on sent qu'il ne saurait être question d'une croyance aveugle, que tout le monde peut feindre d'avoir eue d'un fait faux. Il est nécessaire que l'accusé dise sur quels indices il a pu croire ce fait ; alors, il ne sera plus coupable de calomnie, il le sera de diffamation.

La diffamation est l'accusation, ou d'un fait faux, mais cru vrai, ou d'un fait dont la vérité n'a pu être prouvée, ou même celle d'un fait prouvé. Dans les deux premiers cas, si le fait imputé est un délit, celui qui accuse est coupable : il a fait à un autre un véritable tort ; il a exposé sa sûreté ; il lui a fait un mal qu'il n'était pas permis de lui faire : la loi, dans tout pays, ouvrant à chaque citoyen les moyens de dénoncer à la force publique les délits qu'il croit avoir été commis, toute autre voie d'accusation peut être regardée comme un délit ; si le fait imputé n'est pas un délit, mais une action déshonorante, alors, le tort a encore été fait, et la diffamation est un délit. Dans le cas où l'accusation est la révélation d'un fait prouvé, il n'y a délit que, 1° lorsque ce fait n'est pas une action contre laquelle la loi a prononcé une peine; 2° que lorsque la preuve du fait exigerait une instruction que la loi réprouve : en effet, la diffamation retombe alors dans le cas de l'imputation d'un fait non prouvé, puisque la loi n'en admet pas la preuve. Nous considérerons, ci-dessous, ces délits par rapport aux peines et à l'intérêt de la société; ici, nous n'envisageons que leur nature, et les droits de la société sur les individus.

L'injure est la qualification donnée à un homme du titre qu'il mériterait, s'il avait commis telle ou telle action. Vous dites qu'un homme a commis un tel vol, c'est, ou diffamation ou calomnie ; vous dites qu'il est un voleur, c'est injure : ici, le délit est moins grand. En effet, la diffamation, la calomnie exposent un homme, ou à une instruction toujours très-fâcheuse et périlleuse, même pour l'innocence, ou au déshonneur. Si ce délit était impuni, un homme honnête, exposé à ces imputations qu'il ignorerait, serait déshonoré auprès des gens sensés, trompés par des faits qui sont allégués avec audace. Dans l'injure, au contraire, 1° il n'y a point de poursuite à craindre pour une accusation vague; 2° on ne court pas même le risque d'un véritable déshonneur. Cependant, on éprouve un tort, on perd sa tranquillité, on est exposé à perdre la confiance, l'estime des autres, qui sont de véritables biens.

L'injure est donc un délit; mais l'instruction contre celui qui s'en est rendu coupable doit être différente de celle qui s'exerce contre la diffamation et la calomnie. Il faut d'abord que l'accusé dise sur quels faits il a établi la qualification injurieuse; s'il n'en allègue pas, ou s'il en allègue qui ne méritent pas cette qualification, il est coupable d'injure; s'il en allègue d'assez graves, il peut ou être innocent, ou se rendre coupable de diffamation ou de calomnie. Le cas où l'homme accusé d'injures citerait des faits, mais jugés insuffisants en les admettant vrais, demande quelque explication. D'abord, s'il est question de faits pour lesquels la loi impose une peine, il est clair que le défaut de faits suffisants le rend coupable d'injure.

En effet, les délits sont déterminés, et on ne peut supposer une erreur de bonne foi.

Dans les autres cas, peut-être serait-il plus juste de ne pas admettre l'allégation des faits qui pourraient servir à prouver la légitimité de l'injure, pourvu que l'on se bornât, pour toute peine, à des dommages et intérêts pécuniaires fixés par une loi. Nous ne parlons pas des réparations en usage dans certains pays; formules qui ne réparent rien, et qui ont, de plus, l'inconvénient de prescrire un mensonge à celui que l'on veut forcer à les prononcer.

Nous ne croyons pas ici blesser les droits de la liberté naturelle, qui doit laisser à chaque homme le droit de dire ce qu'il croit vrai.

Donner à une telle action, à une telle conduite, les qualifications qu'on croit qu'elle mérite, c'est sans doute user de sa liberté naturelle; mais les droits de cette liberté ne vont pas plus loin. *Tel homme a commis un vol*, peut être une vérité de fait, utile à dire. *Tel homme est un voleur*, ne mérite pas le nom de vérité, excepté comme conséquence de la proposition précédente. Ce n'est pas non plus violer les droits naturels, que de regarder comme diffamation l'imputation de telle action qui n'est pas un délit, mais dont la loi n'admet pas la preuve. Je ne viole, en effet, aucun des droits naturels de l'homme, en faisant cette imputation, mais je viole ceux de la tranquillité publique, sur un point touchant lequel la volonté commune peut exiger raisonnablement qu'elle soit respectée.

IV.

Des circonstances où un livre peut être un délit à l'égard d'une PERSONNE PUBLIQUE.

Tout homme a droit d'examiner la conduite de toute personne publique, puisqu'il a un intérêt dans cette conduite, puisque la personne publique n'a d'autorité que pour le bien des citoyens. Non-seulement chaque citoyen a droit d'examen sur la conduite publique des gens en place, mais la société a le droit d'être éclairée par chacun de ses membres.

Ainsi, la calomnie contre toute personne publique est un crime ; mais dans les choses qui n'intéressent que la conduite publique, la diffamation n'a pas le même caractère, c'est-à-dire que tout citoyen doit être admis à la preuve, et que, pour qu'il soit puni, il ne suffit pas que les faits allégués manquent de preuves ; il ne suffit pas qu'ils soient prouvés faux, il est indispensable qu'ils soient calomnieux, c'est-à-dire que l'accusateur n'ait pu les croire vrais. En effet, tout citoyen a le droit de vivre en paix dans sa condition privée, et c'est aller contre ce droit que d'exposer sa tranquillité, sa réputation, par une diffamation; mais l'homme public n'a que le droit de ne pas être calomnié; ce n'est pas pour lui qu'il agit, c'est pour le peuple. Il faut observer aussi que toutes leurs fautes volontaires comme hommes publics, sont du ressort des lois, et que toutes leurs fautes involontaires, leurs erreurs, leur doivent être imputées; que tout citoyen est en droit de les leur reprocher, et d'en avertir la nation. Un homme qui regarde jouer n'a pas le droit de censurer la conduite d'un joueur; mais il l'a, du moment que c'est son argent que risque le joueur. Ainsi, non-seulement le législateur ne peut sans injustice, sans violer le droit de chaque citoyen en particulier et de la société en général, ériger en crime les imputations adressées à un homme en place, lorsqu'il n'est pas prouvé qu'elles sont calomnieuses, mais tout homme public qui se venge dans ce cas, est coupable de tyrannie envers le particulier qu'il attaque, coupable d'oppression envers la société même. Le droit qu'ont les citoyens de juger la conduite des gens en place, non dans le secret, non dans la conversation, mais dans des ouvrages imprimés, publiés, est une des sauvegardes les plus sûres pour défendre les peuples de l'oppression, pour préserver les rois de la trahison, et des malheurs où les erreurs et les faiblesses de leurs ministres peuvent les entraîner. D'ailleurs, quand même l'action de celui qui a accusé un homme public, lui aurait fait un tort véritable, pour que la loi puisse punir le crime, il faut, comme nous l'avons dit, que la punition ne soit pas plus nuisible à la société que l'impunité; or, où serait la suite fâcheuse quand l'homme public se trouverait dans l'obligation de se laver d'imputations fausses, dans le cas seulement où il aurait mis dans des fonctions toujours dirigées par les lois, et publiques de leur nature, assez de légèreté pour être accusé sans qu'il y eût calomnie? Et quel inconvénient n'y a-t-il pas à faire courir tous les risques au plus faible contre le plus fort; à rendre dangereuse toute réclamation publique des particuliers contre l'injustice?

Quant à l'injure, lorsqu'elle porte sur la conduite publique, l'auteur qui l'a prononcée doit être tenu d'alléguer le fait, sinon il est coupable. En effet, chaque citoyen a le droit de juger la conduite publique des employés de la nation; mais personne n'a le droit de troubler leur repos, de leur enlever l'estime publique par des imputations vagues; ce serait nuire à la société que d'ébranler par de telles imputations une juste confiance. Si celui qui est accusé d'injure allègue des faits non calomnieux, mais faux, il n'y a point de délit, puisque nous avons vu que ce que l'on appelle diffamation n'est pas un délit. Nous étendons même cette opinion au cas où les faits allégués seraient censés insuffisants pour mériter la qualification donnée par l'auteur de l'injure, pourvu que ces faits allégués soient répréhensibles en eux-mêmes, et du genre des actions qui peuvent mériter la qualification d'*injure*.

Ce que nous disons ici des gens en place s'étend aux auteurs eux-mêmes. Un auteur est un homme qui, en cette qualité, a soumis ses opinions au jugement du public. Il n'a, comme l'homme en place, le droit de se plaindre que lorsqu'il est calomnié, ou lorsque l'injure n'est point appuyée sur des faits, ou l'est sur des faits insuffisants, dans le sens que nous venons de l'expliquer.

La partie est absolument égale. Il doit être permis à un citoyen de trouver que les opinions de tel auteur sont hérétiques, impies, dangereuses pour la tranquillité publique, comme il doit lui être permis de trouver telle opération d'un ministre funeste à la patrie.

Mais s'il flétrit l'auteur ou le ministre d'une qualification punissable par les lois, tandis qu'il ne cite que des faits qui, étant prouvés, ne méritent point cette qualification, il doit être regardé comme coupable d'injure. Il est inutile d'appuyer sur la raison de cette différence, elle est la conséquence de ce que nous avons dit.

La différence entre un homme en place et un auteur, entre un homme qui remplit une fonction publique et un homme dont les actions sont particulières, résulte du droit qu'a chaque citoyen de juger les actions de l'homme public; du droit qu'a la société de recevoir sur ces actions les avis de chaque homme; et comme l'erreur ne doit pas être imputée à un homme qui se sert de son droit, il ne peut y avoir de crime, ni par conséquent d'action contre lui, que lorsqu'il est prouvé que ce n'est pas seulement une erreur qu'il a commise : c'est ce qui arrive ici. Un homme dit, par exemple, qu'une loi est contraire au bien public; il se trompe : il n'est pas coupable. Il ajoute que l'auteur de cette loi est un traître; il peut être coupable d'injure, parce qu'il ne peut ignorer qu'on peut faire une mauvaise loi sans être un traître, et que l'alléguer sans preuve, c'est ne rien alléguer. De même, on accuse un auteur d'avoir fait un ouvrage dont les principes tendent à rompre tous les liens entre les hommes; on peut se tromper. On ajoute qu'il est un séditieux : on peut être coupable d'injure, parce qu'on doit savoir que, pour être séditieux, il ne suffit pas d'avancer des maximes dont les conséquences mal déduites, ou une application mal entendue, pourraient conduire à la sédition. On n'a donc réellement rien allégué pour soutenir l'injure.

V.

Comment un livre peut être un délit à l'égard d'un corps.

Si maintenant nous passons aux corps qui composent un État, nous trouverons que, puisque l'on ne peut ôter à chaque citoyen la liberté de dire son avis, même sur la constitution de l'État, on peut encore moins lui ôter le droit de l'exprimer sur les corps constitués, sur leurs abus, leur esprit, leurs préjugés, l'intérêt qui les anime, les vues d'ambition qu'ils peuvent avoir. Les bornes de la liberté doivent être ici celles que nous lui avons prescrites.

Il résulte de cette observation, qu'il ne peut y avoir de crime, de calomnie, de diffamation, ni d'injure,

par rapport à ces corps, qu'à raison d'actes particuliers ; et même il faut que, touchant ces actes particuliers, ce soit, non le droit de les faire, non les
motifs généraux d'agir, mais une prévarication parti-
ticulière qui devienne l'objet du reproche ; il faut
dans ce cas, comme dans celui d'un homme public, ou que le fait reproché soit calomnieux ou que
la qualification donnée à ce fait et qui est injurieuse,
soit donnée de mauvaise foi, c'est-à-dire, que l'intention de faire tort soit marquée. Quant à l'injure, ce que
nous avons dit d'un homme public s'applique ici sans
difficulté : elle a lieu dans les mêmes circonstances,
mais pour la conduite de ces corps dans des actions
particulières.

Nous observerons maintenant que nous avons défini le crime, *un tort grave*. Un corps dont toutes les
actions sont publiques et assujetties à des formes,
ne doit que bien difficilement éprouver un tort grave
par une accusation calomnieuse, qu'il peut démentir
à l'instant, s'il ne la méprise pas. D'ailleurs un corps
n'étant point sensible, n'a vraiment de droits qu'autant qu'en ont des particuliers, et le déshonneur qui
résulte d'une imputation contre un corps, devient
presque nul pour chacun de ses membres ; il n'y
aura donc pas de tort grave envers un corps, ainsi
point de crime.

D'ailleurs la punition de ces crimes aurait des
suites bien plus fâcheuses que leur impunité, et cela
suffit pour que la loi ne doive pas les punir (1). Il

(1) En France, les cours souveraines, celles même qui, comme

u'y aura donc de délit contre un corps que comme contre la société, c'est-à-dire, lorsqu'il y aura trouble de l'ordre public.

les cours des aides, etc., n'ont pas justice d'attribution, se croient en droit de poursuivre criminellement les auteurs des ouvrages où leurs priviléges sont attaqués. C'est évidemment se rendre juge dans sa propre cause. Il est étonnant que le législateur souffre cet abus injuste, qui a de plus, la conséquence funeste d'empêcher des hommes éclairés de dévoiler les vices qui peuvent exister dans les constitutions des corps; de signaler le danger de leurs prétentions, les maux que peuvent causer l'emploi ou l'abus de leur pouvoir; de soumettre à l'examen de la nation les principes de droit public contraires à ses droits, ou à ses intérêts, qui peuvent être adoptés par ces corps. Nous avons vu avec surprise le magistrat vertueux (1) qui présidait la cour des aides en 1762, employer l'un des talents les plus rares qui aient illustré l'éloquence française à défendre cet usage. Ah! qu'il l'eût employé plus noblement, s'il eût fait sentir à ses confrères combien ce droit, contraire aux principes les plus simples de la raison et du droit naturel, est inutile, nuisible même à des corps qui, devant toute leur force à l'opinion qu'a le public de leur patriotisme et de leur justice, doivent sentir que ce n'est pas en décrétant, en parlant d'envoyer aux galères ceux qui osent révoquer en doute leur vertus, qu'ils parviendront à persuader qu'ils en ont! Si quelqu'un pouvait douter de principes aussi clairs que celui que nous développons ici, il suffirait de lire le détail de cette affaire de Messieurs de Varenne, imprimé dans l'ouvrage intitulé : *Mémoire pour servir au droit public de France*, matières d'imposition, chap. XIV. On y verrait deux corps s'unir contre un particulier, rendre inutile tous les efforts de l'autorité essayant de leur arracher une victime, ne laisser à celle-ci que la ressource humiliante pour le gouvernement comme pour lui, des lettres de grâce; obtenir ensuite de l'autorité que le particulier fût

(1) Malesherbes.

Nous finirons par deux réflexions : la première, que dans ce dernier article nous n'entendons par *corps*, que des corps puissants. En effet, la calomnie, la diffamation dans un libelle imprimé est publique, éclatante ; elle n'est donc sans effet que pour des corps puissants et nombreux ; il n'est dangereux de la punir que quand ces corps sont eux-mêmes redoutables. Ainsi, la loi peut admettre la plainte et la calomnie en injure contre des corps peu considérables, et il faut qu'elle déclare précisément quels corps doivent être assez importants pour être exclus de ce droit.

La seconde, que la société doit à un corps attaqué, à ses membres, aux citoyens même, la vérification de toute imputation grave ; ainsi, dans ce cas comme dans ceux d'une inculpation contre un homme public, on peut, à sa demande, à celle d'un corps, à la demande de celui qui est chargé de la vengeance de la société, réclamer la vérification des faits et rendre la justification publique. L'on sent que cette

privé de sa place, et se féliciter en cérémonie de leur victoire. On verrait combien il sera nécessaire de détruire cet usage, si l'on veut que la science de la législation ou de l'administration fasse quelque progrès.

Au reste, ce même ouvrage contient une anecdote fausse. Ce n'est pas à M. de Varenne qu'un magistrat philosophe a pu dire : « Le roi vous a remis la peine, le crime vous reste. » Le crime serait d'avoir osé dire, qu'une cour souveraine n'est ni infaillible, ni impeccable, et d'avoir prévu qu'un édit enregistré resterait sans exécution. Il est plus vraisemblable que ces paroles ont été prononcées à l'enregistrement de quelque lettre de grâce, accordée à un soldat de la ferme, convaincu d'avoir tué, par excès de zèle, quelque contrebandier désarmé.

justification publique et l'opprobre qu'elle répandrait sur l'accusateur injuste, est déjà une peine au moins suffisante pour prévenir le délit.

Elle le deviendrait surtout dans un pays où il n'y aurait d'autre déshonneur que celui d'être convaincu d'un fait coupable. Ce qu'on appelle en France, peines infamantes, est une puérilité indigne d'une nation éclairée. On me déclare atteint et convaincu de tel fait : c'est à l'opinion à prononcer sur ce que je mérite d'honneur ou de reproches. Non! la cour vous condamne à une amende ou à une aumône : l'une est infamante au civil, et l'autre au criminel. Mais quel rapport y a-t-il entre l'honneur et cette somme d'argent? On ajoutera que c'est une manière ingénieuse, par laquelle nous déclarons que nous regardons une action comme honteuse, sans cependant la déclarer infâme, comme lorsque nous prononçons le blâme. Vous prétendez donc avoir le doit de juger sur le mérite des actions, sur ce que l'opinion doit prononcer; cette prétention est absurde. Si vous blâmez pour une friponnerie, vous n'apprenez rien au public; il n'a pas besoin de votre avis pour savoir ce qu'il doit en penser. Si vous blâmez pour une action qu'il juge honnête, croyez-vous que votre avis le fera changer d'opinion? Cette fureur de commander à la pensée a été atroce autrefois; elle n'est presque plus aujourd'hui que ridicule, et il serait temps d'y renoncer.

VI.

*Des délits commis par les livres, considérés dans les
principes de la politique, ou examen de cette question :
Les gouvernements ont-ils intérêt d'établir des
peines, contre les auteurs dans les cas que nous
avons exposés ?*

Jusqu'ici nous n'avons considéré que les principes
de justice, les droits des hommes, ceux des sociétés. Maintenant nous allons suivre une marche
différente, et examiner si un gouvernement, convaincu que certains ouvrages peuvent répandre des
principes de politique ou de religion contraires à ses
intérêts, doit faire des lois pénales contre les auteurs
de ces livres, s'en tenir à des précautions de police,
ou laisser la liberté.

Nous observons 1° que la persécution, augmente
la célébrité d'un auteur et son autorité ; qu'elle augmente également celle d'un ouvrage, le fait connaître
à des gens qui n'en auraient pas entendu parler, le
fait lire à des hommes qui ne l'auraient pas ouvert.

Que si un livre est dangereux, ce n'est point à
ceux qui ont leurs opinions arrêtées ou qui lisent
pour s'éclairer, mais à ceux qui reçoivent les opinions des livres qu'ils lisent ; à ceux, précisément,
qui ne connaissent que les livres qui font du bruit ;
qu'enfin, si, pour quelques hommes, il y a de la
différence entre lire une opinion, ou la voir soutenue
du développement de ses preuves, il n'y en aucune

pour les autres, et que leur dire : Voilà quelles sont
les opinions d'un homme célèbre, courageux, res-
pecté, c'est autant que les leur prouver. Or, c'est
précisément ce qu'on fait, en soumettant à une instruction criminelle l'auteur d'un ouvrage. Lorsque
la critique de l'Histoire du Calvinisme de *Maimbourg*
parut (1), l'auteur critiqué se vit couvert de ridicule.
Il voulut faire brûler l'ouvrage auquel il ne pouvait répondre. Le lieutenant de police la Reynie
ne servait pas sa haine avec assez de vivacité. Maimbourg fit tant de bruit, que Louis XIV, qui mêlait
trop souvent les intérêts des jésuites avec ceux de la
doctrine catholique, et les intérêts de cette doctrine
avec ceux de ses États, ordonna à la Reynie de juger.
Celui-ci, piqué, tendit un piége à Maimbourg : il lui
dit : Donnez-moi la liste des qualifications que vous
paraît mériter le livre de Bayle.

Maimbourg compila toutes les injures qu'il put
imaginer; la Reynie rendit la sentence, la fit crier
dans les rues par le crieur public Pasquier, et en
fit afficher trois mille exemplaires. Tout le monde,
jusqu'au plus petit bourgeois, voulut savoir ce que
c'étaient que ces choses si abominables, si scanda-
leuses, si calomnieuses, contre les prêtres et les
moines, etc., etc., et jamais livre ne fut lu par plus
de gens, et jamais ridicule ne fut plus répandu
que celui du malheureux Maimbourg.

Nous observerons, en second lieu, que nous avons
une pente naturelle à braver le danger, soit pour

_____

(1) En 1682.

faire montre de bravoure, d'adresse, de puissance, soit par l'instinct qui nous porte à exercer nos forces et notre liberté. Placez une planche étroite sur un fossé, tout le monde veut y passer; si la planche était large, personne n'y songerait. Défendre un livre, c'est inspirer le désir de le lire et de l'acheter. Par la même raison, nous aimons les opinions hardies, celles qui exposent ceux qui les soutiennent. On est plus tenté de lès écrire et plus tenté de les adopter. On se sait bon gré de dire la vérité aux dépens de quelque danger, du moins apparent; le public aime un auteur qui s'expose pour lui plaire, et l'en croit plus aisément. Dans un pays où les opinions sont libres, comme en Angleterre, on ne fait point de livres hardis; personne n'en écrit, parce que personne ne les lirait.

3° Il y a toujours, dans tous les pays, un parti qui n'aime point le gouvernement présent. En général les hommes aiment à braver l'autorité; c'est un sentiment naturel; aussi la défense est encore propre, sous ce point de vue, à donner de la faveur à des opinions : cela est défendu ou cela est bon, est synonyme pour bien des gens; on croit exercer une petite vengeance contre ceux qui ont l'autorité, en faisant en secret ce qu'ils défendent.

4° Les hommes aiment à connaître la vérité, à se défaire des préjugés, à se mettre à l'abri de craintes frivoles, à se débarrasser de prétendus devoirs inutiles aux autres comme à nous-mêmes. Ils doivent aimer les livres qui tendent à les en débarrasser. Il ne faut donc pas ajouter à ce penchant l'idée qu'on craint qu'ils ne s'éclairent, qu'ils ne voient la vérité, qu'ils ne soient plus dupes. Pour qu'ils gardent ces opinions, il ne faut pas avoir l'air de vouloir les empêcher de s'en débarrasser.

5° Le danger en ce genre n'est pas grand : il n'y en a point proprement à faire imprimer en pays étranger un livre sans nom d'auteur : ainsi, le danger réel n'intimide personne, le danger apparent suffit à la célébrité.

6° Les hommes jugent plus par autorité que par leurs propres lumières. Cependant, il n'y a que les sots, ceux même qui consentent à passer pour tels, qui soient de l'opinion de M. le premier ministre, de M. l'avocat général. Mais qu'une opinion soit crue l'opinion commune des hommes éclairés, il y a de quoi les décider; excepté le petit nombre de sots plus orgueilleux que les autres, et qui ont la prétention bizarre de s'en tenir aux anciennes opinions, pour être singuliers, ou pour briller dans un parti sans défenseurs.

Or, la sévérité contre les penseurs libres, c'est-à-dire contre les gens les plus éclairés, les force à faire une espèce de corps, où les différentes opinions particulières disparaissent. C'est ce qui est arrivé en France. Des fripons s'étant avisés, pour nuire à quelques gens de lettres, de supposer qu'ils faisaient un parti, on les a crus, et alors l'opinion particulière de l'un d'eux a été regardée, par les provinces, par le gros des lecteurs, comme l'opinion commune. Personne ne les a démentis, parce qu'on les a trop méprisés pour daigner entrer avec eux dans une explication sérieuse, et parce qu'on n'a point voulu dire qu'on n'avait pas une opinion, pour ne pas avoir l'air de la calomnier devant eux, et de la désavouer par faiblesse. La même raison empêche d'en citer ici des exemples, dont les gens les plus puissants, qui regardent les libres penseurs comme leurs ennemis, seraient bien étonnés.

7° Lorsque l'opinion d'un auteur, regardée comme dangereuse, peut l'exposer à quelque péril, au supplice, à l'exil, un homme honnête qui ne partage point cette opinion, n'attaque point le livre du vivant de l'auteur, ne veut pas avoir l'air de se joindre aux persécuteurs. Si on commence une instruction contre le livre, cette délicatesse devient un devoir. Il est des personnes qui croient le livre de l'Esprit dangereux, qui pensent qu'il y aurait un grave inconvénient à le laisser entre les mains de la jeunesse, comme un livre utile qui lui apprendrait ses vrais devoirs et l'empêcherait de se soumettre à des préjugés; eh bien, ce livre eût été combattu dès qu'il parut, par J. J. Rousseau et par d'autres hommes d'un mérite supérieur, si Helvétius n'eût pas été persécuté.

8° Il y a plus : pour le vulgaire, la liberté de penser, la hardiesse, sont un mérite suffisant pour un livre; on le trouve bon; cependant il renferme des erreurs sur d'autres points, il est appuyé sur de faux principes, ou il n'a point de principes fixes, il est plein de contradictions; ces défauts, aucun auteur accrédité ne les relèvera; il respectera le malheur d'un auteur persécuté; il ne voudra point nuire à la gloire d'un homme qui, aux yeux du public, a fait des sacrifices à la cause commune du genre humain. Le livre qui, s'il eût paru librement, fût peut-être tombé sous la critique, n'essuie que des critiques qui l'honorent, parce que le nom de ceux qui les font est méprisé à juste titre. Vous croyez un livre dangereux, et vous voulez qu'il ne soit critiqué que par des hommes déshonorés! Vous craignez que l'autorité, le talent de Voltaire, de Montesquieu et de Rousseau, n'entraîne dans des erreurs dangereuses, et vous voulez qu'ils n'aient pour adversaires que des gazetiers jansénistes ou jésuites, des Fréron et des Sabatier!

9° Lorsqu'il n'y a aucun mérite à attaquer certaines opinions reçues, qu'il est permis de les combattre, on ne les attaque que directement, et alors les livres qui les attaquent ne sont lus que par ceux qui s'intéressent à ces opinions. Si, au contraire, la hardiesse est une recommandation pour un ouvrage, tous sont pleins de hardiesse. On attaque les opinions consacrées partout, on quitte son sujet pour les attaquer, et, par conséquent, le moyen qu'on emploie pour empêcher certaines doctrines de se répandre, conduit à placer ces opinions dans tous les livres, dans ceux qui doivent même être lus par les hommes à qui ces opinions sont les plus étrangères, et qui n'en eussent jamais entendu parler, si elles ne se trouvaient que dans les ouvrages dont elles seraient l'objet principal.

10° Des plaisanteries, des sarcasmes peuvent être un bon moyen de détruire dans le peuple des er-

reurs absurdes; nous estimons trop les gouvernements pour croire que leur intention soit de soutenir
de telles erreurs. Mais, lorsqu'il s'agit d'objets sérieux, cette manière de les discuter dans des ouvrages courts, légers, de n'exposer sa pensée qu'à
demi, en laissant aux lecteurs le soin de tirer les
conséquences, au hasard de les outrer, de confondre
ce qui doit être distingué, cette manière ne peut
réussir que quand la liberté des opinions ne subsiste
pas. On ne se permet d'attaquer par le ridicule les
opinions sérieuses et importantes, que lorsqu'on les
soutient par la violence; les prohibitions ne servent
qu'à exposer les opinions protégées, à être combat-
tues ou ébranlées par le ridicule.

11° Lorsque la liberté d'écrire subsiste, comme il
y a moins de mérite à dire des choses hardies, on
a moins d'intérêt et de gloire à exagérer ses opinions;
on en a d'autant moins, qu'alors les lecteurs sont
moins portés à pardonner ces écarts. C'est la persécution seule qui fait mettre de la vanité à des opinions.

12° Tout homme en place qui s'irrite contre un
ouvrage où il est attaqué, donne une marque ou de
petitesse d'esprit ou de lâcheté. Tout gouvernement
qui défend d'écrire donne une marque ou de peu de
lumières ou de faiblesse. On sent que nous exceptons
ici le cas de sédition dont nous avons parlé. Il peut
y avoir de la grandeur d'âme à pardonner dans ce
cas, comme de la justice à punir.

Si on avait dit au sénat romain qu'il viendrait un
temps où les gouvernements qui disposaient de cinquante légions, auraient peur qu'il ne se répandît

19.

trop de copies d'une oraison ou d'un discours, il n'aurait pas compris ce qu'on voulait dire.

13° La loi ayant nécessairement pour objet les vérités contraires aux préjugés reçus, autant que les erreurs contraires aux vérités admises dans la société, elle est toute en faveur des erreurs. En effet, des erreurs sont plus dangereuses quand elles se répandent dans le secret, parce qu'elles sont moins discutées; la vérité gagne à paraître au grand jour avec toutes ses preuves.

14° Des lois pénales sont inutiles pour maintenir la vérité; jamais on ne les a établies pour assurer les vérités physiques dont quelques-unes intéressent le bonheur des hommes. Défend-on, je ne dis pas d'attaquer les vérités spéculatives de la géométrie ou de la physique, mais celles de ces vérités qui sont utiles dans la vie; défend-on, par exemple, d'écrire contre la méthode d'arpenter, contre les principes de l'exploration des mines et des autres arts, contre des faits prouvés en anatomie; de soutenir que l'arsenic n'est pas un poison, que la peste n'est pas contagieuse, que l'inoculation n'est pas utile; de proposer des méthodes absurdes pour la construction des vaisseaux; pour trouver la longitude; de soutenir que des conducteurs électriques sont dangereux? Non, sans doute, et beaucoup de gens profitent de la liberté, et impriment incognito des erreurs qui, si elles étaient adoptées, seraient très-dangereuses. Pourquoi n'a-t-on pas la même tolérance en religion, en politique, en morale? Croit-on que les vérités de ce genre ne sont pas susceptibles de preuves? Est-ce un aveu tacite que l'on ne croit pas soi-même les opinions qu'on veut conserver?

15° La persécution est un moyen d'intéresser pour ceux qui s'y exposent, et au lieu d'inspirer la haine des fautes, elle inspire le mépris des lois. Toute loi contre la contrebande est dans ce cas; elle fait naître une opposition entre le gouvernement et les citoyens; opposition qui corrompt plus véritablement les mœurs d'une nation, que tous les livres possibles.

16° Les lois accoutument à séparer l'idée du crime de celle de la peine, l'idée de la condamnation de celle de la honte. On peut avouer un fait pour lequel on a été condamné à une peine publique, et conserver son honneur aux yeux des citoyens.

Ce que nous venons de dire suffit pour répondre à l'objection proposée. Nous avons établi que les lois pénales sont un moyen de favoriser plutôt que d'empêcher la propagation des vérités qu'on persécute; un moyen de précipiter plutôt que de retarder la chute des préjugés qu'on protége. Nous nous élevons contre ces lois : 1° parce qu'elles sont injustes en elles-mêmes; et rien de ce qui est injuste n'est utile; 2° parce qu'elles tendent à diminuer la confiance et le respect du public pour le gouvernement; 3° parce qu'elles favorisent l'erreur comme la vérité, et que la liberté est funeste à l'erreur; 4° parce que ce ne sont pas les vérités isolées, mêlées d'erreurs, adoptées par préjugé et par mode, qui sont utiles aux peuples : mais les vérités liées entre elles, précises, adoptées d'après des preuves accompagnées de leurs conséquences pratiques.

VII.

Quelles lois, d'après les principes précédents, convient-il d'établir contre les auteurs des livres?

Nous avons établi d'abord, que l'auteur d'un livre n'était coupable que lorsque la publication de l'ouvrage était faite par son consentement. L'instruction doit donc commencer par établir ces deux faits : il est l'auteur; il est auteur de la publication. Le nom de l'auteur à la tête d'un livre, ainsi que le bruit public, n'est qu'un indice, qui ne peut autoriser aucun décret, si ce n'est celui qu'on appelle mal à propos *décret*, et qui n'est qu'une citation, une interrogation que la loi peut faire subir à tout citoyen, sur les faits qui sont du ressort de la loi. L'opinion du juge, qu'un tel homme a des renseignements sur un fait, est suffisante, quels qu'en soient les motifs, pour qu'il le fasse comparaître. Si l'auteur interrogé nie, il ne peut y avoir que deux espèces de preuves : ou la tradition du manuscrit de sa main, ou une preuve testimoniale. C'est aux juges à savoir distinguer s'il résulte de ces preuves, ou que l'individu cité est l'auteur, ou seulement qu'il est possesseur du manuscrit donné à l'impression, au delà duquel on ne remonte point.

La tradition d'un manuscrit à un imprimeur n'est pas plus la publication, que la tradition à un copiste. L'impression n'est pas même le délit; ce n'est que le crime commencé. L'auteur est coupable de la publication ou du crime commencé par l'impression, lorsqu'il existe une preuve ou littérale, par un traité avec l'imprimeur, par des lettres, ou bien une preuve testimoniale que le livre a été donné à l'imprimeur par l'auteur, pour être publié; ou, lorsque le livre est publié, si l'auteur en a lui-même distribué des exemplaires.

Le premier cas est celui d'un homme (les intolérants, du moins, trouveront la comparaison assez sévère) qui a remis à un autre le poison avec lequel le crime a été commis. Est-ce pour empoisonner, est-ce pour une autre intention qu'il a été remis? Entre les deux accusés, dont l'un allègue et l'autre nie l'intention, il n'est pas toujours facile de démêler la vérité.

Si l'ouvrage a été imprimé dans les pays étrangers, nous distinguerons ces deux espèces de délit: l'un, public, la sédition; l'autre, particulier, la calomnie, la diffamation, l'injure. Dans ce dernier cas, l'introduction dans le pays est le seul délit; c'est sur celui-là seul que l'auteur peut être poursuivi devant le tribunal national. S'il y a action pour la publication, les tribunaux étrangers sont les seuls juges. Ainsi, il faut que l'auteur ait été complice de l'introduction, soit par son propre fait, soit par l'intention prouvée. Cependant, si l'auteur n'a pas contribué, il est dans le cas du crime commencé, d'un homme qui a perdu la confiance de la société, puisqu'il a préparé contre elle des armes. Mais observons qu'on ne doit pas condamner sans preuves, et qu'ici elles sont difficiles à se procurer. Nous avons enfin distingué le cas de sédition *commencée*, où l'auteur, convaincu de la publication simultanée, est coupable ; et celui de la sédition *non commencée*, où il faut de plus la preuve qu'il a influé sur ce trouble ; c'est-à-dire, que la publication s'est étendue dans le lieu de la sédition. Dans ce cas, la loi a droit de prononcer la peine qui est portée contre ceux qui excitent à la sédition, sans y participer par leur présence. Cette peine doit se trouver dans un code pénal bien fait. Dans tout autre cas, l'auteur ne peut être regardé comme coupable de délit, mais du crime commencé ou du crime manqué. Nous avons déjà défini ces expressions. Alors la société n'a pas le droit de punir, mais celui de se soustraire au mal, de se défendre. Dans ce cas, la loi peut prononcer la perte de la liberté pour un temps limité, c'est-à-dire, pour le temps où le trouble est à craindre, et l'exclusion, soit de la patrie, soit de la province où le trouble a été excité, si ce trouble a eu une occasion particulière. Nous avons dit que dans le crime manqué, la société avait le droit de priver un particulier de tous ses droits ; mais comme ce ne peut être qu'autant que la perte de ces droits est une précaution nécessaire, nous ne croyons pas qu'il faille l'étendre ici au delà de la perte de la liberté.

Passons maintenant au crime de calomnie. Lorsqu'elle a pour objet un crime punissable selon les lois, une calomnie imprimée doit être regardée comme une véritable dénonciation dans les pays où il y a une partie publique ; ainsi la peine doit être la même que pour une dénonciation calomnieuse,

qui doit se régler sur la peine à laquelle on a exposé
l'innocent accusé. Si l'accusation ne porte pas sur
un délit punissable par les lois, alors, en supposant
toujours l'accusation grave, et la calomnie prouvée,
comme la suite du crime est, pour un autre homme,
la perte de l'honneur, c'est la perte de l'honneur qui
doit être la base de la punition ; dans tous les cas
où l'accusation emporte infamie, il doit y avoir une
infamie publique, telle que le pilori ; ce qui autorise
la perte de la liberté, en vertu du droit de précaution qu'a la société.

Si l'accusation ne porte pas infamie pour la personne qui en est l'objet, alors il ne faut prononcer
que des réparations civiles, et déclarer l'accusation
fausse, ce qui suffit à l'honneur de l'accusé, sans la
déclarer calomnieuse ; car la prononciation de calomnie par le juge emporte l'infamie, et il y a du
danger de laisser libre dans la société, tout homme
convaincu d'un délit qui porte infamie.

Il y a des cas où, comme dans certaines accusations qui ont les mœurs pour objet, la loi ne doit
pas permettre d'instruction, comme celui d'adultère,
ou de ces goûts dépravés et dégoûtants, qu'il est aussi
atroce de punir comme des crimes, qu'il peut être
honteux de s'y livrer. Dans ce cas, il paraît difficile
de prononcer. En effet, il est utile au public que
l'opinion punisse ce genre de fautes ; il est juste que
celui qui en a eu connaissance puisse n'être pas com-
promis en parlant. Nous faisons ici une distinction
qui est nécessaire. En effet, si, par des motifs, quels
qu'ils soient, il n'y a point de peine prononcée

contre un délit, soit à raison de son peu de gravité,
soit à cause de l'impossibilité de la preuve légale,
et des inconvénients qu'entraîneraient l'instruction
ou la punition, celui qui l'a commis n'est pas moins
coupable; ainsi la société a le droit de prendre des
précautions contre lui. Si donc il est convaincu juridiquement d'une action qui emporte l'infamie, la
société a le droit de le priver de la liberté pour sa
sûreté. Mais si l'opinion publique a jugé à propos
d'attacher de l'infamie à des actions qui ne sont pas
des crimes, comme à présent, en Europe, ne pas vouloir se battre, faire le métier de courtisane, autrefois jouer la comédie, être excommunié, alors la
société n'a aucun droit sur la liberté des personnes
qui seraient convaincues de ces actions. Si leur liberté est nuisible, c'est l'opinion qui la rend telle.
Les personnes qui peuvent craindre de souffrir des
mauvaises actions où se portent ceux que le préjugé
a privés d'honneur, ne sont exposées qu'aux conséquences de leurs préjugés, dont la société n'est pas
obligée de les garantir.

Mais comme il n'est jamais utile de publier cette
opinion, ni par l'impression, ni par des copies multipliées, ni par des chansons; et que cette liberté
est du nombre de celles dont le citoyen peut devoir
le sacrifice à l'utilité publique, parce qu'il n'a pas
un véritable droit de faire à autrui un mal dont il
ne tire lui-même aucun profit, alors, dès que l'accusation est prouvée, la société peut condamner
l'accusateur à des réparations. Les réparations ne
peuvent être qu'une somme d'argent, ou un éloigne-

ment du domicile de la personne insultée, à quelque distance.

Quant au crime de diffamation, nous l'avons distingué en deux classes : l'une, lorsque l'accusation fausse et calomnieuse porte sur un délit qni est punissable selon la loi; la seconde, lorsqu'il a pour objet un délit que les lois n'ont pas cru devoir punir comme action déshonorante. Dans tous les cas, il y a délit; on a fait à un autre un mal qu'on n'avait pas droit de lui faire. Mais il faut observer, 1° que, dans le premier cas, l'intérêt de la société est de se borner à la réparation du tort par la publication de l'innocence de l'accusé et des dommages à prononcer. En effet, quoique la loi ait établi une forme d'accusation juridique, et qu'ainsi elle puisse regarder toute accusation publique par une autre voie comme inutile, cependant il est bon que les citoyens aient le droit d'avertir hautement la puissance publique, afin que des intérêts particuliers ne l'empêchent point d'agir.

Nous avons vu ci-dessus quelle était la législation pour la diffamation, lorsqu'elle a pour objet une action dont la loi n'admet pas l'instruction. Quant aux actions déshonorantes, et qui portent infamie pour l'accusé, si le fait était prouvé faux, il serait juste de joindre aux réparations l'exclusion du pays pour un temps. Nous disons absence, et non bannissement, par la raison que le mot bannissement emporte l'infamie, et qu'un homme convaincu d'une accusation fausse et non calomnieuse, ne doit pas être regardé comme infâme. Or, tout homme que la loi déclare (non pas infâme, ce qui est absurde), mais atteint d'un crime qui se trouve porter infamie dans l'opinion, ne peut être condamné à l'absence. En effet, l'humanité, la justice, ne permettent pas d'envoyer dans un pays étranger un homme qui est convaincu d'un délit qui porte infamie, c'est-à-dire, d'un délit tel, que celui qui l'a commis a perdu ses droits à la confiance des autres hommes ; l'humanité, la justice, dis-je, ne permettent pas d'envoyer un tel homme chez ses voisins. Mais un homme qui a commis un délit, qui n'a pas mérité la perte de cette confiance, peut être puni par l'absence ; n'étant pas infâme dans l'opinion, il peut remplir un état dans la société, sans être réduit, pour subsister, sans être engagé, parce qu'il n'a plus rien à perdre du côté de l'opinion, à se livrer à des habitudes nuisibles à la société au sein de laquelle il a cherché une retraite.

L'injure, lorsqu'elle n'est pas soutenue ou qu'elle n'est appuyée que sur des faits frivoles et peu importants, ne doit être punie que par la déclaration que l'imputation est injurieuse et téméraire, et par des réparations civiles dans lesquelles l'absence du domicile doit être comprise. On peut aussi, pour la diffamation comme pour l'injure, prononcer une prison à temps qui ne soit pas infamante, non comme peine, mais comme correction, et comme précaution.

Au reste, dans aucun cas, on ne doit ordonner à celui qui est convaincu d'injure, de diffamation, de calomnie, de se rétracter. 1° Parce que dans aucun cas la loi ne peut ordonner ni de croire ni de faire semblant de croire : l'un est absurde, l'autre serait

ordonner le crime. 2° Parce que l'homme convaincu
de ces délits ne mérite pas qu'on attache un grand
prix à son opinion personnelle. Seulement, on peut
regarder cette déclaration faite volontairement
comme une partie de la réparation civile, et la
rendre moins forte; par exemple, dans ce cas, on
peut remettre l'absence.

Nous observerons maintenant que l'on doit spécifier par une loi les actions dont l'imputation particulière ou la qualification doivent donner lieu à une
action; qu'il faut spécifier pour chaque espèce la
peine que doit mériter la calomnie, la diffamation,
l'injure; le point au delà duquel les réparations civiles en argent seront portées pour chaque espèce,
suivant les différentes formes; et lorsque la loi
est obligée de laisser quelque vague, soit pour le
temps, soit pour l'espèce de peine, soit pour la
somme de la réparation, il faut fixer un terme au-
dessus et au-dessous duquel les juges ne pourraient
aller.

On peut demander si, pour qu'il y ait calomnie,
diffamation ou injure, il est nécessaire que celui qui
est attaqué soit nommé. Pour résoudre cette question,
il faut observer que le nom d'un homme est un attribut qui le distingue de tout autre individu. Ainsi,
toute indication applicable à un seul individu, cons-
titue le même délit que si le nom était prononcé.
Il suffit donc qu'il y ait une indication individuelle
précise. Lorsque cette indication individuelle a été
articulée par l'accusé, s'il nie qu'elle soit telle, c'est
à lui à prouver qu'elle ne l'est pas; mais si l'énon-

ciation n'est pas individuelle, c'est à l'accusateur, à
la partie publique, à faire la preuve.

Des imprimeurs, marchands et distributeurs.

Le véritable délit étant la distribution du livre, il
paraît que la punition devrait tomber d'abord sur
les distributeurs, ensuite sur l'imprimeur. Mais il
faut observer que les distributeurs sont des marchands qui se chargent souvent du débit d'un ouvrage qu'ils n'ont pas lu, ou dans lequel ils n'auraient pas été en état de découvrir ce qu'il contenait
de contraire à l'ordre public. Il serait donc injuste
de les punir comme convaincus du délit, dès lors
qu'ils le sont de la distribution, à moins que le titre
de l'ouvrage ne suffît pour leur ôter toute défaite. Il
faut donc, après les avoir convaincus de la distribution de l'ouvrage, qu'ils soient convaincus d'en avoir
connu le danger ; comme, par exemple, si la distribution était postérieure à la déclaration publique
que l'ouvrage renferme un délit. Il en est de même
des imprimeurs : quoiqu'ils ne puissent dire qu'ils
n'ont pas lu le livre, et qu'ainsi il n'y ait pas besoin
de preuves contre eux, il y a toujours à examiner
s'il est possible qu'ils n'aient pas aperçu le délit. Ceci
peut avoir lieu pour les libelles mêmes, autant que
pour les livres séditieux. La calomnie, l'injure, l'ex-
citation à la révolte, peuvent être très-claires dans
l'esprit de l'auteur, et rester inintelligibles pour un
imprimeur.

Quant aux autres distributeurs, si ce sont des

commissionnaires, ils sont innocents; si ce sont d'autres personnes, le fait de la distribution suffit pour la conviction, en observant que, pour ce délit comme pour tout autre, l'accusé peut faire la preuve de son innocence.

Car il faut soigneusement distinguer ces deux cas dans l'instruction : celui où l'homme étant convaincu d'une action matérielle, il faut prouver que l'action est criminelle, et celui où l'accusé doit être obligé de prouver qu'elle ne l'est pas. Par exemple, un homme entre avec une clef dans une maison fermée, y prend une cassette, l'emporte. Il est clair que cet homme doit être censé convaincu de vol, à moins qu'il ne prouve que cette clef lui a été confiée par le propriétaire de la cassette. Un homme dans un incendie se saisit d'effets et les transporte chez lui; il ne doit être aussi convaincu de vol, que lorsqu'il est prouvé que son intention n'était pas de les mettre en sûreté pour le propriétaire.

DE LA POLICE DES LIVRES.

Des défenses de lire ou de garder chez soi certains livres.

La barbarie des lois d'intolérance établies chez la plupart des nations de l'Europe, et qu'une faiblesse inexplicable pour les clergés des différentes communions chrétiennes a empêché de révoquer, cette barbarie a obligé les gouvernements de la plupart des pays civilisés, de n'agir juridiquement que dans des cas très-rares, contre les auteurs des livres qu'ils croient contraires à l'ordre public, et à se contenter d'une action de police.

Par ce moyen, en assujettissant les livres à une censure, en saisissant les livres qui se sont soustraits à cette formalité, en punissant soit par amendes, soit par une prison arbitraire, les distributeurs de ces livres, on espère en prévenir les dangers.

On doit examiner ces moyens dans leurs rapports avec la justice, avec l'utilité publique, avec l'accomplissement du but qu'on se propose. Quant à la justice, on ne peut nier que la prohibition qui a pour objet de m'obliger à ne lire que les livres qu'un censeur royal veut bien me permettre de lire, est contraire à mes droits comme homme et comme citoyen. La confiscation des livres qui ont été soustraits à cette formalité est une suite nécessaire de la loi. Quant aux amendes, aux punitions, si la loi est juste, elles le sont également. La censure est encore injuste sous un autre point de vue : si elle ne met pas à l'abri des rigueurs des lois, elle n'est qu'une rigueur de plus, ajoutée à leur injustice; elle introduit la partialité, l'acception de personnes, dans l'exécution des lois. Une loi injuste et cruelle est un grand mal; mais s'il existe un pouvoir qui soumette ou exempte de la loi qui il veut, la loi devient plus injuste encore, plus funeste à la nation, quoiqu'elle produise moins de maux particuliers.

Ces lois sont également mauvaises en considérant l'intérêt public. Que demande l'utilité publique? Que les hommes acquièrent des lumières. Or, qu'y

a-t-il de plus contraire aux lumières que la censure des livres? L'esprit perd de sa force en perdant
de sa liberté. On ne pense qu'à demi, quand on est
obligé de songer à la nécessité de n'exprimer que ce
qu'un censeur doit approuver. Au lieu de chercher
à expliquer clairement ce qu'on pense, on songe à le
faire entendre avec finesse. Au lieu de rassembler ses
idées dans de grands ouvrages médités avec soin,
écrits avec méthode, on les répand dans des brochures qu'il est plus aisé de soustraire à la censure.

Les censeurs à qui il ne revient pas de gloire pour
avoir approuvé, et qui peuvent craindre des tracasseries, pencheront nécessairement vers la pédanterie; plus un homme aura de célébrité méritée, plus
il sera soumis à une censure sévère, parce qu'on sait
que son ouvrage fera plus de bruit.

A chaque variation dans le ministère, les opinions
contraires seront proscrites, de manière que pendant
quelques années on n'aura pas les livres d'une opinion, et pendant les années suivantes ceux de l'opinion contraire. Enfin tous les bons esprits, dégoûtés
de ces embarras, ou choisiront des occupations
frivoles, comme la poésie, l'éloquence, la littérature, ou se livreront aux sciences physiques et mathématiques prises dans la théorie seule. L'influence
de cette censure s'étend même sur les sciences, et
il y a une foule de questions importantes qu'elle
empêche de traiter. Depuis la renaissance des lettres
on citerait difficilement un grand homme, même
dans les sciences, qui n'ait été ou persécuté, ou soutenu par la protection immédiate d'un souverain.

XI.   20

Le gouvernement lui-même ne s'éclairera point; car il ne peut être éclairé que par les livres. En général, les gens qui gouvernent ont encore plus de préjugés que de vices, et font plus de mal par ignorance que par méchanceté; la crainte des ouvrages où les prétextes de ceux qui voudraient faire le mal seraient combattus, suffit souvent pour les arrêter. C'est aux livres que la France a dû le changement de son régime sur la liberté des subsistances, changement qui, quoique imparfait, a tant influé sur les progrès de l'agriculture.

Une monarchie modérée, gouvernée aussi bien que la monarchie française l'est depuis un demi-siècle, est une chose dont l'existence serait impossible, si l'imprimerie n'existait pas; si même, par des moyens qui échappent à la censure, la presse n'y jouissait d'une certaine liberté.

Cette censure, en augmentant le prix des livres, les met hors de la portée d'un grand nombre d'hommes, et empêche les lumières de se répandre. En France, par exemple, elle est encore la cause de la perte d'une branche de commerce considérable. Les libraires étrangers s'enrichissent en réimprimant les livres français, en imprimant les premiers ceux que la censure proscrit.

Enfin, cette censure est rarement impartiale : toute classe d'écrivains qui a déplu au gouvernement, est impunément calomniée et perd la liberté de se défendre; en général, ce sont les hommes courageux qui préfèrent la liberté à la faveur, qui deviennent l'objet de cette haine. Rien n'avilit plus un gouvernement que cette manière d'abandonner des hommes qu'il estime et qu'il hait, à des brouillons qu'il paye et qu'il méprise.

Enfin, ces précautions ne remplissent point le but qu'on se propose. On sait quel énorme nombre d'exemplaires de livres les plus défendus en France, y sont répandus dans la capitale et dans les provinces. Tout ce qu'on appelle police dans tout tribunal qui emploie des agents secrets, est facile à corrompre, l'argent étant le seul dédommagement du déshonneur attaché à ces fonctions.

D'ailleurs, il ne s'agit, pour éviter les saisies, que de changer la forme des livres ; une brochure ne peut être arrêtée, quelque précaution qu'on prenne. La cherté du prix dédommage du risque auquel on s'expose ; une édition saisie par hasard est remplacée par une autre ; les spéculations de commerce coûtent si peu d'avances qu'elles se multiplient. Les éditions saisies sont répandues par les saisissants mêmes. Enfin tout a son prix : l'intérêt d'empêcher un livre de se répandre, a une certaine proportion avec la dépense qu'il faudrait faire pour réussir.

Par ces prohibitions, le gouvernement perd plusieurs avantages. 1° Celui de connaître l'opinion publique, l'opinion des hommes à préjugés, celle des hommes éclairés ; de juger du mouvement qu'ils excitent dans les esprits, de l'étendue ou de l'activité d'une cabale, bien plus sûrement que par des rapports d'espions, que par des ouvertures de lettres, qui obligent de s'en rapporter à des gens qu'on méprise.

2° Celui de sonder les dispositions de la nation, sur des changements qu'on peut avoir en vue; celui de préparer les esprits à ces changements, de dissiper ou du moins d'ébranler les préjugés qui s'y opposent.

Du moment où la censure est établie, le gouvernement se rend responsable de tout ce qui s'imprime : ou il se rend l'esclave des préjugés de tous les corps puissants, de ceux même qui sont ses ennemis, si la censure rejette tout ce qui peut leur déplaire; ou il se déclare leur ennemi, si la censure montre de la tolérance.

Enfin, une censure sévère détruirait toutes les lumières, toute activité dans les esprits, tout établissement de librairie. Une censure relâchée est inutile: elle aurait seulement en partie les avantages de la liberté; plus elle en approcherait, plus elle serait inutile.

Des priviléges de la propriété littéraire.

Nous avons cru devoir terminer cet ouvrage par quelques réflexions sur la propriété littéraire. Un homme a-t-il le droit d'empêcher un autre homme d'écrire les mêmes choses que lui-même a écrites le premier? Telle est la question à résoudre. En effet, on sent qu'il ne peut y avoir aucun rapport entre la propriété d'un ouvrage et celle d'un champ, qui ne peut être cultivé que par un homme; d'un meuble qui ne peut servir qu'à un homme, et dont, par conséquent, la propriété exclusive est fondée sur la nature de la chose. Ainsi ce n'est point ici une pro-

priété dérivée de l'ordre naturel, et défendue par
la force sociale; c'est une propriété fondée par la
société même. Ce n'est pas un véritable droit, c'est
un privilége, comme ces jouissances exclusives de
tout ce qui peut être enlevé au possesseur unique
sans violence.

Tout privilége est donc une gêne imposée à la liberté, une restriction mise aux droits des autres citoyens; dans ce genre il est nuisible non-seulement aux droits des autres qui veulent copier, mais
aux droits de tous ceux qui veulent avoir des copies,
et pour qui ce qui en augmente le prix est une
injustice. L'intérêt public exige-t-il que les hommes
fassent ce sacrifice? Telle est la question qu'il faut
examiner; en d'autres termes, les priviléges sont-ils
nécessaires, utiles ou nuisibles au progrès des lumières?

Quand bien même il n'existerait pas de priviléges
en librairie, Bacon n'en eût pas moins enseigné la
route de la vérité dans les sciences; Képler, Galilée,
Huyghens, Descartes, n'en eussent pas moins fait
leurs découvertes; Newton n'en eût pas moins trouvé
le système du monde; M. D'Alembert n'en eût pas
moins résolu le problème de la précession des
équinoxes.

Les découvertes de la circulation du sang, de l'ir-
ritabilité; les recherches heureuses des Stahl, des
Bergman, des Scheele, des Priestley, ne sont pas
le fruit des priviléges en librairie. Dans d'autres
genres, les ouvrages qui ont le plus contribué au
progrès des lumières, l'Encyclopédie, les œuvres de

Montesquieu, de Voltaire, de Rousseau, n'ont pas joui des avantages du privilége.

Un homme de génie ne fait pas de livres pour de l'argent; mais s'il n'est pas riche et que ses livres ne lui rapportent rien, il sera obligé d'avoir une occupation pour vivre, et le public y perdra.

Mais le privilége n'est pas nécessaire pour cet objet. Une souscription peut en remplacer, et au delà, tous les avantages. D'ailleurs, l'édition originale faite sous les yeux de l'auteur sera toujours préférée, non-seulement à prix égal, mais avec une différence de prix suffisante pour l'auteur. Elle aura, avec l'avantage de l'exactitude, celui de la primauté. Les contrefaçons ne sont communes que par le prix exorbitant des éditions originales, prix qui lui-même est l'ouvrage des priviléges.

Un livre dont la circulation sera libre et qui ne se vendra pas un tiers au-dessus de son prix, ne sera presque jamais contrefait. La liberté en ce genre, comme en tout autre, a pour effet de ramener toute chose à son prix naturel, et chacun à son droit naturel.

Une autre observation qu'il faut faire encore, c'est que les priviléges n'ont lieu nécessairement que pour des objets frivoles, à moins qu'on ne les porte à un degré où ils deviennent ridicules, et où personne n'ose les défendre.

En effet, supposons un livre utile; c'est par les vérités qu'on y trouve qu'il est utile. Or, le privilége accordé à l'auteur ne s'étend pas jusqu'à empêcher un autre homme d'exposer les mêmes vérités, d'en perfectionner l'ordre, les preuves, d'en étendre les développements, les conséquences. L'auteur de ce livre utile n'aura donc pas réellement de privilége.

C'est donc uniquement pour les expressions, pour les phrases, que les priviléges existent. Ce n'est pas pour les choses, les idées ; c'est pour les mots, pour le nom de l'auteur. Ainsi leur objet n'est pas de conserver à un inventeur le prix des découvertes utiles qu'il a faites, mais de le mettre à portée de vendre plus chèrement les tournures agréables qu'il a imaginées.

Je puis, tant qu'il me plaira, faire imprimer une solution du problème de la précession des équinoxes, exposer un principe général de mécanique, etc., etc. L'auteur de ces découvertes utiles et grandes n'a rien à me dire : la gloire lui restera. Mais si je m'avise d'imprimer un épithalame, sans l'aveu de l'auteur, j'aurai commis un délit.

Enfin les priviléges ont en ce genre, comme en tout autre, les inconvénients de diminuer l'activité, de la concentrer dans un petit nombre de mains, de la charger d'un impôt considérable, de rendre les manufactures du pays inférieures aux manufactures étrangères.

Ils ne sont donc ni nécessaires, ni même utiles, et nous avons vu qu'ils étaient injustes.

Conclusion.

Telles sont nos idées sur une partie de la législation plus importante qu'on ne le croit communément. Le bonheur des hommes dépend en partie de leurs lumières, et le progrès des lumières dépend en partie de la législation de l'imprimerie. Cette législation n'eût-elle aucune influence sur la découverte des vérités utiles, elle en a une prodigieuse sur la manière dont les vérités se répandent. Elle est une des inévitables causes de la différence qui existe entre les opinions des hommes éclairés, celles du public et les opinions des gens qui remplissent des places. Toutes les opinions hardies ont été dites et répétées il y a longtemps; on n'en citera pas une qui n'ait été avancée dans des auteurs du dix-septième siècle, et renouvelée de nos jours : la plupart des vérités utiles sont méconnues.

L'histoire des lois de rigueur contre les livres, suffirait seule pour en dégoûter.

Le premier homme persécuté pour un ouvrage regardé comme irréligieux, fut Aristote. C'est Tibère qui le premier persécuta un historien et fit brûler ses ouvrages. Ce n'était pas une flétrissure qu'il voulait imprimer, c'était l'ouvrage même qu'il voulait détruire. On pouvait l'espérer avant l'invention de l'imprimerie : à présent cette brûlure n'est qu'une cérémonie qu'on a conservée par habitude, quoiqu'il soit aussi dans l'habitude de s'en moquer depuis deux siècles.

Ce fut François Ier qui établit la censure en France, dans un temps où ses maîtresses ne l'avaient pas encore raffermi dans la véritable religion. Ennuyé des cris de la Sorbonne contre plusieurs gens de lettres qu'il aimait et qu'on accusait de luthérianisme, il défendit aux docteurs de rien imprimer sans permission, assignant pour motif le trouble que leurs livres fanatiques pouvaient causer dans l'État. C'est donc contre les théologiens que la censure a été établie.

On verrait : les pays d'inquisition plongés dans l'ignorance de toutes les sciences, n'ayant que des arts grossiers, ineptes dans l'art de la guerre et de la marine, comme dans la politique et le commerce; on verrait que peu de temps avant l'invention de l'imprimerie, dans l'Italie même, à qui le reste de l'Europe doit ses lumières, les sciences trouvaient à peine un asile à Florence, à Venise, à Milan; on verrait Galilée contraint à demander pardon d'avoir découvert, ou démontré de grandes vérités; des volumes entiers renfermant le catalogue des livres que le pape défend de lire, et tous les bons livres, tous ceux surtout où les droits des hommes et ceux des souverains sont établis, placés dans cette liste; on verrait Descartes quittant sa patrie pour échapper à la persécution des prêtres; obligé de fuir encore pour éviter la persécution des ministres protestants, et d'aller chercher le repos dans le palais de Christine; Bayle, contraint de quitter son pays, parce qu'il ne croyait pas au pape, et réduit à la misère en Hollande pour avoir loué les papes; Fontenelle menacé de la persécution s'il osait répondre à un jésuite, et ne pas lui accorder que Dieu, pour mieux tromper les hommes, a concédé au diable le don d'être prophète; Gianone terminant dans l'exil une vie consacrée à défendre les droits de son pays ; Rousseau décrété à Paris et à Genève pour un livre imprimé en Hollande ; Montesquieu obligé de faire imprimer l'Esprit des lois hors de son pays ; Voltaire trouvant à peine la sûreté dans son âge et dans sa gloire, obtenir avec difficulté un asile aux extrémités de la France ; le marquis de Mirabeau privé de sa liberté pour avoir parlé avec trop peu de respect de la gabelle, de l'impôt sur le trop bu ; un citoyen exilé pour avoir osé manifester une opinion hérétique sur la liberté du commerce des bœufs ; l'auteur de la Philosophie de la nature essuyant un procès criminel pour avoir prêché Dieu et la morale, d'un style inconnu dans les greniers des convulsionnaires ; l'auteur de l'Histoire philosophique du commerce (1) décrété, sans même qu'on eût daigné s'assurer s'il était coupable. En un mot, si on en excepte quelques poëtes, qui n'ont été que poëtes, on ne trouverait point, dans les pays où la presse n'est pas libre, un seul homme célèbre qui n'eût essuyé quelque persécution.

(1) Raynal.

MÉMOIRE

SUR LE

CANAL DE PICARDIE.

1780.

On trouvera tous les lieux indiqués dans ce mémoire, dans les feuilles 42 et 43 de la carte de France, où se trouvent les villes de Saint-Quentin et de Cambrai.

AVERTISSEMENT.

L'auteur de ce Mémoire n'a pas cru devoir se nommer ; mais ou les faits qu'on y rapporte sont publics, ou l'on a eu soin de citer ses garants. Rien n'empêchera cependant les partisans de M. Laurent, de répéter les lieux communs d'usage contre les ouvrages anonymes.

L'auteur, après avoir fait tout ce qu'il était possible de faire pour s'opposer à un projet qu'il regarde comme nuisible, a cru devoir s'adresser au public, non par vanité, mais pour satisfaire sa conscience. Si les éboulements du canal souterrain écrasent des hommes ; si des maladies contagieuses désolent les bords de la Somme ; si, dans des circonstances difficiles, la disposition vicieuse de ces canaux prive l'État des avantages que l'exécution d'autres projets lui eussent procurés, il n'aura point de repro-

ches à se faire, il aura dit au gouvernement et
au public la vérité tout entière.

Enfin, ce Mémoire ne servît-il qu'à éclairer
les hommes chargés de l'exécution des projets
de M. Laurent, à leur en faire connaître les
défauts, à leur indiquer les moyens d'en corriger une partie, il serait encore utile. C'est beaucoup que de diminuer un mal, lorsqu'il a été
impossible de l'empêcher.

MÉMOIRE

SUR LE

CANAL DE PICARDIE.

Il suffirait de jeter les yeux sur la carte de France, pour juger combien il serait utile de joindre la Seine à l'Escaut, par le moyen de l'Oise et de la Somme, ou de l'Oise et de la Sambre. La communication de la Seine avec la Somme par l'Oise, est par elle-même un objet intéressant, quoique d'une moins grande importance.

M. de Crozat entreprit, vers 1720, la dernière de ces communications. Il devait construire un canal de Chauny à Saint-Simon, sur la Somme, continuer ce canal le long de cette rivière, jusqu'au point où l'on peut la rendre navigable; une autre branche du canal devait s'étendre jusqu'à la Fère; et une troisième, remonter la Somme jusqu'à Saint-Quentin.

Le canal de Chauny à Saint-Simon, et les deux embranchements qui conduisent à la Fère et à Saint-Quentin, ont été exécutés par MM. de Charbise et Préfontaine. La partie du canal qui devait aller de Saint-Simon au point où la Somme peut devenir navigable, n'a pas même été commencée. MM. de Charbise et Préfontaine en firent seulement imprimer, en 1725, le projet et le devis.

En 1727, M. de Vicq, ingénieur en chef à Saint-Quentin, proposa un projet de communication entre la Somme et l'Escaut. Ce canal, partant des censes de Maquincourt, près des bords de l'Escaut, s'avançait, à ciel ouvert, jusqu'au mont Saint-Martin ; suivait ensuite une ligne souterraine de 3440 toises; s'avançait, à ciel ouvert, depuis Riqueval, en suivant les fonds des vallées de Belle-Englise et de le Harucourt, jusqu'aux hauteurs du Tronquoi : il y avait enfin 700 toises d'un canal souterrain qui se terminait précisément au point où se termine le canal souterrain de M. Laurent. Le canal souterrain de M. de Vicq devait être voûté dans toute son étendue.

Ce canal aurait eu sous terre 4140 toises, et 2950 à ciel ouvert. La portion souterraine devait être éclairée par des puits placés de 40 en 40 toises.

Ces projets parurent oubliés jusqu'au moment où le gouvernement jugea à propos d'acheter le canal Crozat.

M. Laurent proposa alors deux projets qui furent acceptés. Il adoptait pour le canal de la Somme, le plan publié par MM. de Charbise et Préfontaine ; quant à la communication de la Somme à l'Escaut, il proposait, comme M. de Vicq, un canal souterrain, éclairé par des puits, avec ces seules différences, 1° que son canal n'était coupé, dans l'espace de 7020 toises, par aucune partie de canal à ciel ouvert; 2° qu'au lieu de tirer ses eaux de l'Escaut, elles devaient être fournies par le souterrain même (1).

M. de Vicq avait été aidé dans les détails de son projet par M. Boileux, entrepreneur des fortifications de Saint-Quentin, sous qui M. Laurent avait travaillé dans sa jeunesse.

Ces détails sont nécessaires ; on a répété si souvent que les réclamations contre les canaux de M. Laurent étaient le fruit de la jalousie, qu'il est indispensable de faire remarquer que le mérite de ces canaux lui est absolument indifférent, puisque ni l'idée, ni le plan d'aucun des deux, ne viennent de lui.

On entreprit donc d'exécuter ces plans ; et M. Laurent dirigea les travaux jusqu'à sa mort. M. Laurent de Lionne, son neveu, lui succéda ; et les travaux continuèrent jusqu'en 1774, que M. Turgot crut devoir les suspendre (2).

---

(1) M. Laurent ne plaçait des puits que de cent en cent toises, distance qui les rendait absolument inutiles pour éclairer le canal. Ainsi, on n'aurait pu le parcourir sans danger, à moins de s'éclairer avec des flambeaux. Mais les puits de M. de Vicq n'auraient procuré qu'une lumière encore insuffisante, quoique beaucoup plus forte que celle du canal de M. Laurent.

(2) Ministre méconnu, pendant son ministère, par une nation frivole et si souvent injuste envers ses grands hommes, faiblement soutenu par les bons citoyens, et attaqué avec fureur par les intrigants, les charlatans, les hypocrites, par tous ceux que le nom de la vertu fait rougir ou trembler. Son administration de quelques mois a laissé une grande mémoire, et servira longtemps d'instruction et d'exemple. Il avait vu le canal souterrain ; aucune des connaissances nécessaires pour juger ce projet ne lui était étrangère, et son opinion, comme particulier, était une grande autorité : avantage que les gens en place ont bien rarement.

Les dimensions que M. Laurent donnait à son canal souterrain, qui ne devait avoir que 16 pieds de largeur, faisaient craindre que la navigation n'y fût très-difficile.

Le tirage, fait sur des trottoirs de deux pieds de large, aurait été difficile et dangereux; il serait devenu impraticable dans peu de temps.

La nature de la pierre dans laquelle le canal était creusé faisait prévoir des éboulements fréquents, qui auraient rendu la navigation dangereuse, et l'auraient interrompue.

S'il fallait élargir le canal et les banquettes, le voûter, revêtir et paver les banquettes, la dépense devenait très-considérable.

Il n'existait enfin aucun devis détaillé de M. Laurent, aucune comparaison entre son projet et les autres moyens de former la même communication (1).

Quant au canal de la Somme, il était à craindre, 1° qu'étant soutenu dans la partie supérieure de la vallée, les infiltrations ne vinssent à l'épuiser; 2° qu'il n'augmentât la difficulté de dessécher les marais qui infectent cette vallée, et que même il n'accrût l'étendue de ces marais.

On demandait pourquoi l'on ne préférait pas au canal proposé par M. Laurent, d'après M. de

______

(1) Le seul défaut de devis aurait suffi à un administrateur sage, pour donner l'ordre de suspendre les travaux. C'est une faute inexcusable qui doit priver de toute espèce de confiance tout constructeur qui a pu la commettre.

Charbise, un autre canal qui servirait à la fois à la navigation et au desséchement.

Si MM. de Charbise et Préfontaine avaient préféré le canal supérieur au fond de la vallée, c'est que ce canal devait être fait par un particulier à qui l'amélioration de la vallée et la salubrité de l'air étaient indifférentes, et qui craignait les réclamations des propriétaires de moulins et d'étangs. Le gouvernement devait avoir d'autres vues.

Telles furent les raisons qui déterminèrent le gouvernement à suspendre les canaux de M. Laurent. Le public ignore quel compte il en a été rendu par ceux qui, à cette époque, furent chargés de les examiner. Ils n'ont point jugé à propos de faire aucune réponse imprimée aux injures que les admirateurs de M. Laurent ont imprimées contre eux dans les ouvrages périodiques, tels que les *Annales politiques*, le *Mercure* (1). Mais nous avons eu connaissance, soit des expériences qu'ils ont faites, soit des détails locaux que le gouvernement leur avait procurés, et c'est sur ces mêmes bases que nos réflexions sont appuyées.

La question à discuter entre M. Laurent et ceux qui n'approuvent point ses projets, n'a aucun rapport avec le talent pour les machines dont M. Laurent a donné des preuves; c'est une question de rai-

____

(1) On fait entendre dans une lettre signée Rigaut, physicien, imprimée dans le *Mercure*, que ceux qui ont contribué à faire suspendre le canal souterrain sont des traîtres vendus à l'Angleterre.

sonnement et de calcul, qui doit être décidée sur des devis et sur des nivellements, d'après les principes de la physique et de la science de l'hydraulique. Il n'y a rien dans l'idée d'un canal souterrain qui puisse supposer du talent ou du génie dans aucun genre ; rien dans la construction de celui de M. Laurent qui exige des ressources nouvelles. Ainsi l'opinion qu'on a cherché à répandre, que les objections élevées contre le projet de M. Laurent étaient inspirées par l'envie que son génie avait excitée, est une opinion ridicule, qui n'a pu séduire que des ignorants. Les praticiens en mécanique se sont presque toujours plaints des savants, et presque toujours leurs plaintes ont été injustes; mais les mécaniciens n'ont que des admirateurs dans les autres classes de la société; les savants seuls peuvent être leurs juges : il n'est donc pas étonnant qu'ils aient voulu les récuser.

On voit aussi que des géomètres, des physiciens (1), des ingénieurs, et non pas des mécaniciens ou des constructeurs, sont les seuls hommes dont l'avis sur le canal souterrain, avis motivé sur la connaissance du terrain, sur des mesures d'eau, sur le plan de toute l'étendue du pays où l'on peut pla-

---

(1) On entend ici par physicien, un savant qui a des connaissances justes et étendues en physique, et non un homme qui a obtenu un brevet de physicien. Il n'y a aucun rapport entre le *talent* de gouverner une province, de commander une armée, de défendre une place, et la *science* nécessaire pour juger un projet de navigation. Ce n'est point d'habileté dont on a besoin, mais de connaissances positives.

cer les communications entre la Seine et l'Escaut, puisse être de quelque poids auprès des hommes éclairés.

Un canal est un objet d'utilité publique, et ce serait une véritable charlatanerie que d'employer, pour faire un canal, des moyens extraordinaires, et d'en faire par là un monument *digne des Romains*, comme on dit, si ces moyens ne rendent l'ouvrage plus solide, plus utile, et moins dispendieux qu'il ne le serait en employant des moyens plus simples. Il est très-vraisemblable que les magistrats romains, moins éclairés que nous, et plus prodigues encore du travail et de la vie de leurs esclaves, que nous n'osons l'être du trésor public, firent souvent la faute de préférer ce qui pouvait leur faire honneur auprès du peuple, à ce qui était vraiment utile; il ne faut pas les imiter. Il n'est donc pas question de savoir si le canal souterrain est un beau monument, mais s'il serait plus utile qu'une autre jonction de la *Seine* à l'*Escaut*.

On n'a jamais dit que l'exécution du canal souterrain de M. Laurent fût impossible : dans ce genre, presque tout est possible. Le ciel d'un canal souterrain ne se soutient-il pas, on le voûte; l'eau qu'il fournit ne suffit-elle pas, on en prend d'une rivière voisine; cette ressource est-elle encore insuffisante, des rigoles y conduiront l'eau des rivières plus éloignées; on peut enfin former un lac artificiel nourri par les eaux des pluies. On est même sûr que plus on multipliera les moyens de ce genre, et par conséquent plus l'ouvrage sera défectueux, plus aussi il excitera l'admiration. Il faudrait des recherches que, le canal une fois construit, personne ne s'avisera de faire, pour prouver qu'il existait des moyens beaucoup plus simples de parvenir au même but (1).

Si, d'après ces observations générales, nous passons à un examen suivi du canal souterrain de M. Laurent, nous trouverons :

1° Que la largeur de 16 pieds, donnée par M. Laurent, à un canal qui devait porter des bateaux de 15 pieds de largeur, est insuffisante ; que les bateaux y éprouveraient une résistance beaucoup plus grande que dans les canaux ordinaires, et qu'il serait plus difficile de les diriger ;

2° Que les banquettes de 2 pieds de largeur seraient trop étroites ; que les hommes qui pousseraient le bateau de chaque côté, perdraient une grande partie de leur force ; que ces banquettes s'useraient très-vite, deviendraient impraticables ; que les tireurs seraient exposés à beaucoup d'accidents ;

3° Qu'il résulte de la nature des pierres où le canal est creusé, et qui sont séparées par des fentes irrégulières, ainsi que des observations faites dans les carrières de pierres absolument semblables, et enfin de l'état du ciel des parties déjà excavées par M. Laurent, qu'un canal taillé dans un roc de cette nature serait souvent comblé par les pierres qui se

____

(1) Les prodiges inutiles prouvent bien moins la grandeur d'une nation, que son ignorance. Mais ici il n'est pas même question de prodige : une longue cave de 7000 toises est la chose du monde la plus aisée à inventer et à exécuter.

détacheraient de la voûte ; que ces éboulements interrompraient la navigation, briseraient les bateaux, et qu'on ne pourrait exécuter le projet de M. Laurent, sans exposer aux plus grands dangers les hommes qui les conduiraient (1).

(1) Riquet fit, dans le siècle dernier, pratiquer un canal souterrain dans la montagne de Malpas. Ce canal devait être seulement creusé dans le roc ; on s'aperçut bientôt de la nécessité de soutenir le ciel de la voûte ; les cintres de charpente qu'on employa d'abord, furent pourris en peu de temps : on se détermina enfin à voûter en pierres 60 des 85 toises qu'avait le canal. Mais comme les voûtes, quoique très-bien entendues, ne parurent point encore suffisantes, on fut obligé de déblayer la carrière au-dessus de la voûte, de manière à ne lui laisser que 20 pieds d'épaisseur. Quant aux 25 toises non voûtées, la destruction continuelle du ciel et des parois de la carrière, y encombre sans cesse le canal ; mais comme le roc ne se délite qu'en très-petites parties, ce passage est sans danger.

Depuis le projet de M. Laurent, et le bruit qu'il a excité, on a cru devoir faire, dans le cours du canal de Provence, une partie de canal souterrain de 360 toises ; par ce moyen, on évitait un détour de 72 toises ; et la toise courante ne devait coûter que 300 liv. au lieu de 450 liv. Mais bientôt, de ces 360 toises, il a fallu en faire 245 à ciel ouvert, à une profondeur réduite de 70 pieds, et la toise courante a coûté, en tenant compte des accidents auxquels il a fallu remédier, 4500 livres au lieu de 300 livres.

Ces notes nous ont été données par un ingénieur très-instruit, qui a examiné ces travaux.

Il existe, entre Paris et Rouen, des villages dont les habitants creusent leurs maisons, leurs étables, dans une pierre absolument semblable à celle que traverse le canal de Picardie, et il y arrive souvent des accidents.

M. Desmarest, l'un des hommes de l'Europe qui ont vu le plus

Ces raisons suffisent pour prouver que le canal souterrain, tel que M. Laurent l'a proposé, ne doit point être continué. Mais il reste à discuter :

1° Si l'on doit continuer le canal en suivant la ligne de M. Laurent, mais en augmentant la largeur du canal et celle des banquettes, en le voûtant, en pavant et en revêtant les banquettes ;

2° Si on ne doit pas préférer le canal souterrain proposé par M. de Vicq ;

3° S'il n'y aurait pas moyen d'avoir une communication entièrement à ciel ouvert.

Pour déterminer les dimensions convenables à un canal souterrain, destiné à porter des bateaux de 15 pieds de largeur, il faut connaître jusqu'à quel point la résistance des fluides augmente dans des canaux étroits.

de carrières, et qui les ont le mieux examinées, est convaincu que le canal de M. Laurent ne pourrait se soutenir sans être voûté.

L'inspection du canal de Picardie suffit pour prouver la nécessité de le voûter dès le moment de la construction, ou de le faire à ciel ouvert en beaucoup d'endroits, indépendamment des dangers que les dégradations amenées par le temps font prévoir. On prétend que dans la partie qui conduit au petit morceau qu'on montre aux curieux, les fentes du ciel de la carrière sont masquées par du plâtre, scellées en quelques endroits avec des clous. Nous ne garantissons point ce fait, mais il mérite qu'on en ordonne la vérification.

Du moins est-il certain qu'on trouve souvent dans les fentes de la craie, une terre humide, produite par la destruction de la pierre : indice certain du peu de solidité d'une voûte creusée dans une substance de cette nature.

On savait, il y a longtemps, que cette augmentation avait lieu, qu'elle devait même être considérable; mais ni la théorie, ni des expériences exactes
ne pouvaient la faire évaluer avec précision; il fallut
donc recourir à des expériences nouvelles. Ces expériences sont imprimées dans un ouvrage intitulé :
Nouvelles expériences sur la résistance des fluides,
chez Jombert. Voici ce qu'on en peut conclure
pour le canal de M. Laurent.

La justice demande que nous comparions son canal, non à un canal d'une largeur indéfinie, mais
seulement à un canal de 50 pieds de largeur, où l'on
ferait mouvoir des bateaux de 15 pieds. Cela posé,
nous trouverons que pour une vitesse d'environ
2000 toises en 100 minutes,

Le rapport des résistances, dans un canal plus
large que celui de M. Laurent, c'est-à-dire, de 17
pieds et demi, au lieu de 16, serait encore comme
2 à 1;

Que dans un canal de 21 pieds de large, au lieu de
16, il serait comme 5 à 3;

Dans un canal de 25 pieds de large, comme 3 à 2;

Dans un canal de 35 pieds de large, comme 5 à 4.

Ainsi, dans le canal de M. Laurent, il faudrait au
moins deux fois autant de force pour mouvoir un
bateau; les frais seraient doubles, ou il ne faudrait
parcourir 2000 toises qu'en 141 minutes.

Dans un canal de 25 pieds, les frais augmenteraient
encore de moitié, ou il ne faudrait parcourir 2000
toises qu'en 123 minutes.

Cette largeur est la moindre qu'on puisse raison-

nablement donner à un canal souterrain, où les bateaux doivent avoir 15 pieds de largeur (1).

Nous ferons donc les calculs de la dépense pour le
canal souterrain, d'abord en lui supposant cette largeur, ensuite en lui en donnant une de 3o pieds, afin
que l'on puisse apercevoir quelle serait l'augmentation
de dépense si on voulait que la navigation fût commode pour des bateaux entre 15 et 20 pieds, ou que
des bateaux de 15 pieds pussent se rencontrer.

Nous supposerons de chaque côté deux ban-
quettes de 4 pieds : il serait difficile de faire le tirage
avec une moindre largeur.

(1) Il est très-difficile, même dans des expériences en petit, de
faire marcher un bateau, lorsque la distance du bateau aux parois
est très-petite, sans qu'il y ait souvent un frottement contre les
parois. Le canal de M. Laurent aurait encore eu ce défaut, qui
suffirait pour le rendre presque impraticable.

Il existe des canaux peut-être aussi étroits que ceux qu'a proposés M. Laurent; mais serait-il raisonnable de se réduire à n'a-
voir qu'une navigation incommode, parce qu'il en existe ailleurs
d'autres également incommodes ? de se borner à ne pouvoir employer que des bateaux très-étroits, tandis qu'on peut ouvrir
une navigation aux bateaux de toutes les largeurs, en usage sur
les grandes rivières qui communiquent avec le canal qu'on veut
construire ? Personne n'ignore qu'en allant plus lentement, on diminue la résistance : mais pourquoi se mettre dans la nécessité
d'aller lentement ?

MM. Laurent avaient paru désirer des expériences en grand,
sur la résistance des fluides dans les canaux étroits ; il est aisé de
prévoir qu'elles auraient eu un succès encore plus contraire à
leurs vues. Au reste, il est bon d'avertir que toutes les expériences où l'on emploierait la force des hommes, ou celle des chevaux, ne prouveraient absolument rien.

Enfin, on se souviendra que la sûreté des naviga-
teurs, et la possibilité de la navigation demandent
que le canal soit voûté, et les banquettes revêtues
et pavées.

Pour un canal de 25 pieds de largeur, les trottoirs
ayant 8 pieds, et par conséquent la largeur totale de
l'ouverture étant de 33 pieds,

L'excavation coûtera au moins.. 7,160,000 l.
La maçonnerie de la voûte..... 2,920,000
La construction des trottoirs.... 1,432,000
Celle des puits............... 245,000

TOTAL....... 11,757,000

Il en coûterait donc pour achever le canal de
M. Laurent, 10,557,000 liv., en donnant au canal
25 pieds de largeur.

Si on lui en donnait 30, alors on aurait,
Pour la dépense de l'excavation.. 7,904,000 l.
Pour la voûte................ 2,983,000
Pour les trottoirs............. 1,432,000
Pour les puits................ 245,000

TOTAL...... 12,564,000

Et, par conséquent, pour achever ce canal,
11,364,000 liv.

Comme il n'existe point de devis des travaux de
M. Laurent, on a estimé l'excavation déjà faite ; on
a divisé par le nombre de toises cubes qu'elle contient, la somme de 1,200,000 liv., déjà dépensée
pour le canal souterrain, de l'aveu de M. Laurent,

et on a déduit le prix d'une toise cube de déblai ;
ce qui suppose, à la vérité, qu'il n'a été absorbé en
appointements des employés du canal, en gratifications, que ce qui était nécessaire.

On a supposé que la voûte aurait 20 pieds de haut,
comme l'avait proposé M. Laurent ; on lui a donné
un pied et demi d'épaisseur ; on l'a supposée cons-
truite en briques avec des chaînes de pierres de taille ;
enfin, on a supposé qu'il serait laissé au-dessus de la
voûte un espace vide d'un pied, sans quoi la construction en serait impraticable ; ce vide serait rempli ensuite avec un mortier, soit de pozzolane, soit
d'une composition particulière, comme celle de
M. de Lafaie, qui s'endurcisse même dans l'humidité.

Ces estimations sont d'un militaire (1), dont les
lumières et la probité sont connues, et qui a bien
voulu nous les communiquer.

On voit donc que pour se procurer une navigation
sûre et durable, mais encore difficile, obscure, où
deux bateaux ne pourraient se rencontrer pendant
l'espace de 6 heures, en sorte qu'il ne pourrait s'ouvrir que deux fois en 24 heures, on voit que pour
se procurer une pareille navigation, en suivant la
la ligne de M. Laurent, il en coûterait 10,557,000 liv.,
outre les 1,200,000 liv. déjà dépensées.

Observons que M. Laurent, ne nourrissant son
canal que par l'eau que fournit le souterrain, il est
impossible de mesurer cette eau avant que le souter-

____

(1) **M. Chabaud**, officier au corps royal du génie, longtemps
ingénieur en chef à Saint-Quentin.

rain soit fini, et qu'ainsi, en supposant même, ce qui n'est pas vrai à beaucoup près, que la construction de la voûte et des trottoirs ne diminuât point la quantité d'eau, il faudrait dépenser encore 5,960,000 liv. avant de savoir si le canal entrepris aura une quantité d'eau suffisante (1).

On pourra, à la vérité, tirer un peu d'eau de la partie supérieure de l'Escaut ; mais si on laisse le canal de M. Laurent de niveau avec la partie achevée, cette quantité d'eau ne serait qu'un supplément très-faible.

Si, d'après les mêmes données, on évalue la dépense du canal de M. de Vicq, on trouvera que, pour une largeur totale de 33 pieds, les 4140 de canal souterrain coûteraient 6,934,000 liv.; et pour une largeur de 38 pieds, 7,410,000. liv. On aura donc pour 33 pieds :

Canal de M. Laurent........... 10,557,000 l.
Canal de M. de Vicq...........   6,934,000
               DIFFÉRENCE.....   3,623,000

Et pour 38 pieds :
Canal de M. Laurent........... 11,364,000 l.
Canal de M. de Vicq...........   7,410,000
               DIFFÉRENCE.....   3,954,000

(1) Il est superflu d'entrer ici dans le détail des raisons sur lesquelles cette opinion est appuyée : elles se présentent d'elles-mêmes.

En tenant compte des 1,200,000 liv. déjà dépensées.

Mais le canal à ciel ouvert de M. de Vicq, et le
bassin à former entre le mont Saint-Martin et Vand-
huile, coûteraient 277,000 liv. Donc les différences
seront pour le canal de 33 pieds, 3,346,000 liv.; et
pour le canal de 38 pieds, 3,677,000 liv. Ainsi, en
consentant à perdre 1,200,000 liv. déjà dépensées,
il y aurait encore plus de 3,000,000 à gagner en
abandonnant le canal de M. Laurent.

Le canal de M. de Vicq aurait encore d'autres
avantages :

1° Quoique plus long de 870 toises que celui de
M. Laurent, il serait parcouru en moins de temps,
la navigation à ciel ouvert ayant toujours des avantages sur une navigation souterraine.

2° Il n'aurait que 3440 toises de navigation souterraine, sans interruption : c'est la moitié moins
que celui de M. Laurent. Cette ligne serait donc
parcourue en deux fois moins de temps; ainsi on
pourrait ouvrir chaque entrée du canal aux bateaux,
quatre fois en 24 heures.

3° Ce canal tirerait son eau de l'Escaut; ainsi l'on
pourrait s'assurer, même avant de commencer, s'il
y en aurait une quantité suffisante.

Il est donc clair que le canal de M. de Vicq mérite
la préférence sur celui de M. Laurent; que les changements imaginés par celui-ci dans le projet de M. de
Vicq ne sont pas heureux, et que s'il n'y avait d'autres
moyens de joindre l'Escaut avec la Somme que la
construction d'un canal souterrain, il faudrait exé-

cuter celui de M. Vicq, avec les corrections proposées, et abandonner celui de M. Laurent (1).

Nous ignorons pourquoi M. Laurent a renouvelé le projet du canal souterrain proposé par M. de Vicq, au lieu de s'occuper d'une communication beaucoup plus simple, et que la nature indique.

Ce canal se formerait en joignant l'Oise à l'Escaut par la Sambre. Il aurait l'avantage d'ouvrir des communications plus étendues, plus utiles en cas de guerre, et de les ouvrir dans un pays où elles sont plus nécessaires.

Ce canal remonterait l'Oise de la Fère à Vadancourt, suivrait ensuite la vallée où coule le Noirieu, et celle de la Sambre jusqu'à Landrecies. Il descendrait ensuite dans l'Escaut par la Celle, au moyen d'un embranchement qu'on placerait un peu au-dessus de Landrecies.

(1) Supposant qu'au lieu des 1,200,000 liv. employées en excavation, il n'y en a eu que les deux tiers, et que les autres 400,000 liv. aient été absorbées en faux frais ; supposons de plus que ces abus seront corrigés, nous trouverons que cette hypothèse, diminuant d'environ 2,300,000 liv. le prix de l'excavation, pour 33 pieds de largeur, dans le canal de M. Laurent, et de 1,300,000 liv. dans celui de M. de Vicq, cela donne, pour le canal de M. Laurent, la dépense d'environ 8,200,000 liv., et pour celui de M. de Vicq, 5,600,000 liv. : différence, 2,600,000 liv. De même pour le canal de 38 pieds, celui de M. Laurent coûterait 8,700,000 liv., celui de M. de Vicq 5,900,000 liv. : différence, 2,800,000 liv. Ainsi, la conclusion ne devrait pas changer, quand même les partisans de M. Laurent conviendraient qu'il y a eu un tiers de la première dépense employé d'une façon abusive, comme appointements de trésoriers et de contrôleurs, gratifications à l'administration de la province, etc., etc., etc.

On avait chargé un ingénieur des ponts et chaus-
sées (M. de Brie) de faire les nivellements et les
mesures d'eau nécessaires pour se mettre à portée
de juger de la possibilité de ce projet : et il a résulté
de ses observations, que l'on peut établir le point
de partage dans une vaste plaine, où les eaux paraissent indifférentes à couler vers l'Oise ou vers la
Sambre. Un canal horizontal de 11,000 toises, construit à ce point, tiendrait lieu de réservoir : sur cet
espace, la hauteur réduite des fouilles ne serait
que de 12 pieds; il serait possible alors d'y réunir
plus de 4,000 pouces d'eau, quantité suffisante pour
entretenir une navigation florissante, puisque d'ailleurs, à peu de distance du point de partage, le
Noirieu peut fournir encore un grand volume d'eau
pour descendre dans l'Oise, tandis que la Celle en
fournirait pour descendre dans l'Escaut. Enfin, pour
joindre la Sambre à la Celle, il n'y aurait qu'une
fouille de 1,000 toises, sur 24 pieds de hauteur réduite; le fond du terrain serait bon partout.

Le nombre des écluses serait au-dessous de 50,
pour la totalité du projet, et il n'y en aurait que
20 environ qui seraient obligées de manœuvrer avec
l'eau du point de partage.

Il y a lieu de croire que la dépense de ce projet
égalerait tout au plus celle du canal souterrain.

Et si l'on fait attention :

1° Que ce canal ouvre une communication importante de plus, celle de l'Oise et de la Sambre;

2° Que l'on trouvera sur les bords mêmes du canal le bois nécessaire à sa construction, et des

pierres bleues, espèce de marbre grossier, qui fourniraient une chaux excellente;

3° Que la valeur de la forêt de Mormal, qui appartient au roi, serait doublée, et qu'ainsi le revenu public augmenterait d'environ 200,000 l. par an; on trouvera que ce projet serait réellement beaucoup moins cher que celui de M. Laurent.

Ce canal serait plus long d'environ un sixième : mais comme on y naviguerait toujours à ciel ouvert, comme les bateaux pourraient entrer et sortir à toute heure, la facilité de la navigation compenserait aisément cette augmentation de longueur (1).

Ce canal, dont le plan a été levé, est donc de beaucoup préférable, non-seulement au canal de

(1) On peut également joindre la Sambre à l'Escaut par l'Écaillon, ainsi que l'a proposé un officier du corps du génie, aussi éclairé que bon citoyen, M. de la Fitte, ingénieur à Cambrai. Comme il serait important de se procurer, pendant la guerre présente, des moyens de faire venir, par eau, des mâtures et des bois de Hollande, le même officier a proposé un canal provisionnel, en suivant la même ligne; la dépense totale de ce canal n'aurait pas excédé cent mille écus, et la construction n'eût demandé que quatre ou cinq mois de travail. On aurait pu alors tirer les mâts de Hollande, ou par l'Escaut, ou par la Meuse, à volonté : il est vraisemblable qu'un projet si peu dispendieux, si simple et si utile, ne sera point rejeté.

En comparant les deux canaux, ce n'est pas la plus ou moins grande facilité de transporter des marchandises de Cambrai à Saint-Quentin qu'il faut comparer, c'est la communication la plus avantageuse entre la Seine et l'Escaut, la Seine et la Sambre : il ne s'agit pas de l'intérêt particulier d'une ou deux villes, mais de celui de plusieurs grandes provinces.

M. Laurent, mais même à celui de M. de Vicq ; et c'est le seul qui doive être adopté par l'administration, puisque la seule chose vraiment importante est la communication de l'Escaut et de la Sambre avec la Seine ; celle de la Somme avec la Seine étant facile, et celle de l'Escaut à la Somme n'étant que d'une utilité purement locale.

Passons maintenant au canal de la Somme.

Nous avons dit qu'il s'agissait de savoir : 1º si le canal de M. Laurent ne serait pas sujet à perdre ses eaux par des infiltrations ; 2º si ce canal ne nuirait pas au desséchement si nécessaire des marais de la Somme ; 3º si on ne pourrait pas y substituer un autre canal, qui servît à la fois au desséchement et à la navigation.

M. Chabaud, capitaine au corps royal du génie, fut chargé d'examiner la rivière de la Somme ; et voici en peu de mots le résultat de son travail.

1º Le canal de M. Laurent ne pourra fournir qu'une navigation peu abondante, et il sera exposé à manquer d'eau. L'exemple du canal de Languedoc, l'exemple plus voisin du canal Crozat, prouvent combien les infiltrations font perdre d'eau à un canal supérieur aux terres. En effet, le canal Crozat inonde les terres inférieures en plusieurs endroits. Il conserve à peine assez d'eau pour une navigation très-languissante, et comme cette navigation augmentera par la construction du canal de la Somme, le canal Crozat deviendra insuffisant, et l'on sera obligé de dessécher les marais supérieurs, situés entre Saint-Quentin et la source de la Somme, afin d'augmenter par ce moyen l'abondance des sources, et de diminuer l'évaporation.

2° Comme la Somme n'est pas sujette à de grandes crues; comme elle ne charrie ni cailloux ni vase, il serait aisé de creuser un lit à cette rivière dans la partie la plus basse de la vallée : ce lit pourrait servir de canal. Les marais et les étangs seraient desséchés. Comme ce moyen est le seul qui puisse procurer une bonne navigation; comme il joint à cet avantage celui de rendre à la culture les terrains infectés par les marais et les étangs, et l'avantage qu'aucun autre ne peut balancer, d'arracher à la misère et à la mort les malheureux que l'air de ces marais empoisonne; comme au contraire le canal de M. Laurent manquerait d'eau, qu'il augmenterait la quantité des marais, au lieu de la diminuer, il n'y a point de doute qu'il ne faille abandonner le projet de M. Laurent, pour suivre celui que propose M. Chabaud, et qui a pour base la nécessité d'embrasser, dans un même travail, la navigation et le· desséchement.

On a fait contre ce projet des objections auxquelles il est nécessaire de répondre.

On a dit, 1° qu'il ôtait à la France l'avantage d'être défendue par les marais de la Somme. Mais comme il lui donnerait celui d'être défendue par un canal large et profond; comme il y aurait vingt passages de moins entre Saint-Simon et Amiens, que dans l'état actuel; comme les digues du canal pourraient facilement être construites de manière à former une ligne de défense, cette objection a peu de force. D'ailleurs, des ingénieurs militaires ont examiné les deux projets, et prononcé en faveur de celui de M. Chabaud.

2° Que par le desséchement on priverait le pays de moulins nécessaires à sa subsistance : mais au contraire, au lieu de diminuer le nombre des moulins, M. Chabaud l'augmente de huit tournants par une meilleure distribution des eaux.

3° Qu'en desséchant les étangs, on privait de poissons les communautés religieuses : mais c'est en donnant du lait aux enfants des pauvres.

4° Que le desséchement nuira aux buries de Saint-Quentin : au contraire, il les mettra à l'abri des eaux, et leur épargnera les dépenses qu'on est obligé de faire pour s'en défendre. Il y a eu, il est vrai, quelques réclamations de leur part ; et les propriétaires des buries ont craint de manquer d'eau, parce que l'on parlait de dessécher. Mais ces plaintes n'ont eu lieu que parce qu'on leur avait donné de fausses idées du projet de M. Chabaud.

5° Que les terrains desséchés produiront moins qu'avant le desséchement : un calcul très-simple prouve le contraire.

6° Que l'air des marais n'est pas malsain : l'opinion contraire a été l'opinion générale des médecins depuis Hippocrate. Lancisi a fait un ouvrage particulier sur cet objet. Les marais Pontins sont regardés comme une des causes principales du peu de salubrité de l'air de la campagne de Rome : la figure des habitants des marais suffit pour prouver que cette opinion est fondée. Ils sont sujets à des épidémies inconnues dans les villages voisins, mais situés à une petite distance des marais. Enfin, d'après un relevé fait des mortalités pendant plus de dix ans, dans un grand nombre de paroisses situées, les unes le long des marais de la Serre, les autres sur l'Oise, d'autres sur un plateau qui sépare les deux rivières, on a trouvé que dans les paroisses marécageuses, la vie des hommes était moindre de plus d'un cinquième ; que les vieillards y étaient infiniment plus rares. On a eu soin, pour faire ce calcul, de choisir des paroisses où le sol, la richesse des habitants, la manière de vivre, les occupations, les secours pour les malades, l'administration, les impôts, fussent absolument les mêmes, et l'on n'a compté dans les listes que les hommes nés et morts dans la même paroisse.

La comparaison entre la mortalité dans une paroisse de Saint-Quentin, située au haut de la ville, et la mortalité dans une paroisse de la même ville, située près des marais, a donné des résultats plus effrayants encore.

Mais en n'admettant que les rapports trouvés pour les marais de la Serre, que nous préférons ici, parce qu'en fait de tables de mortalité, on ne peut compter que sur celles dont on a discuté toutes les bases, il en résulte que proposer d'exécuter le canal de M. Laurent, c'est proposer de diminuer d'un cinquième la vie moyenne de plus de 40,000 hommes, pour assurer à M. Laurent la gloire d'exécuter un projet imprimé il y a cinquante ans (1).

(1) Le gouvernement pourrait, avant de se décider, consulter

7° On dit encore que le desséchement causerait des épidémies : cela peut arriver, sans doute, s'il est confié à des hommes peu instruits : mais entre des mains habiles, il n'y a aucun danger. On fera le desséchement dans les saisons favorables, successivement, en commençant par les parties inférieures, comme M. Laurent aurait dû faire lorsqu'il a commencé la construction de son canal.

8° Enfin, on a prétendu que les riverains de la Somme, non-seulement ne demandaient point ce desséchement, mais qu'ils le craignaient : il est constant, par les lettres des syndics de plus de vingt paroisses, adressées à l'administration en 1777, que ces paroisses le désirent. Ces lettres prouvent même que le mal augmente tous les jours, que l'eau gagne de jour en jour sur leurs communes, et que ce mal n'est pas l'ouvrage de la nature, mais de

la société royale de médecine. Le bruit s'est répandu, à la vérité, que l'on continuait cette partie du canal de M. Laurent ; mais il est impossible que, sans avoir pris l'avis d'aucune compagnie de médecins, sans aucune estimation précise des travaux à faire, vérifiée par les gens de l'art, enfin sur la simple parole de M. Laurent de Lionne, qui n'est ni ingénieur ni médecin, on ait prononcé sur un objet aussi intéressant pour le commerce, la culture et la santé des citoyens. M. l'intendant de Picardie, qui s'est occupé avec zèle du desséchement du Marquenterre, n'aura pas manqué de s'opposer avec vigueur à ce qu'on rendît indesséchables ceux de la haute Somme.

M. Laurent de Lionne connaît lui-même toute l'importance de ce desséchement, puisqu'on lit, à ce qu'on assure, dans un de ses mémoires : *Que l'on pourra donner aux marais desséchés de la Somme une valeur supérieure à celle de toutes les autres terres.*

l'avarice des possesseurs de moulins et d'étangs.

Nous ne nions pas pourtant qu'on ne puisse se procurer contre le desséchement, des plaintes signées par les riverains de la Somme. Il serait aisé même de deviner par quels moyens on peut obtenir des réclamations de cette espèce; mais il est ici question d'un fait physique, et il n'y a que des médecins ou des hommes qui aient calculé les mortalités, dont le jugement puisse avoir quelque poids.

La dépense du plan proposé par M. Chabaud, et dont il a donné un devis détaillé, monte à 4,3oo,ooo livres. On ignore à combien monterait celui du canal de M. Laurent; il n'en a jusqu'ici existé aucun devis : il a annoncé qu'il ne coûterait que 1,2oo,ooo livres; mais cette estimation paraît faite au hasard.

En effet, ce canal est le même que celui de MM. de Charbise et Préfontaine. Les changements, faits par M. Laurent ne peuvent qu'augmenter un peu la dépense. Or, le devis de ces ingénieurs, fait en 1725, monte à 2,5oo,ooo livres; ainsi il est vraisemblable que les prix ayant augmenté depuis 1725, le canal de M. Laurent coûterait au moins cette somme. Ce prix est encore fort éloigné de celui du canal proposé par M. Chabaud. Mais le plan de M. Chabaud embrasse les travaux nécessaires pour rendre la Somme navigable de Sailli-Loret à Amiens, et les travaux qu'il faut faire dans cette ville. De plus, l'amélioration de la vallée de la Somme, l'augmentation du nombre des moulins, peuvent au moins contre-balancer une dépense de 1,8oo,ooo livres. Enfin, le canal de M. Chabaud, si on en compare la construction à celui de M. Laurent, doit être du même prix. Il n'y a de plus que les dédommagements à payer aux propriétaires des moulins; et il est aisé de voir que l'augmentation du nombre des moulins qui résulte de l'opération de M. Chabaud, peut couvrir cet excédant de dépense (1).

Le canal de M. Chabaud mérite donc la préférence, non pas seulement comme plus avantageux que celui de M. Laurent, mais comme le seul qui puisse fournir une bonne navigation; le seul qui puisse rendre au vallon de la Somme l'air salubre dont les possesseurs de moulins et d'étangs sont parvenus à le priver.

On peut donc conclure qu'il faut également abandonner les deux projets de M. Laurent, et suivre ceux que M. Chabaud et M. de Brie ont proposé d'y substituer.

Les principes les plus simples et les plus clairs sur la théorie des eaux, des vues d'humanité et d'éco-

______

(1) Il est évident que le canal proposé par M. Chabaud ne peut être plus cher que celui de M. Laurent, puisqu'il part du même point pour se rendre au même point, en suivant la même plaine. Il est donc évident aussi que, si l'un porte sa dépense à 1,200,000 livres, et l'autre à 4,300,000 livres, dont il faut, à la vérité, déduire les dédommagements pour les moulins et les travaux à faire dans la ville d'Amiens, cette grande différence est due à une erreur. Qui des deux l'a commise? Il suffit de lire le mémoire de M. Chabaud, pour voir que ce n'est pas lui; mais du moins est-il impossible, on le répète, que le gouvernement se soit décidé sans avoir fait examiner ces deux projets par des gens éclairés.

nomie, sont les seules qui nous aient conduits à cette conclusion.

Si l'on exécute le canal souterrain, et qu'on en abandonne l'entreprise à MM. Laurent (1), il peut arriver qu'ils suivront l'ancien plan, conformément à la partie déjà achevée, et sans voûter; alors on n'aura qu'une navigation lente, incommode, que le moindre accident, arrivé dans le canal ou aux banquettes, interrompra pour des temps considérables; une navigation que l'éboulement du ciel de la carrière peut rendre dangereuse. S'ils changent de plan, qu'ils élargissent le canal, et qu'ils le voûtent, les inconvénients seront moindres; mais ce canal sera très-cher, ruinera certainement les entrepreneurs, et finira par devenir à charge au gouvernement. Si le gouvernement le fait exécuter à ses frais, après l'avoir exécuté, suivant les anciennes dimensions, il faudra, au bout de dix, de vingt ans, ou l'abandonner, ou le faire achever sur un

(1) Il n'y a rien de si commun que de proposer au gouvernement des projets dont on masque les difficultés et les dépenses; on s'en charge à un prix : il survient une difficulté, on s'adresse au ministre, on prouve qu'il était impossible de la prévoir, et on obtient de nouveaux secours. Quand le canal est fait, on prouve qu'on a plus dépensé qu'on ne croyait, et on obtient un dédommagement, ou bien on se fait céder des droits, non-seulement sur son nouveau canal, mais sur les canaux voisins; on a l'air de n'avoir rien demandé, et on a chargé le commerce d'un poids énorme. Mais les gouvernements ne sont plus la dupe de ces petites ruses; on n'ose plus dire qu'une entreprise coûte peu, parce qu'elle ne coûte qu'au peuple, et qu'elle n'est point payée sur le trésor du roi.

nouveau plan avec des frais immenses; et pendant
ce temps, une communication indiquée par la nature, celle de l'Oise avec la Sambre et l'Escaut, sera
négligée et abandonnée peut-être pour toujours. Si
l'on exécute le canal de la Somme, les marais que
forme cette rivière deviennent impossibles à dessécher, sans dessécher en même temps le canal; et
le canal sera, même en conservant les marais, souvent exposé à manquer d'eau. Ainsi, sans presque
aucun avantage pour le commerce, la province de
Picardie sera privée, peut-être pour jamais, d'un
canal très-utile pour la navigation, des avantages du
desséchement qu'on aurait pu former en suivant le
cours de la Somme. En effet, l'existence d'un canal défectueux, mais praticable, suffit pour empêcher d'en construire un meilleur pour le même objet.

Si, au lieu d'abandonner aux idées d'ingénieurs
particuliers les projets de navigation intérieure,
on les avait, il y a cinquante ans, soumis, comme
les grands chemins, à des vues d'administration
générale, il y a tout lieu de croire que l'Oise aurait
été jointe à la Sambre et à l'Escaut; que la Meuse
l'aurait été à l'Oise. Au lieu de cela, l'enthousiasme
que M. Laurent avait inspiré, a fait adopter en
Picardie le projet défectueux du canal souterrain.

Un canal ne doit jamais être examiné comme un
objet isolé; c'est la comparaison entre les différents
moyens de produire une communication qui peut
seule éclairer sur celui de ces moyens qui mérite la
préférence; et tant qu'on ne fera point précéder
l'adoption d'un projet de canal, par cette compa-

raison, faite d'après un plan exact, bien nivelé et accompagné de notes sur les mesures d'eau et la nature du terrain, de tout le pays que la communication peut embrasser, on risquera, comme cela est arrivé pour les canaux proposés par M. Laurent, d'adopter, parmi les moyens possibles, ceux qui sont à la fois les plus chers et les plus défectueux.

Dans le cas où le gouvernement voudrait accorder à MM. Laurent la permission de faire construire le canal à leurs dépens, moyennant une somme fixe et des droits sur la navigation, il nous semble que la justice exigerait qu'on soumît les entrepreneurs aux conditions suivantes :

1° De voûter le canal en entier, d'en élargir et d'en paver les banquettes; la sûreté des hommes employés à cette navigation l'exige absolument; il n'est pas permis de les exposer sur la foi d'une opinion contredite par une foule d'hommes éclairés : l'obscurité, l'humidité, la température du souterrain, exposeront encore à trop d'accidents.

Dans le cas où l'on n'exigerait pas ces conditions, il serait du moins nécessaire de soumettre les entrepreneurs, non-seulement à payer les avaries que les bateaux pourraient essuyer par la chute des pierres, mais à faire des pensions aux bateliers blessés, et aux femmes ou enfants de ceux qui seraient tués.

Il faudrait qu'un ingénieur nommé par l'administration suivît en détail la construction du canal, et que les concessionnaires fussent obligés de faire à leurs dépens tous les ouvrages qui, sur son rapport, seraient jugés nécessaires à la sûreté.

Il faudrait aussi les soumettre, dans ce cas, lorsque la construction d'une partie de voûte deviendrait nécessaire, à la faire à leurs dépens, suivant un devis qui leur serait prescrit, et sans pouvoir demander au gouvernement de nouveaux secours.

Enfin, il faudrait que, deux fois par an, toute l'étendue du canal fût visitée par ordre du gouvernement, et les concessionnaires obligés de faire les réparations qui leur seraient prescrites.

Au reste, malgré ces précautions, ceux qui ordonneront la construction de cet ouvrage, n'en seront pas moins responsables, devant leur conscience, du sang des hommes qui pourraient y être écrasés.

La deuxième condition serait de donner au canal une largeur plus considérable, ou plutôt de suivre, quant à ses dimensions, un plan que le gouvernement prescrirait, d'après les ingénieurs les plus éclairés.

3° De faire, à leurs dépens, tous les ouvrages nécessaires pour procurer à ce canal une quantité d'eau qui sera déterminée.

Il faudrait de plus, 1° s'assurer si l'on ne trouverait pas une compagnie qui, aux mêmes conditions, se chargerait d'exécuter le canal de la Sambre; 2° se réserver la liberté entière de faire exécuter ce canal, quand on le jugerait convenable; parce que le canal souterrain ne le remplacera jamais qu'imparfaitement, ni pour la facilité de la navigation, ni pour l'étendue du commerce, ni surtout pour les avantages militaires. On sent combien, dans un temps de guerre en Flandre, il serait facile de rendre le canal souterrain absolument inutile.

3° Observer qu'un canal de navigation n'est utile qu'aux bateaux qui le parcourent, et par conséquent dans le cas où l'on étendrait les droits des concessionnaires sur d'autres canaux ou sur des rivières, ne les leur accorder que sur les bateaux destinés à traverser leur canal, et ne leur en permettre la perception que lorsque leur canal serait achevé; ce qui serait en même temps le moyen le plus simple pour être sûr qu'ils exécuteraient promptement le canal, et n'abuseraient pas de ces droits.

4° Enfin, fixer une somme avec laquelle le gouvernement pourrait, à commencer d'une époque fixe, racheter le canal des entrepreneurs; sur laquelle somme, ils seraient tenus de faire toutes les réparations et les ouvrages qui, à cette époque, seraient jugés nécessaires pour la sûreté.

Malgré toutes ces précautions, la navigation du canal souterrain serait incommode, obscure, difficile: entre les deux plans proposés, on aurait préféré celui qui a le moins d'avantages; qui est exposé à plus d'inconvénients; qui a en même temps le moins d'utilité, le moins de simplicité, et par conséquent le moins de véritable magnificence.

Mais le premier projet de M. Laurent était dangereux; et avec les corrections proposées, il ne sera plus que bizarre.

PLAN

D'UN EMPRUNT PUBLIC,

AVEC DES

HYPOTHÈQUES SPÉCIALES.

1789.

PLAN

D'UN EMPRUNT PUBLIC,

AVEC DES

HYPOTHÈQUES SPÉCIALES.

Dans un moment où l'on cherche à rétablir une confiance presque anéantie, on doit préférer les moyens qui en supposent le moins; elle renaît à l'instant même où l'on prouve qu'on pourrait s'en passer.

Toutes les fois que devant une certaine quantité de monnaie courante, on offre, à la place, une autre valeur, et qu'on force de la recevoir, on commet une injustice, puisque l'on manque à ses engagements.

C'est d'après ces principes que, regardant comme illusoire l'idée d'appuyer le crédit national par celui d'une banque hypothéquée sur ce même crédit, et regardant aussi toute création de papier-monnaie comme injuste envers les citoyens, toute création de billets d'État, dont la circulation serait libre, comme injuste envers les créanciers qui seraient forcés de les recevoir, j'ai cherché un autre moyen de relever le crédit, et de subvenir au besoin pressant de nos finances.

Je proposerais donc, si les besoins de l'année sont de deux cents millions, par exemple, 1° de statuer la vente, à une époque fixe, de biens du clergé ou du domaine, formant un revenu de onze millions. On verra dans la suite pourquoi j'établis cette proportion entre le revenu des biens à vendre, et la somme qu'il est nécessaire de se procurer.

2° Les époques des ventes seraient fixées à un an, deux ans, trois ans et quatre ans.

3° L'évaluation serait faite d'après le revenu actuel, net de toute charge, sans y comprendre celui que l'on pourrait tirer des maisons, jardins, parcs ou enclos attachés à ces maisons; la vente de ces biens serait affranchie à perpétuité de tous ceux des droits féodaux dont, vu leur inaliénabilité, ils étaient exempts; et ils seraient déclarés également partageables entre les héritiers, sans aucun droit d'aînesse ou de masculinité; la vente en serait confiée aux assemblées de département, et il serait ordonné de la faire par petites parties. Ces dispositions sont nécessaires pour assurer que le produit de la vente excéderait le denier vingt du revenu estimé.

4° On commencerait les ventes par celle des biens aujourd'hui régis par les économats, et dont la valeur est bien connue. On continuerait par celle des biens de maisons religieuses que l'on supprimerait; opération très-facile à faire sur des ordres très-riches, puisqu'il ne s'agirait que de transférer les religieux de ces maisons dans d'autres maisons du même ordre. On finirait par les domaines, dont on connaîtrait alors mieux la valeur, et qui, par conséquent, seraient vendus plus cher.

5° Ces ventes ainsi décrétées à des époques fixes, on délivrerait des billets portant hypothèque, non sur la totalité de ces biens, ni même sur la totalité de ceux d'une abbaye, d'une maison religieuse, d'une terre du domaine, mais sur telle partie de ces biens, située dans telle paroisse. La somme des hypothèques sur chacun de ces biens n'excéderait pas vingt fois le revenu actuel, diminué d'un onzième : ainsi, sur un bien de cinq mille cinq cents livres de revenu, on n'hypothéquerait pas plus de cent billets de mille livres.

6° On ajouterait à chaque billet de mille livres autant de coupons de cinquante livres qu'il y aurait d'années entre l'époque actuelle et la vente du bien sur lequel ce billet serait hypothéqué, de manière que les billets produisissent un intérêt de cinq pour cent.

7° Il serait stipulé que si, à une telle époque, les coupons d'intérêt n'étaient pas acquittés, chaque porteur de ces coupons pourrait faire saisir juridiquement le revenu du bien sur lequel ils seraient hypothéqués; et sur le surplus du revenu de ce bien, équivalant à un onzième, il serait tenu compte de ce retard de payement, à un intérêt de cinq pour cent.

8° Il serait également stipulé que si, à l'époque fixée pour la vente d'un bien, les billets hypothéqués sur ce bien n'étaient pas remboursés, chaque porteur de billets pourrait poursuivre juridiquement la vente comme s'il avait une hypothèque sur le bien d'un particulier; et sur le surplus du produit de la vente il serait tenu compte, au taux de cinq pour cent d'intérêts, du retard de payement.

9° On stipulerait enfin que, si le bien était vendu au-dessous de la valeur nécessaire pour acquitter les billets, événement presque impossible, les porteurs des billets pourraient le retirer pour le liciter entre eux, ou exiger une autre hypothèque du même genre pour le reste de leurs billets.

10° On établirait pour ces poursuites juridiques une forme qui exempterait les porteurs de billets de tous frais de procédure.

L'avantage de cette espèce d'emprunt est de réunir pour les porteurs des billets la commodité des placements sur le trésor public, et la sûreté des placements avec hypothèque sur les particuliers. En effet, le payement des intérêts et des remboursements se ferait comme celui de tous les autres emprunts publics, et ce ne serait qu'en cas de refus que les porteurs de coupons ou de billets seraient dans le cas d'exiger, sur les lieux où les biens sont situés, un payement particulier. Si on craint qu'un banquier étranger ou même un banquier de Paris ne regarde comme incommode une hypothèque qu'il ne peut exercer que sur un bien déterminé, situé dans un coin du royaume, il est aisé de dissiper cette crainte, en offrant des formes commodes pour exercer ces hypothèques; comme, par exemple, un bureau à Paris, qui, sans frais, se chargerait de les faire valoir:

le onzième réservé sur le revenu total, équivalant à un dixième de l'intérêt des billets portant hypothèque, suffirait pour couvrir les frais comme pour payer les intérêts du retard; et on ne doit pas regarder cette dépense comme un surcroît d'intérêts, puisqu'elle n'aurait lieu qu'en cas d'un retard de payement, et qu'alors, suivant l'exacte justice, on doit un dédommagement.

On ne cherche, dans un placement d'argent ou de valeurs équivalentes à l'argent, que deux choses : *sûreté* et *profit*. Moins il y a de *sûreté*, plus on veut de *profit* : moins il y a de *profit*, plus on exige de *sûreté*.

Examinons donc si dans le plan proposé la *sûreté* est avec le *profit* dans un rapport qui puisse engager à prêter.

D'abord la sûreté est aussi grande qu'elle peut l'être : 1° on aurait pour garantie un engagement national, aussi solennel qu'il peut en exister; 2° on n'aurait pas à craindre un retard indéfini d'intérêts. Dans un emprunt ordinaire, je me présente à la caisse publique pour recevoir le payement d'un coupon; on me dit qu'il n'y a point de fonds, on allègue le besoin impérieux des circonstances : les fonds ont été employés pour les subsistances, pour la sûreté de l'État, etc.; quelle ressource me reste-t-il? Ici, supposez le même événement, je fais saisir en vertu de mon titre : il faudrait, pour m'en ôter le droit, un décret solennel, dont l'injustice et la mauvaise foi seraient évidentes, et qui serait sans prétexte, puisqu'il m'empêcherait de saisir, non ce qui peut être employé par la nation pour un besoin présent, mais ce qui n'est payable que quelques mois après; il faudrait dire : Nous vous ôtons votre hypothèque pour donner à d'autres; ce qui serait aussi absurde qu'injuste. 3° Les fonds ne sont pas moins assurés : l'acheteur des terres, suivant la loi commune, ne peut être obligé de payer que dans le cas où toutes les hypothèques sont purgées. Il ne doit ici compter son argent qu'aux porteurs des billets, ou après avoir vu qu'ils ont été payés.

Or, il serait difficile de faire, dans une assemblée nationale, une loi qui dispensât de cette formalité, qui permît à la caisse publique de s'emparer de ces fonds, et qui cependant n'éloignât pas les acheteurs. D'ailleurs, une telle loi serait sans objet, tant qu'il resterait à la nation des biens disponibles d'une valeur égale : ainsi on ne peut avoir aucune crainte pour l'emprunt actuel.

Si on examine maintenant le profit, on trouve, 1° que l'intérêt est celui que presque tous les capitalistes retirent de leurs fonds; 2° que l'emprunt étant à terme, offre un emploi utile à ceux qui ont des destinations de fonds plus ou moins éloignées, et, en particulier, à ceux qui se proposent d'avance l'acquisition de biens ecclésiastiques ou de portions de domaines; 3° que les coupons et les capitaux, étant payables à termes fixes et à bureau ouvert, sont aussi commodes et aussi facilement commerçables que toute autre espèce de papiers; 4° qu'on peut les échanger avec avantage contre d'autres effets à terme du trésor royal, qui n'ont pas d'hypothèque spéciale.

Ce plan a cependant un inconvénient qu'il ne faut pas dissimuler : c'est qu'il convient mieux aux capitalistes placeurs de fonds, qu'aux capitalistes commerçants ; mais il a aussi un avantage sur beaucoup d'autres, celui d'être indépendant de la contribution du quart. Cette contribution étant incertaine, quant à son produit et à la quantité d'effets plus au moins accrédités, plus ou moins utiles à retirer, qu'on donnera en payement, on doit la regarder comme une très-bonne ressource, mais comme une mauvaise hypothèque.

Si l'on veut admettre des projets autres que l'émission de billets, ou forcés dans la circulation même, comme le suppose le plan du ministre, ou forcés seulement quant aux payements à recevoir du trésor royal, comme d'autres l'ont proposé, on ne peut en général agir avec sûreté sans s'être assuré d'avance de souscriptions. Cependant, des billets, tels qu'on les propose ici, n'ont pas absolument besoin de cette précaution, parce que, s'ils ne réussissaient pas comme placement, ils peuvent être employés pour être échangés au pair contre des effets à terme, et qu'alors ils rendraient le même service que des billets d'État. Ils coûteraient plus que ceux qui ont été proposés, mais aussi ils n'auraient pas besoin de la même confiance, et ne seraient pas exposés à un décri funeste au commerce, et dont le contre-coup peut être dangereux pour les finances. Enfin, on ne pourrait se plaindre d'aucune injustice, puisque le créancier, pour ses effets à terme, le rentier même, pour ses quartiers, recevrait des effets à cinq pour cent, avec hypothèque sur un fonds à mettre en vente, et serait, quant à la réalité, beaucoup mieux traité vu l'exemption des frais; et, quant à la forme, aussi bien traité que s'il avait eu pour débiteur un particulier riche, hors d'état de payer comptant.

Quelques millions de plus, dépensés en quatre ans pour des payements d'intérêts plus forts, ne doivent pas être mis en parallèle avec l'avantage d'une opération pure de toute injustice, de tout soupçon d'agiotage, de toute charlatanerie, parce qu'en rétablissant la confiance plus promptement, on regagnerait ce sacrifice et même au delà. Tout placement fait sur un trésor national a deux désavantages qui, suivant l'opinion du moment, influent plus ou moins sur l'empressement à y placer des fonds : le premier est qu'on ne peut exercer aucune contrainte envers le trésor public; le second, qu'on n'est pas dédommagé des retards plus ou moins volontaires auxquels on est exposé, et dont la durée d'ailleurs peut être prolongée. Ces inconvénients n'existent pas dans le plan proposé. 1° Le créancier peut exercer une contrainte juridique sur les biens particuliers qui lui sont hypothéqués. 2° L'intérêt des retards qu'il peut éprouver lui est assuré précisément à un taux fixé par la loi pour l'intérêt judiciaire; et ce retard ne peut excéder la durée de quelques mois.

Toute banque dont la caisse a des rapports étendus et durables avec la caisse publique, avec la perception des impôts, avec le maniement des fonds destinés aux dépenses ou au payement de la dette, nécessite une coalition entre le ministre des finances et les directeurs de la banque ; et, cette coalition une fois formée, la nation entière tombe dans leur dépendance : alors on voit s'élever dans l'État un intérêt opposé à l'intérêt public, qui est constamment sacrifié.

Alors les chaînes de la corruption succèdent aux fers du despotisme, et elles sont plus difficiles à rompre ; alors les vertus publiques et privées s'éteignent ; la liberté n'est plus, aux yeux d'un peuple avide, qu'une condition nécessaire pour la sûreté du commerce d'argent. Alors plus de réformes à espérer, ni dans les lois de commerce, ni dans les lois de finances, car l'intérêt des ministres et des directeurs de banque demande que le commerce soit esclave, que l'administration des finances soit ruineuse et compliquée. Alors, enfin, l'esprit mercantile devient l'esprit national, le pouvoir passe tout entier dans les mains du riche, tout le reste est esclave, et l'égalité légale entre les citoyens n'est plus qu'un moyen d'aggraver et de perpétuer cette honteuse inégalité :

...... Timeo Danaos et dona ferentes.

SUR LES OPÉRATIONS NÉCESSAIRES

POUR

RÉTABLIR LES FINANCES.

1790.

SUR LES OPÉRATIONS NÉCESSAIRES

RÉTABLIR LES FINANCES.

Les opérations nécessaires pour rétablir les finances ont deux objets bien distincts, qu'il serait dangereux de confondre :

Le premier doit être de ranimer le crédit, et de s'assurer des fonds pour subvenir aux dépenses nécessaires pendant un temps déterminé, un an ou dix-huit mois, par exemple; le second, de bien constater l'état de la dette, de fixer avec précision la dépense qu'exigent la défense de l'État et le maintien de l'ordre, d'en déduire ensuite la somme des impositions nécessaires pour payer l'intérêt de la dette et la dépense arrêtée. Alors on s'occuperait de choisir la forme d'impositions la moins onéreuse et la plus propre à rendre l'impôt proportionnel, et en même temps celle qui donnerait au ministre des finances le moins de facilité pour tromper sur le produit de l'impôt, pour corrompre par des places lucratives, pour se rendre le maître des affaires. Enfin, on formerait un plan pour acquitter les capi-

taux de la dette, en partie par des fonds d'amortissement, en partie par de nouveaux emprunts, ou
moins onéreux, ou servant du moins à relever le
crédit par la fidélité à faire les remboursements.

Le premier de ces objets demande une prompte
décision; le second ne peut être rempli qu'après un
long examen, d'autant plus nécessaire que ceux
qui jusqu'ici ont prétendu donner à une nation le
tableau de sa situation, n'ont pas connu ou n'ont
pas voulu employer la véritable méthode de le calculer.

Il est évident que ni les réformes décrétées dans
ce moment, ni les impôts substitués aux anciens par
l'assemblée nationale, n'auraient, sur la dépense et
la recette, une grande influence, ni dans le moment
actuel, ni même dans l'espace d'une année; qu'il
faut compter sur les dépenses à peu près comme
elles se font, sur les recettes telles qu'elles peuvent
être avec l'augmentation de l'impôt des privilégiés,
et les diminutions causées par la suppression de la
gabelle et la contrebande.

Il ne faut pas cependant confondre les travaux
sur les impôts avec les petits calculs d'économie,
les recherches sur les pensions, les suppressions
d'étrennes, etc. Les premiers sont sans doute hors
de propos pour le moment actuel; mais ils n'indi-
quent pas, comme les autres discussions, la petitesse
des vues, l'ignorance des principes d'administration, et ils n'ôteraient pas autant la confiance des
capitalistes.

On ne prêtera point à l'assemblée nationale,

tant qu'elle continuera de prouver qu'elle ne connaît ni les difficultés, ni les ressources; tant qu'au lieu de s'occuper du besoin du moment, elle s'occupera d'économies de détail, qui ne peuvent qu'être nulles pour cette année, si elles ne sont pas injustes.

Les moyens nécessaires aujourd'hui pour assurer les payements et les services, doivent donc être indépendants des opérations administratives dont l'assemblée peut ensuite s'occuper. Les confondre, c'est s'exposer à faire très-vite ce qui ne doit être fait qu'après de mûres réflexions; c'est en mêlant ce qui demande un ordre durable avec ce qu'exige une impérieuse nécessité, s'exposer à perpétuer le désordre, et, avec le désordre, l'influence ministérielle. L'Angleterre nous en donne un exemple bien sensible.

L'administration des finances y est dans une confusion scandaleuse, parce que le premier lord de la trésorerie la dirige à son gré; et le premier lord de la trésorerie est le maître de l'État, parce que l'administration des finances est compliquée et sans ordre.

N'établissons pas ce cercle vicieux, qui substituerait les chaînes d'or de la corruption aux chaînes de fer du despotisme.

J'ajouterai ici que le projet d'une caisse nationale, tel qu'il est proposé, ne remplit pas rigoureusement l'objet qu'il doit remplir.

La totalité de l'impôt doit être versée dans cette caisse. C'est de cette caisse que doivent sortir les sommes fixes, déterminées par chaque législature

pour les dépenses annuelles de chaque département du pouvoir exécutif, qui ne doit avoir aucune influence sur le reste de l'impôt, dont l'emploi, destiné aux payements de la dette, doit être
fait d'après les décrets de l'assemblée nationale.

Dans tout pays où l'étendue de la recette ne sera
pas absolument indifférente au pouvoir exécutif, où
il pourra influer sur la perception, il emploiera tout
son crédit pour que l'administration de l'impôt soit
obscure, compliquée et ruineuse; parce que, plus
elle sera compliquée, plus il aura de facilité pour
tromper sur le produit réel des impositions; et
que plus elle sera coûteuse, plus il y aura de moyens
de corruption.

Les moyens qui se présentent pour assurer les
fonds nécessaires aux dépenses, jusqu'au moment
où l'on pourra établir un ordre nouveau, supposent
nécessairement plus ou moins de confiance, puisque
les impôts existants sont insuffisants, le produit des
nouveaux à peu près nul, et que celui du quart sera
payé en quittances et en anciens papiers pour la plus
grande partie.

Or, puisque la confiance n'existe pas actuellement,
il paraît que l'on doit préférer parmi ces moyens
ceux qui en demandent le moins. On ne rétablit
point la confiance en montrant qu'on en a besoin,
et le meilleur moyen de la faire renaître, est de s'en
passer le plus qu'il est possible.

J'examinerai, d'après ce principe, l'idée d'une
banque nationale, celle d'un papier-monnaie, celle
de billets d'État, enfin celle d'un simple emprunt.

Ces quatre moyens sont à peu près les seuls que l'on puisse employer.

I. De véritables billets de banque doivent laisser une liberté entière de les recevoir ou de les refuser dans le commerce, et il doit exister une caisse où à leur présentation ils soient acquittés en argent.

Ceux qui dirigent ces établissements calculent quelle est la somme d'argent qu'ils doivent tenir en réserve, et qui dépend, 1° de la quantité qu'il est probable que les demandes n'excéderont pas; 2° de l'opinion qu'a le public que cette quantité est suffisante; 3° du temps physique nécessaire pour vider leur caisse, comparé avec les moyens plus ou moins prompts, plus ou moins dispendieux de se procurer de nouveaux fonds.

Si les fonds d'une banque de ce genre sont très-considérables, les petites variations dans les demandes lui deviennent indifférentes; il ne peut y avoir de précautions à prendre que dans les moments où des révolutions, soit dans l'intérieur, soit à l'extérieur de l'État, changent les relations ou les intérêts des citoyens. Ces circonstances se prévoient d'avance, et la banque a le temps de se préparer des ressources. Si c'est une erreur d'imaginer qu'une banque soit obligée d'avoir des fonds en argent égaux au montant de ses billets, c'en est une non moins grande de croire qu'il existe entre la masse des fonds et celle des billets une proportion constante; elle doit varier comme la confiance; et des administrateurs habiles ne manqueraient point d'augmenter leurs fonds, soit en monnaie, soit en lingots, ou de diminuer leurs négociations à mesure qu'ils verraient la confiance se refroidir. On doit fixer seulement un terme au-dessous duquel on ne puisse se permettre de diminuer les fonds. Si la confiance baisse, on fait alors des opérations nécessaires pour maintenir ces fonds le plus près qu'il est possible de ce terme, ce qui est la même chose quant aux effets qu'une véritable augmentation.

Des administrateurs habiles, s'ils voient les demandes se multiplier et qu'ils ne veuillent point discréditer leur banque, se garderont bien de se dispenser de payer, d'offrir du papier, sous prétexte que la somme qu'ils tenaient en réserve est épuisée; ils négocieraient d'avance ces papiers, même avec perte, parce qu'ils sentiraient que c'est la banque, et non chaque porteur de billets qui doit supporter cette perte, et que l'avidité et l'injustice n'attirent point la confiance.

On peut conclure de ces réflexions, que moins une nation a de crédit, plus une banque est obligée d'en avoir un qui soit indépendant; et que par conséquent plus une nation peut avoir besoin de se servir d'une banque, plus il est important que les affaires de cette banque soient séparées des affaires publiques.

Ainsi la nation peut emprunter de la banque ses fonds libres, en donner pour gages des effets exigibles; elle peut, dans des circonstances contraires, avoir dans son trésor une portion plus ou moins grande d'actions de la banque à sa disposition, et se former ainsi un trésor, sans diminuer la masse des capitaux utilement employés. Mais une banque ne doit, ne peut jamais être un établissement national.

Nécessairement administrée par des banquiers, sans quoi elle le serait très-mal, obligée d'augmenter son numéraire suivant qu'elle prévoit des demandes, elle peut être soumise plus ou moins à une influence ministérielle; mais jamais elle ne peut être conduite par l'assemblée des représentants de la nation. L'intérêt de ses actionnaires sera toujours son intérêt unique; elle sera guidée par des intérêts particuliers, si son administration est corrompue : si elle est honnête, l'intérêt public ne sera rien de plus pour elle que ce qu'il est pour les autres créanciers de l'État.

Ne perdons pas de vue qu'il est de l'essence d'une banque d'être obligée de payer à la première représentation, que l'assurance de ce payement prompt est pour chaque porteur de billets le principe de sa confiance.

C'est une erreur de croire qu'une banque faisant valoir ses fonds, ne soit obligée de liquider ses billets que jusqu'à une certaine valeur. On doit la considérer comme un banquier qui aurait accepté des lettres de change à vue, mais telles qu'il y aurait une grande probabilité qu'elles circuleraient dans le commerce avant de lui être présentées : dira-t-on qu'il ne doit être obligé qu'à en acquitter une partie? Sans doute, si la banque, avant de donner ses billets reçus librement, a prévenu de cette convention, elle ne fait aucune injustice; mais quel serait alors le motif de recevoir ses billets, lorsqu'on sait qu'elle approche du terme fatal où elle peut refuser de les acquitter? ne s'empressera-t-on pas beaucoup davantage de les réaliser au moindre événement? ne commencera-t-on pas à les refuser longtemps avant que les fonds soient épuises?

Ne sera-t-on pas un peu blessé d'être obligé de se passer de son argent, pour laisser à ceux qui en ont retiré l'intérêt le temps d'en profiter encore?

II. Une nation peut donner des billets au lieu d'argent. On peut être libre ou forcé de les accepter ensuite dans le commerce. Ces derniers s'appellent plus ordinairement papier-monnaie; nous appellerons les autres billets d'État.

Le papier-monnaie est une institution à la fois injuste et dangereuse. Elle est injuste, parce que l'obligation de le recevoir ne tombe que sur les engagements déjà contractés. Elle est dangereuse, parce qu'elle met dans toutes les conventions, dans toutes les affaires, dans tous les achats, une incertitude fondée sur les variations qu'on prévoit devoir arriver dans la valeur du papier. Il en résulte une foule de friponneries, la ruine de quelques familles, l'enrichissement de quelques autres, le malheur et la corruption de tous. D'ailleurs, comme le temps des particuliers, leurs facultés individuelles, leurs capitaux disponibles ont des bornes physiques, ce n'est jamais qu'au détriment de la chose publique qu'on emploie le temps, l'esprit ou l'argent des citoyens à des spéculations sans véritable utilité, et celles que l'on ferait sur les variations d'un papier-monnaie sont absolument de ce genre.

Des billets de banque qu'on serait forcé de recevoir, et que la banque serait à peu près libre de réaliser ou non, sont une espèce de papier-monnaie plus injuste encore; car un tel établissement renferme en même temps pour cette banque l'abandon d'un profit auquel elle ne peut avoir aucun droit, puisque celui de faire valoir l'argent que ses billets représentent est le prix de l'obligation expresse d'être toujours prête à les réaliser.

Cependant l'idée qu'un tel état ne sera pas durable peut empêcher l'avilissement de ces papiers, et au lieu de désordre il peut n'y avoir que de la stagnation. C'est ce qui arrive en France dans ce moment où les billets de la caisse d'escompte perdent peu, mais n'ont qu'une circulation libre presque nulle.

Les arrêts de surséance accordés à cette caisse étaient d'autant plus injustes, 1° qu'elle avait, soit en valeurs réelles, soit en lettres de change, soit en sommes à répéter sur le trésor royal, plus qu'il ne fallait pour payer; 2° que les actionnaires avaient touché pendant plusieurs années des dividendes considérables, et qu'aux yeux de la justice, les possesseurs successifs des actions doivent être regardés comme un possesseur unique; 3° que continuant son commerce malgré ces arrêts, et recevant l'intérêt des mêmes billets qu'elle ne voulait pas réaliser, c'était, comme on l'a déjà observé, un débiteur qui refusait de payer son créancier, et qui faisait valoir l'argent qu'il lui devait.

Dans le plan proposé, on porte à 240 millions.

la valeur du papier-monnaie qui, vu la difficulté de le réaliser, est sans crédit, quoiqu'il ne monte qu'à cent quatorze. Il est difficile d'imaginer que l'on relève la confiance en doublant un papier décrié. On espère tirer de la création de nouvelles actions 5o millions d'argent qui, à l'aide de cette facilité de ne pas payer accordée à la caisse, passeront au trésor royal presque en totalité, puisque l'argent nécessaire pour payer chaque jour des billets, que chaque jour le trésor royal ou la banque remettent en circulation, se borne à une somme très-modique. Ces cinquante millions payeront ce qu'il faut payer en argent, le crédit ne renaîtra pas, le commerce languira, l'argent restera dans les coffres, ou sera placé, en attendant, dans d'autres pays; mais le trésor royal aura payé en papier-monnaie, que chacun convertira en argent comme il pourra; on passera l'année, elle sera dure pour les propriétaires de terres et pour les rentiers, ruineuse pour les commerçants; mais on ira, parce qu'après tout chacun à son tour obtiendra quelques écus.

A la vérité, le privilége exclusif de la banque la rendra inutile au commerce; elle ne servira que le trésor royal et ses administrateurs; à la vérité, le trésor royal, en lui donnant 24o millions avec intérêt, lui en prêtera 20 sans intérêt; à la vérité, on lui donnera un nouveau profit à faire sur les dépôts judiciaires, profit qu'il serait facile de réserver aux provinces ou à la nation. Ces sacrifices sont peut-être déjà fort au-dessus du service; mais ce qui peut le plus faire rejeter ce projet, c'est qu'il met le ministère entre les mains d'une compagnie de négociants et la nation entre les mains du ministère; c'est que toutes les opérations de finances manqueront, si elles ne sont pas du goût du ministre et des administrateurs de la banque privilégiée.

III. Par billets d'État, j'entends ceux qu'une nation donnerait en payement, sans obliger à les recevoir les particuliers à qui on les présenterait ensuite.

Je n'examinerai ici l'usage de ces billets, que pour le cas où l'on proposerait d'en créer à une nation qui ne pourrait, à cette époque, payer en argent comptant une dette exigible et arriérée. Alors on ne peut pas dire que les payements faits avec ces billets soient injustes, si on ne les fait qu'à ceux qui aiment mieux les recevoir que d'attendre. La justice oblige seulement à prendre tous les moyens possibles de donner de la confiance à ces billets; et ces moyens consistent, 1° à en borner la valeur totale, d'une manière solennelle et irrévocable; 2° à en offrir un emploi qui puisse en soutenir la valeur; 3° à en assurer la réalisation à des époques certaines, et, s'il est possible, avec des hypothèques assurées.

Examinons la possibilité de ces deux dernières conditions dans l'état actuel de la France.

Quant à la seconde, des billets qu'on n'est pas obligé de prendre ne peuvent servir dans les opérations de banque, à moins qu'il n'existe l'assurance de les réaliser sur-le-champ; il faut donc, puisque aucune caisse n'a, dans cette hypothèse, l'obligation de les convertir en argent, remédier à cet inconvénient le plus qu'il est possible, en multipliant, en accélérant l'emploi de ces billets. Or, 1° il est possible de déclarer qu'ils seront reçus, comme argent comptant, dans les caisses publiques de Paris et des provinces, et on peut intéresser les receveurs des impôts par une petite prime, en faveur de ceux qui verseraient plus de la moitié en billets. Je suppose cette prime d'un demi pour cent de la somme remise en billets, et la masse de ces billets égale à la moitié de celle de l'impôt, on payerait pour cette prime 1 pour cent d'intérêt, en supposant la totalité de l'impôt payé en billets, ce qui est presque impossible. 2° La nation est obligée, dans ce moment, à des emprunts pour les remboursements des charges de justice et des places de finance; ces emprunts peuvent et doivent être faits dans les provinces, on peut y recevoir ces billets pour argent comptant, en y joignant une prime de 1 pour cent. Alors, en supposant que ces emprunts fussent égaux à la masse totale des billets, il en résulterait 1 pour cent d'intérêt de plus. 3° On recevrait les mêmes billets comme argent comptant, avec une prime de 2 et demi pour cent, pour l'acquisition des biens ecclésiastiques ou des domaines; et en supposant que ces ventes, chaque année, fussent un cinquième de la valeur des billets, la totalité de ces primes porterait l'intérêt à 2 et demi pour cent tout au plus; si on portait cette dernière prime à 5 pour cent, l'intérêt ne monterait encore qu'à 3.

Enfin, puisqu'il n'existe point de banque où ces billets puissent être réalisés, il est nécessaire de fixer un terme à leur durée. Pour cela on déterminerait une époque où ils ne seraient plus reçus qu'au pair dans les caisses publiques et dans les emprunts, et où ils gagneraient dans les ventes des biens une prime qu'on pourrait calculer sur le même pied de 2 et demi ou 3 pour cent. Les billets qui alors seraient portés dans ces ventes recevraient une marque particulière, ne seraient plus reçus dans la suite en payement, par ceux à qui le trésor public les offrirait, qu'avec une entière liberté, et ne jouiraient plus d'aucune prime.

Il faudrait établir que ceux qui, sans avoir acheté aucune partie des biens, voudraient réaliser leurs billets, seraient admis à le faire jusqu'à concurrence des sommes reçues pour ces biens, mais sans recevoir de primes, et au bout de cinq années, ce qui resterait de billets entre les mains des particuliers seraient reçus sans prime, même dans les acquisitions qui resteraient à faire, et ne seraient plus donnés, par le trésor public, qu'à ceux qui les préféreraient à de l'argent.

Ainsi on aurait payé pendant quelques années 2 et demi ou 3 pour cent de la somme donnée en billets, et pendant les cinq années suivantes, le même intérêt de ce qui resterait encore de cette somme. Mais il faut songer que ces intérêts sont calculés, en supposant que l'on a fait des billets l'usage le plus avantageux possible, ce qui ne peut se présumer à la rigueur. On n'a mis ici des nombres déterminés que pour rendre plus clair l'exposé de cette opération ; on sent que les primes doivent varier suivant la valeur totale des billets, celle des emprunts dont on présume avoir besoin et celles des ventes qu'on peut arrêter pour chaque année, et qu'on parviendrait toujours à former des primes équivalentes à 2 et demi ou 3 pour cent d'intérêts.

Ces primes ne doivent pas être très-fortes, pour peu qu'il y ait de confiance, parce que tous ceux qui ont des fonds à verser dans le trésor public, tous ceux qui veulent placer dans les emprunts, tous ceux qui auraient envie d'acheter des biens, auraient intérêt de recevoir ces billets au pair, et de les échanger contre de l'argent, précisément dans l'instant où la plupart d'entre eux ne pourraient tirer d'une autre manière un intérêt de leur argent, sans risquer de manquer l'objet qu'ils se proposent ou qu'ils sont obligés de remplir.

Ce n'est qu'après cette conversion des billets en effets libres et sans prime, que la nation pourrait établir une banque vraiment nationale, si elle le jugeait utile pour donner plus de crédit à ces billets.

La différence essentielle entre une banque nationale et une banque d'actionnaires à qui on en donne le nom, consiste en ce qu'une banque de négociants doit être soumise, non-seulement à tenir toujours en réserve une certaine quantité d'argent comptant, mais à se procurer successivement tout ce qui est nécessaire pour la réalisation des billets, à mesure qu'on les présente; au lieu qu'une banque nationale doit nécessairement donner des bornes à cette réalisation, en fixer le terme à tant par mois, en établissant d'avance, ou en laissant accumuler une somme fixe, qui ne serait pas renouvelée, et au-dessus de laquelle on cesserait de faire des fonds. Ainsi, par exemple, supposons que tous les mois on verse cinq millions dans la caisse de la banque nationale pour ces liquidations, et qu'on borne à soixante millions la somme fixe, on ne payerait jamais plus de soixante-cinq millions en un mois, et moins de cinq; mais le public connaîtrait à chaque mois la valeur de la somme que la caisse doit payer et celle des billets qui sont au dehors.

Il y aurait toujours, par ce moyen, une juste proportion entre la quantité des billets toujours reçus dans les emprunts et pour le payement des impositions, et le crédit public; entre la masse de ces billets circulants et la quantité dont (pour un tel degré de crédit) on a besoin pour la circulation. Le motif de cette différence entre une banque nationale et une autre banque, c'est que la banque qui escompte en billets, profitant des intérêts d'un argent qu'elle n'a point encore donné, doit au moins être obligée de le donner lorsque ceux à qui il appartient le demandent. Au lieu que dans une banque nationale, s'il y a quelque avantage dans l'émission absolument libre des billets d'État, il est pour la nation entière.

Il est inutile de s'étendre davantage sur un plan dont l'exécution ne serait (d'après ce qui a été dit) raisonnable que dans dix ans, temps où la nation, débarrassée des nuages que les opérations du trésor public répandent autour d'elle, connaîtra sa situation et ses ressources, et aura un véritable crédit.

Quoique la création de ces billets d'État me paraisse bien préférable à celle de nouvelles actions de la caisse d'escompte, et qu'il soit difficile, comme je l'ai déjà dit, de supposer que des billets, qu'à l'instant même il serait possible de placer dans une caisse d'impositions, dans un emprunt, et au bout d'une année environ, dans des acquisitions de biens-fonds, puissent tomber au-dessous de la valeur de la prime, et ne soient pas pris au pair, cependant j'hésiterais à proposer ce moyen, parce qu'il ne plairait pas beaucoup aux spéculateurs dont il dérangerait les combinaisons, et que les citoyens, à qui il conviendrait davantage, ont en général une aversion presque machinale pour les billets de toute espèce. Cette aversion machinale, qui céderait dans un moment où le crédit serait établi, peut empêcher le succès de toute espèce d'opération, si le crédit n'existe pas. Or, si un papier-monnaie est injuste, des billets d'État décriés seraient funestes, leur chute prolongerait celle du crédit, ôterait la ressource qu'on peut tirer des établissements de ce genre, qu'il deviendrait impossible de proposer de longtemps.

Je préférerais donc un autre moyen plus simple, d'une ressource moins grande, mais qui peut inspirer plus de confiance : ce serait de créer des actions portant cinq pour cent d'intérêt, par exemple, payables à des époques fixes, et ayant une hypothèque particulière sur des biens appartenant à la nation, et destinés à être vendus.

Supposons que l'on ait besoin de 180 millions; il suffirait de décréter, pour des époques fixes, la vente, soit de domaines, soit de bénéfices déjà aux économats, soit de biens de quelques ordres dont on peut, dès à présent, ordonner la suppression ou la réduction à moitié pour le nombre des maisons, jusqu'à la concurrence de neuf millions de revenu, opération très-facile à faire en très-peu de temps. Il est clair que ces revenus en fonds, pris d'après leur valeur présente, augmentés par le produit de maisons habitées qu'on n'y évaluerait point, ne payant point de droits seigneuriaux également partageables, produiraient plus de 180 millions, surtout si ces ventes étaient faites publiquement par des administrations électives et par petites parties.

Chaque billet porterait le nom du bien hypothéqué à son payement; chacun saurait quand le bien doit être vendu, et serait le maître de veiller pour qu'il ne pût l'être à vil prix, d'autant plus que l'hypothèque ne porterait pas sur les biens de telle abbaye, de telle maison, de tel domaine, mais sur les biens de cette abbaye, de cette maison, de ce domaine, situés dans telle paroisse. Je sais ce que l'on peut objecter contre la bonne foi des adjudications; mais, 1° ce sont les adjudications de travaux et de fournitures qui ont le plus donné lieu à des reproches; et ce qui rend ces adjudications sujettes à tant d'abus, c'est qu'il faut souvent des cautions, et qu'il y a toujours une réception, ce qui n'a pas lieu ici. 2° Les porteurs de billets ont intérêt et droit de veiller sur l'adjudication. 3° On peut prescrire des formalités qui les rendent réellement solennelles et publiques.

L'assemblée nationale fixerait donc ces formalités,

et celles d'après lesquelles les porteurs de billets pourraient poursuivre la vente dans les tribunaux ordinaires, en cas de négligence, comme s'il s'agissait d'un bien appartenant à des particuliers. On établirait même que, si le bien était vendu au-dessous du denier vingt du revenu estimé, les porteurs de billets seraient en droit de le retirer pour le liciter entre eux, ou d'exiger une nouvelle hypothèque pour le surplus de leur créance. On règlerait de même la forme du payement des intérêts, et les moyens d'en poursuivre, sans frais, le payement par la saisie du revenu des biens hypothéqués.

Ou la confiance est absolument nulle, et alors il n'existe aucun moyen réel de rétablir le crédit; ou l'on a quelque confiance aux décrets de l'assemblée, et ce moyen réussirait. Ceux qui souscriraient pour l'emprunt, ceux qui recevraient les actions en payement, trouveraient aisément à les négocier dans les provinces, où chaque terre, chaque corps de biens hypothéqués serait situé. Ceux des capitalistes qui ne cherchent qu'un emploi assuré pour un temps déterminé, ne pourraient en trouver un meilleur, puisqu'ils auraient à la fois, et une hypothèque en terre, et une époque de remboursement fixée par une loi.

On aurait alors de quoi mettre la caisse d'escompte en état de reprendre son ancienne existence, sous laquelle, sans privilége exclusif, sans possibilité de nouveaux arrêts de surséance, elle serait plus utile et moins dangereuse que sous le nom de banque nationale.

J'avouerai enfin que ce moyen simple, direct, à la portée d'être entendu par tout le monde, impossible à calomnier, me paraît plus digne de la majesté d'une grande nation. Comme le produit de la vente surpassera nécessairement la valeur donnée pour chaque billet, on pourrait, s'il le paraissait nécessaire, ajouter à chacun une prime équivalente à un ou un et demi pour cent par an, jusqu'à l'époque du remboursement.

Si l'on voulait employer ce moyen pour éteindre des anticipations et des rescriptions, alors on distinguerait dans les 180 millions dont on a besoin, ce qu'il serait nécessaire d'avoir réellement en argent; on accorderait une légère prime à ceux qui le fourniraient, afin qu'elle servît d'encouragement à des banquiers souscripteurs, et l'on recevrait au pair les rescriptions et les titres des anticipations. Dans cette hypothèse, il serait possible d'étendre l'opération plus loin, si (ce que je ne crois pas difficile) on pouvait, d'ici à un mois ou six semaines, décréter la vente de 12 à 15 millions de revenu, dans l'espace de trois, quatre ou cinq ans.

Cette opération serait même avantageuse quand on serait obligé de payer annuellement une somme égale au revenu aliéné. En voici le calcul pour dix millions. La vente libre de tous droits quelconques de biens également partageables, ne peut rester au-dessous du denier trente; ces dix millions en produiraient donc trois cents; en supposant même une prime de deux pour cent, les remboursements seraient de deux cent quatre; reste 96, avec lesquels on éteindrait pour quatre millions huit cent mille livres d'anciennes dettes; la nation serait chargée de dix millions d'après l'hypothèse d'un remplacement complet. Ces dix millions, si on en retranche les 4,800,000 liv., se réduisent à cinq millions deux cent mille livres; donc l'emprunt de deux cents millions, résultant de cette opération, serait à cinq pour cent jusqu'à la vente, et après, à deux et trois cinquièmes seulement.

Il me reste à exposer pourquoi, au lieu d'une délégation générale, je propose une délégation particulière pour chaque billet. Voici mes raisons: 1° une délégation générale ressemble un peu trop aux délégations employées ci-devant, et auxquelles on accorde peu de confiance. 2° La facilité accordée de saisir les revenus pour le payement des intérêts et de poursuivre la vente, n'est guère compatible avec une délégation générale. 3° Si la délégation est générale, un décret du pouvoir législatif, ou même un ordre du pouvoir exécutif, peut suspendre les payements, malgré toute espèce d'engagements, de renonciation à ce pouvoir. Si la délégation est particulière, les juges conservent le droit de faire exécuter la loi qui accorde l'hypothèque, et de la défendre comme une véritable propriété. 4° En laissant aux premiers porteurs de billets un certain espace de temps pour choisir le bien sur lequel ils veulent établir leur délégation, ils auront pour la négociation de ces billets à peu près le même avantage que si la délégation était générale. 5° Cette délégation particulière n'empêcherait pas que les payements de l'intérêt et du capital ne fussent faits à Paris, à bureau ouvert ; ainsi, le propriétaire de ces billets n'aurait besoin d'agir en vertu de cette délégation, que dans le cas où l'un ou l'autre serait suspendu, et d'avoir quelqu'un qui réclamât pour lui, en cas que la vente fût faite à vil prix. Or, le moyen de remplir ce dernier objet peut être compris dans les formalités établies par la loi, de manière à n'obliger, même le porteur de billets, à aucune démarche hors du lieu de sa résidence, et ce cas serait si rare, qu'il ne doit pas arrêter. Enfin, un emprunt sous cette forme a un avantage très-important, celui d'une contrainte exercée par le créancier sur le trésor public, comme il l'aurait eu en prêtant à un particulier, et cela sans rien perdre du côté de la facilité des payements, de manière qu'il réunirait les avantages des créances publiques à ceux des créances particulières.

SUR LES CAISSES D'ACCUMULATION.

1790.

SUR LES CAISSES D'ACCUMULATION.

Dans une nation qui occupe un grand territoire, où la population est nombreuse, où l'industrie a fait assez de progrès pour que, non-seulement chaque art, mais presque chaque partie des différents arts, soit devenue la profession exclusive d'un individu, il est absolument impossible que le produit net des terres ou le revenu des capitaux suffise à la nourriture et à l'entretien de la presque totalité des citoyens, et que le salaire de leurs soins et de leur travail ne soit pour eux qu'une sorte de superflu. Il est donc nécessaire qu'un grand nombre d'hommes n'aient que des ressources, non-seulement viagères, mais même bornées au temps où ils sont capables de travail; et cette nécessité entraîne celle de faire des épargnes, soit pour leur famille, s'ils meurent dans la jeunesse, soit pour eux-mêmes, s'ils atteignent un âge avancé.

Toute grande société riche renfermera donc un grand nombre de pauvres; elle sera donc malheureuse et corrompue, s'il n'y existe des moyens de placer avantageusement les petites épargnes, et presque les épargnes journalières.

Si, au contraire, ces moyens peuvent devenir généraux, les pauvres seront en plus petit nombre, et la bienfaisance n'étant plus qu'un plaisir, la pauvreté cessera d'être humiliante et corruptrice; et si on a une constitution bien combinée, de sages lois, une administration raisonnable, on pourra voir ce qui n'a point existé jusqu'ici, c'est-à-dire, une société qui aura pour but et pour effet le bonheur de la pluralité de ses membres.

Une autre raison rend ces moyens d'accumuler les épargnes plus nécessaires encore. Une grande partie des familles emploient une portion souvent assez considérable de leurs capitaux, pour donner à quelques-uns de leurs membres un état avantageux. L'emploi de ces capitaux est alors tout au plus viager, et le seul moyen de changer cette espèce de patrimoine de famille est de donner des moyens de placer les petites épargnes.

J'ai dit tout au plus viager, parce que des capitaux dépensés pour acquérir un état lucratif ne produisent, pour beaucoup de ces états, que pendant le temps où celui à qui l'on a procuré cet avantage est en état de travailler.

Il est bon d'observer de plus, que les intérêts de ces capitaux qui, comme Smith l'a prouvé, renferment toute la partie des salaires quelconques qui excèdent la valeur de la journée d'un ouvrier ordinaire, sont très-inégalement partagés. Supposons en effet qu'une famille ait dépensé dix mille livres pour faire acquérir à un jeune homme la capacité nécessaire pour exercer une profession qui lui rapporte trois mille livres par an; si ce jeune homme exerce sa profession pendant quarante ans, la valeur du produit qu'il retire de ces dix mille livres, rapportée au temps où il commence à gagner trois mille livres, est de 51,000 liv., ou de 2,550 liv. de rente perpétuelle, tandis que s'il n'avait exercé sa profession que dix ans, cette même valeur serait de 22,000 liv., et au même taux 1,100 liv. de rentes perpétuelles; en sorte qu'en supposant dans cet état que la dépense annuelle de chacun d'eux ait dû être de 2,000 liv., l'un, au bout de dix ans, n'aurait épargné qu'une valeur de 7,700 liv., qui est au-dessous de son capital, tandis que l'autre en aurait retiré 17,000 liv., toutes ces sommes étant toujours rapportées au premier moment : on voit donc qu'il serait utile au maintien de l'égalité des fortunes et du bien-être général, d'établir un mode de placer les épargnes, d'où il résultât plus d'égalité entre ces deux personnes. Il y a plus : les individus dont la subsistance est ainsi fondée sur un intérêt qui n'est pas même viager, forment, dans toutes les sociétés européennes, peut-être les neuf dixièmes de la population totale; il faut donc les considérer, non pas seulement comme des individus, mais comme des chefs de famille : or, reprenant l'exemple que nous avons déjà donné, et suivant les mêmes hypothèses, il en résulterait que tandis que l'un d'eux n'aurait épargné que 12,500 liv., qu'il pourrait laisser en mourant à sa famille, l'autre aurait pu en épargner 120,000; de manière que l'un, s'il avait eu seulement deux enfants, n'aurait pu leur procurer un état aussi avantageux que le sien, tandis que l'autre, non-seulement en aurait eu la possibilité, mais aurait pu encore s'assurer des ressources dans sa vieillesse, ou leur laisser une fortune indépendante. Si enfin on considère sous le même point de vue les mariages que peuvent contracter ceux qui n'ont que cette sorte de revenu, on verra que l'existence de leurs femmes dépend absolument de la durée de la vie du mari; en sorte que si par des institutions particulières on ne corrige pas ces inconvénients de la distribution des richesses dans une grande société, il y aura chaque année un grand nombre de gens infirmes, de vieillards, de femmes et d'enfants qui tomberont d'un état d'aisance dans un état de pauvreté et de misère; ce qui non-seulement entretient dans la société l'existence d'un très-grand nombre de pauvres, mais même y devient une source de corruption; car elle naît surtout de la disproportion entre les besoins, soit naturels, soit d'habitude, et la faculté d'y satisfaire; et elle est d'autant plus dangereuse, que ceux pour qui cette disproportion existe, ont pu, par leur première éducation, acquérir plus de moyens.

On voit donc qu'il est nécessaire, dans l'état actuel des sociétés, de donner des moyens de détruire cette source d'inégalité. Il serait impossible, tant qu'elle existerait, d'établir d'une manière durable une véritable égalité des droits entre les hommes, et de porter la science de la législation au degré de perfection dont elle est susceptible.

Nous avons vu qu'il était nécessaire :

1° Qu'un homme dont la subsistance dépend de son travail pût s'assurer sur ses épargnes des moyens de subsister dans sa vieillesse, et on facilitera ces moyens, si on fait tourner au profit de ceux qui y parviennent, ce que d'autres ont pu sacrifier à cette espérance;

2° Qu'il pût également assurer, soit à sa femme, soit à ses enfants, des secours semblables;

3° Qu'il pût, dans le cas où sa mort le priverait des ressources qu'il tire de son travail, leur assurer, soit un fonds, soit un revenu viager qui les en dédommage.

Un homme peut ou donner une certaine somme une fois payée, ou s'engager à en donner une chaque année, soit pendant sa vie, soit pendant un nombre d'années déterminé : il peut demander pour prix de cette avance ou une somme déterminée après une certaine époque, ou une rente viagère toujours la même, ou une rente croissante suivant certaines règles; il peut demander que cette même somme, ou une rente de la même espèce, au lieu d'être payée à une époque déterminée, le soit au moment de sa mort, etc. Il en résulte un nombre assez grand de combinaisons diverses, dont chacune peut être préférée par les divers individus, d'après les circonstances où ils se trouvent. Plus ces combinaisons seront multipliées, plus il y aura d'hommes à qui elles pourront convenir, et plus elles offriront de ressources. Des calculs faits d'après les probabilités de la vie humaine, mettent à portée de déterminer ce que, à un taux donné d'intérêt, on peut donner dans chaque hypothèse pour prix d'une somme reçue ou de l'engagement d'un payement annuel. On doit, dans ce cas, choisir un taux d'intérêt in-

férieur au taux commun, 1° parce que sans cette précaution, l'emprunteur qui s'engage à payer la valeur
moyenne serait exposé à des pertes, et que la sûreté
même des prêteurs exige qu'on n'ait pas à craindre
que ces sommes reçues ne suffisent pas aux engagements; 2° parce que les intérêts se trouvant, par un
calcul, accumulés sans aucun retard, ce qui n'a jamais lieu lorsque les particuliers placent eux-mêmes
leurs fonds, le taux d'intérêt qu'on leur accorde est
réellement au-dessus d'un taux égal dans les placements ordinaires; 3° parce que le taux de l'intérêt
devant plutôt diminuer qu'augmenter, le véritable
taux commun serait une moyenne entre celui du
moment de la souscription et celui des placements
les plus éloignés.

Ces combinaisons peuvent être faites de trois manières : ou par des associations particulières, ou par
des compagnies, ou même par l'État. Dans le premier cas, les mêmes personnes sont à la fois emprun-
teurs comme membres d'une société, et prêteurs
comme individus. On sent que de pareilles associations ne sont pas susceptibles d'une grande étendue,
et que d'ailleurs les membres qui les composent,
changeant sans cesse, il ne peut guère y avoir d'u-
nité dans l'intérêt de l'association, et qu'il est toujours à craindre ou que l'intérêt particulier des individus existants ne soit sacrifié à celui de la caisse
commune, ou la sûreté des payements aux avantages
des individus actuels. Il serait également difficile de
fixer le droit qu'ont ces individus, comme membres
de la société, sur les fonds de cette caisse. On ne

peut donc regarder ces établissements que comme très-bornés, et d'un succès incertain. Cependant celui que M. Duvillard a proposé, étant très-bien combiné, réussirait vraisemblablement; mais je doute qu'il puisse acquérir l'étendue nécessaire pour le rendre d'une utilité nationale. Quant aux compagnies, comme les conditions sont calculées dans l'hypothèse que les sommes reçues sont placées continuellement ainsi que l'intérêt qui en provient, le profit de l'emprunteur ne peut être fondé que sur l'assurance de placer ses fonds à un taux plus élevé que celui de l'emprunt; mais ces conditions étant dépendantes du hasard, cet excédant doit servir de gage aux prêteurs, pour le cas où la masse totale des sommes à payer réellement serait au-dessus de la valeur moyenne déterminée par le calcul. Il faut donc se procurer d'abord un fonds suffisant pour remplir ce but, et ce n'est qu'après qu'on pourrait distribuer le dividende. On voit donc qu'à moins de faire des conditions très-défavorables aux prêteurs, les compagnies ne peuvent commencer à gagner qu'après un temps très-long. On ne change pas leur état en supposant que ces compagnies puissent se dispenser de cette réserve, en déposant des fonds assez considérables pour leur permettre de ne point réserver cet excédant nécessaire. Ainsi toute compagnie qui proposerait des conditions justes, et qui ne ferait que des placements sûrs, ne pourrait espérer que des profits très-éloignés, ce qui doit inspirer de la défiance pour ce genre d'établissement.

Dans un État qui aurait à rembourser des dettes

constituées à un taux supérieur à celui qu'on doit donner pour ces accumulations, on pourrait peut-être former un établissement public avec autant de sûreté que d'avantage. D'après la nature de ce genre d'établissement, dans les premières années la recette doit surpasser le payement ; et en les supposant toujours ouverts et ayant une égale confiance, il arriverait, au bout d'un certain temps, que les dépenses couvriraient la recette de l'intérêt des sommes dont on aurait d'abord profité ; ainsi, pourvu que l'excédant de l'intérêt qu'on éteint sur celui qu'on accorde ne soit pas absorbé par celui que par la suite des événements on peut être obligé de payer au delà de la valeur calculée, on y trouvera, 1° l'avantage d'éteindre les dettes actuelles ; 2° celui de les remplacer par une dette moins onéreuse, ce qui est surtout à considérer dans un État dont la prospérité doit accroître ou diminuer la charge actuelle pour la reporter à un temps plus éloigné. Or, si les calculs sont bien faits, on n'a point à craindre que sur un très-grand nombre de têtes la valeur réelle des engagements surpasse de beaucoup leur valeur calculée.

Ces placements sont de plusieurs espèces : dans les uns, les sommes à payer doivent l'être, ou à des époques fixées, ou dépendre de l'existence de certains individus, de manière que ceux qui placent ne peuvent faire aucune combinaison nuisible à l'établissement ; mais il en est d'autres où les sommes à recevoir sont d'autant moindres, et les sommes à payer d'autant plus grandes, que l'individu qui a placé vivra moins longtemps. Alors ceux à qui leurs infirmités, et même des causes de mort évidentes ne permettent d'espérer qu'une vie très-courte, pourraient placer avec trop d'avantage. Il arriverait donc que l'on multiplierait les placements dépendants de ces têtes, ce qui exposerait l'établissement à une ruine presque certaine, s'il était fait par une compagnie, et le rendrait plus nuisible qu'utile, s'il était fait par l'État.

Les associations et les compagnies particulières préviennent cet inconvénient en n'admettant ces placements que pour des personnes dont un médecin ayant leur confiance, assure qu'elles doivent atteindre le terme moyen de la vie des personnes de leur âge ; mais ce moyen ne peut convenir à un établissement fait pour le public; il faut donc en chercher un autre.

En prenant des tables de mortalité générale, et même des tables faites sur des individus choisis, on réduit tout le danger à ce que coûteraient les têtes destinées à manquer dans les premières années. Il suffirait donc de substituer à des sommes toujours les mêmes, à quelque moment que vienne à manquer la tête dont elles dépendent, des sommes qui croîtraient jusqu'à un certain terme. Si, par exemple, ceux qui placeraient sur les têtes qui manqueraient dans les trois ou quatre premières années, ne retireraient l'intérêt de leurs mises d'abord qu'au-dessous du taux commun, puis à ce taux, puis à un taux plus élevé, jusqu'au terme où ils profiteraient de tous les avantages, les spéculations qu'on pourrait faire sur

des têtes faibles ne seraient pas à craindre. Le taux
d'intérêt étant le même, la somme constante que
l'on accorderait serait plus forte, et par conséquent
ceux qui placeraient sur des têtes plus saines auraient
plus d'avantages.

Quant à la manière d'exécuter ces établissements,
voici celle qu'on pourrait suivre : 1° On formerait
des tableaux le plus étendus qu'il serait possible de
toutes ces formes, sous lesquelles un individu quelconque pourrait vouloir payer et recevoir pour assurer, soit à lui-même, soit aux autres après lui, des
avantages éventuels. Comme dans une première institution on pourrait ne pas avoir assez multiplié ces
différentes formes, on se réserverait d'en présenter
de nouvelles. On autoriserait ceux qui voudraient
placer à en proposer eux-mêmes, qui seraient adoptées et offertes au public, si les conditions calculées
au même taux, et d'après les mêmes principes que
celles qui sont proposées par l'établissement, étaient
d'ailleurs convenables. 2° On formerait pour chacune
de ces formes un tableau pour les différents âges,
pris de quatre ans en quatre ans, ou même de cinq
en cinq. (Cette division suffit, vu surtout qu'il s'agit
d'un établissement perpétuel, et qu'ainsi ceux qui
voudraient tirer quelque profit de la différence qui
existe pour les hommes d'une même classe, au lieu
de souscrire dans une année, souscriraient un an plus
tôt ou un an plus tard, s'ils y trouvaient plus d'avantage.) Cette différence d'ailleurs est trop faible pour servir de base à des spéculations. Ces calculs seraient faits
sur le taux de 4 pour cent, en prenant des tables de

mortalité vulgaire pour ceux dont la mort détermine le payement, des tables de rentiers viagers pour ceux à l'existence de qui est attaché un fonds ou une rente viagère, et enfin des tables de tontiniers, si c'est une rente croissante. Ces calculs seraient faits par un homme choisi parmi ceux qui se sont occupés le plus de ces théories. Les principes de son travail, les motifs qui l'auraient déterminé, soit dans le choix des méthodes, soit dans celui des tables, seraient exposés dans un mémoire soumis à l'examen de l'Académie des sciences, et ensuite rendu public. Les tables elles-mêmes seraient vérifiées sous les yeux de commissaires choisis parmi les savants ; on ne dit point ici qu'ils feraient eux-mêmes cette vérification, parce que le meilleur moyen de vérifier, consiste à faire faire séparément les calculs. 3° On établirait que dans chaque district le trésorier recevrait les sommes placées de cette manière, et en tiendrait compte à la caisse commune de l'établissement ; qu'elle-même lui ferait passer dans la suite les sommes qui, en vertu de ces placements, doivent être payées aux particuliers. Cette caisse générale transmettrait ces sommes au trésor public, qui les emploierait à rembourser des effets à 5 pour cent, et qui en payerait chaque année l'intérêt au même taux à la caisse de l'établissement. 4 Le produit de ces intérêts, de même que les sommes reçues par l'établissement, seraient employés d'abord à l'exécution de ces conventions, et le reste remis au trésor public pour servir de même à des remboursements, et recevoir une rente nouvelle en faveur de l'établissement.

Il n'est pas sans doute nécessaire d'avertir ici que ces transports de la caisse des districts à celle de l'établissement, de celle-ci au trésor public, et réciproquement, ne sont pas des transports réels, mais seulement de simples opérations de comptabilité, et qu'ainsi le trésor public recevra tout, payera chaque année les engagements pris par l'établissement, emploiera le surplus en remboursements tant qu'il s'en trouvera, et que l'intérêt annuel qu'il sera supposé devoir à l'établissement ne servira qu'à en constater l'état. 5° Pour augmenter le nombre des souscripteurs qui s'engageraient de payer une somme annuelle, il serait utile de recevoir en payement leur délégation des rentes viagères qu'ils peuvent avoir sur le trésor public. Dans ce cas on ferait le calcul de la valeur du capital de ces rentes, et ce serait seulement de l'intérêt de ce capital à 5 pour cent que le trésor public serait chargé envers l'établissement, ce qui lui procurerait un soulagement réel dès ces premières années.

En partant du premier moment de l'établissement jusqu'à celui où toute la dette à 5 pour cent serait remboursée, on trouverait qu'en supposant des sommes égales placées chaque année, l'établissement pourrait se soutenir au pair avec un payement annuel des quatre cinquièmes de l'intérêt dû par le trésor public; si les placements augmentaient, il suffirait d'une moindre somme; si au contraire ils diminuaient, elle ne suffirait plus; mais au bout de quelques années, les sommes à payer diminueraient graduellement; en sorte que ces quatre cinquièmes, en les supposant toujours placés au même intérêt, seraient toujours suffisants pour se maintenir au pair. L'excédant de cette somme doit être considéré, 1° comme une ressource pour les cas où le hasard porterait au-dessus de sa valeur moyenne la somme qu'on s'est engagé de payer; 2° comme un véritable fonds d'amortissement.

Il faut observer que le taux de l'établissement devant toujours être au-dessous du taux moyen, si ce taux moyen venait à baisser, celui des nouvelles sommes à recevoir doit baisser aussi, et les conditions de chaque forme d'engagement varier en conséquence; mais ce profit, quoique pouvant devenir inférieur, par cette raison, à ce que la différence entre ces deux taux paraît promettre, ne s'en écarterait point sensiblement, si l'établissement était dirigé avec prudence.

Il faut en général veiller à ce que les placements successifs des intérêts des sommes prêtées s'écartent le moins qu'il est possible du taux moyen du placement au moment qu'elles ont été prêtées. Les variations de l'intérêt, l'augmentation ou la diminution des fonds prêtés sous cette forme seront en général très-peu sensibles; on peut observer en effet que les changements du taux moyen de l'intérêt ne s'étendent pas, dans les premiers moments, sur toutes les espèces de placements, et qu'ainsi l'époque où dans ces établissements on doit n'avoir plus d'intérêt à placer, mais où les payements se font sur les fonds mêmes des placements arriérés, se trouve avant celle où on sera obligé de perdre sur l'intérêt. Il est vrai-

semblable d'ailleurs que pendant longtemps, après
une diminution qui aura lieu au bout de quelques
années, les sommes reçues seront croissantes, parce
que ces établissements doivent s'étendre peu à peu
à un plus grand nombre de personnes; et qu'en
supposant même que la prospérité publique n'aille
pas en croissant, et que la valeur réelle de ces capitaux à placer n'augmente pas, leur valeur en monnaie doit nécessairement augmenter par la diminution de celle des métaux.

Les circonstances qui obligeraient une nation à
emprunter à un taux plus haut pour des besoins
extraordinaires, pourraient produire des diminutions passagères dans ces placements; mais dans ce
cas elles seraient suivies d'augmentations à mesure
que ces emprunts se rembourseraient, et ces placements serviraient à rendre les remboursements plus
sûrs et plus prompts. Ainsi, en même temps que ces
établissements offriraient des secours et des ressources à la partie pauvre de la société, empêcheraient la ruine des familles qui subsistent du revenu
attaché à la vie de leur chef, augmenteraient le
nombre de celles dont le sort est assuré, concilie-
raient la stabilité des fortunes avec les variations qui
sont la suite nécessaire du développement de l'industrie et du commerce, et conduiraient à établir,
ce qui n'a jamais existé nulle part, une nation riche, active, nombreuse, sans l'existence d'une
classe pauvre et corrompue; ils offriraient encore
des moyens utiles pour le remboursement des dettes
que cette même nation pourrait être obligée de con-

tracter; et bien loin d'ôter des capitaux au commerce et à l'industrie, leur en laisseraient davantage, en diminuant la masse de ceux que les hommes sages tiennent en réserve; or, ce sont précisément ceux qui sont en de telles mains dont l'emploi est vraiment utile.

MÉMOIRES

FIXATION DE L'IMPÔT.

1790.

MÉMOIRES

SUR LA

FIXATION DE L'IMPÔT.

PREMIER MÉMOIRE.

La masse des impôts doit être égale aux dépenses nécessaires pour la sûreté, pour la tranquillité, pour la prospérité publique ; aux intérêts de la dette nationale, dans laquelle on doit comprendre tout traitement destiné à s'éteindre ; enfin, à un fonds d'amortissement, sans lequel, malgré l'enthousiasme de quelques politiques pour la conservation de la dette, on ne peut se répondre d'en éviter l'accroissement illimité, ni par conséquent la dégradation des propriétés, et la banqueroute, qui sont la suite nécessaire de cet accroissement.

Mais dans la dette nationale sont comprises : 1° des rentes viagères ; 2° des traitements qui, destinés aux religieux et aux titulaires actuels des bénéfices ecclésiastiques, doivent s'éteindre avec eux ; 3° des pensions et d'autres traitements qui doivent aussi s'éteindre ; 4° des engagements à terme de différente nature, dans lesquels les intérêts et les capitaux sont confondus.

Il est donc évident que si on impose chaque année une somme égale à celle des engagements de ce genre, l'on confondra la partie de l'impôt destinée à payer l'intérêt, et celle qui sert à rembourser les capitaux.

Cependant, pour bien connaître l'état réel des finances d'une nation, et pour déterminer la somme à laquelle il convient de porter l'impôt, il est bon de distinguer ce qui est nécessaire pour l'acquittement des intérêts, ce qu'il faut payer chaque année, sous peine d'augmenter la dette et de voir tomber le crédit, et ce qui est vraiment fonds d'amortissement, parce que ce fonds doit être plus ou moins fort, suivant que l'impôt destiné à le former est plus ou moins onéreux, que les circonstances se prêtent plus ou moins à une augmentation de subsides, que la nécessité de diminuer la dette est plus ou moins pressante.

Le moyen de faire cette réduction est connu de tous les calculateurs (1).

Supposons d'abord que l'on ait diverses sommes payables, une dans un an, une autre dans deux, une autre encore dans trois ans, et ainsi de suite; on cherchera d'abord quelle somme reçue aujourd'hui, placée pour un an à tel taux d'intérêt, est équivalente à la somme donnée. Ainsi, par exemple, si on demande ce que valent aujourd'hui 1,050 livres perpétuelles payables dans un an, l'intérêt

---

(1) On est entré ici dans des détails très-élémentaires; ils sont indispensables à une époque où les citoyens sont rentrés dans le droit d'examiner les affaires communes, sans y avoir été préparés par leur éducation.

étant cinq pour cent, on trouvera mille livres : en effet, mille livres à cinq pour cent, produisent cinquante livres au bout d'une année. Si on veut savoir quelle somme équivaut à une somme donnée, payable dans deux ans, on cherchera celle qui, placée pour un an à un tel taux d'intérêts, et replacée avec cet intérêt au même taux au bout de la première année, produit à la fin de la seconde une somme égale à la somme donnée.

Par exemple, si on cherche ce que vaut aujourd'hui une somme de 1,102 livres 10 sous payable dans deux ans, et que l'intérêt soit à cinq pour cent, on trouve encore mille livres, parce que 1,000 livres, placées à cet intérêt, valent 1,050 livres au bout de l'année, lesquelles, placées au même taux pour un an, valent 1,102 livres 10 sous au bout de cette seconde année.

Il existe des formules très-commodes pour faire ces réductions, quel que soit le nombre des années. Si les sommes payables pendant plusieurs années de suite sont égales entre elles, on les appelle annuités, et on a encore des formules qui en donnent la valeur actuelle, pour un nombre d'années quelconque.

Ces formules sont même réduites en tables pour un espace de cent ans, en sorte que ces calculs peuvent se faire, à quelques deniers près, avec la plus grande promptitude.

Connaissant une fois quelle est la valeur actuelle des diverses sommes payables au bout d'un, de deux, de trois ans, on n'a qu'à prendre la rente perpétuelle qui répond à cette somme, à ce taux d'intérêt, elle représentera l'intérêt de ces sommes ; et ce qu'on paye de plus doit être regardé comme rembourse-ment. Ainsi, dans l'exemple que nous avons cité, payer 1,000 liv. aujourd'hui, ou payer 1o5o liv. au bout d'un an, 1,1o2 liv. 1o s. au bout de deux, ou enfin payer une rente perpétuelle de 1oo liv., sont des choses équivalentes, si le taux de l'intérêt est supposé à cinq pour cent.

Mais le principe en vertu duquel on regarde une somme actuelle de 1,000 liv. comme équivalente à 1,o5o liv. payables dans un an, est fondé sur une supposition, sur celle que le possesseur actuel d'une somme de 1,000 liv. peut trouver à la placer pour un an, à cinq pour cent, et que celui qui doit rece-voir 1,o5o liv. dans un an, peut emprunter actuel-lement 1,000 liv. au même taux. En effet, si celui qui a 1,000 liv. à prêter, trouvait à les placer à six pour cent, ses 1,000 liv. vaudraient 1,o6o liv. et non 1,o5o liv. au bout de l'année; et si celui qui est pro-priétaire de 1,o5o liv. payables après un an, ayant be-soin d'emprunter, ne trouvait de l'argent qu'au même taux, il ne pourrait, au bout de l'année, s'acquitter qu'avec 1,o6o liv., et non avec les 1,o5o liv. qu'il doit recevoir.

Le taux d'intérêt qu'il convient d'adopter dans ces calculs est donc celui auquel on peut espérer raison-nablement de prêter ou d'emprunter ; et c'est ce qu'on appelle le taux commun d'intérêt.

On sait réduire de la même manière, d'abord les rentes viagères sur une tête. En effet, il existe des tables de mortalité, c'est-à-dire, des tables qui marquent soit pour les hommes pris au hasard, soit pour des hommes pris dans la classe des rentiers, combien sur mille, par exemple, existant à telle époque, il en meurt la première, la seconde, la troisième année, et ainsi de suite; combien, par conséquent, il en reste au bout de la première, de la seconde, de la troisième année , et ainsi de suite. Supposons maintenant que mille personnes de cet âge aient chacune une rente égale sur leur tête, et qu'elles meurent suivant l'ordre indiqué par la table, il est évident qu'on ne paye qu'une demi-année à ceux qui meurent pendant la première, puisqu'ils sont supposés devoir mourir également à toutes les époques de l'année. On paye la première année et la moitié de la seconde à ceux qui meurent dans le courant de la seconde année ; on paye les deux premières et la moitié de la troisième à ceux qui meurent dans cette troisième , et ainsi de suite.

On aura donc à payer, pour la première année, un année entière à ceux qui vivent à la fin de cette année, et une demi-année à ceux qui meurent pendant sa durée; pour la seconde, une année entière à ceux qui vivent à la fin de cette année, et une demi-année à ceux qui meurent pendant sa durée, et ainsi de suite.

Connaissant donc les sommes qui sont à payer à la fin de chaque année, il devient facile, comme on l'a déjà exposé, d'en connaître la valeur rapportée au commencement de la première année, d'en prendre la somme, et d'en déduire la rente perpétuelle équivalente à la rente viagère.

S'agit-il d'une rente viagère sur deux têtes, on a de même, d'après des observations sur les mortalités, dressé des tables où l'on voit combien sur mille associations de deux personnes, chacune d'un âge donné, il y en a dont les deux têtes s'éteignent la première, la seconde, la troisième année, et ainsi de suite.

On déterminera donc la valeur de ces rentes de la même manière que nous avons vu qu'on pouvait déterminer la valeur d'une somme sur une seule tête.

On voit également que l'on peut déterminer par la même méthode la valeur d'une rente sur deux têtes, partagée entre deux propriétaires dont l'un en jouirait pendant l'existence d'une des deux têtes, et l'autre ne commencerait à jouir qu'après l'extinction de la première, et pendant l'existence de la seconde.

Ce calcul n'est fondé que sur deux suppositions : la première, que l'ordre de mortalité futur ne s'écartera pas sensiblement de l'ordre observé, de celui qui a servi de fondement aux tables : or, quand ces tables ont été faites sur un grand nombre d'hommes de la même classe que ceux à qui on veut les appliquer, sur des rentiers viagers, par exemple, s'il s'agit de s'en servir pour le calcul des rentes viagères, on peut compter que l'événement futur s'accordera sensiblement avec l'hypothèse ; l'expérience l'a prouvé ; et d'ailleurs cette manière de conclure les événements futurs d'après les événements observés, est le seul fondement de nos connaissances naturelles.

La seconde hypothèse consiste à considérer la rente due à un individu, ou les rentes inégales

dues à plusieurs, comme équivalentes à une somme
de rentes égales entre elles , distribuées sur un
grand nombre de têtes, et de la même valeur totale que les premières. Cette seconde hypothèse est
fondée sur les principes suivants : 1° que de tous
les événements celui qui se conformerait à ce principe est le plus probable; 2° que si on applique
cette hypothèse à un nombre assez grand de rentes
à la fois, il est très-vraisemblable que le résultat du
calcul s'écartera peu de la vérité, soit en plus, soit
en moins. D'où il résulte que si, dans ce calcul, on
force un peu les hypothèses, si on les choisit, par
exemple, telles qu'elles doivent donner une valeur
de la rente viagère un peu trop grande, on peut être
assuré que dans la réalité elle ne s'élèvera pas au-
dessus de cette valeur.

Si donc on calcule, d'après ces principes, toute
espèce de dettes viagères, ainsi que les engagements
à terme, où les capitaux et les intérêts se confondent, soit à l'égard des individus, soit à l'égard de
la masse totale, comme lorsque l'on rembourse par
la voie du sort ou par ordre d'ancienneté, on trouvera que l'impôt qui serait égal aux engagements,
soit pour l'année 1791, soit pour les premières qui la
suivent, renfermerait un fonds d'amortissement de
plus de soixante millions; de manière qu'en diminuant
l'impôt de cette somme, on conserverait encore un
fonds d'amortissement plus ou moins considérable.

Il résulte également de ces mêmes principes, qu'en
levant un impôt seulement égal à l'intérêt de ces engagements, et se procurant chaque année, soit par des

emprunts, soit autrement, les sommes nécessaires pour satisfaire à l'excédant des engagements, on arriverait à un point où cet impôt suffirait pour payer la rente perpétuelle de tous ces emprunts, ou celle qui représenterait les autres fonds employés à cette opération. On peut donc prouver la possibilité de diminuer de soixante millions environ la masse des contributions auxquelles la nécessité de ne pas violer la foi publique oblige de soumettre les citoyens. Or, n'y eût-il d'autre moyen que les emprunts pour soulager le peuple d'un impôt de soixante millions, évidemment inutile, du moins ne faudrait-il pas le rejeter sans l'examen le plus approfondi.

En effet, je demanderai si le moment de l'établissement d'une constitution nouvelle, celui où il serait utile d'y attacher les citoyens en leur montrant un soulagement actuel, celui où par tant de raisons on peut craindre de leur imposer de trop grands sacrifices, celui enfin, où un grand nombre souffrent des effets de la révolution, et achètent par des pertes présentes le bien immense qu'ils doivent en attendre; je demanderai si ce moment est celui d'établir un fonds d'amortissement si considérable. Je demanderai s'il est utile de lever en 1791, de soutenir pendant quelques années cet énorme fonds d'amortissement, et s'il ne serait pas plus juste, plus humain, plus politique même, de le fixer aujourd'hui plus bas, pour l'augmenter ensuite dans des circonstances plus heureuses. Je demanderai si la postérité a droit d'exiger de nous, d'ajouter ce sacrifice à ceux que la conquête de la liberté a coûtés, si nos descendants ne doivent pas aussi en payer le prix. Je demanderai si, lorsque la baisse prochaine et infaillible de l'intérêt de l'argent doit encore diminuer la dette et offrir un nouveau fonds d'amortissement; si, lorsqu'une division plus grande dans les propriétés, l'augmentation de culture, d'industrie, de commerce, qui doit suivre la liberté, vont accroître la masse des richesses, l'on doit augmenter l'impôt pour le diminuer lorsque les citoyens seront plus en état de le payer.

Un emprunt est sans doute une chose impolitique, injuste même, lorsque, pour épargner ceux en faveur de qui les dépenses sont faites, on les rejette sur leurs descendants, lorsque l'emprunt augmente la quantité des dettes déjà trop fortes. Mais quand, malgré ces emprunts, la dette diminue réellement; mais quand, au lieu d'augmenter l'impôt futur pour diminuer l'impôt actuel, on ne fait que le répartir également sur un plus grand nombre d'années; mais quand l'emprunt n'a d'autre effet que de répandre sur un plus grand nombre de générations l'acquittement d'une dette devenue une suite nécessaire de la constitution même qui assure leur liberté, ne doit-on pas considérer de tels emprunts comme une mesure économique et salutaire?

Nous nuirions beaucoup aux avantages qui doivent naître du nouvel ordre de choses qui s'établit, si nous conservions les mêmes craintes, les mêmes opinions que sous l'ancien régime. Lorsque l'on empruntait, sans que la nation connût la proportion des besoins et de la dépense, lorsque l'étendue des engagements contractés par l'emprunt était un se-

cret pour les citoyens, sans doute on devait avoir
ces opérations en horreur, on devait les regarder
comme un moyen de ruiner la nation. Mais tout est
changé. De ce qu'un jeune homme prodigue se ruine
en empruntant, doit-on défendre à un homme sage
d'emprunter pour liquider ses biens? Un père de
famille dont les terres ne sont pas à leur valeur, qui
est obligé de dépenser pour l'éducation de ses enfants,
ou pour leur établissement, n'aimera-t-il pas mieux
emprunter pour satisfaire à ses dettes, et rester seulement chargé de l'intérêt, en se réservant de rembourser quelques années plus tard, que de s'exposer
à diminuer la valeur de ses fonds, à négliger l'éducation et la fortune de ses enfants, pour le vain
honneur de ne pas recourir à des emprunts?

Les emprunts de ce genre n'exigent point que le
payement soit assuré sur un impôt, puisque l'impôt
qui existe surpassant déjà l'intérêt de la dette ancienne, dont les nouveaux emprunts ne font que
changer la forme, suffit pour assurer les intérêts et
les remboursements.

Il ne peut rester que la crainte de ne pas remplir
ces emprunts; mais c'est alors qu'il devient nécessaire et juste d'y pourvoir par un impôt égal.

On ne peut pas dire non plus que ces emprunts
puissent devenir abusifs; la valeur en est déterminée, elle est égale à ce que pour acquitter les engagements il faut ajouter à l'impôt levé pour payer l'intérêt de la dette.

Mais il s'en faut bien que les emprunts soient le seul
moyen d'éviter cette augmentation inutile de l'impôt.

Il reste une grande masse de biens nationaux à vendre, et on peut trouver dans cette vente, surtout si on y admet les titres de créance sur l'État, des moyens de pouvoir, même sans emprunter, diminuer la masse de l'impôt.

En effet, 1° le produit des ventes en argent comptant pouvant être employé à rembourser des capitaux exigibles, dispense de lever l'impôt nécessaire pour ces remboursements.

2° En supposant que le revenu de ces biens pour la nation, soit trois et demi pour cent du prix de l'acquisition, ce qui n'est pas exagéré, l'intérêt commun étant à 5 pour cent, il en résulte un fonds d'amortissement égal à trois septièmes du revenu de ces biens, c'est-à-dire, que l'aliénation de 7 millions de revenu produira trois millions d'amortissement annuel.

3° Pour connaître l'effet qui résultera de la liberté d'acquérir en titres de créance sur l'État, il faut diviser les créances en quatre classes :

Les effets remboursables à terme ;

Les rentes viagères ;

Les contrats qui doivent être donnés en remboursement des offices de judicature, des cautionnements de finance ou en payement de la dette exigible arriérée ;

Enfin, des rentes constituées, et celles-ci sont de deux sortes. La nation doit le remboursement des unes au denier vingt, et celui des autres à un denier plus haut, qui s'étend jusqu'au denier quarante.

La masse des dettes payables à termes fixes doit

XI.   27

être considérée comme si la nation payait chaque année cinq pour cent d'intérêt, et remboursait annuellement une partie du reste. Supposant l'intérêt joint au remboursement égal à sept et demi pour cent du capital pour l'année 1791, et celles qui la suivent jusqu'à l'extinction, on trouvera qu'un capital de 100 livres employé en acquisitions de biens nationaux ne faisant perdre que trois et demi de revenu, ne donnera dans la réalité qu'un et demi pour cent de profit, ne produira qu'un fonds d'amortissement perpétuel d'un et demi pour cent; mais il en résultera pour toutes ces années un fonds d'amortissement de quatre, c'est-à-dire, par exemple, un fonds d'amortissement de huit millions pour sept de revenu en terres, acheté avec ces effets.

Supposons les rentes viagères employées en achats que l'on évalue 7 livres de rentes viagères, à un capital de 100 livres, et que telle soit la valeur de ces rentes calculées sur le taux commun d'intérêt, que nous supposons toujours cinq pour cent (nous exagérons ici cette valeur, pour n'être pas accusés d'exagérer le profit), il est clair que ce capital de 100 livres ne pouvant acquérir que trois et demi de revenu, il y aura encore trois et demi pour cent de fonds d'amortissement annuel la première année, c'est-à-dire, sept millions pour sept millions de revenu ainsi aliéné, ce fonds devant diminuer chaque année, et n'étant égal qu'à un fonds perpétuel d'un et demi pour cent de capital, ou de trois millions pour sept millions de revenu ainsi aliéné.

Enfin, les rentes perpétuelles remboursables à vo·

lonté, et évaluées au denier vingt, produiront pour toutes les années le même profit, un et demi pour cent du capital, ou de trois millions pour sept millions de revenu en terre acquis avec ces effets.

Ce simple exposé suffit pour faire connaître les avantages du plan proposé par un député à l'assemblée nationale, qui, distingué par ses lumières comme par son patriotisme, a d'autant plus de droits à la reconnaissance publique, que les abus détruits par la nouvelle constitution lui offraient de plus vastes espérances.

On voit que les contrats remboursables à la volonté de la nation produisent par leur emploi, en achats de biens nationaux, précisément le même fonds actuel d'amortissement, que si l'acquisition avait été faite en argent comptant; mais ils ne peuvent servir, comme l'argent, à éteindre des capitaux exigibles;

Que les contrats donnés en payement par la nation produiront la même valeur d'amortissement;

Que l'emploi des effets payables à terme, comme celui des rentes viagères, offre des avantages plus grands pour les premières années, pour celles où il est le plus important de pouvoir diminuer l'impôt.

On doit donc désirer que l'on emploie de préférence ces derniers effets, ce qui ne peut être un motif d'exclure ni les nouveaux contrats qui seront donnés en payement, ni les contrats sur le clergé, qui dans l'opinion commune paraissent avoir perdu leur gage, quoique ces créanciers n'ayant le droit ni de saisir les revenus, ni de faire vendre les biens ecclésiastiques, n'eussent qu'une hypothèque chimérique.

Mais ce pourrait être un motif d'exclure les contrats remboursables à la volonté de la nation, surtout ceux qui le sont au denier vingt. En effet, en n'éteignant pas ceux qui sont remboursables au denier quarante, on perd un et demi pour cent de fonds d'amortissement, jusqu'au temps où le taux commun d'intérêt sera à deux et demi pour cent; au lieu que n'éteignant pas les autres, on le perd seulement jusqu'au moment où ce taux sera à trois et demi, et que la perte peut commencer à diminuer dès le moment où il tombe au-dessous de cinq.

Le grand avantage de ce plan est donc de préserver les biens d'une dégradation qui serait inévitable, si la nation les conservait entre ses mains; de les porter à leur juste valeur, en admettant, pour les acheter, une masse de capitaux fort supérieure; d'augmenter le crédit, en diminuant tout à coup d'environ deux milliards la masse de la dette, et de plus en ne laissant dans la circulation que les effets regardés par leurs possesseurs comme plus avantageux que des possessions en terres; en sorte que si, par exemple, on achète à trois et demi pour cent, il en résultera que les propriétaires d'effets auront préféré cinq pour cent en papier, à trois et demi pour cent en terre.

On a dit que dans ce plan, la presque totalité des terres serait achetée par les possesseurs des effets, ce qui en priverait les habitants des campagnes; on a dit que l'admission de tous les effets nuirait à ceux auxquels on donnerait des contrats en payement.

Supposons d'abord qu'il existe un crédit réel, c'est-à-dire, que les porteurs d'effets croient que la nation tiendra ses engagements; alors ni l'un ni l'autre de ces inconvénients n'est à craindre. Les biens ne seront vendus que leur valeur. La concurrence ne les fera point monter au-dessus. En effet, y eût-il un milliard d'effets portant intérêts, admis à l'acquisition d'un million de biens, chaque acquéreur n'aura jamais qu'à choisir entre tant de revenu en terre et tant de revenu en créances sur l'État. Des effets qui ne porteraient aucun intérêt, pourraient faire monter le prix des terres, jusqu'au point où la valeur de ces terres pourrait éteindre la masse entière de ces papiers. Des effets à un bas intérêt feraient monter le prix des terres jusqu'au point où elles ne produiraient plus qu'un intérêt moindre encore; mais il n'en est pas de même des effets du taux courant de l'intérêt. Ainsi, le propriétaire d'argent achètera comme il doit acheter, c'est-à-dire, achètera chaque bien particulier ce qu'il vaut pour lui; le porteur de contrats, ou achètera le bien qui lui convient, ou gardera son contrat à cinq pour cent, dont la baisse de l'intérêt, suite nécessaire d'une constitution libre et de la diminution de la dette, lui assure le remboursement à une époque prochaine.

Supposons ensuite que le crédit n'existe pas, que cette opération ne le ranime pas (et c'est supposer l'impossible), qu'en résultera-t-il? Que les propriétaires de papiers s'empresseront d'acheter des biens; et comme la masse des papiers surpasse du double environ celle des domaines nationaux, la concurrence entre eux portera ces biens au-dessus de leur valeur, au denier cinquante, par exemple : alors la nation aura éteint avec quarante millions de revenu, deux milliards de capitaux et 100 millions d'intérêt; et une libération si avantageuse dédommagerait d'une distribution moins favorable. D'ailleurs, il ne faut pas croire que ces acquéreurs gardassent les terres qu'ils auraient achetées, car ce discrédit suppose que le taux d'intérêt est très-haut; beaucoup se hâteraient donc de revendre pour se dédommager par des placements avantageux. D'ailleurs, ceux qui auraient de l'argent comptant destiné à faire des acquisitions, auraient, dans la même hypothèse, et par la même raison, la facilité d'acheter des papiers à bas prix.

Ainsi, dans le cas d'un discrédit, occasionné par des causes particulières, l'opération proposée conserverait sensiblement les mêmes avantages, et aurait de plus celui de tirer de ce discrédit même un avantage pour le trésor public.

On a paru craindre l'agiotage; mais entend-on par ce mot la vente ou l'achat des effets publics? Alors l'agiotage est une suite naturelle de l'existence de ces papiers. Entend-on l'accaparement de certains papiers? Cet accaparement n'a lieu que lorsqu'on exige de faire telle partie de payement avec une espèce de papier, et qu'on n'y ajoute pas la clause alors nécessaire, *ou en argent comptant*. Mais personne ne propose en ce moment une pareille opération. Entend-on l'espèce de jeu qui a lieu sur les fonds publics, par l'incertitude de leur valeur future ? Ce jeu doit redoubler lorsque l'on discute une opération sur ces fonds, et que l'on ignore quelle sera précisément cette opération. Mais le meilleur moyen de le faire cesser, est d'offrir à ces effets un emploi qui en fixe la valeur. Ainsi, le plan proposé doit augmenter l'agiotage, jusqu'à ce que l'assemblée nationale ait prononcé, mais doit le diminuer lorsqu'il aura été adopté.

Il est nécessaire d'entrer dans quelques détails sur la manière d'évaluer les rentes viagères ou en général les traitements viagers, pour les recevoir en payement.

Lorsque l'on évalue les rentes viagères, pour savoir par quelle rente perpétuelle on peut les représenter, on doit prendre les suppositions les plus favorables à la durée de la vie des rentiers, afin d'être sûr que la rente perpétuelle sera plus que suffisante, et renfermera un fonds d'amortissement. Mais lorsqu'on les évalue pour les racheter, on doit au contraire prendre des hypothèses défavorables à la longue durée de la vie des rentiers, afin d'être sûr de ne pas les racheter à un trop haut prix.

D'ailleurs, il est juste de les évaluer au-dessous de leur taux réel : en effet, toute rente viagère doit être à un taux d'intérêt au-dessus du taux commun, parce que celui qui place, n'ayant qu'un avantage incertain, doit demander une rente telle qu'il puisse avoir une grande probabilité d'avoir placé au taux commun d'intérêt; donc lorsque, par le remboursement de la rente, il ne sera plus exposé à cette incertitude, il doit demander moins.

Ainsi, on doit ou calculer les rentes viagères au-dessus du taux de l'intérêt commun, ce qui conduit à trouver un plus petit capital, ou en les calculant au taux de l'intérêt commun, le soumettre à une diminution ; et il est aisé de voir que les propriétaires étant libres de recevoir ou de refuser le remboursement, ce n'est point d'après une justice rigoureuse, mais d'après les convenances, que ces principes doivent être appliqués. On doit s'arrêter au point où les conditions sont avantageuses à la nation, et peuvent cependant être regardées comme favorables pour ceux qui veulent changer la nature de leur propriété.

Il existe en France deux espèces de rentes viagères. Les unes, quoique placées sur des têtes isolées, ont été acquises par des capitalistes, comme étant sur des têtes liées entre elles, et devant s'éteindre graduellement avec chacune d'elles.

Les autres sont placées sur des têtes particulières.

On peut racheter les premières par une somme fixe, prise pour comptant dans la vente des biens, en les évaluant au-dessous de leur valeur calculée d'après le taux commun. En effet, il est moralement impossible qu'un certain nombre de ces têtes choisies annonce ou une vie très-courte ou une mort très-prompte. Il n'en est pas de même des rentes sur des têtes particulières, si on les évaluait à un taux graduel d'après l'âge de chacune : tous les propriétaires de rentes placées sur des têtes menacées de mort prochaine, dont la constitution actuelle n'annonce pas une longue vie, s'empresseraient d'accepter le rachat; les autres garderaient leur rente, et l'opération serait ruineuse au lieu d'être utile.

On ne remédierait pas à cet inconvénient en déclarant la vente nulle, si le titulaire de la rente meurt avant six mois, parce que le danger n'est pas seulement de racheter les rentes de ceux qui sont menacés d'une mort prochaine, mais de racheter les rentes de ceux dont la santé affaiblie, depuis que la rente a été constituée, n'annonce plus une longue vie.

Mais on peut employer les deux méthodes suivantes :

D'abord on peut admettre les rentes viagères pour acquitter les annuités payables pendant douze années, qui peuvent faire partie du prix des acquisitions. En cas de mort, le bien continuerait d'être grevé de l'annuité, et si le titulaire survivait, on continuerait après douze ans, à lui payer sa rente. Il ne se présente ici aucun profit réel pour la nation, aucun changement d'état pour le propriétaire de la rente.

Cependant ce propriétaire y trouverait l'avantage de faire recevoir sa rente future en payement, ou, ce qui est équivalent, d'être assuré qu'elle lui sera payée précisément à l'échéance pendant douze ans; et cette facilité suffit pour multiplier les acquéreurs.

Le second moyen consiste à faire la rente viagère égale à une annuité de douze ans de la même valeur, et de plus à ce que vaut aujourd'hui une rente viagère qui ne commencerait à être payée que pour la treizième année.

Si le titulaire mourait avant les douze années, le bien resterait grevé d'une annuité non pas égale à la rente, mais plus forte et telle qu'il faudrait la payer pour la valeur totale du capital auquel la rente aurait été évaluée.

Ainsi, par exemple, si on a une rente viagère de cent livres sur une tête très-jeune, on dira : Une annuité de cent livres, pendant douze ans, vaut 886 liv. 6 s. 5 den.; une rente viagère de cent liv. sur une tête de cet âge, payable seulement à celles qui vivront encore au bout de douze ans, vaut actuellement 613 liv. 13 s. 7 den. Donc la rente sera prise en payement pour 1,500 liv. Si le titulaire vient à mourir avant douze ans, le bien acheté devra une annuité de 169 liv. 4 s. 7 den., pour le reste des douze années; de manière qu'il ne sera défalqué pour l'année où il mourra, que la valeur de la rente qui lui serait due, et non la valeur proportionnelle de l'annuité; 50 liv. par exemple, et non 84 liv. 12 s. 3 den., s'il meurt au milieu d'une année.

Par cette opération on substitue réellement pour le rentier, à une rente payable pendant sa vie entière, une rente aussi viagère, mais pour les douze premières années; rente que l'on fait d'une valeur inférieure à la valeur réelle, parce que cette transformation est avantageuse pour les rentes établies sur les têtes qu'on peut supposer devoir durer le moins.

On devrait même, dans ce cas, faire le calcul d'après les tables de mortalité pour les hommes ordinaires, et non d'après celles des rentiers, puisque ce sont ici les têtes les moins sûres qui doivent accepter les conditions proposées. Il vaudrait mieux encore choisir une table de mortalité factice déduite de la table de mortalité commune, ou de celle des rentiers viagers, en supposant qu'on retranche de ce nombre ceux qui, devant vivre autant que des tontiniers, diminuent la loi de la mortalité. Mais il suffit de savoir que par ces moyens on peut mettre le trésor public à l'abri de tout danger, et il ne faut pas craindre que ces évaluations au-dessous du pair, empêchent de racheter les rentes. En effet, sous cette forme, leur valeur actuelle est beaucoup plus haute qu'elle ne pourrait l'être, si on n'assujettissait pas le bien acquis à payer l'annuité en cas de mort du rentier, et cette condition diminue beaucoup pour l'acquéreur, si la rente est sur sa tête, la perte de revenu qui résulte du changement d'une rente viagère en propriété territoriale. Tout autre moyen d'évaluer les rentes viagères exposerait à des risques, parce que, plus on les porte au-dessous de leur pair, plus on exclut du rachat les rentes sur les têtes qui doivent vivre, et qu'on ne pourrait se mettre à l'abri du danger d'augmenter la dette au lieu de la diminuer, sans les baisser à un taux où presque personne ne voudrait accepter le rachat.

Dans la manière d'évaluer les rentes viagères que je viens de proposer, il doit arriver pour les têtes au-dessous de trente ans comme dans l'évaluation des bordereaux de rentes genevoises, que la valeur de la rente viagère s'élève réellement au-dessus du capital par lequel elle a été acquise, même de la nation, quoique déjà l'on ait payé plusieurs années d'intérêt.

Mais 1° la nation doit, non le capital qu'elle a reçu, mais les sommes qu'elle a promis de payer pour ce capital; 2° le rachat d'une rente viagère devant être libre parce que la forme du payement a été une des conditions obligatoires du traité; et les rentiers ne pouvant espérer de placer leurs fonds au-dessus du taux commun, aucun rentier n'accepterait le rachat, si on calculait sa rente au taux où elle a été constituée, et qui était de deux, de trois, quelquefois de quatre au dessus de cinq pour cent; 3° il s'agit, non de revenir sur des conventions garanties aujourd'hui par la nation, quelque onéreuses que le défaut d'habileté ou un manque de crédit qu'on voulait cacher ait pu les rendre, mais de diminuer le mal qu'elles ont causé.

D'après cet exposé des avantages du plan où l'on se propose d'admettre les effets publics comme argent comptant dans la vente des domaines nationaux, il est aisé de voir combien il y a lieu de croire que l'on pourra, sans même avoir à craindre d'être réduit à des emprunts, remettre aux citoyens les soixante millions d'impôts qui, dans ces premières années, seraient évidemment un fonds d'amortissement.

En effet, 1° supposons 70 millions de revenu en biens nationaux, indépendamment des 20 destinés

au remboursement des assignats, ils doivent naturellement éteindre 100 millions d'intérêts : ainsi, en
les supposant acquis en entier en effets à rente perpétuelle, les 60 millions nécessaires pour faire face
aux engagements dans les premières années, se trouvent réduits à trente.

2° Si ces biens étaient achetés avec des rentes viagères ou des effets à terme, on gagnerait encore
trente millions d'intérêt perpétuel ; mais les engagements seraient diminués au moins de soixante
millions dans les premières années. (Voyez ci-
dessus.)

3° Comme, en remettant les soixante millions
d'impôts, on a encore, et indépendamment de toute
ressource, un fonds réel d'amortissement ; que, par
l'opération dont on vient de parler, on augmente ce
fonds de trente millions ; que l'impôt qu'on suppose
diminué de soixante millions, renferme cependant
l'intérêt des emprunts qui auraient été nécessaires
pour acquitter cet excédant d'engagement qui doit
baisser chaque année, on voit qu'il ne peut plus
être question pour les premières années que d'emprunts très-faibles, pour l'extinction desquels il existerait dans la caisse de liquidation des fonds plus
que suffisants.

4° La partie quelconque des acquisitions payée
argent comptant ne changerait pas de destination,
si on l'emploie au payement des engagements pour
lesquels ces soixante millions d'impôts étaient nécessaires, puisque, dans l'hypothèse, elle serait
encore employée à de véritables remboursements.

Observons enfin qu'il existe, pour les nations in-
dustrieuses, un fléau attaché à l'industrie même, et
dont il est de la sagesse de ceux qui les adminis-
trent, de chercher à les délivrer. Beaucoup de professions qui exigent des études, des talents, de
l'adresse, qui sont le prix de capitaux assez considérables employés pour acquérir ces connaissances ou
cette industrie, rapportent beaucoup à ceux qui les
cultivent, mais pendant leur vie, et souvent pendant une courte partie de leur vie. Les uns meurent
jeunes, d'autres arrivent à la vieillesse, sans avoir pu
s'assurer une subsistance suffisante, parce qu'ils ont
éprouvé des malheurs, que leur santé s'est altérée,
que leur famille s'est multipliée. Dans l'espèce de
calcul qui fixe le salaire de ces professions, on se
règle à peu près sur la vie moyenne, sur la durée
moyenne du travail de ceux qui les exercent; et
par conséquent ceux qui vivent longtemps, ceux à
qui leur constitution permet de continuer le travail, gagnent aux dépens de ceux dont la vie est
plus courte, dont la santé s'altère. Des enfants, des
femmes, des vieillards, tombent tout à coup dans la
pauvreté, après avoir été accoutumés à vivre dans
l'aisance.

Il serait utile, sans doute, de pouvoir remédier en
partie à cette inégalité qui, chez les nations indus-
trieuses, est une des principales causes de la misère
et de la corruption, comme un des plus grands
obstacles au perfectionnement de l'ordre social; et
il en existe des moyens. Comme personne n'est sûr
d'être de la classe privilégiée, chacun est intéressé à

acheter par le sacrifice d'une partie de ses jouissances actuelles, l'assurance de se garantir lui-
même, ou de garantir sa famille de tomber dans la
misère.

Supposons, en effet, deux hommes, chacun de
vingt-cinq ans, exerçant une profession qui rapporte
deux mille livres par an. Le premier l'exerce jusqu'à
soixante; il a joui, pendant cet espace, d'une annuité de deux mille livres, qui, si on suppose l'intérêt à trois et demi pour cent, équivaut à un fonds
de 40,000 livres, ou à 1,400 livres de rentes perpétuelles, qu'il aura pu s'assurer en sacrifiant 600 livres par an. Lui et sa famille auront donc pu jouir
d'une aisance proportionnée à son état. L'autre
n'exerce sa profession que dix ans, il meurt à trente-
cinq ans, il n'a joui que dix ans d'une annuité de
2,000 livres, qui équivaut à 16,000 livres environ
au même taux d'intérêt, ou à 560 livres de rentes
perpétuelles. Il aurait donc été obligé de sacrifier
1,440 livres sur ses appointements, pour s'assurer,
à lui ou à sa famille, ce qui, dans la proportion de
son état, est à peine le nécessaire.

On voit, par cet exemple, que l'économie seule
ne peut mettre les familles de ceux qui exercent
ces professions à l'abri de la misère.

Mais qu'un établissement public offre à celui qui
y déposerait des fonds, ou une somme proportionnée, ou une rente viagère dont le payement commencerait après un certain nombre d'années, si lu
ou les personnes en faveur desquelles il aurait fait
le placement vivaient encore; qu'il lui assure à

l'époque de sa mort, pour sa femme ou pour son enfant, s'ils lui survivent, soit une somme fixe, soit une rente viagère; qu'au moyen de tables calculées pour un intérêt de trois et demi pour cent, et en prenant des précautions qui préservent des pertes auxquelles l'établissement serait exposé; si pour ce dernier genre de convention, des hommes menacés d'une mort prochaine s'empressaient de souscrire, on donne à tous ceux qui veulent ou assurer le sort de leur famille ou se ménager des ressources pour eux-mêmes, la facilité de faire en ce genre les combinaisons de placements les plus avantageux à leur position, à leur famille; alors on réunira le double avantage, et de prévenir un fléau funeste à la propriété publique, et de faire un emprunt à un intérêt modique, sous une forme qui, renvoyant les plus forts payements à une époque éloignée, présente plus que toute autre des ressources pour accorder au peuple un soulagement actuel.

D'après ces réflexions, je proposerais donc, 1° de baisser de 60 millions au moins l'impôt qui aurait été regardé comme nécessaire en 1791, si on y avait compris, pour leur valeur présente, les rentes viagères, les pensions ou traitements destinés à s'éteindre, les traitements accordés aux ecclésiastiques, les annuités, les remboursements obligés;

2° D'imposer seulement cette somme pour 1792, sous la forme d'une addition à l'impôt, mais avec la réserve de ne lever que la partie qui serait nécessaire pour remplir ce qui aurait manqué à la caisse de liquidation en 1791, et ainsi de suite pour les autres années. (Je préfère cette dénomination à celle de caisse de l'extraordinaire qui ne signifie rien, et sent la vieille finance.)

3° De verser dans cette même caisse la somme destinée à payer les intérêts de la dette; somme nécessairement calculée au-dessus de l'exacte valeur, et qui, comme on l'a déjà dit, doit, par les suites de la vente des domaines nationaux, offrir bientôt un fonds d'amortissement très-considérable;

4° D'y verser enfin les fonds produits par les emprunts de secours dont on vient de parler, pour lesquels on recevrait de très-petites sommes, afin que ces secours puissent être offerts à toutes les classes de citoyens, et dans lesquels on admettrait tous les effets viagers.

L'exécution de ce plan n'exige que la possibilité d'un crédit de 60 millions en 1791, dont il est trèsprobable même que l'on n'aura pas besoin d'user, puisque la vente des biens nationaux doit naturellement le rendre inutile, et que l'on peut encore y suppléer par le tiers de la contribution patriotique, payable en 1791, et en l'adoptant, les citoyens seraient soulagés de 60 millions en 1791 et dans les années suivantes.

Doit-on renoncer à procurer ce soulagement actuel, puisqu'il est possible? Doit-on le sacrifier à une plus prompte libération, lorsqu'en combinant les moyens que l'on vient de discuter, elle serait même, en procurant ce soulagement, beaucoup plus prompte que jamais on n'eût osé l'espérer?

Enfin, quand bien même on ne compterait pour

rien tout ce qu'une diminution de 60 millions d'impôt aurait d'influences heureuses sur les dispositions du peuple, sur le bien-être actuel des citoyens; quand on ne réfléchirait pas à tous les avantages d'une moindre imposition, dans un moment où les changements nécessaires dans la forme des impôts, et ce qui en est la suite nécessaire, la différence de proportion entre les portions payées nominalement par le propriétaire et par le fermier, rendent une juste répartition si difficile; quand on ne s'attacherait qu'aux avantages qui peuvent s'évaluer en argent, pourrait-on ne pas avouer que dans notre situation actuelle, 60 millions de plus laissés à l'agriculture, à l'industrie, sont placés de la manière la plus utile pour la nation, et que le progrès de la richesse publique, qui en sera la suite, accélérera l'acquittement de la dette, au lieu de le retarder, et augmentera le crédit, au lieu de le diminuer? Je sens combien les idées que je viens de développer sont contraires à des opinions regardées, même par des hommes éclairés, comme de véritables principes; mais j'ai cru qu'il ne fallait peut-être, ni se conduire chez un peuple dont toutes les institutions changent à la fois, comme chez un peuple où rien n'a changé; ni considérer de la même manière, relativement aux générations futures, des citoyens qui prennent des engagements, parce qu'ils les croient utiles à eux-mêmes, et des citoyens qui, pour assurer la liberté de leurs descendants comme la leur, ratifient des engagements contractés sans leur aveu; ni enfin adopter les mêmes maximes, pour un État où tout promet un accroissement de prospérité qui peut, au bout de quelques années, en doubler les richesses, que pour un État qui ne peut plus espérer que des accroissements insensibles. J'ai donc osé croire que ces idées pouvaient mériter de n'être pas rejetées sans examen, et qu'il ne fallait pas renoncer, sans une nécessité prouvée, à l'espérance d'un soulagement, dont l'humanité et la justice font également un devoir.

DEUXIÈME MÉMOIRE.

Je me propose de discuter dans ce Mémoire trois questions importantes :

De quelle manière doit-on répartir un impôt territorial d'une valeur fixe, pour parvenir avec plus de promptitude à une répartition suffisamment exacte?

Par quel moyen peut-on parvenir à connaître, d'une manière précise, la valeur totale de l'impôt nécessaire aux dépenses publiques et à l'acquittement des engagements?

Enfin, d'après quels principes doit-on déterminer la partie de cet impôt qu'il convient de lever immédiatement sur les terres, et la partie pour laquelle on peut conserver des impôts indirects, quoique d'une forme moins simple et moins équitable; et quels sont ceux des impôts actuels qui peuvent être conservés, soit tels qu'ils existent, soit avec des changements?

Cette dernière question est d'autant plus importante, que toutes les formes d'impositions ne conviennent ni à une constitution libre, ni aux moyens que le respect pour les droits des hommes permet d'employer, ni à la nécessité absolue de ne laisser au pouvoir exécutif aucune autorité sur la perception, aucune influence arbitraire sur la disposition des

fonds, ou sur la distribution des places; en un mot,
d'en séparer l'administration des finances, avec autant de scrupule que celle de la justice. Sans cette
séparation, on peut rester libre de droit; mais on ne
le sera point dans la réalité; et l'esclavage de la corruption remplacera nécessairement l'esclavage de
l'autorité.

ARTICLE PREMIER.

De la répartition d'un impôt territorial absolu.

Un impôt territorial, par sa nature même, doit
être réparti entre les terres, et non entre les personnes; c'est sur telle terre qu'il doit être assis, et non
sur les propriétés de tel citoyen, situées dans une
dernière division du territoire.

Puisque l'impôt territorial doit être proportionné
au revenu ou produit net, il faut, pour l'établir,
1° déterminer pour chaque terre la valeur du revenu;
2° prendre la somme totale du revenu des terres situées dans une division; 3° enfin, partager la masse
totale de l'impôt entre les différentes terres dans le
rapport de cette masse à celle du revenu.

Il ne peut y avoir d'erreur dans les deux dernières
opérations, qui sont purement arithmétiques, mais
seulement dans la première évaluation de chaque
terre; et c'est uniquement sur cette évaluation que
doit porter la contradiction entre les contribuables.

Par ce moyen et celui de l'appel aux assemblées de districts, établi par la constitution, on peut espérer d'éviter toute disproportion trop injuste; car enfin, il faut un prétexte pour que la terre appartenant à un tel homme, et contenant tant d'arpents, soit estimée, pour chaque arpent, au-dessus d'une terre semblable qui en est voisine; et s'il s'agit d'un propriétaire qui possède seul une espèce de biens, des bois, des étangs, par exemple, il faut un prétexte pour porter l'évaluation de ce bien au delà du produit réel, et le propriétaire n'a, comme dans l'impôt de quotité, qu'à justifier de son revenu. Celui pour qui on aurait fait une évaluation qui paraîtrait trop faible à ses voisins, serait également obligé, sur leur réclamation, de justifier qu'elle est conforme à la vérité.

Ces répartitions faites, il s'agit de voir comment on saura si la répartition entre les paroisses n'est pas inexacte. Il peut se présenter deux espèces d'inégalité : l'une a lieu, si une paroisse paye moins pour des terres évaluées au même prix; l'autre, si des terres égales en valeur ont été trop faiblement évaluées.

La première erreur est facile à corriger; il s'agit d'une simple règle de trois. Les évaluations d'un district montent, par exemple, à dix millions, l'impôt est d'un million : donc si l'évaluation d'une paroisse est de cent mille écus, elle doit payer trente mille livres. Ce sont donc les erreurs de la seconde espèce qu'il importe de corriger. Chaque paroisse est immédiatement intéressée à faire réformer l'évaluation trop faible des paroisses voisines. Une convention,

pour cacher l'étendue du territoire, serait assez difficile à former, et surtout à tenir secrète; une diminution proportionnelle est plus facile; mais aussi
rien n'est plus aisé à découvrir pour la paroisse qui
se trouve lésée, rien de plus facile à constater, par
la comparaison d'un certain nombre de terres.

Ce que je viens de dire pour deux paroisses s'applique à deux districts, à deux départements, dont
chacun est toujours surveillé par le district, par le
département voisin, puisque s'il ne réclamait pas
contre les fausses évaluations, la répartition faite
l'année d'après proportionnellement à ces évaluations, lui occasionnerait une surcharge. Une paroisse
qui se croirait lésée pourrait appeler de la décision
du district à celle du département; un district même
qui se croirait lésé s'adresserait à la législature.

Cet appel est de droit rigoureux, parce que si la
contradiction est propre à faire connaître la vérité,
la décision formée par les parties mêmes qui se contredisent, est portée par des intéressés, et ne doit
par conséquent être définitive qu'après avoir été
confirmée par des juges impartiaux.

Si on suit cette marche, il devient inutile de fixer
un *maximum* de quotité, c'est-à-dire, une partie ali-
quote du revenu que l'impôt ne puisse excéder, puisque la répartition de la somme fixe se faisant toujours
proportionnellement aux évaluations, on sait chaque année quelle est, en supposant les évaluations
exactes, la quotité demandée.

La fixation d'un *maximum* de quotité ne peut même
jamais servir à rendre les évaluations plus exactes :

car supposons qu'on demande dix mille francs à une paroisse, que l'on dise que l'impôt ne doit pas surpasser le dixième, et que le revenu réel soit de 150,000 livres, il arrivera nécessairement qu'il ne sera porté qu'à cent mille, à très-peu près; les paroisses qui approcheraient du taux indiqué prétendraient être au-dessous, et on finirait toujours par engager un combat entre la nation et la masse des propriétaires, vice inhérent à l'impôt de quotité.

On ne pourrait sortir de cet embarras qu'en examinant le vice réel des évaluations, c'est-à-dire, en faisant, après y avoir introduit une cause d'erreur de plus, ce que l'on peut faire sans cette indication d'un *maximum* de quotité.

En effet, quelque parti que l'on prenne, les évaluations seront plus ou moins au-dessous de la vérité, parce qu'il y a pour chaque homme, pour chaque paroisse, l'espérance de parvenir à payer moins, en disant qu'on a moins; mais si on parle d'une quotité, comme de celle d'après laquelle on doit payer dans le cas le plus défavorable, chacun cherchera à se rapprocher de cette quotité, ce qui donne à ceux qui veulent faire de fausses évaluations une facilité de plus pour s'entendre.

D'ailleurs, cette disposition aurait un autre inconvénient.

Je suppose que l'impôt pour la France soit de 100 millions, qu'on dise qu'il n'excédera pas un dixième, que les évaluations portent le montant du produit net à 1100, montant qui doit être connu de tous les citoyens; il sera clair pour tous que l'impôt ne doit être que d'un onzième, et qu'ainsi il serait contraire à la justice d'exiger de celui qui se plaint, la preuve qu'il paye au delà d'un dixième. Il faut donc, ou l'admettre à la preuve qu'il paye trop, et alors la fixation du *maximum* de quotité est inutile; ou il faut ne l'admettre qu'à prouver qu'il paye un rôle de cette quotité, et alors cette fixation est injuste.

Quand la répartition serait une fois faite entre les particuliers qui payeraient pour l'année d'après cette répartition, opération pour laquelle on donnerait trois mois, le district connaîtrait le rapport de l'imposition de chaque paroisse avec son revenu, et chaque paroisse connaissant quel est ce rapport pour toutes les autres, celles qui verraient que le rétablissement de l'égalité augmenterait leurs impôts, discuteraient les évaluations des autres; après quoi une nouvelle répartition se ferait entre les paroisses, mais sans rien changer au rapport des évaluations qui auraient été faites entre les particuliers de chacune; on donnerait trois mois pour cette seconde opération. Cette règle de ne rien changer alors aux évaluations particulières, mais de les augmenter toutes proportionnellement, pourrait paraître dure; mais il faut observer que les particuliers qui se croiraient lésés par l'évaluation trop forte de leurs biens, ou l'évaluation trop faible de celui des autres, auraient pu recourir à l'assemblée ou au directoire du district, que la question aurait déjà été décidée contradictoirement, et qu'il ne résulterait de cette disposition, d'ailleurs nécessaire, qu'un intérêt de plus pour veil-

ler sur l'exactitude des déclarations d'autrui. Je dis
que cette rigueur est nécessaire, parce que, si la
discussion entre deux paroisses entraînait une discussion entre les propriétaires de chacune des deux
paroisses, et ainsi de suite, pour les districts et pour
les départements, on n'arriverait jamais à une détermination fixe. Ce qu'on vient de dire s'applique également à la répartition entre les districts, à la répartition entre les départements, pour chacune
desquelles on donnerait aussi trois mois. Ainsi la
première répartition faite dans chaque paroisse,
servirait de base à la seconde répartition entre les
paroisses, les districts et les départements; la seconde répartition faite dans chaque paroisse servirait de base à la troisième répartition entre les paroisses, les districts et les départements, et ainsi de
suite. Les deux premières années, chaque terre
payerait suivant la proportion résultante de la première répartition faite dans la paroisse; la troisième
année, suivant la proportion résultante de la seconde
répartition, et ainsi de suite.

Par ce moyen, en un très-petit nombre d'années
on parviendrait à une exactitude suffisante; et c'est
alors qu'il devrait être question de décider si on ad-
mettra ou non de nouvelles évaluations générales,
dans quel cas et comment on en recevra de particulières, comment on pourra former un cadastre général, soit définitif, soit toujours perfectible suivant
des règles établies.

Ainsi, une première répartition faite entre les départements, s'exécuterait ensuite entre les districts,

puis entre les paroisses, puis entre les terres; l'examen du résultat de cette répartition d'abord entre les paroisses, puis entre les districts, ensuite entre les départements, donnerait des bases pour une seconde répartition. On s'apercevrait du progrès vers la précision par la diminution du nombre et de l'importance des changements. Je crois qu'il serait utile d'établir que les changements entre la seconde et la première répartition générale donneraient lieu à une compensation, c'est-à-dire, que dans la seconde répartition chacun payerait ce à quoi il est imposé, moins ou plus ce que, en vertu de la première, il a payé de trop ou de trop peu. Cette compensation inutile pour les autres opérations, aurait l'avantage de diminuer la chaleur des dicussions causées par la première répartition, puisqu'elle ne serait pas regardée comme définitive ; et lorsqu'elle le deviendrait, la constitution serait mieux établie, les pouvoirs plus consolidés.

Les injustices ne me paraissent par fort à craindre, du moins celles qui auraient l'intérêt pour cause. En effet, ou ce seront les pauvres qui voudront surcharger, soit un citoyen, soit quelque citoyens riches, ou ce seront quelques riches qui voudront surcharger un grand nombre de pauvres (je dis un grand nombre, car autrement ils n'y auraient pas un intérêt sensible). La première cause d'injustice n'est point à craindre, parce qu'un homme riche réclamera toujours la justice du directoire ou de l'assemblée du district.

La seconde ne l'est pas beaucoup non plus, parce

que le nombre suppléera à la faiblesse individuelle
de chacun. Cependant, pour 'en être plus sûr, il
sera bon peut-être de prendre une précaution. Il est
de fait que souvent les gens riches des paroisses (et
par riches, j'entends ceux qui ont deux ou trois cents
livres de revenu) empêchent les pauvres de réclamer, en les menaçant de ne plus les employer, et que
par conséquent il est impossible qu'aucun d'eux ose
demander justice, dans la crainte que la vengeance
ne tombe sur celui qui s'est montré le premier. Il
sera donc utile que dans le directoire de district tous
les membres aient la liberté, et l'un d'eux l'obligation expresse de réclamer contre les fausses évaluations qui viendraient à leur connaissance, sans avoir
besoin d'être avertis par une réclamation personnelle.
Je ne crois pas que l'on doive craindre les haines qui
peuvent résulter des contradictions qui s'élèveront
entre les citoyens : en général, les haines ne sont très-
vives que lorsqu'elles ont pour cause des diversités
d'intérêt dont la justice ou l'injustice dépendent de
principes vagues, ou de principes que ceux entre qui
les intérêts se discutent ne peuvent entendre; ou
enfin de principes qui sont eux-mêmes contestés.
Or, je ne vois ici qu'un seul principe, c'est que chaque terre doit payer proportionnellement à son produit net, et il ne reste ensuite qu'à constater le fait
que le produit net de telle terre est de tant, et non
pas de tant.

Je connais assez les habitants des campagnes; j'ai
vu souvent des querelles pour des questions de droit
qu'ils n'entendaient point, produire des haines hé-

réditaires ; mais je n'ai jamais vu que les questions de fait eussent la même influence.

Quant aux bases des évaluations, on a, 1° les baux ; 2° le prix d'acquisition ; 3° la déclaration du propriétaire ; 4° l'estimation ; 5° la comparaison entre les terres semblables. Aucun de ces éléments n'est certain, et il n'en est que deux, l'évaluation et l'estimation, qui puissent s'appliquer à toutes les terres ; mais lorsque plusieurs de ces bases s'accordent, il en résulte une grande vraisemblance que l'évaluation est exacte ; si elles se contredisent, on parvient à la vérité en cherchant les causes de cette contradiction.

L'estimation doit être la base définitive ; mais toutes les autres peuvent servir à la discuter, à en prouver l'exactitude, à montrer qu'il faut la corriger.

Il ne me reste plus, sur la première question, qu'à parler des moyens par lesquels l'assemblée nationale peut répartir la subvention entre les départements, pour être ensuite répartie entre les districts, par les assemblées de départements ; entre les paroisses, par les assemblées de districts.

Je suppose qu'il ne s'agit ici que d'un impôt sur les terres qui ont un produit ; impôt dans lequel, par conséquent, les maisons ne sont considérées que comme terrain.

Cela posé, il existe une répartition des vingtièmes entre les provinces faite en 1788, et dans laquelle toutes les espèces de biens sont imposées ; il existe, de plus, des rôles détaillés de chaque province. On peut donc, d'après ces éléments, trouver une première base de répartition entre les départements.

De plus, si on prend les vingtièmes actuels, la taille payée dans toutes les communautés qui ont des territoires cultivés, les villes exceptées, la gabelle de ces communautés, les droits d'aides, appelés *de gros*, ou de première vente, si ces impôts sont détruits et remplacés par la subvention ; si, pour les pays d'état, on y ajoute les impôts analogues payés au profit de la province (auxquels on aura ensuite les égards exigés par la justice), qu'on calcule pour chaque département la masse de ces impositions, on aura une autre base.

Enfin, on trouve dans l'ouvrage de M. Necker une évaluation de ce que paye chaque province, et l'on peut en déduire, au moins d'une manière grossière, ce que paye chaque département.

On aura donc par là trois diverses échelles de proportion pour les départements ; on partagera une même somme fictive, cent millions, par exemple, suivant ces trois échelles, et on observera, 1° si les résultats s'accordent à peu près ; et alors on pourra regarder l'opération comme suffisamment exacte ; 2° s'ils ne s'accordent pas, on examinera s'il y en a deux qui s'accordent, si ce sont les mêmes pour la grande pluralité des départements, si les différences ont lieu pour un nombre de départements un peu considérable. D'après l'étendue de ces différences, la position des départements où elles sont le plus sensibles, et ensuite d'après la nature de ces différentes bases, on apercevra les causes de ces disproportions, et l'on pourra parvenir à faire une bonne répartition, et à donner des bases pour celle qui restera à faire entre les districts, et ensuite entre les paroisses. Je dis une bonne répartition, parce qu'au moyen de la compensation dont j'ai parlé plus haut, il suffit qu'elle ne renferme pas de trop fortes disproportions.

Je conviens que la dernière base que je propose de prendre est très-inexacte ; les deux autres ne peuvent mériter de confiance qu'après avoir pris beaucoup de précautions : mais ce n'est qu'en combinant des données, dont chacune est peu exacte, qu'on peut espérer quelque précision.

Il serait absolument contraire à la justice de faire payer au propriétaire la totalité d'un impôt territorial qui remplacerait la taille, la capitation, la gabelle de son fermier.

En effet, le fermier, en faisant son marché avec le propriétaire, a compté payer ces impôts. Cependant on doit, en lui faisant payer une partie de l'imposition, considérer que, dans ce partage, qui ne peut être fait d'une manière précise, tout doit être en sa faveur par une raison de justice, c'est que le fermier est entrepreneur, que, s'il était lésé, ce serait sur les fonds de son entreprise, sur le prix de ses soins, de son travail que l'impôt pourrait être payé, au lieu qu'il ne l'est par le propriétaire que sur le revenu qu'il perçoit sans aucun travail. Je crois donc que l'on doit se borner à autoriser chaque propriétaire à retenir à son fermier la taille qu'il paye comme tel avec ses accessoires, la valeur moyenne des droits de gros ou de première vente qu'il payait sur les boissons, si le bien affermé est en vigne et que ces impôts soient supprimés; enfin, ce qu'il payait pour la consommation en sel de sa maison, en n'y comprenant que les adultes, qu'on peut tous considérer comme utilement employés à la culture. Le directoire du district jugerait les discussions que cet arrangement ferait naître entre les propriétaires et le fermier; mais le propriétaire serait obligé en même temps de faire entrer cette somme à rendre par le fermier dans l'évaluation de ses biens; sans cela, il y aurait une injustice envers ceux dont les biens ne sont pas affermés.

Supposons, en effet, qu'il y ait quarante-deux livres d'impôt à partager entre deux propriétés, l'une de cent livres, l'autre de cent dix livres, et que le fermier de la première paye dix livres de taille, tandis que le propriétaire de l'autre paye immédiatement la même taille; l'un payerait donc vingt livres, et l'autre vingt-deux; si, au contraire, on ajoute dix livres au revenu du premier, ils payeront chacun vingt et une livres, ce qui est juste, puisque par l'hypothèse leurs propriétés sont égales. Au reste, cette petite complication dans la répartition diminuerait chaque année par le renouvellement des baux. Le fermier gagnerait même, pendant le bail, par la diminution des faux frais, et par une partie de ce qu'il paye réellement des impôts levés sur les ouvriers qu'il emploie, sur les subsistances qu'il consomme; mais comme les changements dans les prix ne sont que l'effet du temps, cet avantage est moins considérable pendant les premières années qu'il ne le paraît au premier coup d'œil. Je crois aussi qu'en établissant cette loi, il serait juste d'autoriser le fermier, et de l'autoriser seul, à résilier le bail, en cas qu'il se crût trop lésé par la fixation de ce qu'il doit payer; il en résulterait presque partout des conventions volontaires entre le fermier et le propriétaire : on prendrait pour les métayers des arrangements analogues.

Quant aux biens qui payent des cens, des rentes, des champarts, des dîmes, ils seraient, comme les autres, imposés à leur véritable valeur, et le partage entre le propriétaire du fonds et celui du droit se réglerait par une discussion entre eux, mais ne changerait rien à l'imposition sur la terre, toujours avancée en entier par le propriétaire du fonds.

On doit suivre surtout cette méthode dans un moment où ces droits deviennent rachetables ; sans cela, on s'exposerait à d'éternelles variations dans les répartitions, et on tomberait dans l'inconvénient d'être obligé de la changer quand les propriétaires changent ; inconvénient très-grave, et par la complication qu'il entraîne, et parce que dans la répartition il porte l'attention sur la personne, et non sur la propriété.

ART. II.

Fixation de la valeur totale de l'impôt.

Vous me trouverez peut-être téméraire d'oser vous dire qu'il ne serait ni prudent, ni même juste,

XI.

de déterminer la valeur de l'imposition totale du royaume d'après les seules données qui paraissent vous avoir été présentées ou vous être promises.

Il ne doit pas vous suffire de connaître les besoins d'une ou de deux années, et de régler les impositions d'après ces besoins. Je crois que vous devez, avant tout, chercher à connaître le véritable état réel de nos finances.

Or, il me paraît que cet état n'est pas connu, et je vais vous le prouver par quelques exemples : 1° L'État paye 105 millions de rentes viagères. Il paye des pensions qui seront réduites plus ou moins, sans doute, suivant des principes de justice, et qui resteront fort au-dessus de la valeur qui sera fixée pour l'avenir.

Vous faites beaucoup de réformes, elles nécessitent des indemnités qui doivent aussi s'éteindre.

De quelque manière que l'affaire du clergé soit décidée, le traitement des ministres actuels, joint à celui des religieux, surpassera de beaucoup les dépenses nécessaires pour le culte ; voilà donc encore des extinctions.

La nation payera donc l'année prochaine environ pour deux cents millions de viagers extinguibles par la mort des possesseurs.

Regarderez-vous, dans la fixation de l'impôt, cette somme comme perpétuelle, c'est-à-dire, établirez-vous un impôt égal à cette somme, tandis qu'elle est peut-être représentée par une somme moindre de 70, de 80 millions? Il paraît qu'on n'a point fait cette observation dans les états connus jusqu'ici.

2° Il existe dans la masse des dettes des sommes assez considérables remboursables, intérêts et capitaux, en un certain nombre d'années; d'autres pour lesquelles on a pris des engagements fixes et graduels. Compterez-vous ce genre de dettes dans l'impôt pour la somme qu'on doit payer en 1791, en 1792..... ou bien seulement leur valeur réduite en rente perpétuelle? Cet objet est d'une assez grande importance. A la première assemblée des notables, la différence entre les sommes à payer pendant quelques années, et la rente perpétuelle qui en représentait la totalité, offrait sur 50 millions une différence de 33, qui, pour les mêmes objets, dans cette année et dans celles qui suivent immédiatement, serait au moins encore de 26.

3° Les anticipations et les autres sommes prêtées au-dessus de cinq pour cent, ne peuvent être comprises dans la masse de l'impôt, ni pour ce qu'on veut en acquitter chaque année, ni même pour leur intérêt actuel; puisque des emprunts ou des produits de ventes employés à les rembourser, diminueraient cet intérêt.

4° Les rapprochements plus ou moins prompts des arrérages dus en ce moment, me fournissent un dernier exemple. Si on emploie dix ans, par exemple, à se remettre au courant, la somme réelle que cette disposition doit coûter chaque année est inférieure à la fois, soit à la dixième partie des arrérages, soit même à la valeur de leur intérêt total.

Ces exemples suffisent pour prouver qu'il est très-possible que, par la méthode ordinaire, on porte la valeur de l'impôt à cent millions peut-être au-dessus de ce que les besoins exigent, en y comprenant au hasard un fonds d'amortissement disproportionné à l'état actuel des contribuables. Or, en convenant de la nécessité absolue d'un fonds d'amortissement, ne peut-on pas dire qu'il doit, comme l'impôt, être fixé d'après la connaissance exacte de l'état des affaires publiques ; que moins on imposera dans ce moment, plus on aura de facilité pour rétablir l'ordre, pour attacher les citoyens à la liberté ; que le changement dans la constitution ayant causé des changements dans un très-grand nombre de fortunes, ayant arrêté pour un temps seulement plusieurs sources de richesses qui, dans quelques années, deviendront plus abondantes qu'elles ne l'étaient, il ne serait pas juste de faire payer plus aux citoyens qui souffrent de cette révolution, pour faire payer moins dans la suite à ceux qui en auront profité ; qu'il ne faut pas exiger un travail forcé dans un état de convalescence orageuse, pour en exiger moins dans le moment où la santé sera florissante, où les forces seront rétablies ; qu'enfin il suffit pour le crédit que le revenu annuel soit égal à la somme des engagements réduits à une rente perpétuelle avec un fonds d'amortissement, sans qu'il soit nécessaire que ce revenu égale aussi la somme des remboursements arrêtés ou exigibles ?

J'avoue que cette manière exacte de calculer la situation des finances d'un État n'a jamais été employée ; mais rarement ceux qui les ont administrées ont connu la possibilité de cette opération, et la manière de l'exécuter avec assez de certitude et de précision ; plus rarement encore auraient-ils voulu qu'une nation, connaissant une fois son véritable état, pouvant par un tableau facile à faire chaque année, éviter de jamais retomber dans sa première ignorance, cessât d'être dans la dépendance du chef de ses finances, alors privé de la facilité de la tromper par de fausses opérations utiles à son crédit personnel, mais nuisibles à la fortune publique.

Comme pour faire ce calcul de l'état d'une nation, on est obligé de fixer un taux d'intérêt d'après lequel on réduit à la même forme les engagements et les ressources, afin de pouvoir les comparer ; comme la valeur d'une partie des engagements et des ressources dépend d'événements incertains, tels que la durée plus ou moins longue de la vie de certains individus, on peut objecter que cette méthode est hypothétique ; mais il est aisé de choisir des hypothèses qui produisent la certitude de ne commettre d'erreurs que dans le sens où ces erreurs sont le moins nuisibles ; par exemple, dans le calcul de l'état des finances, il y aurait plus d'inconvénient à se tromper en fixant l'impôt au-dessous de ce qu'il doit être. On calculera donc de manière à être sûr que les engagements soient moindres et les ressources plus grandes dans la réalité qu'elles ne paraîtront dans le résultat du calcul.

On peut dire que cette méthode ne diminue l'impôt qu'en obligeant à couvrir le déficit par des emprunts : mais, 1° on peut fixer l'impôt de manière à dispenser d'un emprunt, si on croit plus utile de

ne pas emprunter; mais on saura du moins que cet
excédant d'impôt est véritablement un fonds d'a-
mortissement, la nation saura qu'on lui demande
au delà du besoin, et pourquoi on le demande.

2° Le produit des ventes dispensera le plus souvent de ces emprunts, et s'ils étaient nécessaires,
les ventes passées ne leur nuiraient pas, puisque les
fonds de ces ventes sont destinés à des remboursements, et on trouverait aisément des combinaisons
d'emprunts auxquels l'attente des ventes futures ne
ferait aucun tort, et qui n'en feraient aucun à ces
ventes.

3° La règle très-raisonnable de ne faire d'emprunt
qu'en imposant de quoi en acquitter les intérêts et
le capital, n'est pas applicable au passage entre une
administration arbitraire et une administration soumise à des lois; il suffit jusqu'au moment où l'ordre
sera complétement établi, la dette arriérée acquittée,
ou très-rapprochée, les anticipations détruites, les
remboursements nécessités par la suppression des
places inutiles exécutés; il suffit jusqu'à ce temps
de montrer aux créanciers une somme plus qu'égale
à celle des engagements, soit en impôts, soit en produits de ventes, soit en emprunts ouverts, et pour
résultat une diminution réelle chaque année dans
la masse de la dette.

4° Des emprunts employés à des remboursements
réels n'augmentent point la dette, mais seulement la
distribuent avec plus d'égalité sur un espace de
temps plus ou moins long.

5° Des emprunts faits à un taux modéré, c'est-à-

dire, à celui où l'on place pour se faire un revenu,
n'enlèvent pas des capitaux utiles à la culture, à
l'industrie, au commerce ; les créanciers de ce genre
sont de véritables co-propriétaires, à la vérité, peu
intéressés au progrès de la reproduction, mais qui
par cela même en laissent l'avantage entier aux propriétaires : d'ailleurs, puisque ces emprunts n'ont
d'autre objet que de diminuer un impôt trop fort,
et de le répartir plus également sur un plus grand
nombre d'années, on voit qu'ils favorisent l'intérêt
des propriétaires au lieu de le contrarier. Il n'en est
pas de même des emprunts faits à un taux plus cher,
presque égal ou même supérieur à celui qu'on retire
en mettant ses fonds dans des entreprises d'industrie et de commerce ; il est sûr que les capitaux des
négociants en argent qui font ces placements, et qui
sous un autre régime achetaient la commodité de ce
genre de revenu par le risque plus grand auquel ils
s'exposaient, sont des capitaux enlevés réellement
à l'industrie, et placés dans un commerce dont il ne
résulte aucun avantage.

6° Enfin, des emprunts destinés à des remboursements ne peuvent produire une hausse dans l'intérêt.

Je crois donc pouvoir proposer au comité d'ordonner le travail nécessaire pour bien constater l'é-
tat des finances d'une manière précise, par une réduction fictive en rente perpétuelle de tous les
engagements quelconques et de toutes les ressources.
C'est le seul moyen de pouvoir établir en connaissance de cause le montant de l'impôt, et de le dimi-

nuer autant qu'il sera possible sans s'exposer à des erreurs dangereuses. C'est aussi le seul moyen de connaître l'état des finances et de les faire sortir du chaos. On ne peut espérer ce bienfait des législatures suivantes, parce que l'administration des finances s'efforcera de les dégoûter de ce travail, qui est le seul moyen d'ôter au ministère cette prépondérance, cette autorité presque absolue que dans d'autres pays il a fondée sur le désordre et la corruption.

ART. III.

Partage de l'impôt total en impôt territorial et en impôts indirects.

Pour déterminer quelle partie de l'impôt peut être établie sous la forme de subvention territoriale, il faut d'abord examiner à quel point cet impôt peut être porté sans entraîner la ruine des propriétaires, et sans conduire à des injustices. Il faut connaître ensuite quels autres impôts les dispositions actuelles des citoyens et la nouvelle constitution permettent de conserver ou d'établir.

Ces deux objets bien déterminés, on pourra ensuite décider la proportion de ces deux genres d'impôts, le nombre des impôts indirects que l'on conservera, la valeur où chacun peut être porté ; mais toujours en évitant scrupuleusement de passer ces premières limites.

Un impôt annuel ne peut être payé que sur un

produit qui se renouvelle annuellement, et à la reproduction annuelle duquel la partie prise pour
l'impôt n'est pas nécessaire. C'est donc sur le produit net des terres que se paye l'impôt. Si on en le-
vait un proportionnellement au produit brut, ce
serait encore le produit net qui le payerait, mais
d'une manière inégale : l'exemple de la dîme en est
une preuve.

Or, ce produit net que le propriétaire recueille
sans aucune peine, est un avantage qu'il retire
de la société ; il est donc juste qu'il paye pour
la conservation de cet avantage, quelque petit
qu'il soit.

L'idée de ne faire payer que le superflu est très-
populaire ; mais il n'en est pas moins vrai que le
pauvre qui a une propriété ne trouvera mauvais
nulle part que cette propriété paye un impôt, et
même un impôt proportionnel. Les autres ne payent
pas d'impôts, si on les considère en masse ; mais,
1° il y a des espèces d'impôts qu'ils avancent ; 2° il
y en a que ceux d'entre eux qui sont les plus pauvres, payent réellement ; 3° il y en a qui les rendent
très-malheureux par l'oppression.

Supposez dans un pays de grandes gabelles, un
homme vivant de la fabrication des toiles, il avançait son impôt sur le sel pendant le temps qu'il faisait sa toile ; comme le profit de la fabrication était
le même pour le tisserand qui était seul, et pour
celui qui avait quatre enfants à nourrir, celui-ci
payait réellement, et en pure perte, une partie de
son impôt de gabelles ; enfin, il souffrait de toutes

les vexations que ce régime entraînait. Tel est le véritable vice des impôts indirects mis sur les consommations, sur le loyer du pauvre, et ce qui doit faire supprimer ces impôts. Mais il faut observer qu'un impôt indirect qui n'aurait pas le premier de ces inconvénients, mais qui aurait seulement un des deux autres, doit être également proscrit, eût-il en apparence le mérite de tomber sur les riches.

L'impôt des onze centièmes que l'on paye aujourd'hui, peut, d'après des évaluations trop faibles en général, monter à 92 millions environ, et par conséquent un impôt des trois dixièmes monterait à plus de 250 millions d'après les mêmes évaluations. Il est vrai que les maisons y sont comprises, non-seulement comme terrain, mais d'après leur revenu de location. Cependant on peut conclure de cette évaluation qu'un impôt de 240 millions n'enlèvera point aux propriétaires plus de trois dixièmes, et qu'un de 320 n'irait pas jusqu'à enlever les quatre dixièmes. Or, les propriétaires étant immédiatement soulagés par la suppression de la taille, par celle de la gabelle et de plusieurs autres droits, soulagement au moins équivalant à un dixième, on doit en conclure d'abord que l'on peut porter l'impôt à 240 : on pourrait porter l'impôt plus haut sans nuire à la reproduction, sans changer l'état des propriétaires. Cependant, je propose de regarder cette somme comme la plus forte qu'on puisse lever : comme les propriétaires payaient la partie des impôts qui seront supprimés, levée sur les consommations des ouvriers qu'ils employaient, et qu'il faut plus de

temps pour qu'une autre distribution de salaires et
de profits de commerce rende sensible pour eux
cette suppression d'impôts indirects, que pour établir ceux qui doivent les remplacer, il faut observer que pendant le temps nécessaire pour ces changements, les propriétaires payeraient encore les
impôts indirects, quoiqu'ils eussent cessé d'exister;
les vignes ne pourraient même supporter cet impôt,
si la suppression du droit de gros ou de première
vente n'avait pas lieu. .

La première observation d'après laquelle on
doive se décider sur la conservation ou le changement de forme des impôts indirects, est la nécessité
de n'en établir aucun qui ne s'accorde avec les principes d'une constitution égale et libre, c'est-à-dire,
qu'il n'en faut aucun qui entraîne la violation des
droits des hommes; aucun qui expose la liberté publique à être enchaînée par l'intrigue, ou avilie par
la corruption.

Il faudrait donc rejeter tout impôt qui exigerait
que le pouvoir exécutif influât sur son administration, parce qu'alors il serait à craindre que, par la
multiplication des emplois, il ne préparât des moyens
de corruption; il serait à craindre que la nation ne
fût perpétuellement trompée sur le montant réel de
l'impôt.

Il faut également rejeter ceux qui ne pourraient
être administrés par les assemblées de département
sans y introduire un esprit fiscal, dont la suite infaillible serait la corruption et la perte de la confiance publique.

Si l'on ne peut renoncer absolument aux impôts qui gênent la liberté des citoyens, il faut du moins que ces impôts ne gênent que le moindre nombre d'actions qu'il est possible, ne s'étendent que sur un petit nombre de classes pour qui la gêne résultante de l'impôt devienne la condition d'un emploi libre et lucratif de leur temps. Ce n'est pas qu'alors cette gêne soit moins injuste en elle-même, mais elle déplaît moins à ceux sur qui elle tombe; et par l'habitude, les assujettissements auxquels elle soumet se confondent en quelque sorte avec les autres travaux. Ainsi, par exemple, un droit d'entrée ou de sortie du royaume gêne moins la liberté qu'un autre, parce qu'il attaque presque exclusivement celle des hommes employés à ce genre de commerce, qui prennent l'habitude de l'assujettir aux formalités, aux inspections qu'exige la levée de ces droits.

On aura encore égard à la justice et à l'humanité, qui exigent de proscrire les impôts dont l'inégale distribution fait payer l'ouvrier pauvre à la décharge de l'ouvrier riche de la même proportion, c'est-à-dire, aux impôts dont l'effet est de tenir les salaires plus hauts; ce qui a de plus un avantage momentané, parce que les salaires ne tomberont pas au moment même de la suppression de ces impôts.

Enfin, on prendra garde si le remplacement d'un impôt indirect par un autre, ou les changements faits dans sa forme, ne priveront aucune classe industrieuse d'une partie de ses ressources.

Il est plus essentiel de servir le peuple que de lui plaire, et ses représentants sont faits pour chercher ses vrais intérêts, et non pour obéir à ses préjugés.

C'est dans ces vues qu'il faut parcourir l'ouvrage sur les impositions, de M. de Beaumont, où l'on trouve un abrégé de la législation de chaque loi, propre à en faire sentir les effets.

Les impôts indirects que l'on peut conserver sont, d'après ces principes: 1° une capitation; 2° un droit sur les actes; 3° des droits sur les douanes extérieures, dans lesquels on peut fondre ce que l'on conserverait du tabac et du domaine d'Occident; 4° les entrées des villes; 5° les postes.

La capitation est un impôt très-mauvais en lui-même, parce qu'il est impossible de le bien répartir; mais il est difficile de ne pas le conserver; non pas précisément à cause du préjugé qui fait croire que l'établissement d'un impôt sur les terres n'influe pas sur l'intérêt de l'argent, et par conséquent sur la fortune des capitalistes (préjugé fondé sur des raisons assez subtiles pour que Smith lui-même n'y ait pas échappé), mais parce que, dans le moment actuel, l'ébranlement causé par la manière dont la révolution s'est opérée ne permettra point à l'intérêt de baisser aussi rapidement qu'il l'aurait pu faire, et qu'en général cette réduction étant assez lente, il peut être injuste de détruire à la fois tous les impôts payés immédiatement par cette classe de citoyens.

Une imposition sur les facultés, faite au hasard

Comme celle qui existe aujourd'hui, n'a véritablement aucune base. Le logement me paraît la meilleure que l'on puisse choisir.

On pourrait substituer à la capitation un impôt sur les maisons, payé par le propriétaire, avec droit pendant les baux actuels de le reprendre proportionnellement sur les locataires, après en avoir diminué la valeur des anciens vingtièmes, que les locataires ne doivent pas payer, ou plutôt qui sont déjà compris dans le loyer. On ne ferait pas de distinction entre les villes et les campagnes, mais on exempterait toute maison au-dessous de tant de loyer. L'impôt serait également payé sur les maisons occupées par le propriétaire, et alors elles seraient estimées. On y ajouterait dans chaque lieu la petite imposition exigée pour être citoyen actif, à laquelle seraient assujettis tous ceux qui ne demanderaient pas à en être exempts, et qui serait payée séparément par tous les citoyens.

On voit que si on prend ce parti, le décret qui exige, pour être éligible, le payement d'un impôt direct d'une certaine valeur, doit être nécessairement réformé.

Le logement est un des objets de dépense les plus proportionnés aux facultés. Mais il faudrait un adoucissement pour les manufactures; car celle qui emploie le plus de terrains et de bâtiments, n'est pas toujours celle qui produit le plus de valeurs. On pourrait, par exemple, exempter les ateliers et les magasins, et ne faire payer l'impôt que pour les logements.

Cette capitation a le même défaut que l'ancienne, celui de faire payer également les propriétaires et les capitalistes : tandis que si elle est bonne à conserver momentanément, c'est uniquement parce qu'elle tombe sur cette dernière classe. On pourrait donc y substituer une imposition proportionnée au loyer, ou à l'estimation du logement occupé par chacun; faire ces impositions assez fortes, et recevoir en déduction les quittances d'impôt territorial, de manière que celui dont le bien serait tout en terres ne payât point cet impôt.

Mais il y a plusieurs inconvénients. 1° La nécessité de la graduer, sans quoi l'on serait obligé de fixer trop haut la valeur des petits loyers qu'il faudrait toujours exempter. Cette graduation devrait être faite par tête des personnes de la famille, parce qu'une famille de huit personnes peut, sans être plus riche, être forcée d'avoir un appartement plus étendu, une maison plus grande, et qu'ainsi on s'exposerait à faire payer plus par les moins riches.

2° Qu'en supposant cet impôt moitié du loyer, ce qui est énorme, et qu'un homme se loge pour un dixième de son revenu, ce qui est trop, si on en excepte quelques grandes villes, l'impôt ne serait qu'un vingtième du revenu. Or l'impôt sur les terres étant de trois dixièmes environ, on exempterait tous ceux qui auraient en terres un sixième de leur bien, ce qui s'étendrait trop loin. Il faudrait donc ne prendre les quittances de l'impôt territorial que pour un sixième de leur valeur, ce qui compliquerait cette forme d'imposition; et la compliquerait d'autant

plus, qu'il faudrait, dans ce rapport, avoir encore
égard à la graduation de l'impôt.

3° La difficulté d'en connaître le produit par ap-
proximation.

4° A quoi il faut peut-être ajouter celle de le faire
payer par les grandes villes de commerce, pour lesquelles on a montré une faiblesse dont on ne tardera
pas à sentir tout le danger.

Le droit sur les actes doit être combiné de manière à en assurer les dates et l'authenticité. Tel a été
le premier prétexte des impôts de ce genre, et ce
prétexte, dont on a ridiculement abusé, n'était pas
sans fondement. On a donc lié la loi civile à l'impôt;
et si on détruisait absolument ce genre d'impôts, il
faudrait prendre d'autres mesures pour assurer la
date et l'authenticité des actes. Il serait très-difficile
de proportionner le droit de timbre à la valeur des
actes, parce que l'on ne peut, ni déclarer un acte
nul parce qu'on s'est trompé sur la manière d'évaluer les choses transmises par cet acte, ni établir
une inquisition pareille à celle qui s'exerce aujour-
d'hui. En effet, pour qu'il y eût un corps d'hommes
intéressés à faire valoir un impôt par de pareils
moyens, il faudrait que cet impôt appartînt à quelqu'un d'assez puissant pour le dédommager de la
haine des citoyens, et cette puissance ne peut exister
dans un État libre que par la corruption. Il serait
facile, sans doute, de graduer l'impôt pour les actes
simples, mais on trouverait injuste et ridicule d'en
affranchir alors les autres, et que, par exemple, un
acte compliqué qui transporte réellement cent mille

livres, coûtât moins qu'un acte simple qui en transporte dix mille. Cependant, il y a quelques classes particulières d'actes qui peuvent être assujettis à un timbre gradué. Cet impôt me paraît très-difficile à établir, et à rendre en même temps productif, sans y introduire ni disproportion évidemment injuste, ni inquisition.

Les droits à l'entrée et à la sortie du royaume sont encore un de ces impôts que le préjugé protége, et qui sont bons à conserver lorsqu'on se trouve dans la nécessité d'en garder d'indirects. On peut y réunir l'impôt sur le tabac; il existe un travail sur cette transformation de la ferme du tabac, présenté autrefois par M. de la Fayette à un comité de finances, et auquel les fermiers généraux répondirent fort mal. Mais il existe à l'exécution de ce projet un obstacle qui n'avait pas lieu sous l'ancienne administration.

L'impôt sur le tabac n'est pas général, et quelques provinces en sont exemptes. Le régime d'après lequel on a empêché qu'elles ne versassent du tabac dans l'intérieur du royaume ne peut être conservé. Il suffit de lire les règlements établis, pour voir qu'ils sont inexécutables chez une nation libre.

S'il était possible de baisser le droit sur le tabac de manière qu'en le rendant partout uniforme, il ne portât point le prix au delà de ce que ces provinces consentiraient à le payer, et que cependant ce droit fût encore très-productif, on éviterait aisément tout inconvénient au moyen d'une taxe particulière sur les terres qui produisent du tabac : sinon, il faudrait

une ligne de gardes, à peu près, depuis Genève jusqu'à Calais.

Je ne crois pas qu'il existe un troisième moyen.

Les différents droits sur les denrées coloniales paraissent devoir être réduits à un seul, quand il en
coûterait des sacrifices, si l'on continue de les payer
dans les ports. Mais ils sont de deux espèces : les
uns sont des droits d'entrée qui augmentent pour
nos consommateurs le prix des denrées ; les autres
sont levés sur les denrées qui sont ensuite exportées
à l'étranger, et sont payées par les colons. On pourrait leur proposer de s'abonner pour ces derniers
droits. On pourra très-vraisemblablement conserver
aux droits d'entrée des villes leur valeur actuelle ; il
n'en est presque aucune où le montant de ces droits
ne fût diminué par quelques priviléges : ces priviléges sont anéantis, et par conséquent on peut lever
la même somme, et cependant diminuer quelques-
uns des droits les plus onéreux au peuple ; il en est
aussi plusieurs dont le produit augmentera en diminuant la quotité du droit.

On peut, en réunissant les postes aux messageries, et en prenant des arrangements plus commodes
pour le transport de l'argent, et pour celui des petits
paquets, augmenter le produit de cet impôt, et en
même temps rendre ces établissements plus utiles au
public. En les formant d'après les vues qu'avait
M. Turgot, on pourrait détruire très-promptement
le privilége exclusif des messageries, et les lois de
police qui maintiennent ce privilége, sans nuire à
cette source de revenu.

Après ces impôts, il n'en reste plus qu'il soit possible de conserver dans l'état actuel : sinon le privilége des poudres et salpêtres, les cartes, la marque
sur l'or et l'argent, le privilége des affinages, le seigneuriage des monnaies, avec le profit des remèdes,
et enfin les loteries.

Les poudres et salpêtres sont un très-petit objet.
Il en est de même des autres, excepté les loteries;
elles sont un impôt si ruineux, si immoral, si avilissant pour les nations qui emploient cette honteuse
ressource, que la nécessité seule en peut excuser la
conservation. Si elle était prononcée, et seulement
pour quelques années, peut-être y aurait-il un moyen
d'éviter une partie des maux qu'elles continueraient
de produire.

Mais comme je ne crois pas à la nécessité absolue
de conserver les loteries, comme je suis sûr que
tous les membres du comité ont pour cet impôt autant d'horreur que moi, je ne m'étendrai pas sur ce
moyen.

De ces divers impôts, il n'en est aucun qui ne
puisse être régi sous l'inspection des assemblées de
département. Les droits à l'entrée et à la sortie du
royaume, et les entrées des villes, sont les seuls qui
puissent faire naître dans ces administrations un
peu d'esprit fiscal; mais je crois cet inconvénient
bien moindre encore que celui d'abandonner ces
impôts au pouvoir exécutif, et il serait facile de le
diminuer par les dispositions des règlements qu'il
faudra faire pour ces impôts.

D'ailleurs, confier cette administration aux assem-

blées de département, est le seul moyen de séparer
absolument la caisse de la nation de celle du gouvernement; les sommes destinées au payement de la
dette, des sommes attribuées à chaque département; de ne point laisser entre les mains du pouvoir
exécutif ni la nomination d'une foule de places
payées par la nation, pour l'enchaîner ou la corrompre plus que pour la servir; que ce pouvoir se
multiplie sous mille prétextes, qu'on ne peut l'obliger de supprimer, parce qu'il menacerait d'une
diminution dans la recette, et qu'il aurait des moyens
secrets et sûrs d'effectuer cette menace; de ne point,
enfin, confier au pouvoir exécutif des fonds dont le
montant est toujours incertain, et sur lequel il peut
toujours faire illusion.

Il y a sans doute des inconvénients à charger les
directoires de l'administration des impôts indirects:
sont-ils sévères, ils déplaisent à leurs concitoyens;
sont-ils indulgents, l'impôt diminue de valeur. Mais
j'observerai, 1° qu'il n'y a point de fonction publique
(tout au plus la législation exceptée) qui ne donne
lieu à la même objection, si cette fonction est confiée
à des mandataires élus à temps.

2° Que toute disposition arbitraire, toute complication fiscale devant être exclue de la législation de
ces impôts, les fonctions administratives du directoire du département se borneront à suivre la comptabilité d'une régie intéressée, et à surveiller les préposés de cette régie.

3° Qu'ils seraient responsables des ordres contraires
à la loi qu'ils pourraient donner.

4° Que l'administration quelconque aura ou n'aura pas la disposition des fonds de l'impôt de manière à trouver de l'avantage à le faire valoir. S'il n'en trouve pas, il sera, comme les directoires de déparments, intéressé à la négligence; s'il y en trouve, c'est que cette augmentation d'impôts augmente son crédit, c'est donc qu'il en peut disposer plus ou moins arbitrairement.

On perdrait une grande partie des avantages de la constitution actuelle, si on donnait à un ministre du pouvoir exécutif la moindre influence sur la perception des impôts, sur la première disposition des fonds, en général, et sur la disposition particulière des fonds destinés aux payements des intérêts de la dette et à des opérations de finances, et il ne peut en résulter aucun bien.

Craint-on que les différentes branches du pouvoir exécutif manquent de fonds, il est aisé d'en accorder à chacune pour subvenir à des circonstances extraordinaires, avec l'obligation de rendre un compte particulier de l'emploi. La législature s'assemble trop souvent pour que ces fonds puissent être un objet considérable.

Quand il existe un pouvoir exécutif suprême, réuni dans une seule main, le pouvoir tend nécessairement à exercer la plus grande influence possible sur le pouvoir législatif; cette influence s'exerce surtout par la corruption, à moins qu'il n'y ait dans la masse de la nation quelque fanatisme religieux, politique, commercial, assez fort pour donner la prépondérance au ministre qui cherche à l'exciter.

Or, rien ne donne plus de moyens de corrompre
que l'influence sur les finances, qui donne moyen de
distribuer beaucoup de places et beaucoup de profits.
Les gens même incorruptibles pour leur propre
compte, peuvent n'être pas insensibles au plaisir de
placer des créatures. Il n'est pas difficile dans un état
de finances compliqué de se procurer des dispositions d'argent presque arbitraires. Enfin, cette complication facilite les moyens d'augmenter les demandes,
de tromper sur les besoins ; on achète pour obtenir
ces augmentations, et on s'en sert pour acheter ceux
qui en accorderont de nouvelles. Comme les places de
finances sont, par leur nature, révocables en grande
partie, l'homme qui a pris l'habitude de voter pour
le ministre, est entouré de gens intéressés à l'empêcher de changer.

SUR L'IMPÔT PERSONNEL.

1790.

SUR L'IMPÔT PERSONNEL.

Le but que l'on se propose en conservant un impôt personnel, est :

1° De diminuer la masse de l'impôt qu'il eût fallu mettre sur les terres; 2° d'assujettir à l'impôt les autres espèces de revenus, ce qui est juste, du moins pour un temps, puisque ces sources de revenu ne sont affectées par l'augmentation de l'impôt direct sur les terres, qu'à raison de la baisse d'intérêt qui doit résulter de cette augmentation et de la diminution des impôts indirects, et que cette baisse d'intérêt ne peut ni avoir lieu dans le premier moment, ni affecter le revenu qui provient des effets publics; 3° de diminuer, pour les personnes peu riches, le fardeau d'une masse d'impositions qui est dans une proportion très-forte avec celle des revenus, en faisant porter plus que proportionnellement par les riches une partie de ces impositions. Cela serait injuste et très-inutile pour le soulagement du pauvre, si l'impôt était modéré, ou même s'il existait un cadastre général bien fait; mais lorsque l'impôt est très-fort, et que rien ne garantit qu'il sera réparti avec beaucoup d'exactitude, lorsque enfin l'impôt est en grande partie employé à l'acquittement d'engagements dont les riches ont en général profité davantage, on ne peut regarder cette proportion plus forte comme véritablement injuste.

L'inconvénient de l'impôt personnel est d'être arbitraire, et de soumettre les fortunes à une sorte d'inquisition. Je dois l'impôt, ainsi je ne puis me plaindre qu'on m'oblige à faire connaître tout ce que je possède en terres, parce qu'on peut m'y obliger sans me forcer en même temps à donner d'autres connaissances que je ne dois pas; mais il n'en est pas de même d'un impôt sur les facultés en général.

On doit donc chercher un moyen de diminuer l'arbitraire de l'impôt personnel, et d'éviter qu'il n'entraîne une inquisition contraire au droit des citoyens.

Il faut par conséquent chercher une base fixe sur laquelle on puisse l'asseoir; je dis une base, et non plusieurs, parce que je me propose de montrer par la suite qu'il y aurait peu d'avantages à en prendre plusieurs.

Parmi celles que l'on peut choisir, la valeur du logement, déterminée, soit par le prix du loyer, soit par estimation, me paraît mériter la préférence, pourvu qu'on l'emploie avec quelques précautions que je vais indiquer.

1° Le logement est un premier besoin : un homme, une famille ne peut pas davantage s'en passer habituellement que d'habits et de subsistances. Il est donc compris dans ce que le travail doit donner pour le simple nécessaire; d'où il résulte qu'il y a une valeur de logement qui doit être exempte d'imposition. Cette valeur n'est pas la même dans les campagnes et dans les villes; elle varie suivant la grandeur des villes, leur position, etc.; mais il est facile de la déterminer avec assez de précision.

2° Le logement n'indique les facultés qu'autant qu'on a égard au nombre des personnes qui l'occupent. A Paris, un ouvrier qui logera sa mère, une ou deux sœurs, qui aura une femme et plusieurs enfants, sera obligé de payer un loyer beaucoup plus cher que s'il était seul, et cette plus grande valeur de son loyer, loin d'indiquer plus de facultés, peut au contraire indiquer une pauvreté plus grande, puisque cet ouvrier se trouve nécessité à une dépense de premier besoin plus considérable. C'est donc d'après le logement par tête qu'il faut fixer l'exemption.

Cette distinction doit avoir lieu encore, si on classe les logements pour établir un impôt croissant et non proportionnel : certainement celui qui, avec une nombreuse famille, a pour mille écus de loyer à Paris, doit être supposé dans une classe moins riche que celui qui occupe seul un logement de la même valeur.

3° Pour que l'on puisse regarder le logement comme pouvant indiquer les facultés, il faut n'avoir égard dans la classification qu'au logement personnel.

Les ateliers, les magasins ne doivent pas y entrer. Il faut donc séparer le loyer personnel de celui des magasins et des ateliers, imposer le premier suivant la classe à laquelle il appartient, imposer le reste suivant le taux le plus bas de l'impôt, c'est-à-dire au taux de la classe qui suit immédiatement celle qui ne paye rien.

On pourrait, en ayant égard à ces diverses modifications, prendre le loyer pour base de l'impôt personnel, sans s'exposer à de grandes inégalités; mais il faut de plus examiner comment, en portant cet impôt assez haut, et surtout en le rendant croissant et non proportionnel, il pourra rester productif.

Considérons pour cela ce qui doit arriver, si, par exemple, l'impôt personnel pour ceux qui payent depuis cent livres jusqu'à deux cents de loyer pour chaque personne de la famille, était d'un dixième du loyer, et de trois vingtièmes pour ceux qui payent depuis deux cents jusqu'à trois cents.

Supposons une famille de quatre personnes; celui dont le loyer est de 800 livres payera 80 livres, et celui dont le loyer est de 850 livres payera 127 livres 10 sous au lieu de 80 livres; il lui en coûtera donc 97 livres 10 sous pour se procurer le degré de commodité quelconque dans son logement, que naturellement il n'aurait acheté que 50 livres, c'est-à-dire, qu'il sera forcé de l'acheter presque le double; au lieu que si la classification n'avait pas eu lieu, il n'aurait payé que 85 livres, et n'aurait acheté cette jouissance que 55 livres.

On ne louera donc jamais d'appartement 850 livres, mais ceux de ce prix tomberont à huit cents francs.

Il faut donc d'abord , pour que l'impôt soit productif, que l'augmentation graduelle de proportion soit presque insensible ; qu'au lieu, par exemple, de passer, à un certain point, de deux sous à trois sous par livre, elle ne passe que de deux sous à deux sous et un denier, puis à deux sous et deux deniers, et ainsi de suite. En effet, si dans l'exemple précédent on suppose que pour 200 livres de loyer par personne on paye 2 sous 6 deniers et 2 sous 7 deniers jusqu'à 225 livres, il est clair que celui qui a pour une famille de quatre personnes 800 livres de loyer, payant 100 livres, et celui qui a 850 livres de loyer pour le même nombre de personnes payant 109 livres 15 sous 10 deniers, il n'achètera cette commodité que 59 livres 15 sous 10 deniers, et qu'il l'aurait achetée 56 livres 5 sous sans le changement de classe.

Regardons maintenant cette première difficulté comme levée, et voyons quels seront les effets d'une imposition ayant pour base le logement , et plus que proportionnelle.

En général, toute imposition qui change les conditions d'une convention se partage entre ceux qui la font. Mais ici, l'établissement du nouvel impôt ne contribuerait pas en lui-même à baisser beaucoup le loyer des maisons, 1° parce que ce loyer n'est qu'un intérêt modique du prix que se vendent les maisons, et un intérêt très-bas de ce qu'il en coûte pour les bâtir; 2° parce que le taux moyen se forme d'après ce que peut payer le plus grand nombre sur lequel l'impôt ne peut être fort. Ceci est vrai, surtout si on classe par rapport au logement personnel, parce qu'alors les marchands, même riches, ne seront pas très-chargés.

Mais l'impôt doit influer d'une autre manière sur le prix des loyers : c'est que du moment où il sera établi que ce loyer sert de base à un impôt personnel, chacun diminuera de préférence cette partie de sa dépense, et qu'ainsi il y aura moins de concurrence pour les logements. On se logera moins bien pour payer moins; par la même raison que, dans certains pays de taille, des paysans même assez aisés, vivaient dans des chaumières pour ne pas être augmentés. Mais cet inconvénient est attaché à tout impôt non territorial direct par sa forme, et même à tout impôt sur les consommations qui ne tombe pas sur les choses d'un besoin presque général; et c'est par cette raison que les taxes sur les objets de luxe ne seront jamais très-productives. Le logement au-delà du besoin est cependant une des choses sur lesquelles il est le plus difficile de changer ses habitudes.

C'est ici le moment d'examiner s'il serait plus avantageux de faire porter l'impôt personnel proportionnellement sur les loyers avec une addition sur les domestiques, et une sur les voitures pour remplacer l'augmentation plus que proportionnelle.

Les femmes exercent trop peu de métiers lucratifs pour que l'on puisse sans inhumanité ne pas borner cette taxe aux domestiques mâles, ce qui nécessite le renvoi presque subit de ceux qui sont superflus, et je crois cette mesure impolitique dans le moment actuel.

La diminution subite d'un grand nombre de fortunes a déjà privé de leur état un assez grand nombre de domestiques. La modestie doit être dans la constitution actuelle un moyen de parvenir à des places très-peu payées, et la plupart très-amovibles; et des hommes accoutumés à une vie plus ou moins inoccupée, et à une sorte de superflu, incapables d'apprendre un métier, trop faibles pour les travaux rustiques, ne pourraient être multipliés sans danger dans le moment de la formation d'un nouveau système social.

D'ailleurs, cet impôt n'aurait pas un avantage que l'on trouverait dans celui qui aurait les loyers pour base. Supposons que l'effet de cet impôt soit de faire que ceux qui payent mille livres de loyer n'en veuillent plus payer que huit cents. Comme leur revenu n'est pas moindre, vous pouvez, quand l'effet en devient généralement sensible, hausser le taux de l'impôt; vous le pouvez plus difficilement pour les domestiques, parce que, au delà du pur nécessaire, on peut remplacer leur service par celui de gens du dehors, et qu'on peut, sans s'écarter de l'objet de cette imposition, qui est de la faire porter principalement sur les riches, faire payer très-cher pour le premier domestique.

Ce qu'on vient de dire des domestiques est encore plus vrai des chevaux et des voitures : au delà de deux chevaux et d'un carrosse, le reste est un pur luxe qu'on remplacerait aisément. On y trouverait encore l'inconvénient de changer brusquement, pour des classes particulières très-nombreuses, la distribution des salaires.

D'après ces idées, voici ce que l'on pourrait proposer :

I. Tout homme majeur de vingt-cinq ans qui voudra exercer les droits de citoyen actif, payera une contribution égale à trois journées de travail.

Il faudra, à dater de 1794, l'avoir payée sans interruption pendant trois ans, et depuis la majorité, pour ceux qui n'auront pas vingt-huit ans.

II. Il sera établi un autre impôt personnel, qui aura pour base la valeur locative estimée du logement de chaque chef de famille.

III. Cet impôt sera distribué par classes, qui payeront suivant une proportion différente du prix de leur logement.

IV. Ces classes différentes seront réglées, non d'après le prix total du logement, mais d'après ce prix divisé en autant de personnes qu'il y en a dans la famille, deux enfants de douze à vingt ans, et trois enfants au-dessous de douze ans, étant comptés pour une personne.

V. Dans la formation des classes, on n'aura égard qu'au logement personnel, de manière qu'un commerçant, un manufacturier, etc., payera, pour son logement personnel, suivant sa classe, et pour ses magasins, ateliers, etc., suivant le taux de la classe la plus faible.

VI. On fixera un terme au-dessous duquel il ne sera demandé aucun impôt, et au-dessus de ce terme il sera distribué en classes, de manière que la plus faible ne paye pas plus d'un sou pour livre du prix, et que la plus haute ne paye pas au-dessus de 10 sous pour livre.

VII. Les auberges, hôtels garnis, payeront comme les autres maisons, en supposant la famille composée de six personnes.

VIII. Les pensions d'éducation payeront de même, en supposant la famille composée de dix personnes, toutes les fois que le nombre des pensionnaires sera au-dessus de vingt.

IX. On fixera, 1° pour Paris; 2° pour les grandes villes de commerce; 3° pour les villes au-dessus de trente mille habitants; 4° pour les villes au-dessus de quatre mille; 5° pour le reste des villes et pour les campagnes, le loyer qui doit être exempt de l'impôt, et celui qui doit payer 10 sous pour livre, et l'on formera, pour chaque division, un tarif qui, de denier en denier pour livre, et de deux deniers en deux deniers, ou, enfin, de trois en trois deniers tout au plus, s'élèvera d'un sou à 10 sous pour livre.

Voici le tableau qu'en conséquence je proposerais pour Paris :

Au-dessous de 25 livres, exempt.

de		à		s. pour liv.	deniers.
de	25	à	35	1	
de	35	à	45	1	1
de	45	à	60	1	2
de	60	à	75	1	3
de	75	à	90	1	4
de	105	à	120	1	6
de	120	à	140	1	7
de	220	à	240	2	»
de	240	à	265	2	1
de	415	à	440	2	8
de	440	à	470	2	9
de	770	à	800	3	8
de	800	à	840	3	9
de	1360	à	1400	4	11
de	1400	à	1450	5	»
de	2250	à	2300	6	5
de	2300	à	2375	6	6
de	3725	à	3800	8	1
de	3800	à	3900	8	2
de	5900	à	6000	9	11
Au delà.............				10	

Nota. (Ce tableau est fait un peu arbitrairement; on peut prendre une règle générale pour les former en général, et supposer les différences entre les classes qui diffèrent d'un, de deux deniers, etc., proportionnelles à la valeur du logement, en conservant toujours des nombres ronds.)

X. Comme cette imposition serait onéreuse pour ceux dont tout le revenu est en terres, on accordera à chacun une diminution sur leur taxe personnelle égale.

XI. Les domestiques mâles seront assujettis à une taxe de 12 livres pour Paris, de trois journées de travail pour les campagnes, et d'une somme moyenne pour les villes.

On voit par ce plan que, pour porter cet impôt à 50 millions, il faut qu'il soit de 80, si l'impôt territorial est de 300.

SUR LA PROPOSITION D'ACQUITTER

LA DETTE EXIGIBLE

EN ASSIGNATS.

Di meliora piis, erroremque hostibus illum.

1790.

SUR LA PROPOSITION D'ACQUITTER

LA DETTE EXIGIBLE

EN ASSIGNATS.

C'est avec douleur que je vois une opinion dangereuse compter au nombre de ses défenseurs, un homme accoutumé à exercer sur les esprits l'empire de l'éloquence : et combien son autorité n'est-elle pas plus effrayante, si l'on songe qu'il a constamment employé son éloquence et sa raison à la défense des principes conservateurs de l'ordre, de la liberté, de la justice ; que l'opinion qu'il défend aujourd'hui est contraire à celles qu'il a longtemps et glorieusement professées ; et que la foi publique est exposée à une honteuse violation par celui même qui, plus que personne, nous avait appris que le salut, autant que l'honneur du peuple français, obligeait à la respecter ?

On lui doit de croire qu'il n'a pu céder qu'à la conviction intime d'une nécessité absolue. Avant que la proposition de créer deux milliards d'assignats eût obtenu le suffrage de M. de Mirabeau, on pouvait la regarder comme un de ces rêves que l'avidité en délire présente à l'ignorance : aujourd'hui il faut croire qu'elle mérite un examen sérieux, et je vais m'y livrer.

Je considérerai l'opération en elle-même ; je tâcherai d'en bien faire sentir tous les vices, j'essayerai enfin de montrer que, loin d'être exigée par les circonstances, loin d'être ce remède unique auquel il faut se hâter de recourir, malgré son danger et l'incertitude de ses effets, c'est au contraire celui de tous les remèdes que les circonstances défendent le plus impérieusement d'employer.

Les biens nationaux sont spécialement consacrés au remboursement de la dette exigible; cette dette, y compris 400,000,000 d'assignats, est évaluée à deux milliards et demi. Les biens à vendre peuvent rapporter environ 70 millions; et en supposant que 50 millions soient vendus au denier 30, et le reste au denier 25, on peut en espérer deux milliards.

On doit se proposer quatre objets dans cette vente: le premier, d'être juste envers les créanciers; le second, de vendre, le mieux qu'il est possible, les biens nationaux; le troisième, de les vendre de la manière la plus avantageuse pour la prospérité publique, qui demande que les propriétés soient divisées, et que le plus grand nombre des chefs de famille soit attaché au sol par la propriété, comme il doit l'être à la patrie par la bonté de ses lois; le quatrième, est de vendre promptement.

La justice envers les créanciers exige qu'ils soient traités comme le seraient des créanciers ayant hypothèque sur les terres d'un particulier, c'est-à-dire, qu'ils soient payés à mesure que les terres seront vendues, en leur tenant compte des intérêts.

Le débiteur peut encore cependant être injuste envers le créancier, 1° si la liquidation rend exigible une dette du créancier qui ne l'était pas auparavant, ce qui peut avoir lieu ici relativement aux propriétaires d'offices quelconques, qu'on remboursera sur les biens nationaux.

Mais le remède est simple : que tout soit, jusqu'au moment de la vente finale des biens nationaux, réglé précisément de la même manière que, 1° si le propriétaire de l'office l'avait mis en vente, et qu'il y fût resté pendant cet espace; 2° si le créancier qui comptait recevoir la somme due, qui, en conséquence, avait pris des engagements, se trouve, par le retard que cause la liquidation, hors d'état de les tenir. Cette injustice a été faite au mois d'août 1788, et on doit la regarder comme irréparable, parce qu'il est impossible de reconnaître aujourd'hui ceux à qui elle a fait un autre tort que la perte de l'intérêt des payements suspendus.

Ainsi, le droit des créanciers de l'État se borne au remboursement de ce qui est dû, pourvu que ce remboursement soit fait à mesure de la vente, et en tenant compte des intérêts.

La meilleure vente des biens nationaux dépend, 1° de la distribution de ces biens; 2° de la plus grande concurrence des acheteurs.

On a proposé de ne point vendre de grandes masses de biens, mais des parties isolées, et seulement des corps de fermes, ou la totalité des biens affermés

au même fermier exploitant. Cette dernière condition était nécessaire, parce que les personnes char-
gées de la vente n'auraient pu distinguer celles de
ces fermes qui peuvent être divisées sans perdre de
leur valeur, et celles dont la division diminuerait le
prix : d'ailleurs, puisque ces biens ainsi réunis avaient
trouvé un fermier qui regardait comme avantageux
de les exploiter, il est évident qu'ils doivent trouver
un propriétaire qui croira utile pour lui de les acquérir. Cependant, une clause permet encore la division,
mais c'est dans un cas où elle est évidemment avantageuse.

Pour augmenter la concurrence des acheteurs,
on a proposé de recevoir immédiatement en payement les créances qui devaient être acquittées sur le
prix de la vente : cette disposition est juste, elle est
avantageuse à la masse des créanciers, puisqu'elle
tend à augmenter la valeur de leur gage. Elle n'est
injuste envers aucun d'eux, parce qu'autrement ils
auraient été remboursés par le sort sur le prix des
ventes ; et qu'entre des personnes qui ont un droit
égal, il n'y a pas d'injustice à donner une préférence
à ceux qui procurent le bien commun de tous. Enfin, elle est encore avantageuse à tous ceux de ces
créanciers qui auraient eu le désir d'acquérir ces
biens, en ce qu'elle leur en facilite les moyens, puisque autrement ils auraient été obligés de faire les
avances d'une partie des acquisitions, et si le sort
ne les avait pas favorisés, de vendre leurs effets sur
la place, et peut-être de les vendre à perte.

Le troisième objet est de faire en sorte qu'une

quantité considérable de ces biens soit achetée par les cultivateurs eux-mêmes. Cette condition doit être subordonnée à celle d'une vente avantageuse; aller plus loin, ce serait être injuste envers les autres classes de citoyens. Ainsi, l'on a dû adopter la subdivision des biens qui tend à remplir ces deux conditions; mais on n'a pas dû refuser aux créanciers le droit de concourir avec l'argent, parce qu'il est de justice rigoureuse que celui qui doit et qui ne peut payer, prenne du moins lui-même en payement ce qu'il doit. Cependant, si parmi diverses manières d'admettre ces créanciers, il y en avait une qui tendît à exclure de ces acquisitions les cultivateurs, les propriétaires de campagne, ce serait une puissante raison pour la rejeter.

La promptitude de la vente est d'une grande importance; mais elle doit être subordonnée à l'intérêt de bien vendre, à celui de ne pas vendre par grandes masses.

J'évalue à deux ans la durée nécessaire de cette opération : ce n'est pas trop pour qu'elle soit bien faite, pour que la concurrence soit réelle, qu'elle puisse avoir lieu partout, pour tous les biens; car il ne suffit pas que tous aient trouvé des acheteurs; il faut que chacun en puisse trouver plusieurs. Une inégalité scandaleuse dans le prix des différents biens, des accusations multipliées de partialité et de malversations, un mécontentement général seraient la suite d'une précipitation exagérée.

Examinons maintenant les trois moyens que l'on propose. Le premier consiste à convertir la totalité de la dette exigible en billets portant cinq pour cent d'intérêts, qui seront admis dans les ventes, concurremment avec les assignats déjà créés, et l'argent comptant; le second convertit cette même dette en assignats, portant ou ne portant pas inté-rêt, admis en concurrence avec l'argent, ou même à l'exclusion de l'argent; le troisième consiste à sui-vre l'une et l'autre de ces méthodes, à la volonté des porteurs de créances.

Par le premier moyen, la justice est remplie à l'égard des créanciers, puisqu'ils recevront l'intérêt de leur dette au taux courant. La tranquillité de ceux dont les charges sont hypothéquées est à cou-vert; ils payeront l'intérêt jusqu'à la vente finale, mais la nation le leur paye également; et après la vente finale, s'ils n'ont pas formé de conventions avec leurs créanciers, la valeur qu'auront alors les effets nationaux qui resteront, les met à l'abri de tout danger. De plus, il est évident que leurs créan-ciers n'ont pas à se plaindre : ils auront pour hypo-thèque, au lieu d'une charge garantie par la nation, des effets également garantis par elle. Quant aux effets mis en dépôt pour des cautionnements, leur transformation en nouveaux effets ne produit aucun changement; ceux qui les ont admis auront seule-ment, comme les créanciers hypothécaires sur les charges, l'avantage de pouvoir, s'ils le veulent, subs-tituer au cautionnement, une hypothèque en terres.

La concurrence est établie : car un effet, à cinq pour cent, est à peu près (sauf le plus ou le moins de confiance) équivalant à une somme d'argent

qu'on préfère d'employer en terres au lieu de la placer ; celui qui a cet effet se dira : Ou j'aurai une terre
me rapportant un revenu qui me convient, ou j'aurai
de l'argent dont je ferai l'usage que je voudrai, ou il
me restera un effet sur la nation, qui, vu le petit
nombre de ceux qui subsisteront, ne peut être regardé comme un mauvais placement. Ainsi il ne
portera pas les terres au delà de leur valeur ; il ne
payera pas trente mille francs en effets, ce qu'il n'aurait voulu payer que vingt mille en argent ; il n'exclura
point, par ce haussement indéfini de prix, le cultivateur, le petit capitaliste qui n'a que de l'argent. La
dette une fois ainsi liquidée, et le payement des impositions rétabli, il ne faudra qu'un très-court espace
de temps pour que la nation se trouve dans l'assiette
naturelle à tout État riche, c'est-à-dire, ayant du
crédit pour emprunter dans les besoins extraordinaires, n'étant plus obligée d'avoir recours à des
ressources ruineuses, et pour jamais dégagée des fers
des agioteurs.

Survient-il des besoins extraordinaires dans l'intervalle, il reste la création d'une somme en papier-monnaie équivalente à ces besoins, somme nécessairement
trop faible pour produire un bouleversement dans
l'État, ni un changement ruineux dans les prix.

L'intérêt de cinq pour cent, intérêt courant, n'est
qu'une justice à l'égard des créanciers. En supposant
deux ans pour la vente, on aurait seulement à payer,
pour un an, qui est le terme moyen, la différence
entre la valeur du revenu des biens nationaux, et
l'intérêt de ces sommes, c'est-à-dire, à cause des 400

millions d'assignats, la différence de 70 millions à 92, ou 22 millions, si on donne pour 1600 millions de ces papiers, et celle de 70 à 117, ou 47 millions, si on en distribue pour 2 milliards et 100 millions.

Supposons maintenant que l'on substitue des assignats à ces billets; on trouvera d'abord deux différences essentielles : ils ont un moindre intérêt, ils sont un papier-monnaie qu'on est forcé de recevoir. La première condition est une injustice envers les créanciers ; car on leur doit l'intérêt au taux courant : cette injustice n'est pas compensée par la dignité de papier-monnaie à laquelle ces assignats sont élevés; car tous ces créanciers de l'État ne sont pas débiteurs à leur tour, et il y a des dettes que les honnêtes gens ne payent pas en papier-monnaie : d'ailleurs, s'ils usent de cette facilité, l'injustice retombe sur celui à qui ils devaient tant de marcs d'argent ou d'or, et non un papier avec lequel on peut acheter des biens nationaux; et ce tort est égal à la différence entre la valeur nominale de l'assignat, et sa valeur en argent.

La masse des billets à cinq pour cent étant la même que celle des assignats, il ne peut y avoir de différence dans l'empressement d'acheter, qu'à raison de la moindre valeur des assignats ; mais les billets à cinq pour cent sont précisément ce qu'exigeait la justice ; les assignats sont donc au-dessous. Ils produisent une banqueroute précisément égale à cette différence de valeur.

On propose d'admettre exclusivement les assignats, sans permettre à l'argent de concourir; cela suppose que les biens nationaux, et non le prix des biens nationaux, appartiennent aux propriétaires de la dette exigible; et c'est supposer, entre la valeur des assignats et celle de ces biens, une égalité absolue, dont on ne peut même se flatter d'approcher.

Cependant, si la masse des assignats est au-dessous de la valeur des biens, on dépouille la nation en faveur des créanciers; si, au contraire, on en crée trop, et que, par une suite de cette abondance excessive, les biens soient payés en assignats au delà de leur valeur, on dépouille les créanciers. Or, comme on ne peut guère connaître, qu'à trois ou quatre cents millions près, la valeur de ces biens, on risque de faire une injustice de trois ou quatre cents millions, soit à la nation, soit aux créanciers. Avec des billets à cinq pour cent, on n'est exposé à aucun de ces inconvénients.

Admettre les assignats seuls ou en concurrence avec l'argent, c'est éloigner des acquisitions les cultivateurs, les habitants des campagnes, les petits propriétaires qui économisent sur leur revenu. Dans le premier cas, iront-ils acheter des assignats sans savoir si la seule pièce de terre qu'ils désirent, la seule qui leur convienne, ne leur sera pas enlevée par un autre? Trouveront-ils à faire promptement une autre acquisition d'une valeur à peu près égale, dans les limites du cercle étroit où ils peuvent acquérir? Attendront-ils que la terre leur soit adjugée pour acheter des assignats dont le prix peut varier d'un jour à l'autre? Cette incertitude suffit pour éloigner, pour dégoûter ces hommes simples, mais défiants.

Dans le second cas, supposons que les assignats
perdent dix pour cent, en offrant dans l'enchère
1,100 liv. en assignats, on offrira précisément la
même chose que 1,000 liv. en argent. Je sais qu'un
cultivateur peut acheter un bien plus cher qu'aucun
capitaliste, parce qu'il n'achète pas le revenu seul,
mais l'avantage de placer des avances de culture sur
un terrain qui lui appartient, mais celui d'avoir un
emploi plus assuré de son temps et de son travail.
Or, cet avantage qui subsistera tant qu'ils n'auront
à craindre que la concurrence, soit de l'argent des
capitalistes, soit de billets à cinq pour cent, doit
s'évanouir devant un papier qui ne peut être regardé
comme un placement, et dont le sort, après la
vente totale des biens, resterait dans une incertitude effrayante. Les porteurs d'assignats doivent vouloir acquérir à tout prix, et la concurrence n'aura
lieu qu'entre eux.

Si donc l'on considère la vente des biens nationaux, on ne trouve dans la préférence donnée aux
assignats qu'injustice ou désavantage.

L'utilité de la multiplication de ce papier forcé
serait-elle donc suffisante pour l'emporter sur des
considérations si importantes?

On a dit que cette multiplication serait utile pour
le commerce; mais, si on les crée pour les éteindre
promptement par l'achat des biens nationaux, ils ne
seront pas employés en entreprises de commerce.
D'ailleurs, qui ne sait que le papier de banque ne
peut être utile au commerce, si l'on n'est pas libre
de le refuser, s'il n'est pas convertible en argent à

volonté, si l'émission n'en est pas faite pour les besoins du commerce, de manière qu'il se proportionne
à ces besoins? Rien n'est plus facile, lorsqu'il peut
être échangé, parce qu'alors si une émission a été un
peu trop forte, ce qui était superflu est bientôt rapporté à la caisse. Mais proposer de faire des entreprises nouvelles avec un papier forcé, non convertible en argent, créer ce numéraire fictif, dans l'idée
que, ne sachant qu'en faire, on l'emploiera pour un
commerce quelconque, c'est ce qu'il est impossible
de proposer sérieusement. De tel papier ne produit
qu'un genre de commerce destructif de tous les
commerces utiles, celui du papier même.

Il existe moins de quatre cents millions d'assignats-
monnaie, et ils perdent six pour cent contre l'argent:
combien perdront deux milliards de papier? car ces
quatre cents millions ont aussi pour gage la totalité
des biens nationaux; et si ce gage ne rassure pas
pour quatre cents millions, il ne rassurera pas pour
deux milliards; et si l'emploi très-commode des assignats dans les affaires, n'en soutient pas 400 millions, ce même emploi en soutiendra-t-il cinq fois
davantage?

On propose de couper les assignats, et d'avoir des
banques où l'on échangera les petites sommes. Mais
quel en sera le résultat? Il faudra dans chaque ville
un bureau où se fera l'échange, et où chaque jour
l'on portera la somme nécessaire pour les petites dépenses; il faudra donc chaque jour une somme renouvelée dans chaque ville pour remplir cet objet.
Ce ne sont pas ici des capitalistes de Paris, des gens

ayant au moins deux cents francs de comptant qu'il faut satisfaire; ce sont des ouvriers, des gens sujets à s'irriter, et fort peu au courant des spéculations sur le papier.

Il faut donc ou fournir régulièrement l'argent, le fournir promptement, ou s'attendre à une émeute, et il faut le renouveler tous les jours, le renouveler partout ; et comment, si on considère les dispositions actuelles du peuple, son penchant naturel à la défiance, fruit de l'ignorance et de l'oppression; ce que les circonstances et les manœuvres ont ajouté à ce penchant, et la facilité que cette nouvelle cause de trouble donne pour ces manœuvres : ne sera-t-on pas effrayé des suites qu'un tel établissement peut entraîner?

D'ailleurs, à quel prix achètera-t-on cet argent et celui qu'il faudra pour la dépense publique, car les impôts en produiront beaucoup moins? N'en coûtera-t-il pas beaucoup plus que les cinq pour cent d'intérêt qui, dans le premier projet, sont accordés aux créanciers? Et sous ce point de vue, à qui la création de ces assignats serait-elle utile ? A ceux qui vendront à la nation de l'argent au poids de l'or, et à qui on serait obligé de donner ce qu'on ôte injustement aux créanciers.

Chamillard proposait autrefois à Catinat, *de payer l'armée d'Italie avec l'argent que les Génois prêteraient, peut-être.* N'exposons pas aux mêmes risques la paye de nos troupes.

La rareté du numéraire tient en grande partie à l'existence d'un papier forcé qui perd sur la place.

On aime mieux garder de l'argent et payer en papier; garder de l'argent, et en acheter avec du papier pour les dépenses courantes.

Si du moins en créant, il y a quelques mois, ce papier forcé, pour obéir à la nécessité, on y eût apporté le remède qu'un tel papier doit toujours porter avec lui, c'est-à-dire, un intérêt qui permette de le garder comme placement, il eût moins embarrassé la circulation; mais alors on a écouté les sophismes des agioteurs, on a préféré leur intérêt à celui de la nation. Osons espérer qu'on ne les écoutera plus.

On a dit que cette conversion de la dette exigible en billets à cinq pour cent, favoriserait l'agiotage; mais personne n'ignore que l'unité de papier est un des plus sûrs moyens de le détruire; mais personne n'ignore qu'un papier forcé, un papier que les circonstances, comme son emploi, exposent à des variations artificielles; personne n'ignore qu'un tel papier est de tous, celui qui prête le plus au genre d'agiotage le plus dangereux, c'est-à-dire, au jeu des effets, et que si la loterie royale est une table de pharaon, où la puissance publique invite la nation, créer ces nouveaux assignats, c'est l'inviter à une table de passe-dix.

Jusqu'ici les assignats n'étant pas coupés au-dessous de 200 liv., n'étant pas tombés au-dessous d'environ six pour cent, il en est resulté peu de changement dans le prix des denrées, vu surtout que le détailleur vendant avec profit l'argent qu'il recueillait, trouvait un dédommagement dans ce profit

mais en multipliant les assignats, en les divisant par
petites parties, on ne peut éviter un haussement
dans les prix, ce qui a le double inconvénient de
faire un véritable vol à tous ceux dont le revenu est
en argent, et de réduire à la misère ceux qu'ils faisaient vivre. Si l'augmentation était graduelle et
constante, la masse du papier et des métaux payant
autant de denrées et d'ouvrages que la masse seule
des métaux, alors cette dernière considération deviendrait nulle; mais elle reste tout entière, si
l'augmentation est passagère et variable. Ce n'est pas
ici un milliard en papier qu'on ajoute à un milliard
en métaux; mais deux milliards de papier qui n'en
valent qu'un seul, et qui font cacher l'argent. L'erreur
consiste toujours ici à confondre les effets d'un papier qu'on emploie par commodité, et ceux d'un papier dont on se défait par nécessité.

C'est ainsi qu'en parlant de la valeur que doit
conserver aux assignats le gage immense qui leur
est accordé, on confond cette hypothèque avec un
nantissement, et le droit plus ou moins exclusif d'ê-
tre admis à enchérir dans les ventes, avec une collo-
cation déterminée sur une partie quelconque; on
confond ce qui peut soutenir un effet représentant
une créance, avec ce qui serait nécessaire pour soutenir un papier de circulation.

Je n'ai point encore répondu à M. de Mirabeau:
jusqu'ici mes principes sont les siens; j'ai employé
les armes avec lesquelles il a combattu l'agiotage et
le papier-monnaie.

Maintenant les circonstances ordonnent-elles de

recourir à ce moyen défectueux en lui-même ?

Dans un temps où la constitution de l'État n'est ni exécutée, ni même achevée, où les pouvoirs créés par elle n'ont encore ni acquis toute leur activité, ni obtenu l'autorité nécessaire, où les lois sont peu respectées, où l'ordre est sans cesse troublé, où la perception des impôts n'est pas certaine, où le peuple sait qu'il est maître, mais ne sait pas comment il doit l'être ; dans un pareil moment les moyens qui exigent le moins de confiance, qui excitent le moins de mouvements, qui obligent le moins le peuple à changer ses habitudes, sont les seuls qu'il soit sûr, qu'il soit utile, qu'il soit honnête d'employer.

Dans ces mêmes circonstances, les législateurs doivent examiner, avec une réflexion profonde, les mesures ou populaires ou paraissant l'être, qui leur sont proposées, ne les prendre que s'il est bien prouvé qu'elles sont justes et utiles ; mais sont-elles une fois adoptées, ils doivent les suivre ; revenir alors sur ses pas, c'est appeler le désordre, c'est offrir un prétexte aux mécontents, une excuse à la violation de la loi, des moyens à ceux qui veulent troubler la paix.

N'est-il point possible maintenant qu'il se glisse des abus dans la vente des biens nationaux, qu'il éclate des mécontentements ? Laissera-t-on ces abus subsister, ces mécontentements s'accroître, ou retardera-t-on les ventes ?

Les cultivateurs, les gens de la campagne, ne verront-ils pas avec humeur vingt mille vingt-quatre

livres de papier l'emporter sur vingt mille livres de
leur argent, quoiqu'il soit public que ce papier a été
acheté pour une moindre somme? Encore moins
verraient-ils sans colère que leur argent est refusé,
qu'il faut, avant d'acheter, l'échanger contre le papier qu'un marchand leur vendra. Quelle idée auront-
ils de ce marchand, qu'ils appelleront franchement
un agioteur! Combien ne sera-t-il pas aisé de les porter à des violences!

Ces derniers inconvénients sont moins à craindre
dans le premier projet, 1° parce que les porteurs de
contrats à cinq pour cent ne pousseront jamais les
terres fort au-dessus de leur valeur; 2° parce que
ces contrats n'auront pas une valeur marchande au-
dessous de leur valeur nominale. Mais supposons
que tous les inconvénients soient égaux, combien
les conséquences sont-elles différentes? Dans le premier cas il ne résulte aucune secousse, on a le temps
de rétablir l'ordre. Les ventes se ralentiront pendant
quelques semaines dans un coin de la France; les
biens seront vendus à un prix plus bas; les créanciers payés avec ce prix reçu en argent, entreront en
concurrence.

Dans le second, à la nouvelle d'un tumulte bientôt exagéré, ce papier forcé qui inonderait la capitale
baisserait en un jour de vingt, de trente pour cent;
cette chute produirait des augmentations subites
dans le prix; et je demande alors comment le setier
de blé montant en un jour, peut-être de vingt-quatre à trente-six livres en papier, vous maintiendrez
le pain à 3 sous en argent : comment on pourra, au

milieu de ces variations nominales, mais qui paraîtront réelles aux yeux d'une partie du peuple, qui
le seront pour lui, puisque le même papier payera
d'un jour à l'autre des quantités différentes d'une
même marchandise, on pourra faire respecter la
propriété des possesseurs de denrées, et à quel prix
ils feront des marchés à crédit; quand, suivant la
bonne foi et le hasard des circonstances, le même
mot peut exprimer des choses dont la valeur dif-
fère de moitié, et change en un jour.

J'ignore le degré des maux que la multiplication
excessive du papier-monnaie a causés en Amérique;
mais les Américains n'étaient pas, comme les Français,
entassés dans un territoire borné; les agitations particulières n'y dégénéraient pas en convulsions générales; les Américains n'étaient point partagés en deux
classes, dont l'une cherchait à se venger de l'oppression et de l'insolence de l'autre; les Américains com-
battaient pour leur liberté, pour leur vie, pour
leurs biens; il s'agissait de repousser un ennemi qui
avait voulu les effrayer par le meurtre et le pillage;
le papier était pour eux une véritable monnaie obsidionale; elle avait l'excuse de la nécessité; la nôtre
n'en aurait point d'autre qu'un excès de confiance
dans les idées de quelques commerçants en papier.

Mais on objectera peut-être que ce papier-monnaie, promptement absorbé par des ventes, ne peut
avoir ces effets funestes. Ainsi l'on dit à l'un : Il va
donner une nouvelle vie à l'État; il animera le commerce, les manufactures; à l'autre, Hélas! permettez-
nous de le créer, il passera de la main des créanciers

dans le trésor national, et on se hâtera de le brûler :
à peine sa faible existence sera-t-elle remarquée. Cependant, durant le temps plus ou moins long, plus
ou moins paisible, qui sera nécessaire pour la vente,
ces mouvements dans les prix, ces variations dans
la valeur du papier, nuiront à toute espèce de commerce et d'industrie, menaceront de troubler la paix,
et grâce à l'existence de ce papier forcé, le plus petit
désordre pourra causer des maux incalculables.

Un décret accorde à ceux qui ne peuvent payer
en argent comptant, la facilité de s'acquitter d'une
partie déterminée du prix, en payant une annuité
de douze ans. Cette clause, décrétée en faveur des
habitants de la campagne et des acquéreurs peu
riches, sera-t-elle révoquée? Non, sans doute : une
disposition si populaire, si favorable au pauvre, n'est
pas de celles que l'on peut changer. Il faudra donc
leur accorder la facilité de ne payer que douze, vingt
pour cent en papier-monnaie ; mais si beaucoup
prennent ce parti, combien alors la destruction de
ce papier forcé n'est-elle pas lente et embarrassée!
Cette seule condition ne détruit-elle pas les magni-
fiques avantages de ce projet? Sans doute il sera
possible que les acquéreurs, au lieu de devoir l'annuité à l'État, s'arrangent pour la payer, même à un
plus faible intérêt aux porteurs d'assignats, comme
aux porteurs de billets à cinq pour cent; mais ce
moyen ne doit pas être forcé ; il serait imprudent
d'y compter ; enfin, il n'est pas généralement employé; les résultats des deux méthodes sont bien différents, puisque l'une conduit à un remboursement

graduel de papiers à cinq pour cent, dont il ne résulte aucun embarras ; l'autre, à une longue conservation de papier-monnaie.

Est-ce l'intérêt des créanciers qui peut excuser cette mesure ? Non, car on ne voit pas pourquoi ils préféreraient du papier qui rapporte un intérêt faible ou nul, à du papier qui rapporte cinq pour cent, si l'un et l'autre peuvent servir également à l'achat des biens nationaux. Est-ce que du papier forcé leur paraîtrait commode pour payer leurs dettes ? Cette commodité ne séduira pas les gens honnêtes. Est-ce qu'ils trouveront avantageux d'être seuls acquéreurs ? Ce ne sont pas non plus les gens honnêtes que séduira ce privilége exclusif qui serait nul pour eux.

Il n'est pas douteux que la nature des affaires de quelques négociants en papier, ne leur fasse désirer la multiplication du papier forcé ; mais la nation doit-elle se régler sur l'intérêt de quelques particuliers ? N'est-il pas clair que, presque sans exception, tous les marchés actuels ont été formés d'après des spéculations sur ce qui va bientôt arriver ? Et je demanderai pourquoi la nation favoriserait une de ces spéculations plus qu'une autre ; celle du capitaliste qui a calculé dans l'hypothèse d'une inondation d'assignats, plutôt que celle du capitaliste qui a calculé dans l'hypothèse d'une création de billets à cinq pour cent ? Je demanderai pourquoi ce serait Paul, créancier de Pierre, plutôt que Pierre, créancier de l'État, qui serait forcé de chercher son payement sur les biens nationaux ; pourquoi, enfin, ce serait sur lui ;

qui ne doit rien, que tomberait l'embarras qui peut résulter de cette opération?

Nous ne devons pas oublier une dernière considération : qui oserait répondre qu'il ne surviendra point de besoins extraordinaires auxquels les impôts ne pourront suffire, ou que ces impôts mêmes n'éprouveront aucun déficit? Qui oserait répondre qu'alors on trouverait à emprunter ? Pourquoi donc s'ôter la dernière ressource de la nécessité absolue, l'usage du papier forcé, ou, en confondant celui qui sera créé pour les besoins dans la masse de cette énorme émission, se condamner à marcher encore dans les ténèbres ?

Le troisième projet consiste à laisser aux créanciers le choix des deux moyens.

La perte de six pour cent qu'éprouvent aujourd'hui les assignats, montre qu'ils surpassent les besoins du commerce ; ce qui conduit à cette conclusion évidente, qu'il ne faut en créer que dans le cas de la nécessité absolue. Mais rien n'empêche qu'au moment où la vente des biens ecclésiastiques sera ouverte, on n'offre aux porteurs de contrats à cinq pour cent, le remboursement en assignats, à mesure qu'ils rentreront au trésor royal, et suivant l'ordre de leur demande. On pourrait employer à cette conversion la moitié des assignats, et on brûlerait le reste. Cette mesure serait utile aux particuliers, sans nuire à la chose publique, parce que les assignats diminuant à chaque fois qu'ils se présenteraient dans les ventes, atteindraient bientôt un terme où ils n'excéderaient plus les besoins de la circulation.

Ce qui seul peut séduire dans le projet d'acquitter la dette exigible en assignats, c'est la diminution d'intérêts à payer. Eh bien, que l'on n'impose pas les intérêts de la dette; que dans les deux années, terme auquel on peut fixer la durée des ventes, ils soient compris avec les remboursements, ce qu'il est aisé de faire, même sans retarder le payement de ces intérêts; qu'enfin, durant ce même espace, on ait égard à la différence réelle entre la valeur perpétuelle des rentes viagères et des pensions ecclésiastiques, et leur valeur présente, et qu'on impose vingt-cinq millions de moins, somme évidemment inférieure de beaucoup à cette différence; qu'ensuite, après deux ans, lorsque les biens nationaux aliénés à des particuliers auront ouvert une nouvelle source de richesses, lorsque les mouvements causés par la révolution dans la distribution des richesses et des travaux, auront fait place à un nouvel équilibre, l'on fasse un nouveau calcul, et qu'alors l'on proportionne l'impôt au besoin.

Comme on ignore, et le montant de la dette exigible, et la valeur des biens ecclésiastiques, et ce que pourront exiger les besoins extraordinaires, cette mesure, dans toutes les hypothèses, est la seule que l'intérêt du peuple puisse conseiller. L'on craint que le ministre présent ou futur ne consomme peu à peu les ressources; si l'assemblée nationale ne trouve pas un moyen de prévenir ce mal dans un ordre de choses simple, clair, qui n'oblige le trésor public à aucune opération de banque, comment l'empêcherait-elle après une opération qui rend incertain le

produit de l'impôt et la masse des dépenses; diminue l'un ou augmente l'autre ; oblige à des achats
forcés de sommes immenses en argent, et nécessite
enfin des secours extraordinaires, quand même la
nation n'aurait point de mesures de défense à prendre, quand même les impôts seraient régulièrement
payés, et par la seule existence du papier-monnaie?

Ces besoins auxquels on suppose que le ministre
appliquerait une partie de nos ressources, sont-ils
réels? il faut bien y pourvoir. Sont-ils imaginaires?
il faut savoir éviter le piége ; mais de tous ces remèdes, le plus dangereux sans doute, est celui qui ne
préserverait de la facilité d'abuser, qu'en privant de
la possibilité d'agir.

Je n'ai point parlé de l'idée d'admettre dans les
ventes les porteurs des contrats de rentes constituées.
Cette question est d'une autre nature, et je la crois
moins importante qu'elle ne le paraît. Si on considère le droit rigoureux, cette dette est exigible; si
on ne considère que l'opinion, elle ne l'est pas. Si
ces contrats ne sont pas admis, la diminution de la
dette, produite par les ventes, en augmentera cependant la valeur, et l'opération sera utile à ces créanciers, quoiqu'ils n'y aient pas concouru. S'ils sont
admis, ils ne porteront pas beaucoup plus haut le
prix des ventes. Entre des contrats à cinq pour cent
et des terres, il y a une balance, dont, sans un discrédit absolu, on ne s'écartera jamais beaucoup.

L'accélération de la vente des biens nationaux, la
concurrence nécessaire pour les porter à leur valeur,
la justice pour les créanciers, tous ces intérêts, loin

d'exiger la création de nouveaux assignats, exigent donc au contraire que cette mesure soit abandonnée. Elle ne peut être d'aucune utilité au commerce; elle ne remédiera point à la stagnation du numéraire, dont l'existence d'un papier forcé, à un bas intérêt, est une des principales causes. Le moyen de remédier à cette stagnation, est, au contraire, d'appeler au payement de la dette les capitaux qui sont resserrés entre les mains des cultivateurs et des petits propriétaires; capitaux très-faibles chez chacun d'eux, mais immenses par leur nombre; c'est par conséquent d'exciter cette classe de citoyens à l'achat des biens nationaux, et non de les en éloigner. Le moyen de faire cesser la stagnation, c'est de rétablir la confiance, et la confiance ne peut être ranimée que par une sage constitution de l'administration du trésor national; par des opérations simples, calculées, qui appellent cette confiance et qui n'en exigent point; par la certitude de n'être pas exposés à voir les législateurs adopter des spéculations effrayantes. Le rétablissement de l'ordre doit précéder celui de la confiance; telle est la loi de la nature : vouloir rétablir la circulation par la peur de l'avilissement des papiers, et non par la confiance, c'est proposer de multiplier les animaux qui dévorent les grains, pour animer le commerce des subsistances par la crainte de les voir détruire; vouloir faire naître la confiance avant que l'ordre soit rétabli, c'est proposer d'y croire avant qu'il existe.

Supposons enfin que l'émission de deux milliards d'assignats soit décrétée; supposons qu'il en résulte seulement une partie des désordres qu'elle peut entraîner ; supposons que même on parvienne à faire cesser ces désordres, en suspendant l'opération ; car il est vraisemblable que cette nécessité se fera sentir longtemps avant l'émission totale; alors n'est-il pas à craindre que cette grande erreur, ou, si l'on veut, le mauvais succès d'une mesure si hardie, n'affaiblisse dans les esprits cette opinion si vraie, si consolante, qui fait regarder l'égalité des citoyens, l'unité du pouvoir législatif, comme les éléments nécessaires d'une constitution libre; opinion qui a été jusqu'ici la base de la constitution française ? N'y a-t-il pas de danger à faire dire qu'une seconde chambre de propriétaires plus riches aurait prévenu le désordre? et de ce qu'une fois elle aurait été évidemment utile, n'en conclura-t-on pas qu'il faut l'établir pour toujours? Cette opinion de l'unité du pouvoir législatif n'a existé longtemps que dans la tête de quelques philosophes. L'expérience a prouvé qu'elle est du nombre de celles qui germent le plus difficilement dans l'esprit des hommes habitués aux affaires.

L'assemblée nationale s'est acquis des droits à la reconnaissance du genre humain, en donnant le modèle d'une constitution qui ne met aucun obstacle au perfectionnement des lois, des formes d'administration, en un mot, d'aucune des institutions sociales; elle a donné un grand exemple, en proposant de substituer des moyens combinés par la raison, à cette force d'inertie que produit la nécessité de réunir à une même volonté des corps animés de divers intérêts, et dirigés par des préjugés différents. Mais la nation, effrayée par les malheurs qu'entraînerait l'adoption du projet d'assignats, ne changerait-elle pas son admiration en inquiétude? Ne regarderait-elle pas ces deux chambres qui lui paraissent aujourd'hui si odieuses, comme un port qui la préserverait d'éprouver à l'avenir de pareils orages? Ainsi cette opération menace à la fois la constitution, et par le danger d'une subversion totale qui peut en être la suite, et par celui d'un changement d'opinion qui en altérerait les principes.

Législateurs de la France, daignez écouter la voix d'un citoyen qui vous respecte, qui vous a souvent admirés, qui ne vous flattera jamais.

Cet échange perpétuel de l'argent contre le travail, ce principe de la prospérité des nations, languit aujourd'hui : mais quelle en est la cause? L'inquiétude qui empêche l'un de travailler, l'autre de commander le travail, un troisième d'en employer les produits. Faites cesser cette inquiétude, achevez la constitution, afin que les uns ne redoutent plus de reprendre leurs fers, et les autres d'éprouver dans leur fortune des bouleversements nouveaux. On vous parle d'attacher les citoyens à la révolution, par la crainte de voir s'évanouir entre leurs mains les papiers que vous aurez créés; mais qu'importe à cette crainte la forme et les conditions de ces effets? cette terreur n'existe-t-elle pas déjà, non pour les papiers seulement, mais pour tous les genres de propriété?

Les bons, les mauvais citoyens, tous veulent que la révolution s'achève; mais il suffit aux uns d'une constitution quelconque qui, livrée aux hasards des événements, puisse, en cédant à la force toujours constante de la corruption et de l'intérêt personnel, se rapprocher de ces constitutions où l'intrigue, l'avidité, l'ambition peuvent impunément déployer toute leur activité, faire jouer tous leurs ressorts. Les autres ne veulent qu'une constitution vraiment libre, portant avec elle des moyens de se perfectionner, moyens sans lesquels elle ne pourrait se défendre contre l'action imperceptible, mais infaillible, du temps.

Tel est le bienfait que nous attendons de vous. Montrez-nous, dans la constitution des législatures suivantes, des principes qui nous assurent qu'elles ne feront que de bonnes lois. Donnez au conseil responsable du prince une constitution qui, bornant les fonctions des ministres à ce qu'il est évidemment utile de leur confier, et fixant ces limites avec précision, éloigne la défiance, et les présente au peuple comme ses agents, et non comme ses ennemis. Donnez à l'administration des finances et du trésor public une constitution qui puisse la soustraire à toute espèce d'influence; qui, sans gêner les opérations, en écarte l'arbitraire, de manière que cette administration puisse toujours agir et ne jamais tromper; éclairer la législature et jamais l'égarer; servir la nation et jamais la corrompre.

Alors chaque pouvoir sachant comment il doit agir, ce qu'il lui est imposé de faire et où il doit s'arrêter, prendra une marche plus régulière et plus ferme.

Celui qui voudrait troubler la paix, trouvera partout un pouvoir agissant au nom de la loi, et n'exécutant que la loi, un pouvoir qui, remontant de chaînon en chaînon jusqu'au pouvoir suprême, offrira, jusque dans la dernière de ses ramifications, la force de la nation tout entière. Hâtez-vous d'établir les jurés; car des citoyens libres ne se laissent juger qu'avec impatience par des hommes qui n'ont pas leur estime, et vous ne pouvez croire que tous aient assez de vertu pour que le soupçon ne dégénère jamais en résistance.

Établissez l'impôt, et montrez aux citoyens qu'ils ne payeront que pour le maintien de la prospérité publique; qu'ils payeront avec égalité; que l'impôt sera désormais un sacrifice d'argent, et non une source d'atteintes à la liberté; une dépense, et non une vexation; un devoir, et non une servitude.

Alors vous verrez renaître l'ordre, et la confiance le suivra.

Alors vous verrez disparaître, sous une administration vigilante, sage, digne de l'estime publique, ce gouffre que le despotisme avait creusé, et que les orages inséparables des premiers moments d'une révolution devaient accroître. La fécondité de notre sol est augmentée de tout ce que les animaux sauvages, jadis plus respectés que les hommes, enlevaient aux cultivateurs. Notre industrie est augmentée de tout ce que l'oppression et la tyrannie lui faisaient perdre d'énergie et d'autorité. Nos richesses ne se sont pas éloignées de nous; elles attendent, pour reparaître, le moment où elles seront employées à l'acquisition des biens que vous avez rendus aux citoyens, au remboursement des droits onéreux dont vous leur avez permis de s'affranchir; elles attendent la paix dont on a besoin pour se livrer à ces arrangements domestiques; elles reparaîtront avec elle, et la paix ne peut renaître chez un peuple que vous avez appelé à la liberté, si vous ne lui donnez un gage qui la lui garantisse pour toujours, et ce gage, c'est le système complet d'une constitution égale et libre.

Mais songez en même temps que l'opération qu'on vous propose est incompatible avec cette constitution, dont l'heureux achèvement est votre devoir et notre espérance; car, suivant les principes de cette constitution, vous voulez sans doute une administration toute publique, où tout soit réglé par la loi, dont les agents ne puissent échapper aux regards de la nation; et cette opération suppose des mesures promptes, arbitraires et secrètes; elle suppose que vous accorderez au ministre des finances une confiance illimitée; que vous ratifierez toutes les dépenses sur sa parole; que vous l'autoriserez à opposer des manœuvres secrètes aux manœuvres des agioteurs; et cette dictature de la finance ne peut durer quelques années sous une constitution d'ailleurs libre, sans la corrompre à jamais.

P. S. On a prétendu qu'il fallait bien se garder d'exposer avec franchise les inconvénients des assignats, dans la crainte de les discréditer, s'ils venaient à passer; c'est proposer de ne pas dire que l'arsenic est un poison, de peur d'en dégoûter

les malades à qui on voudrait le donner comme
un remède. C'est en même temps un aveu du danger
de toute mesure qui suppose une confiance prompte,
et constamment à peu près la même, c'est-à-dire,
deux choses contradictoires; car cette confiance
paisible est nécessairement l'ouvrage du temps.

Je n'ai rien dit de l'extrême danger de la contrefaçon d'un papier forcé, de l'impossibilité de suivre,
pour un papier national, l'usage que suivent volontairement quelques banques publiques.

On parle beaucoup de l'intérêt que l'on épargne
à la nation; mais comme il ne s'agit que de l'intérêt
d'un an, et qu'il est prouvé par le fait que les assignats perdront au moins cet intérêt, on voit que
leur création ne soulagerait pas la nation, et substituerait seulement à un impôt proportionnel, un
impôt inégal et sous forme de banqueroute, auquel
il faut ajouter tout ce que la nation perdrait sur les
assignats qu'elle donnerait pour les marchés libres,
ou qu'elle serait obligée de convertir en espèces.

Au reste, il a été longtemps possible, *peut-être*
l'est-il encore, de substituer au papier forcé et aux
quittances de finances, un papier libre qui serait
vraiment utile à la circulation et au commerce. Mais
cette *possibilité* suppose, avant tout, l'existence d'une
administration des finances qui réunisse à une
grande activité la confiance de la nation, et qui
doive ces deux avantages, non aux qualités person-
nelles de ses membres, mais à sa constitution même.

⸺•○○•⸺

NOUVELLES RÉFLEXIONS

SUR LE PROJET DE PAYER

LA DETTE EXIGIBLE

EN PAPIER FORCÉ.

Un maudit Écossais, chassé de son pays,
Vint changer tout en France, et gâter nos esprits.
L'Espoir, trompeur et vain, l'Avarice, au teint blême,
Sous l'abbé Terrasson calculaient son système,
Répandaient à grands flots les papiers imposteurs,
Vidaient nos coffres forts et corrompaient nos mœurs.
VOLTAIRE, *Épître à Boileau*.

SEPTEMBRE 1790.

NOUVELLES RÉFLEXIONS

SUR LE PROJET DE PAYER

LA DETTE EXIGIBLE

EN PAPIER FORCÉ.

ARTICLE PREMIER.

Tout papier forcé est une injustice du genre de celles que la nécessité excuse, mais dont elle seule peut absoudre.

Or, une émission de papier-monnaie, pour payer la dette exigible, ne peut être nécessaire; car cette dette exigible doit être acquittée par la vente des biens nationaux, et tout papier y peut être également employé, dès que la nation qui les vend consent à le recevoir.

ART. II.

On doit l'intérêt au taux courant de toute somme exigible dont, par l'impossibilité de la payer, on retarde le remboursement. Or, payer en papier forcé, ce n'est pas rembourser, parce qu'un papier forcé n'a point une valeur réelle, et qu'il n'est pas même signe de valeur, reconnu par l'opinion, mais un simple gage.

On doit donc l'intérêt au taux courant quand on rembourse en papier forcé.

Art. III.

Tout papier forcé doit perdre, parce qu'il n'est pas l'équivalent de la quantité de monnaie dont il exprime la valeur; et il n'en est pas l'équivalent, 1° parce qu'il ne peut être employé dans les relations étrangères; 2° parce qu'il ne peut être forcé dans les marchés libres par leur nature.

Tout remboursement en papier forcé est donc une véritable banqueroute; et en prononçant le mot de *remboursement de dette exigible en papier forcé*, on prononcerait l'*infâme* mot de *banqueroute*, que l'on avait juré de ne prononcer jamais.

Art. IV.

Quand on a proposé de créer du papier forcé pour *la nécessité du service public*, on a dit : *Les ennemis de la nation, étrangers ou français, pourraient trop aisément décréditer un papier libre, destiné à des dépenses nécessaires au maintien de la paix.* Le maintien de l'ordre, la sûreté de la totalité des fortunes était le prix du sacrifice inégal, injuste en lui-même, commandé par cette mesure. Mais on ne peut se servir de cette même raison lorsqu'il s'agit d'effets destinés à faciliter le payement de la dette exigible par la vente des biens du clergé; car le discrédit d'un papier libre, fût-il total, n'empêcherait pas de l'employer à ces acquisitions.

Ceux donc qui ont approuvé l'emploi du papier forcé pour payer des intérêts ou des parties de la dépense publique seulement, et en y attachant un intérêt au taux courant, et qui aujourd'hui s'élèvent contre une émission d'un papier semblable, destiné à un autre usage, sont très-conséquents, et leur opinion est également fondée sur les règles de la plus stricte justice.

Mais ceux qui ont combattu la première émission, et qui demandent la seconde, ont soutenu deux propositions, non pas contradictoires, mais contraires, c'est-à-dire, pouvant être toutes deux fausses, et non toutes deux vraies à la fois.

Art. V.

Tout papier circulant, c'est-à-dire, reçu librement en payement à la place des espèces, a pour condition essentielle l'opinion qu'il peut être réalisé à volonté. Si cette opinion est constante, on est également certain que personne ne le refusera, ce qui lui conservera son crédit, même dans un autre lieu que celui où il peut être réalisé. Il n'est pas nécessaire que ce payement soit possible le jour de la demande. On fait le commerce avec des lettres de change, même à termes très-longs. Ainsi, par exemple, si un effet porte avec lui la certitude d'obtenir pour remboursement une terre de même valeur au lieu d'argent, le temps plus long qu'exigerait cette mise en possession peut ne pas l'empêcher d'être un effet circulant. Il arrivera seulement que cette valeur, quoique égale, n'étant pas de la même nature ni propre aux mêmes usages que l'argent, la circulation de ce papier sera moins active; il sera ce que sont, dans le commerce, les lettres de change, payables dans un pays avec lequel on fait moins d'affaires.

Art. VI.

Tout papier forcé doit, pour condition essentielle, devoir être éteint successivement, à des époques déterminées, par une valeur en monnaie ou par une valeur réelle, rigoureusement égale à sa valeur nominale (nous avons déjà dit pourquoi les intérêts au taux courant doivent y être compris), comme une monnaie obsidionale a pour condition essentielle que, le siége fini, elle sera retirée.

Art. VII.

L'hypothèque la plus sûre ne suffit donc point pour accréditer un papier circulant. Dans le commerce ordinaire, l'homme le plus riche en terres est obligé, s'il veut que ses billets circulent, de les faire à ordre, c'est-à-dire, payables à présentation.

Art. VIII.

L'hypothèque la plus sincère ne suffit donc point pour que la justice soit gardée dans l'établissement du papier forcé; il faut de plus que chaque porteur ait la certitude de recevoir pour son papier une valeur égale.

Or, la condition d'être admis au payement d'une acquisition en terres, dans une masse de ventes quelconque, ne garantit ni l'époque du payement, ni même un payement égal à la valeur. Il faudrait que la masse du papier fût évidemment au-dessous de la valeur de l'hypothèque. Il faudrait que chaque porteur de papier fût sûr d'acheter un bien tellement au taux commun, qu'il pût en réaliser, à volonté, la valeur en argent.

Cette condition ne peut donc servir ni pour l'émission d'un papier libre, ni pour celle d'un papier forcé, surtout si la masse de ce papier peut surpasser celle des biens.

Art. IX.

Si, par une suite quelconque de la défiance, la valeur de la terre prise en payement d'une créance en papier forcé était, suivant le taux commun des biens-fonds, soit avant, soit après l'opération, au-dessous de la valeur nominale, exprimée par ce papier, on aurait fait *banqueroute* d'une somme égale à la différence.

Mais il n'y a pas *banqueroute*, si cette terre avait été achetée en papier non forcé, portant intérêt au taux commun, parce que le porteur de ce dernier papier pouvait le garder sans essuyer aucune perte, et qu'ainsi son choix était libre.

ART. X.

Le prix des denrées croît avec l'augmentation du numéraire destiné à les acheter : donc un numéraire fictif, à qui on offre de nouveaux usages, ne produit point une augmentation de prix proportionnelle à celle du numéraire.

Mais quand ce numéraire fictif est un papier forcé, il y a augmentation dans les prix, parce que le papier a une valeur nominale supérieure à sa valeur réelle. (Voyez art. III.) Or, toutes les fois que le payement d'un même nombre de livres nominales ou numéraires, peut être effectué avec des valeurs réelles différentes, les prix se règlent sur une valeur moyenne entre les deux, mais en se rapprochant beaucoup de la plus faible. Ils se régleraient même, presque rigoureusement, sur la valeur la plus faible, si les effets qui ont cette valeur étaient généralement employés dans le commerce.

De plus, cette différence de valeur n'étant point constante, il doit résulter de la création d'un papier forcé une variation dans les prix.

Or, une augmentation dans les prix, quand elle est la suite d'une loi, est une injustice envers tous ceux dont le revenu exprimé en livres nominales, se trouve réellement diminué, puisqu'il représente alors une moindre quantité de denrées.

Et une augmentation ainsi qu'une variation dans les prix, sont un mal pour le peuple, parce que les salaires ne se proportionnent aux prix que lentement; d'où il résulte qu'ils sont en général proportionnels au prix *commun*, et non au prix *courant* des denrées.

Ceci est une vérité non-seulement de raisonnement, mais de fait. Un enchérissement subit dans le prix du pain, n'a jamais été indifférent au peuple quand ce renchérissement l'a porté au-dessus du prix commun.

Art. XI.

Il résulterait donc de la création d'assignats employés à payer la dette exigible : 1° *banqueroute* d'intérêts dus légitimement (art. II); 2° *banqueroute* de la perte que subiront ces assignats (art. III); 3° *banqueroute* à l'égard des créanciers qui, par crainte, surachèteraient les biens nationaux (art. IX); 4° impôt sur ceux des citoyens qui ont leur revenu en argent; 5° impôt sur le peuple, pour lequel on renchérit artificiellement le prix des denrées.

Art. XII.

Les grandes opérations de ce genre ont l'inconvénient d'entraîner ceux qui les adoptent hors de leurs mesures. Bientôt l'embarras résultant de la multiplication du papier forcé, fera proposer : 1° d'abroger la facilité *accordée* de payer en douze ans; 2° de renoncer au système *adopté* de vendre par petites parties. Je ne répéterai point ce que j'ai dit sur l'imprudence de revenir sur deux opérations si populaires. Je ne m'arrêterai pas à observer que la vente par grandes parties conduirait à d'odieuses et viles spéculations, comme je n'ai point parlé des honteux profits que cette opération prépare aux débiteurs de mauvaise foi, aux agioteurs, aux joueurs, aux spéculateurs, qui auraient pu préparer d'avance, et les moyens de la faire réussir, et ceux d'en profiter.

Mais j'insisterai sur une considération plus importante : les principes de la constitution française ne peuvent conduire à un ordre paisible et durable, que dans un pays où la pluralité des chefs de famille, habitant les campagnes, ont une propriété foncière. L'assemblée nationale a senti cette vérité.

Toutes celles de ses lois qui peuvent influer sur la division des fortunes, tendent à la favoriser; elle a paru regarder la vente des biens du clergé comme une circonstance heureuse qui multiplierait en peu de temps le nombre des propriétaires, qui opérerait en quelques années un changement pour lequel il eût fallu plusieurs générations.

Sacrifiera-t-on ce système de vente si bien combiné avec celui de la constitution ?

Il est vrai que les capitalistes peuvent acheter pour revendre; mais, 1° pourquoi rendre incertain et dépendant de leur volonté un avantage que l'on peut s'assurer sans elle ? 2° Pourquoi priver la nation ou les citoyens du bénéfice que ces capitalistes feront sur les reventes ? 3° N'est-il pas évident que la division sera nécessairement, et beaucoup moindre, et plus lente ?

Art. XIII.

J'ai montré que les assignats proposés n'étaient pas même un papier forcé, tel qu'il doit être établi lorsque la nécessité oblige à en créer. J'ai prouvé qu'il ne peut exister de nécessité de créer du papier forcé pour faciliter l'acquisition des biens nationaux (1).

Quant à ces motifs si honteux de créer des papiers sans intérêt et sans confiance, afin d'accélérer les ventes, parce que la crainte s'empresserait de les placer, et d'attacher les citoyens à la révolution par la peur d'être ruinés ; quant à ces ridicules efforts pour lier la cause des amateurs d'assignats à la noble cause de la constitution, ce serait faire injure à l'assemblée nationale, que de croire avoir besoin de réveiller l'indignation et le mépris qu'ils méritent.

(1) Le projet de faire croire que du papier ranime la circulation, parce que la crainte de le voir baisser le fait passer de main en main, ne mérite pas une réfutation sérieuse.

DES CAUSES

DE LA DISETTE

DU NUMÉRAIRE,

DE SES EFFETS,

ET DES MOYENS D'Y REMÉDIER.

1790.

DES CAUSES

DE LA DISETTE

DU NUMÉRAIRE,

DE SES EFFETS,

ET DES MOYENS D'Y REMÉDIER.

Examen des causes de la différence de valeur entre l'argent et les assignats.

Un papier non réalisable ne peut acquérir, par la confiance, une valeur égale à celle de l'argent : 1° parce qu'il ne peut pas, comme l'argent, être échangé contre des valeurs égales et semblables, divisées en d'aussi petites parties ; 2° parce qu'il ne peut servir ni comme valeur courante dans le commerce étranger, ni comme moyen d'en acquérir au moment même.

On ne doit point comparer avec une réalisation à volonté la facilité d'acheter des biens nationaux, parce qu'un fonds de terre ne peut être employé à autant d'usages qu'une somme d'argent. L'on n'est sûr ni du temps où l'on pourra réaliser en terre, ni du denier auquel on achètera. 100,000 livres d'assignats, destinées à placer en acquisitions de domaines nationaux, ne sont ni 100,000 livres en argent, ni même un fonds de terre ayant une valeur commerciale de 100,000 livres; ils représentent seulement un revenu territorial qui peut être plus ou moins fort.

Enfin, la masse des assignats qui doivent être émis et celle des biens qui doivent être achetés, sont inconnues. On doit donc supposer qu'il restera une quantité de ces papiers plus ou moins grande; on sait qu'il faudra la faire disparaître, et l'incertitude sur la valeur qu'ils auront alors doit diminuer celle qu'ils ont aujourd'hui.

Dans les payements qu'on est forcé de recevoir, l'assignat a la même valeur que l'argent.

Dans les payements libres, le papier et le numéraire ont entre eux la valeur relative que l'opinion leur attribue. On ne peut pas dire même qu'ils aient une valeur égale pour l'achat des biens nationaux; car celui qui estime moins l'assignat que l'argent, donnera davantage d'un bien, s'il le paye en assignats, et c'est sur leur valeur exprimée en assignats que se font les spéculations.

Remarquons qu'ici je considère l'assignat comme garanti par une foi inviolable, et ne pouvant s'éteindre que par l'acquisition d'une terre, une réalisation en argent à un certain terme, ou la possession d'un effet dont l'intérêt serait à un taux équitable, mais encore inconnu; je le considère dans l'hypothèse d'une confiance entière, et comme ayant toute la valeur dont, par sa nature, il peut être susceptible. Cette différence de valeur peut être tellement indépendante de la confiance, que l'on achète très-communément de la monnaie d'or au-dessus de la proportion monétaire, et même de celle du commerce, uniquement parce que cette monnaie est plus commode, soit pour le jeu, soit pour les voyages. L'on échange des écus contre de la petite monnaie, quoique plus faible en valeur réelle, quoique dégradée; quelquefois même on l'achète au-dessus du pair. On ne dira point cependant que ceux qui font ces marchés n'ont pas de confiance aux écus.

Puisqu'il est prouvé que l'assignat n'a point une valeur égale à celle de l'argent, et en a une moindre, on doit ne pouvoir l'échanger qu'à perte contre l'argent; mais on se tromperait, si l'on croyait que cet effet doit être proportionné à cette première cause. Il peut arriver qu'une faible raison de préférence produise une très-grande différence dans la valeur.

En effet, de ce que les assignats valent moins que l'argent, il en résulte que tout homme qui a de l'argent ou des assignats préfère de garder des espèces : tous les revenus seront donc payés en assignats; on cherchera donc à faire sa dépense en assignats, et quand leur masse approchera de celle qui est nécessaire pour ces deux emplois, l'argent disparaîtra. Celui dont on a besoin pour les menues dépenses restera seul; il sera en petite quantité; et comme ceux entre les mains de qui il se rassemblerait, et qui n'auraient à faire que des payements en masse préféreraient de payer en assignats, cette petite quantité tendra toujours à diminuer. D'ailleurs les Français qui ont quitté leur patrie, et qui reçoivent en France leur revenu en assignats, veulent toucher de l'argent, et il en résulte une consommation habituelle de celui qui restait encore pour la circulation du détail.

Sans doute, si aucune cause étrangère n'agissait, du moment où la différence de prix entre l'assignat et l'argent équivaudrait au motif principal qui a fait préférer le premier, l'échange aurait lieu; mais il existe des causes étrangères. L'inquiétude d'un grand nombre de personnes, la prudence seule ont dû déterminer à garder plus d'argent comptant. D'un autre côté, les lettres de change sur l'étranger, réalisables au dehors, convertibles en assignats avec profit, à cause de la baisse graduelle du change, sont recherchées avec empressement, et rejettent dans la circulation commune une grande masse d'assignats. Plus les assignats seront en perte, plus ces inquiétudes augmenteront; plus cette prudence sera fondée, plus on voudra garder ou augmenter ce qu'on a de numéraire; et c'est précisément cette inquiétude qu'il faut vaincre, à laquelle il faut présenter un équivalent pour déterminer à échanger du numéraire contre les assignats. C'est donc entre une petite masse d'argent qui tend à décroître, et une grande masse d'assignats, entre le besoin impérieux d'avoir de quoi faire ses menues dépenses, et la répugnance à donner un numéraire mis en réserve, que se balance le prix de l'argent; il n'est donc pas

étonnant qu'il soit très-haut, quoique la différence
naturelle de valeur dût être peu sensible. Voilà donc
pourquoi les assignats, hypothéqués sur une grande
masse de fonds et sur la foi nationale, perdent beaucoup, quoique regardés comme très-consolidés,
même par ceux entre les mains de qui ils perdent ;
voilà pourquoi ils baissent, quoique la confiance
doive augmenter. Je conviens que des baisses momentanées peuvent avoir eu pour cause une défiance
également passagère ; mais la baisse constante et graduelle ne peut être attribuée qu'aux raisons que je
viens d'exposer.

Toutes les fois qu'une denrée est très-rare, on l'a-
chète plus cher lorsqu'on en demande une grande
masse à la fois, parce qu'il serait long et difficile de
se procurer cette masse en achetant par petites parties. Aussi une somme d'argent considérable s'a-
chète-t-elle à un taux beaucoup plus cher que celui
auquel on peut trouver de petites sommes.

Considérons maintenant les assignats relativement
au commerce étranger.

Une livre d'or vaut à Londres ce que vaut une
livre d'or à Paris, parce que le prix s'en règle, dans
chaque lieu, sur le taux commun du commerce de
l'Europe.

Mais, si les étrangers manquent de confiance dans
notre papier national, la valeur d'une livre d'or,
payable à Paris en assignats, doit être augmentée
par ce défaut de confiance, puisque cette valeur se
règle sur le taux commun, et par conséquent ici
sur l'opinion générale de l'Europe. Ainsi les assignats

doivent perdre, et ils perdent réellement contre les métaux en lingots, plus que contre la monnaie. Mais, dans un pays étranger et pour un étranger, la valeur de nos métaux comparés à l'assignat peut être plus grande qu'elle ne l'est en France. Il suffit pour cela que la difficulté d'exporter les lingots, de s'en procurer en fondant les monnaies, empêchent ces trois valeurs naturellement égales de prendre leur niveau. Cette différence peut et doit entrer dans le prix du change, dont la baisse ne doit pas être attribuée au seul désavantage de la balance du commerce et aux autres causes qui agissent dans le même sens, comme la sortie du revenu des émigrants, les sommes remboursées aux étrangers, ou retirées de nos fonds, les sommes ou placées dans les leurs, ou gardées en lettres sur eux.

Effets que l'on peut espérer de l'émission des petits assignats.

La création des petits assignats doit diminuer le besoin que l'on a de numéraire.

Plus les divisions des assignats se rapprochent de la division des monnaies employées dans les petites dépenses, moins on a besoin de les échanger; mais il ne doit pas en résulter qu'ils perdent moins relativement à l'argent; la perte qu'ils éprouveront aura seulement moins d'inconvénients.

Il peut même arriver que l'existence ou l'annonce de petits assignats fasse augmenter le prix de l'argent, par la raison qu'ils diminuent la masse des besoins pour les dépenses de détail, mais qu'ils ne la diminuent point pour les autres objets, et que ceux qui ont de l'argent ne sont obligés d'en mettre dans le commerce pour leurs besoins, qu'une somme beaucoup moindre : d'où il doit résulter que, comme aujourd'hui, l'achat de grosses sommes se fait à un taux plus cher, l'achat des grands assignats se fera aussi à un taux plus élevé, toutes choses égales d'ailleurs. Tout cela est l'effet nécessaire des causes qui établissent la différence du prix entre les assignats et l'argent. Mais comme, au lieu d'acheter pour les dépenses au-dessous de 5o liv., on n'achètera que pour les dépenses au-dessous de 5, la perte générale sera plus faible, quand même elle serait proportionnellement plus grande pour chaque échange.

Les seuls inconvénients de cette mesure sont : 1º d'augmenter le prix des denrées destinées à la consommation du peuple ; 2º de faire tomber immédiatement sur lui la perte des échanges. Tant qu'on paye en argent les dépenses de détail, l'augmentation du prix du métal compense la diminution de valeur du papier employé dans les gros payements. Un homme qui revend 1,000 livres gagne 8o livres, si l'assignat perd 8 pour 100 ; il peut donc vendre au même prix qu'auparavant, quoiqu'il ait acheté plus cher en papier. Si, au contraire, il vend pour de petits assignats, les 1,000 livres qu'il recevra n'équivaudront qu'à son billet, et il sera obligé de vendre plus cher. La création des petits assignats doit donc produire une augmentation dans les prix.

Le seul moyen d'éviter cet inconvénient, est de soutenir au pair la valeur du petit assignat, et on remplira ce but, s'il est convertible en petite monnaie. Comme les prix se règlent principalement sur la valeur de la monnaie employée pour les échanges de détail, ainsi les grands assignats étant convertis en assignats plus petits réalisables eux-mêmes contre une monnaie qui ne s'exporte point et qu'on n'est pas tenté de thésauriser, on n'aura pas à craindre une hausse dans les prix, assez grande pour troubler l'ordre de la société, quoique ces mêmes assignats continuent de perdre contre la monnaie d'or et d'argent, ou plutôt que les lingots de ces métaux puissent augmenter de prix; car alors la quantité qui en restera dans la circulation sous la forme de monnaie sera presque nulle, et ils ne devront plus être considérés que comme matière.

Par ce moyen les assignats, soutenus d'un côté par l'hypothèque des biens nationaux, défendus de l'autre par cette possibilité d'une réalisation, ne pourront s'avilir. On se tromperait encore en les assimilant à des billets de banque réalisables, mais ils s'en rapprocheraient.

Mais il faut pour cela que la valeur contre laquelle l'assignat de 5 livres est échangé soit égale à 5 livres en argent, et que la valeur intrinsèque de la monnaie qu'on suppose valoir 5 livres soit telle, que celle de la livre nominale ainsi exprimée ne soit pas changée.

En effet, si ce métal est de cuivre, par exemple, si on attribue à ce cuivre une valeur nominale d'une livre de compte par marc, tandis que le marc de cuivre du commerce ne vaut que 12 sous, il est clair que l'assignat de 5 livres réalisé pour cinq marcs de cuivre, ne vaudra plus à peu près le dixième d'un marc d'argent monnayé, mais seulement les trois cinquantièmes. La valeur de la livre nominale sera donc diminuée, et par conséquent les prix augmenteront dans la même proportion. Ainsi alors, indépendamment de toute autre cause, par l'effet seul de la loi qui donnerait une telle valeur au cuivre monnayé, l'assignat de 100 livres serait réduit à n'en valoir réellement que 60, la livre nominale tomberait de deux cinquièmes, 20 sous n'en vaudraient plus que 12.

Tant que la petite monnaie ne sert que pour les menues dépenses, qu'elle n'existe que dans la proportion nécessaire pour le besoin, sa valeur n'influe pas sur la valeur nominale; elle n'est pas proprement une monnaie, mais un signe de monnaie. Le sou de cuivre ne valût-il intrinsèquement qu'un demi-sou, passe dans le commerce comme le signe d'un soixantième d'écu, parce que, vu le besoin qu'on a de ce signe, personne ne refuse de le réaliser en écus. Il n'en serait pas de même d'une monnaie de cuivre dont la masse surpasserait de beaucoup celle qui est nécessaire aux détails du commerce, et contre laquelle seule les signes représentatifs de toutes les valeurs seraient échangeables.

Une légère augmentation de valeur qui diminuerait l'intérêt de fondre ces espèces, peut être compatible avec la saine politique et avec la justice, et elle suffirait, si on songe à la masse qu'il faudrait emmagasiner, fondre, transporter, pour faire de grands profits sur une telle spéculation.

SUR LA CONSTITUTION

DU POUVOIR

CHARGÉ D'ADMINISTRER LE TRÉSOR NATIONAL.

1790.

SUR LA CONSTITUTION

DU POUVOIR

CHARGÉ D'ADMINISTRER LE TRÉSOR NATIONAL.

La conservation des droits naturels des hommes exige que non-seulement les lois qui déterminent la nature des contributions, et le mode de leur assiette ou de leur perception, mais même que les actes qui fixent la somme nécessaire pour le service public, et qui en règlent la distribution, ne puissent émaner que des représentants du peuple.

Telle est l'opinion générale; mais ce n'est pas encore assez.

Sans doute, si toutes les dépenses, comme toutes les recettes, pouvaient être rigoureusement déterminées par un acte émané, chaque année, du même corps auquel le droit de faire les lois a été confié; si la recette, égale à la dépense pour l'année entière, était distribuée de manière à fournir pour chaque instant les sommes nécessaires dans le lieu où l'on en a besoin, l'organisation du trésor national pourrait être très-simple. Mais, non-seulement nous sommes aujourd'hui bien éloignés de cet équilibre exact auquel on doit tendre sans cesse, et nous le serons encore longtemps; on ne doit pas même espérer de pouvoir jamais atteindre à ce but d'une manière rigoureuse, et la seule perfection consiste à s'en rapprocher sans cesse de plus en plus.

L'organisation du trésor national doit donc avoir pour objet, non-seulement d'assurer un emploi conforme à la loi, des sommes votées par la nation, mais d'empêcher que la confiance publique ne puisse être trompée, que personne n'ait des moyens d'abuser, soit pour des intérêts particuliers, soit pour des vues plus coupables, de cette partie de la disposition des fonds nationaux que la loi ne peut régler d'une manière précise.

Les représentants de la nation sont chargés par elle de fixer la somme suffisante pour remplir ses engagements, et pour subvenir aux dépenses nécessaires.

Le soin de diriger les dépenses nationales d'après les décrets qui en ont fixé l'étendue et déterminé l'emploi, appartient au pouvoir exécutif. Il suffit, pour remplir ces fonctions, qu'il puisse faire acquitter les dépenses auxquelles il est autorisé, ou plutôt dont la direction est un de ses devoirs; et pourvu que l'administration du trésor national lui en conserve les moyens, toute autre influence sur cette administration est inutile au succès des affaires dont il est chargé, et ne peut que devenir dangereuse.

On doit sans doute y ajouter une surveillance entière et habituelle de toutes les opérations, parce qu'il est nécessaire que le pouvoir exécutif connaisse à chaque instant la véritable situation des affaires publiques, et il faut qu'il puisse observer tout ce qui nuit à la perfection de l'ordre social, pour en instruire le pouvoir législatif.

C'est d'après ces principes que l'on propose ici : 1° une nouvelle organisation du trésor national; 2° un règlement qui fixe la manière dont les directeurs de ce trésor doivent se conduire dans les opérations qui ne sont pas de nature à être réglées par la loi avec une précision rigoureuse.

Cette impossibilité de tout réduire à des règles absolues, est le plus grand obstacle à l'établissement d'un ordre régulier, qui n'ouvre aucune porte aux abus, et qui n'expose la liberté à aucun danger, en ne laissant, même pour un temps très-court, aucune somme à la disposition arbitraire de ceux qui pourraient être tentés d'agir contre elle : et, si on voulait ne rien abandonner aux lumières et à la conscience des administrateurs, on verrait bientôt une nécessité absolue ramener l'arbitraire.

Les impôts peuvent se diviser en deux classes. Les uns s'établissent en masse sur les propriétés ou sur les personnes, de manière que toute l'administration de cette partie se borne à les répartir suivant les règles établies, et à faire payer à chacun la somme à laquelle il a été taxé d'après ces règles.

Ces jugements entre les diverses portions du territoire, ou entre les citoyens, doivent naturellement être confiés à des fonctionnaires choisis par

XI.   35

ceux sur les intérêts desquels ils ont à prononcer. Comme le mode du payement est réglé par la loi, il devient aussitôt après le jugement une dette à l'acquittement de laquelle on doit être forcé comme à celui de toute autre.

Rien ici n'est arbitraire, rien n'ouvre la porte aux abus.

Les autres impôts se lèvent en détail sur les terres, sur les personnes, sur les denrées, sur les actions; ici la question se trouve toujours entre un citoyen et le trésor public.

Les difficultés sont alors plus grandes : 1° parce que l'on peut moins compter sur l'impartialité des fonctionnaires chargés de décider, non entre des individus ou des territoires pour lesquels on peut s'assurer, ou qu'ils sont indifférents, ou que leurs affections et leurs intérêts propres sont également partagés, mais entre les citoyens qu'ils doivent chercher à favoriser, s'ils sont choisis par eux, et le trésor auquel ils doivent être favorables, s'ils le sont par ceux qui ont intérêt à augmenter la recette; 2° parce que cette recette étant indéterminée et dépendant de la manière dont les lois sont exécutées, en laissant à un pouvoir administratif, dont les agents ne seraient pas élus par les citoyens, l'autorité de choisir les percepteurs, on serait exposé à voir les administrateurs multiplier ces agents sous le prétexte d'assurer la recette. Bientôt ils sauraient se créer des moyens de corruption, et répandre sur les véritables produits une incertitude qui leur donnerait la possibilité de disposer arbitrairement, du

moins pour un temps, d'une portion du trésor public. On s'opposerait en vain à cette multiplication
des places : en effet, comment une assemblée de
représentants pourrait-elle juger si telle ou telle
place est ou n'est pas inutile à la perception; si les
produits ont diminué parce que certaines places
ont été supprimées, ou parce qu'on a voulu par
cette diminution se ménager un prétexte pour les
rétablir ?

L'indulgence à l'égard des contribuables ne peut
être regardée comme un moyen d'éviter les inconvénients de ces impôts; nécessairement inégale dans
ses effets, elle conduit à l'injustice. Ce n'est point, à
la vérité, un individu que l'on favorise alors aux
dépens d'un autre, mais c'est un citoyen que l'on
favorise aux dépens de tous.

J'ai eu pour principal but, dans le plan que je
vais tracer, de présenter des moyens d'éviter le
danger qui résulte de cette espèce de contradiction
entre ce que la nature des choses rend possible, et
ce qu'exigerait la sûreté publique. Je n'ose me
flatter d'y être parvenu, mais du moins en exposant
en quoi consiste ce danger, et quelles sont les difficultés qu'il faut vaincre, j'aurai offert plus de facilité à ceux à qui leur zèle pour la liberté inspirera
le désir d'en trouver de meilleurs.

Il importe à l'unité du pouvoir et à celle des opérations, qu'il existe dans la capitale une caisse unique, chargée de tout recevoir comme de tout payer,
et tenue par un seul trésorier. Les trésoriers particuliers de département ou de district, chargés de re-

cevoir les impositions directes, ne pourraient payer ou faire sortir de leur caisse l'argent destiné aux dépenses nationales, que sur un ordre de ce trésorier, revêtu des formes prescrites par la loi. Il en serait de même des caissiers particuliers ou généraux des régies qui pourraient subsister.

Ce trésorier serait élu par le corps législatif; il serait bon qu'il pût être soumis à une destitution, mais avec une pluralité et des formes qui ôtassent l'espérance à ceux qui seraient tentés de provoquer cette destitution dans la seule vue de procurer la place à un autre.

Il devrait d'ailleurs être élu pour un temps assez long, 1° parce que l'expérience de la place même est nécessaire pour trouver les moyens d'en rendre l'exercice plus régulier, plus simple, plus économique; 2° parce que, pour être plus sûr de la fidélité de celui qui la remplira, il est bon que ses seules économies puissent lui assurer une fortune indépendante et le dédommager de ce qu'il sacrifierait en acceptant la place; il faut donc la payer très-cher ou la conférer pour longtemps.

On ne propose point de la rendre perpétuelle, parce qu'il est dangereux que la perpétuité ne conduise à une sorte d'hérédité, et ne laisse longtemps dans les places des hommes devenus hors d'état de les remplir. En fixant un espace déterminé de temps qui embrasse le nombre d'années pendant lesquelles un homme de l'âge où naturellement on doit être choisi, conserve son activité et ses forces, on se procurerait tous les avantages de la perpétuité, sans s'exposer aux mêmes inconvénients.

Le trésorier ne pourrait ordonner ou faire aucun payement que sur l'ordre d'un comité formé de dix directeurs du trésor national, élus à la fin de chaque législature, pour remplir cette fonction pendant la législature suivante.

Ils ne pourraient être membres de la législature pendant qu'ils rempliraient leurs fonctions, et jusqu'à ce que le compte des années de leur gestion eût été rendu.

Chaque semaine ils donneraient au trésorier, l'état détaillé et motivé des dépenses de la semaine suivante, et l'ordre pour les fonds destinés à ces dépenses. La présence de cinq d'entre eux suffirait pour ordonner les dépenses à la pluralité, et pour autoriser toutes les opérations dont ce bureau serait chargé. Dans le cas où le nombre ne serait pas complet à l'heure fixée, leur absence serait constatée, ils seraient sur-le-champ avertis à leur domicile ; et si à l'heure indiquée de nouveau pour le même jour, le nombre n'était pas complet, les présents pourraient agir ; mais les absents qui n'auraient pas eu des causes suffisantes seraient responsables des décisions prises sans eux.

En cas de mort ou de démission, la législature remplacerait pour le reste de sa durée, si le remplacement a lieu dans la première année, et pour la fin de sa durée et toute celle de la législature suivante, si le remplacement a lieu dans la seconde.

Un commissaire élu de même que les membres du bureau et pour le même temps, sous le titre de procureur des créanciers de la nation, serait chargé de présenter chaque semaine l'état des fonds nécessaires pour payer les intérêts ou les capitaux, suivant l'ordre général fixé pour l'année par la législature.

Le ministre des finances présenterait l'état des dépenses des divers départements, suivant les règles décrétées par les législatures.

Le procureur des créanciers de l'État et le ministre des finances, ou à son défaut celui qui le remplacerait dans ses fonctions, assisteraient aux séances du bureau; leur signature serait nécessaire, et ils ne pourraient la refuser, mais ils seraient autorisés à faire mention de leur dissentiment.

Ni l'un ni l'autre n'aurait voix délibérative, et ne contribuerait à former la pluralité.

Le procureur des créanciers de l'État déléguerait, pour le remplacer, en cas de maladie ou d'absence, une personne choisie par lui parmi les membres, soit de l'assemblée du département, soit du conseil général de la municipalité.

Ce plan me paraît présenter plusieurs avantages :

1° La totalité du revenu national resterait entre les mains d'agents appartenant à la nation, et non au pouvoir exécutif; je dis à la nation, parce que les membres des législatures ne sont ici que des électeurs, choisissant, au nom du peuple, les directeurs, le trésorier, le procureur des créanciers de l'État, et chargés par le peuple de cette fonction. On peut d'autant plus les regarder seulement comme électeurs, qu'excepté le cas des remplacements, ces fonctionnaires publics ne sont en exercice que sous des législatures par lesquelles ils n'ont pas été nommés.

2° Les receveurs des départements ou des districts ne pouvant, sous aucun prétexte, disposer de leurs fonds sans l'ordre du trésorier général, le revenu national reste tout entier à la disposition d'un pouvoir unique, c'est-à-dire, de chaque législature.

3° Sans diviser le revenu national, sans multiplier les frais et les places, les dépenses faites par le pouvoir exécutif, en vertu des décrets des législatures, et celles qui doivent acquitter les engagements de la nation, sont rigoureusement séparées, puisque le soin de présenter l'état de chacune de ces dépenses est confié à des personnes différentes.

4° L'arbitraire qui reste nécessairement dans la fixation d'une partie des sommes que chaque partie du pouvoir exécutif doit employer aux différentes époques de l'année, ne peut causer d'embarras dans l'administration du trésor, puisque toutes les discussions qui peuvent s'élever entre les diverses parties de ce pouvoir, doivent être terminées dans le conseil avant que le ministre des finances donne chaque semaine l'état total des demandes.

5° Le pouvoir exécutif, sans avoir jamais l'autorité d'accélérer ou de retarder aucune dépense, a cependant la surveillance qu'il est nécessaire de lui laisser, soit pour connaître les abus et en instruire les législatures, soit pour être habituellement instruit de l'état du trésor public.

On pourrait proposer de laisser au ministre des finances seul l'administration du trésor public; mais à condition qu'il rendrait un compte journalier de ses opérations, à un comité choisi par la législature.

Je craindrais que ce moyen ne donnât à la législature, sur l'administration, une influence nuisible, non que je croie nécessaire de balancer son pouvoir; celui des représentants du peuple, élus par lui et souvent renouvelés, ne me paraît point redoutable, et il ne peut l'être qu'autant que ces représentants joindraient au pouvoir de faire des lois, celui de changer la constitution. Mais les principes de la législation et ceux de l'administration ne sont pas les mêmes, et il arriverait naturellement que la confusion des fonctions amènerait celle des principes. La seule perte du temps serait un mal. Il serait difficile que ce comité, tiré de la législature, agît indépendamment d'elle, et qu'il ne donnât point à ceux qui le composeraient un crédit nuisible à l'indépendance du corps législatif. Ou le ministre des finances gouvernerait le comité, et alors il gouvernerait par lui la législature elle-même, ou il y serait sans pouvoir, et alors l'administration serait, dans la réalité, entre les mains de la législature.

Si chaque semaine le trésor national recevait ce qu'il doit payer la même semaine et à portée du lieu où il doit payer, je n'aurais rien à ajouter; mais non-seulement les recettes et les dépenses ne se balancent point avec exactitude, et on ne reçoit pas dans chaque canton ce qu'il faut y dépenser; on ne

Ce plan est susceptible d'être perfectionné successivement, et cette partie des fonctions du trésorier exige de l'habileté. Il est utile de la lui confier
pour le lier à la chose publique par l'intérêt de sa
réputation. On ne doit pas craindre qu'il cherche à
tromper pour augmenter ses profits; car ce plan
étant nécessairement public, on s'apercevrait bientôt de ses mauvaises intentions, et il ne pourrait espérer de séduire que pour une année, tout au plus. On
ferait, pour ces dépenses, un *maximum*, au delà duquel le trésorier ne pourrait les porter sans l'autorisa-
tion du comité, qui se conduirait à cet égard comme
pour les autres dépenses extraordinaires; il rendrait
compte au même comité, de manière qu'il ne pourrait
porter arbitrairement la dépense jusqu'à ce *maximum*, et que, soumis à cet examen, il serait intéressé,
par honneur, à la tenir au-dessous, sans qu'il restât
d'espérance de succès à celui qui serait tenté de céder
au désir d'un plus grand profit.

II. Il ne peut pas y avoir un équilibre parfait entre
la dépense et la recette de chaque semaine, quand
même on l'établirait entre la recette et la dépense
totale. On peut, sans doute, relativement à la recette, approcher de l'égalité; mais il serait beaucoup
plus difficile d'y parvenir pour la dépense.

Pour apprécier les moyens de remédier à cet inconvénient, il faut distinguer les recettes et les dépenses qu'on peut regarder comme fixes à chaque
époque, et celles qui varient suivant les circonstances.

Pour les premières, on sait précisément à quelles

époques et pour quelles sommes le trésor national peut avoir besoin de se procurer des fonds d'avance : il suffit donc que la législature, qui connaît l'étendue de ce besoin, autorise chaque année le trésorier, toujours soumis à l'approbation du bureau, à se procurer ces sommes à un taux d'escompte dont le *maximum* sera aussi fixé par elle chaque année.

Si les avances sont nécessaires pour remédier à un retardement dans la recette ou à un changement dans l'ordre des dépenses, qui n'a pu être prévu par les législatures, le trésorier doit être également autorisé à se procurer ces avances aux mêmes conditions ; mais il faudra que l'utilité ou la nécessité de cette opération soit constatée par le bureau des directeurs du trésor national ; et ils seront responsables de leur décision, puisqu'elle serait rendue d'après leur opinion, et non d'après la loi.

On propose de séparer ces deux espèces d'avances, pour diminuer, autant qu'il est possible, le nombre et l'importance des déterminations laissées à la décision volontaire des administrateurs du trésor.

Le trésorier resterait libre de s'adresser à qui il voudrait pour se procurer ces fonds.

On croit ce moyen préférable à celui d'avoir un compte ouvert avec une compagnie de banque, ou de faire des traités particuliers avec ceux qui perçoivent les impôts. C'est le seul moyen de conserver la nation dans toute son indépendance, et de ne pas l'exposer à être dominée, soit par une certaine profession, soit par un corps qui deviendrait bientôt une puissance dans l'État.

Ce danger, déjà très-grand sous un gouvernement arbitraire, l'est bien plus dans une constitution libre, où les engagements doivent être rigoureusement exécutés, où il ne doit exister de force que celle des lois, et où par conséquent une administration qui se serait témérairement engagée, ne pourrait plus briser ses fers.

D'ailleurs, on sait qu'en recourant aux moyens que je propose de proscrire, malgré leur séduisante commodité, c'est toujours un crédit intermédiaire que l'on emploie, et qu'ainsi les secours en sont plus chers. J'ai dit, des *traités particuliers* avec les receveurs, parce qu'il n'y a aucun inconvénient à obliger les receveurs d'impôts à faire leurs payements à des époques fixes : il n'en résulte aucune dépendance.

Le trésorier serait autorisé à traiter à un taux inférieur, ce qui permet de fixer, sans inconvénient, la limite un peu haut ; précaution d'ailleurs nécessaire, pour ne pas s'exposer à manquer de fonds. Il est difficile d'imaginer que, vu la publicité des opérations, le trésorier ne profite pas, pour la nation, du prix plus faible auquel on pourrait lui proposer de faire les avances. D'ailleurs, cette différence ne serait pas d'un pour cent sur une année entière ; et il n'est ici question que d'emprunter, pour quelques mois ou même quelques semaines, une portion du revenu annuel, qui ne peut être très-considérable, lorsque la perception des impôts sera devenue régulière : d'ailleurs, le trésorier ne pourrait faire un marché désavantageux pour la nation, sans employer une partie de son profit à séduire les dix directeurs, le procureur des créanciers de l'État et le ministre des finances ; c'est-à-dire, douze personnes ayant des places importantes, et parmi lesquelles onze se renouvellent tous les deux ans. Il faudrait de plus acheter le silence des sous-ordres ; ainsi la corruption serait impossible.

On ne doit pas craindre que cette fixation du taux engage à ne pas prêter au-dessous, parce qu'il restera toujours la même concurrence entre les prêteurs. On saura que la loi autorise à donner jusqu'à tel intérêt ; mais si elle ne le fixait pas, on saurait que, pour ne pas manquer d'argent, on se déterminerait même à donner au delà ; on espérerait y forcer par des manœuvres : enfin, quand il en résulterait une dépense de plus, il faudrait la faire, parce qu'on ne pourrait l'éviter sans donner aux administrateurs un pouvoir dont ils finiraient par abuser. On doit ici sacrifier à la sûreté, l'économie ou plutôt l'apparence de l'économie.

Les avances dont nous parlons ici n'ont pour objet que de remédier à la différence de recette et de dépense, à certaines époques de l'année ; de façon qu'elles doivent être toutes remboursées pendant l'année même, aux époques où la recette vient ensuite à excéder la dépense : c'est l'impôt déjà décrété qui doit fournir à ces remboursements. On voit de plus qu'il ne serait pas impossible d'avoir, au bout de quelques années, un fonds de réserve qui rendît ces opérations inutiles.

III. Il est possible que certains impôts produisent

au-dessous de la valeur à laquelle ils ont été estimés,
et aussi que certaines dépenses excèdent, pour l'année, les fonds décrétés par la législature. Dans le premier cas et dans celui où le surcroît de dépense serait indépendant de la volonté des administrateurs,
il faut nécessairement que le trésor public ne soit pas
exposé à manquer de fonds. Ainsi, par exemple, si
une régie rapporte un million de moins qu'on ne l'a
supposé, si des primes accordées par les législatures,
pour l'introduction de telle denrée, montent plus
haut, et que ce déficit ne soit pas compensé par une
autre recette, le bureau du trésor national ne doit.
être tenu qu'à constater ces faits, et il faut l'autoriser
à se faire fournir les avances nécessaires. Le remboursement de ces avances ne pouvant alors être
fait sur les revenus à recevoir dans l'année même,
on sera obligé d'autoriser à le retarder jusqu'à une
époque qui doit être prévue par la loi, et fixée de
manière que la législature ait le temps d'assurer des
fonds suffisants pour le remboursement.

IV. Il peut y avoir des dépenses nécessitées par
les circonstances, ordonnées même par la loi, sans
qu'elle ait pu en fixer la valeur, et qui ainsi dépendent du jugement des directeurs du trésor national.

Je crois qu'il serait dangereux de permettre d'é-
tendre indéfiniment ces dépenses, même sous la caution de la responsabilité, et qu'il faut pour chaque
partie du ministère, où il peut se présenter de pareilles dépenses, fixer une somme au-dessus de laquelle le bureau du trésor national ne puisse rien

accorder sans prévarication, la simple responsabilité existant pour les sommes inférieures.

Il faut, en effet, ou prendre ce moyen, ou adopter l'usage des bills d'indemnité, ou tolérer l'établissement d'une dette arriérée.

Un ministre vraiment digne de gérer les affaires d'un peuple libre, ne peut regarder les bills d'indemnité que comme une honteuse prérogative ; et il est trop facile d'en abuser, pour qu'une nation jalouse de sa liberté puisse le consacrer.

Il serait non moins dangereux de tolérer une dette arriérée, que l'on acquitte, l'année d'après, avec ce qui était destiné à d'autres dépenses, et qui s'accumule jusqu'au moment où l'on se sent assez fort pour la faire adopter par le pouvoir législatif. Ce dernier moyen a, de plus, l'inconvénient d'embarrasser les comptes qu'il faut rendre à la législature, d'obliger à présenter des états de dépense faux ou incomplets, et de jeter sur la situation du trésor national une obscurité, première source de tous les abus.

On ne peut cependant refuser d'autoriser à ces dépenses sans risquer d'arrêter la marche des affaires. En même temps cette latitude que l'on propose ici d'accorder à chaque ordonnateur ne doit pas effrayer. Les sommes qu'on leur permettrait d'employer, avec la condition rigoureuse de rendre compte, non-seulement de la réalité de l'emploi, mais de son utilité, ne peuvent être considérables, même pour toutes les parties de l'administration réunies. En effet, elles ne pourraient monter très-haut que dans des circonstances extraordinaires, pour lesquelles il est bon

de réserver d'autres moyens. Il n'est pas à craindre
que l'on profite de cette latitude pour employer ces
sommes chaque année ; car, ou elles seront destinées
à des usages pour lesquels la loi les a d'avance auto-
risées dans certaines circonstances, et alors il faut
prouver que ces circonstances ont existé, ou elles
sont exigées par des événements imprévus, et alors
il faut prouver à la fois que ces événements sont réels
et qu'ils ont nécessité ces dépenses.

V. Il peut arriver enfin que ces sommes ne suffisent pas, ou que l'on éprouve l'impossibilité d'obtenir des avances au taux fixé ; mais ni l'un ni l'autre
de ces événements ne peut avoir lieu sans des circonstances extraordinaires, comme le refus à main
armée de payer l'impôt, un soulèvement dangereux,
des menaces d'une guerre, de grandes calamités naturelles ; alors la prompte convocation de la législa-
lature devient une mesure utile, même presque
indispensable ; et la nécessité d'y avoir recours pour
subvenir aux dépenses, n'est qu'un moyen salutaire
d'empêcher que cette convocation ne soit éludée. Il
ne s'agirait donc plus que des dépenses d'un mois et
quelques jours, temps nécessaire pour que la législa-
lature soit rassemblée et donne une décision, et il
est vraisemblable que la latitude accordée suffirait
pour un espace aussi court, pendant lequel on peut,
sans inconvénient, autoriser à se procurer des avances à un taux plus haut, mais pour un espace de
temps fixe, et qui doit être très-court.

On pourrait même fixer une somme pour ce genre
de dépenses imprévues, ce qui ne devrait inspirer

aucune défiance, puisque, vu la convocation très-prochaine de la législature, une somme très-faible suffirait, et qu'il serait impossible de songer à en faire un abus dangereux.

On stipulerait rigoureusement que cette opération ne pourrait avoir lieu qu'après avoir assuré irrévocablement cette convocation extraordinaire.

On voit ici trois classes de dispositions bien distinctes : les unes déterminées rigoureusement par la loi, et dont on ne peut s'écarter sans prévarication ; les autres laissées à la décision plus libre du bureau, soumis à cet égard à la responsabilité, mais de plus resserrées entre des limites qu'on ne peut passer sans prévarication ; enfin, une seule disposition sans limite, non sur l'étendue des dépenses, mais sur l'intérêt des avances, faculté accordée pour un mois seulement, et avec la condition rigoureuse d'une convocation extraordinaire de la législature.

Il s'agit d'examiner maintenant, 1° si la marche des affaires est suffisamment assurée ; 2° si les abus sont suffisamment prévenus ; 3° s'il existe une responsabilité bien déterminée.

Quant au premier point, la marche des affaires ne peut rencontrer aucun obstacle que par le refus des membres du bureau, d'accorder une dépense vraiment nécessaire, ou par l'impossibilité de se procurer les avances au-dessous du taux déterminé ; mais si la dépense est vraiment nécessaire, si le retard de cette dépense, jusqu'au retour de la législature, est vraiment dangereux pour la sûreté publique, elle ne peut être refusée, à moins que la pluralité des membres du bureau ne soient liés d'intérêt avec les ennemis publics, et assez liés pour risquer de se compromettre par un refus qui les exposerait à la haine et au déshonneur. Le refus n'est donc pas probable ; et, puisqu'il faut qu'un homme ou quelques hommes ordonnent les dépenses, il faut chercher ceux de qui l'on a moins à craindre cet abus du pouvoir qui leur est confié. Or, des hommes choisis par les représentants de la nation, pour deux années seulement, ne doivent-ils pas inspirer une moindre défiance qu'un ministre, qui, si le gouvernement n'a pas la corruption pour ressort principal, peut trouver dans ces refus des moyens de se rendre populaire ou de rompre des mesures prises par le corps législatif ?

La difficulté de trouver des avances ne paraît pas fort à redouter : il existe un taux commun d'intérêt sur lequel il est difficile qu'une assemblée nationale puisse être trompée. Supposera-t-on une coalition de possesseurs d'argent ? Je sais qu'elle peut exister contre un ministre ; il y en a eu des exemples ; mais quel en était le motif ? Le désir de l'obliger à quitter sa place : c'est donc une raison de plus pour substituer à un ministre des finances un bureau inamovible, mais ayant une durée déterminée ; alors on n'aura ni l'espérance de le faire changer par un refus, ni la crainte de prolonger sa durée en fournissant des fonds. La coalition serait donc seulement pour faire substituer un ministre du pouvoir exécutif à un bureau national ; c'est-à-dire, pour introduire la corruption dans l'administration publique. Mais comme il ne s'agit que d'un crédit très-borné, il est difficile de croire que le parti de la liberté ne se trouve pas assez nombreux pour suffire à ces avances. On peut dire que cette coalition aurait pour objet de forcer à hausser le taux de l'intérêt. Je répondrai qu'elle est encore impossible, parce que la manière d'être admis à faire ces avances étant publique, et dès lors n'exigeant pas le ministère d'agents intermédiaires, on ne peut supposer une coalition entre la généralité des capitalistes, qui ne peuvent avoir tous l'espérance de profiter de cette augmentation du taux de l'argent, puisqu'il ne peut jamais être question que de sommes peu considérables par rapport à la masse des capitaux.

1° On ne doit pas craindre la lenteur des décisions de ce bureau qui est peu nombreux, qui doit être en général formé d'hommes habitués aux affaires, qui enfin n'a point de principes à discuter, de questions à résoudre, mais qui seulement doit juger de la légitimité, de l'utilité des dépenses, de la sûreté et des avantages d'un arrangement pour des avances, etc.

2° On pourrait redouter ou les désordres d'une administration infidèle qui chercherait à s'enrichir, ou la trahison d'une administration corrompue, qui emploierait, à servir les vues d'un parti, l'argent et le crédit de la nation.

La forme qu'on propose ici doit moins exposer à ces dangers, que celle qui donnerait plus d'autorité au ministre des finances. Le peu de durée des fonctions, les limites dans lesquelles on a pris soin de les réduire, la nécessité d'un compte définitif au bout de deux ans, et d'un compte chaque année, semble pouvoir rassurer contre le premier danger. On peut compter sur de bons choix, si l'on prend une méthode d'élire qui assure que ceux qui sont choisis ont réellement le vœu de la majorité des électeurs. Supposera-t-on que la majorité de ces électeurs peut aussi être corrompue? Alors toute précaution serait insuffisante. D'ailleurs, des dilapidations qui, dans ce cas, seraient faites au hasard, sont moins dangereuses que celles qui seraient la suite d'un système, comme on y serait exposé, si la disposition du trésor public était laissée aux agents du pouvoir exécutif, et si elle n'était pas resserrée dans des bornes aussi étroites.

Enfin, au moyen des règles qui ont été proposées, les déprédations ne pourraient être cachées par la complication, l'obscurité, le désordre des opérations; ces déprédations seraient publiques, et ne pourraient devenir habituelles sans supposer une corruption universelle, corruption qui ne peut exister si les administrateurs du trésor ne disposent d'aucune place.

Quant au danger de voir le trésor national employé à servir des projets contraires au bien général, on sent qu'il suppose un système dirigé avec constance vers le même but; ce qui ne peut exister avec une administration qui change tous les deux ans, et dont le choix dépend des représentants de la nation. Une telle administration ne peut avoir qu'un système, celui d'après lequel se conduirait constamment le corps législatif lui-même : car si, malgré les changements de ministère, le pouvoir exécutif, lorsqu'il administre les finances, dirige toujours cette administration vers l'augmentation de l'autorité ; de même, malgré les changements des administrateurs, si le corps qui les élit est animé d'un même esprit, ils auront un système constant ; mais ce système sera celui des représentants du peuple, et ne pourra être contraire à la liberté publique.

3° On peut regarder la responsabilité comme suffisamment établie : d'abord, parce que les cas de prévarication, de violation de la loi, sont bien distingués de ceux de la responsabilité proprement dite, qui ne doit s'étendre que sur les opérations libres, dans lesquelles les hommes revêtus d'un pouvoir quelconque, en usent d'une manière contraire à l'intérêt public. Ainsi, par exemple, si le bureau du trésor national accorde une dépense au delà du terme qui lui est fixé, il aura violé la loi ; si, sans s'écarter de ce terme, il ordonne une dépense inutile ou nuisible, il sera responsable ; s'il emprunte au delà du taux fixé, il prévarique ; s'il emprunte à ce taux, et qu'il soit prouvé qu'il a pu emprunter au-dessous, il devient responsable.

Le trésorier ne doit être que comptable, d'abord au bureau, puis à la législature. Le bureau doit à la législature, chaque année, un compte de sa conduite. Elle doit avoir aussi le droit de l'exiger quand elle voudra, mais avec de certaines formes, pour prévenir que des demandes faites légèrement ne dérangent et ne retardent la marche des affaires.

Les ministres rendraient chaque année à la législature un compte, débattu devant le comité, de l'emploi des fonds qui leur ont été confiés : ce compte serait divisé en deux parties, pour chaque classe de dépenses. L'une renfermerait ce qui peut être appuyé de pièces justificatives; l'autre ce qui ne peut l'être encore que par l'exhibition des ordres donnés, des lettres de correspondance, des quittances à compte, etc. La première partie serait arrêtée, la seconde approuvée provisoirement, et la justification remise à l'année suivante.

Chaque ministre serait responsable de l'emploi des fonds de son département, le consentement du bureau ne le déchargerait pas de cette responsabilité; et si cet emploi était une prévarication, elle pourrait de même lui être imputée. Le ministre des finances sera responsable, ou jugé prévaricateur pour les opérations auxquelles il aura consenti, mais il pourra être garanti par la demande qu'un autre ministre aurait faite. Cette garantie est nécessaire, autrement le ministre des finances serait maître des autres départements, puisqu'il répondrait de la justice et de l'utilité de leurs demandes. Les membres du bureau ne pourront être poursuivis qu'à raison des décisions qu'ils auront approuvées, et non de celles pour lesquelles leur dissentiment sera constaté.

Aux demandes formées par chaque département, on joindrait, chaque semaine, l'état des sommes accordées aux diverses parties de ce département depuis le commencement de l'année, rapportées chacune à la somme que la législature aurait décrétée pour cette partie, ce qui éviterait les surprises, ou du moins donnerait un moyen de les reconnaître et de les réprimer.

D'un autre côté, on aurait le tableau de ce que chaque caisse contenait, quinze jours avant l'époque actuelle, de ce que chacune, d'après les ordres donnés, a payé depuis ce temps, et par conséquent de ce qui reste, en ajoutant la somme qui a dû y entrer pendant cette quinzaine, somme qu'il est possible d'évaluer avec une exactitude suffisante.

Il serait aisé, d'après cela, d'avoir constamment un état clair, facile à concevoir, de la situation du trésor national à chaque époque; état qui pourrait servir à diriger le corps législatif et le pouvoir exécutif dans leurs opérations.

On pourrait, sans compromettre aucun des secrets qui doivent être passagèrement gardés, afficher chaque semaine un tableau qui indiquerait à la nation les résultats généraux de cette balance entre la dépense et la recette, et entretiendrait la confiance qui ne se repose jamais d'une manière certaine et durable que sur la vérité.

L'influence de l'administration des finances, sur la perception de l'impôt, peut être dangereuse :

1° Par la quantité de places qu'elle mettrait entre les mains des administrateurs, et dont on ne pourrait faire dépendre la nomination ni du ministre sans ouvrir la porte à la corruption, ni d'un corps unique quel qu'il fût, sans créer dans l'État une corporation puissante et dangereuse :

2° Par l'intérêt qu'auraient alors les administrateurs à préférer les formes d'impôts les plus compliquées, les plus incertaines pour le produit, comme les plus propres à leur donner une autorité arbitraire; et il est contre l'ordre des choses, que les administrateurs, quels qu'ils soient, n'influent pas habituellement sur les décisions que les législatures doivent prendre sur ces objets.

S'il s'agit des impôts levés en masse, après une première répartition faite par la législature, les répartitions entre les districts peuvent être faites par les assemblées de département, et ainsi de suite, jusqu'au terme où le pouvoir administratif, le plus immédiat, les répartit entre les citoyens.

Ensuite, un simple collecteur dans les communautés, un trésorier par district, et dans chaque département un autre trésorier, ou un exécuteur des distributions ordonnées par le trésorier national, suffisent pour la perception, la conservation et le payement.

On n'aura rien à craindre de l'influence que les nominations aux places peuvent donner, si chaque district élit son trésorier, chaque département le sien.

Ce choix doit être fait par les assemblées administratives; et s'il n'en existait pas dans chaque département, alors on réduirait les fonctions de ces trésoriers à celles de simples commis du trésor général, et on pourrait lui en laisser la nomination en le rendant responsable de leur conduite.

Quant aux impôts en régie intéressée, ou en ferme, dont la perception ne serait pas confiée aux assemblées ou aux directoires des départements, et pour lesquels ces corps administratifs n'exerceraient qu'une surveillance protectrice des citoyens, les traités formés avec les régisseurs ou les fermiers seraient préparés par le bureau du trésor national, et ratifiés par le corps législatif, qui en ferait publier les conditions, afin que d'autres individus pussent présenter des conditions plus avantageuses au trésor public. S'il s'en présentait, ils seraient renvoyés au bureau pour rédiger les conditions du nouveau traité, de manière que les fonctions de la législature se bornassent au droit exclusif de les adopter au nom de la nation, et à celui de les renvoyer au bureau pour en présenter d'autres, quand elle désapprouverait ceux qu'il propose. Mais je crois important que la législature ne puisse les négocier, soit immédiatement, soit par des commissaires tirés de son sein.

Elle déciderait si les nominations des employés dans ces régies appartiendraient aux régisseurs seuls, ou si les administrations des départements auraient cette nomination, soit absolument, soit concurremment avec les régisseurs ou fermiers. Cette distinction doit dépendre de la nature de ces fonctions et de celle des objets affermés. Je prends pour exemple la poste aux lettres : ceux que l'on nomme directeurs, qui reçoivent, expédient et distribuent les lettres, exercent un ministère de confiance; ils doivent donc être au choix des départements et non au choix des régisseurs; mais dans une grande ville, celui qui serait chargé de faire des traités d'abonnements pour des envois de livres, de papiers publics, de lettres circulaires, etc., n'exerce qu'un emploi relatif au produit, et il doit être au choix des régisseurs.

D'après ce plan, aucune des places ne serait donc à la nomination, ni de la législature, ni du bureau du trésor national, ni du pouvoir exécutif, excepté dans le cas où il serait utile d'établir une surveillance générale sur tout l'État pour une des régies; et alors il faudrait faire en sorte que cette surveillance fût de pure police, et absolument séparée de l'administration relative au produit, et l'on éviterait par ce moyen la source de corruption la plus dangereuse peut-être pour la liberté; car la distribution de ces places lucratives, qui conviennent à tous, est le moyen le plus sûr d'acquérir des partisans, attachés par des liens difficiles à rompre, partisans d'autant plus commodes, qu'on n'est pas obligé de partager le pouvoir avec eux.

L'autorité des juges ordinaires doit suffire dans l'ordre habituel pour assurer la perception, et l'existence d'un tribunal de cassation, pour empêcher les inconvénients de la partialité dont on peut soupçonner des juges élus par le peuple. Elle est d'ailleurs beaucoup moins dangereuse que la partialité contraire qu'on pourrait craindre dans les juges d'attribution, nommés sous une autre forme.

Mais s'il devient nécessaire d'employer la force publique pour la perception de l'impôt, parce que

celle qui assure l'exécution des jugements est insuffisante, et que l'on oppose la violence, soit à cette
exécution, soit même directement à la perception,
alors c'est au pouvoir exécutif à la diriger.

Cette force peut s'exercer dans deux circonstances
qu'il est nécessaire de distinguer : ou elle doit agir
pour forcer à payer, pour vaincre la résistance dont
on menace; alors elle doit seulement protéger l'exécution d'un jugement, et il paraît que la force nationale ne doit se déployer, dans ce cas, que sur une
décision rendue par un tribunal suprême, et par
laquelle il ordonnerait d'assurer cette exécution : ou
elle est obligée d'agir pour s'opposer à une violence
active de la part des contribuables, et alors, si les
corps administratifs des départements ne la requiè-
rent pas, elle ne doit se déployer que sur la réqui-
sition du bureau national. Jamais, en général, il ne
faut, sous aucun prétexte, donner au pouvoir exécutif général le droit de juger s'il doit ou ne doit
pas agir, mais seulement, lorsque son action est déterminée d'après la loi, lui déléguer la fonction de
diriger l'emploi de la force qui lui est confiée.

Ainsi, toute l'influence du pouvoir exécutif sur
l'impôt comme sur l'administration du trésor national serait rigoureusement nulle.

De toutes les parties de l'administration, celle qui
a le trésor national pour objet est peut-être la plus
facile en elle-même. Les principes en sont simples :
si elle exige quelques opérations de calcul au-dessus
de l'arithmétique ordinaire, les méthodes d'après
lesquelles on peut les faire sont connues de tous

les mathématiciens, et on n'est point exposé à commettre des erreurs quand on ne dédaigne pas de les consulter. Mais, d'un autre côté, cette partie d'administration est encore une de celles sur lesquelles une assemblée nombreuse peut, avec plus de difficulté, prendre des décisions justes, parce que l'application des principes est presque toujours déterminée d'après des données locales et passagères, dont il faut calculer l'influence. Une loi civile ou criminelle, celle qui règle la constitution d'un tribunal ou d'une assemblée administrative, est bonne pour tous les pays et pour tous les siècles. Si elle a quelques inconvénients locaux, ils sont passagers, et bientôt compensés par des avantages durables. Mais une opération de finances est bonne ou mauvaise, suivant le moment où elle est faite; et le principe le plus vrai en lui-même, s'il est appliqué hors de propos, conduit à des erreurs souvent difficiles à réparer.

Ainsi, par exemple, tout le monde convient que le haut intérêt des emprunts nationaux est nuisible, non-seulement parce qu'il nécessite des impôts plus forts, mais aussi parce qu'il contribue à hausser l'intérêt des entreprises d'agriculture, d'industrie ou de commerce, et que par là il nuit à la prospérité publique.

Mais il n'est pas moins vrai que toute tentative pour emprunter à un taux plus faible nuit au crédit si elle n'a pas de succès; et l'Assemblée nationale, en refusant l'emprunt qu'on lui offrait à cinq pour cent, pour en ouvrir à quatre et demi un autre qui n'a pu se remplir, s'est réduite à l'impossibilité d'emprunter même au-dessus de cinq.

De même, il n'est personne qui ne convienne des inconvénients de l'emprunt connu sous le nom d'*anticipations;* tout le monde sait qu'il en coûtait à l'État plus de six pour cent des mêmes sommes dont ceux qui les avançaient ne payaient que cinq pour cent d'intérêt. Cependant, en défendant de renouveler les anticipations, et en les remboursant en papier forcé, on a inutilement multiplié ce papier, et cette multiplication a été une des principales causes de son discrédit.

L'exactitude dans le payement des intérêts de la dette est un devoir de justice que la politique conseille également ; mais ce n'était pas une raison pour accélérer les payements par une création de papier-monnaie.

Ces trois opérations, toutes trois fondées en apparence sur des principes certains, mais qui n'étaient pas applicables au moment où elles ont été faites, sont la première cause de l'état actuel du trésor public.

On peut ajouter que si une loi est mauvaise en elle-même, ou si elle contrarie le système général des autres lois, il est possible de réparer le mal en abrogeant la loi ; mais une opération de finances a-t-elle manqué, le mal qu'elle a produit a des effets durables, et il est presque toujours très-difficile de revenir sur ses pas, sans manquer à ses engagements.

Abroger des lois qu'on a faites, c'est souvent, aux yeux du public, déclarer qu'on cède à la raison ; mais on ne peut rétracter des opérations de finances sans nuire au crédit dont la constance dans les mesures une fois arrêtées est une des principales bases.

Il est donc nécessaire que toute opération de finances, avant d'être adoptée par une législature, soit soumise à l'examen d'un comité peu nombreux, et plus utile que ce comité soit étranger à l'assemblée : c'est un avantage que l'on trouve dans le plan proposé.

On dira peut-être que, d'après ce plan, les fonctions d'un ministre des finances se réduisent à bien peu de chose ; on se tromperait : il lui reste une fonction bien importante, qui n'est au-dessous d'aucun degré de talent, de lumières ou de zèle, et qui, pour l'utilité générale, ne peut être confiée à d'autres mains.

En examinant le système entier, et de l'impôt et de l'administration du trésor national, on voit qu'il n'est aucune partie de ce vaste ensemble qui ne soit susceptible d'être améliorée, et de recevoir des degrés successifs de perfection pendant un long espace de temps.

S'occuper de cette perfection, est un des travaux les plus importants des législatures ; mais il est nécessaire, pour y parvenir, de rassembler une foule de données exactes sur la population, la durée plus ou moins longue de la vie dans les diverses divisions du territoire, et suivant les différentes professions ; sur le produit des terres, sur leur culture, sur le plus ou moins de constance des produits ; sur l'étendue des avances, et sur le profit qu'on en retire ; sur l'industrie, le commerce, le rapport du prix des salaires, à celui des denrées ; les taux différents d'intérêt que rapportent les divers emplois des capitaux ; sur les modifications que les lois apportent à ce que la nature aurait fait indépendamment d'elles. Il ne suffit pas de rassembler ces faits, il faut les mettre en ordre, les combiner de manière à ce qu'ils puissent servir à résoudre les questions qui se présentent ; il faut préparer d'avance les calculs nécessaires pour tirer de ces faits des conséquences utiles. Telle est la fonction que le ministre des finances doit remplir, et qui ne peut être remplie que par un homme avec lequel tous ceux qui influent sur l'administration générale, aient une correspondance habituelle, active, nécessaire.

Ce n'est pas à lui de proposer aux législatures les lois qu'elles doivent faire, mais c'est à lui de rassembler d'avance les matériaux dont elles peuvent avoir besoin, de leur fournir des éléments d'après lesquels elles puissent décider en connaissance de cause ; enfin de faire exécuter toutes les recherches, tous les travaux de détail qu'elles jugeront nécessaires. Quelques lumières, quelques talents que l'on suppose aux membres d'une législature, ils ne peuvent y apporter que des principes plus ou moins bien combinés, fondés sur la raison ou sur la connaissance générale des faits ; mais il faut en connaître les détails pour faire une application sûre de ces mêmes principes, et ce n'est ni lorsqu'ils n'étaient que particuliers ou employés dans un département, ni au milieu des travaux d'une législature, qu'ils peuvent s'instruire de ces faits.

La simple exposition de ce genre de travail suffit
pour montrer qu'il doit être confié à un agent unique,
qui dirige les travaux particuliers de ses coopérateurs,
et il n'est pas à craindre que même lorsqu'il change,
la forme du travail étant une fois donnée, il soit interrompu. D'ailleurs, un homme révocable à volonté
peut croire qu'il restera plus ou moins longtemps;
mais il agit en général, pour le mal comme pour le
bien, de la même manière que s'il espérait rester
toujours.

Dès à présent, l'Assemblée nationale pourrait com-
poser le bureau du trésor, et en choisir les membres,
ainsi que le procureur des créanciers de l'État, et le
trésorier; mais il faudrait qu'elle adoptât une forme
d'élection différente de celles qui y ont été en usage.
Il serait facile, en conservant la distribution des
électeurs par bureaux, d'obtenir une méthode d'é-
lire suffisamment bonne, qui n'entraînerait pas la
perte d'un temps précieux, et qui du moins permettrait au parti dominant de faire un bon choix parmi
ceux qui adoptent ses principes.

A la différence des autres directeurs qui ne commenceraient à entrer en place qu'après la législature
qui les aurait nommés, ceux-ci commenceraient sous
cette législature, et continueraient sous la suivante.
Ils pourraient être choisis parmi les membres de l'Assemblée actuelle, mais non être réélus. Ils exerceraient
les fonctions qui leur sont attribuées, d'abord en se
servant des receveurs d'impôts, et des trésoriers
ou payeurs qui existent, et par la suite, en se con-
formant successivement aux décrets de l'Assemblée

nationale, qui établiraient une forme nouvelle. Ainsi, par exemple, le trésorier remettrait à présent des fonds aux payeurs des rentes; mais si l'Assemblée les supprimait et établissait des bureaux de payements au trésor public, ce serait alors sous son propre nom qu'il ferait faire ces payements.

On a proposé de donner au bureau du trésor national le droit de se procurer des avances dans certains cas déterminés, et suivant certaines conditious; et la présence du corps législatif ne doit pas arrêter l'exercice de ce pouvoir; c'est le seul moyen d'avoir une marche égale et constante. Mais jusqu'au moment où les législatures auront terminé le travail relatif à l'établissement de l'impôt et à la fixation de la dépense, le bureau ne doit pas être autorisé à user de ce droit, et toutes les opérations doivent être faites en vertu de décrets demandés par lui, non en les proposant, mais en exposant les besoins et les remèdes.

En effet, il serait impossible, avant cette époque, de donner aux pouvoirs de ce bureau des limites assez précises, et dangereux de lui en donner de trop vagues. L'intérêt public exige qu'il n'y ait aucune interruption dans les législatures jusqu'au moment où l'établissement du trésor national sera terminé, la perception des impôts assurée, et le besoin de secours extraordinaires réduit dans des limites très-resserrées; en un mot, jusqu'à l'époque où les finances auront été rappelées à un ordre que l'on pourra regarder comme leur ordre habituel. Autant il y aurait d'inconvénient à ce que le corps législatif dirigeât les détails habituels d'une administration quelconque, autant il y en aurait à laisser, même à un corps élu par lui, le pouvoir d'établir un ordre nouveau.

MÉMOIRES

SUR LES MONNAIES.

DÉCEMBRE 1790.

PRÉFACE.

L'Assemblée nationale a ordonné les travaux nécessaires pour fixer une unité invariable de longueur et de poids. Elle a formé le projet d'établir dans le royaume l'uniformité des poids et des mesures, et même d'y introduire un nouveau système de division numérique le plus simple et le plus commode. Elle veut qu'à l'avenir tous les citoyens puissent se suffire à eux-mêmes dans tous les calculs relatifs à leurs intérêts; indépendance sans laquelle ils ne peuvent être ni réellement égaux en droits, car cette égalité suppose dans tous la capacité de les faire valoir, ni réellement libres, car on ne l'est point lorsqu'on est souvent contraint d'agir sur la parole d'autrui.

La réforme doit donc s'étendre sur les monnaies, et en rendre la refonte nécessaire; car vainement aurait-on simplifié le calcul de toutes les choses qui se vendent ou qui s'achètent, si celui de ce qui sert de mesure commune à toutes les valeurs restait toujours également compliqué.

J'ai donc cru qu'il pourrait être utile de discuter, dans une suite de mémoires, les questions dont la solution doit servir de base à cette réforme.

La théorie des monnaies est obscure, parce que la langue en est vague et peu connue. Il s'y est glissé des préjugés que l'intérêt s'efforcera de perpétuer ; il est donc important de chercher à éclairer cette théorie, à dissiper ces préjugés, à dévoiler ces intérêts.

L'objet de ces mémoires est moins de décider les questions, que de mettre tout bon esprit susceptible de quelque attention en état de les juger. On y a évité les mots techniques, parce que, s'ils sont utiles à ceux qui sont dans l'habitude de s'en servir et d'y attacher un sens précis, ils ne font qu'embarrasser ceux qui sont obligés de les apprendre en même temps qu'ils lisent l'ouvrage où on les emploie.

On ne doit pas considérer la réforme des monnaies comme une simple opération économique, et y voir seulement quelques avantages de commerce.

Il importe à la France que l'époque de sa liberté soit aussi celle d'une amélioration dans toutes les parties de l'administration, et que les principes qui ont été donnés pour base à la constitution nouvelle, servent également à diriger toutes les branches de la législation, à régler toutes les relations avec les nations étrangères. Un peuple libre qui ne différerait que par ses lois constitutionnelles des peuples esclaves qui l'entourent, pourrait-il être assuré de ne jamais reprendre quelques-unes de ses chaînes? La tyrannie ne pourrait-elle pas se reproduire à l'abri des mauvaises lois de détail, et détruire, au milieu du trouble et du danger d'une invasion ou de l'ivresse de la victoire, un édifice déjà miné par ces secrètes atteintes? Mais, si l'esprit de la liberté vit dans toutes ses lois; si la totalité de son système social se fonde sur le droit et sur la raison; si chaque partie de la législation offre à la constitution l'appui qu'elle en reçoit, alors l'édifice est inébranlable; alors les nations étrangères, voyant la prospérité publique, l'ordre, la justice, accompagner constamment la liberté, hâteront, par des efforts soutenus, le moment de la recouvrer; et le peuple qui leur a servi de modèle, bientôt entouré de peuples libres, n'aura plus à craindre de jamais cesser de l'être.

MÉMOIRES

SUR LES MONNAIES.

PREMIER MÉMOIRE.

Un droit levé sur les monnaies doit-il faire partie du revenu public?

La nation doit-elle se borner à retirer les frais de fabrication ?

Doit-elle, au contraire, les abandonner?

Nous parlerons toujours ici comme s'il n'existait que des monnaies d'un seul métal, dans la vue d'éviter une complication inutile.

Pour réduire toutes les valeurs à une mesure commune, afin de pouvoir les comparer entre elles, il a fallu créer une unité de valeur purement nominale. Cette unité porte, en général, le nom de livre, nom qui, étant en même temps celui d'un poids, semble annoncer qu'autrefois cette unité nominale se confondait avec l'unité de poids d'une espèce de métal. Si on dit, par exemple, qu'une pinte de tel vin vaut une livre, et que je sache qu'une aune de telle étoffe vaut dix livres, qu'un setier de blé en vaut vingt, qu'un tel poids d'argent en vaut six; je vois sur-le-champ qu'une aune de ce drap vaut dix pintes de vin, qu'un setier de blé en vaut vingt, qu'un tel poids d'argent en vaut six, et je n'ai pas besoin de savoir immédiatement le rapport de ces objets entre eux.

Il a fallu, de plus, pour la facilité des échanges, avoir une valeur qu'on pût échanger contre toutes les autres, et qui servît de mesure réelle, comme la première de mesure nominale.

Les métaux précieux se sont trouvés propres à remplir ce but, parce qu'ils sont inaltérables, homogènes, divisibles, assez rares, assez utiles pour qu'un morceau de ces métaux, d'un petit volume et d'un poids peu incommode, représentât une assez grande quantité des objets de la consommation commune.

Mais comme ces métaux peuvent être unis à des métaux moins précieux, sans que l'on puisse s'apercevoir du mélange, et encore moins en connaître la proportion, on constate la quantité de métal précieux, d'argent fin, par exemple, que contient un poids donné de métal; on donne à cette masse une forme commode pour le transport, et on y applique une empreinte qui atteste, sur la foi publique, que cette pièce contient telle quantité d'argent fin. Alors le morceau de métal devient pièce de monnaie.

On exprime la valeur de cette pièce de monnaie en valeur nominale; on dit telle pièce, contenant tel poids d'argent fin, vaut tant de livres ou tant de parties de livre divisée en sous, en deniers. Cette détermination est constante; et telle quantité d'argent fin monnayé représente toujours la même quantité de livres.

La monnaie sert pour les échanges immédiats; et comme celui qui donne, par exemple, du blé, du drap, pour de l'argent monnayé, échange, par une convention libre, tant de blé ou de drap pour tel poids d'argent fin monnayé, les dénominations de livres et de sous, employées dans le marché, sont purement nominales.

Ce n'est qu'une manière plus simple d'exprimer la quantité d'argent fin que l'on donne pour une quantité de drap, de blé, etc.

Mais on prend aussi l'engagement de payer, à une telle époque, tant de livres, de sous, etc., soit en échange de denrées, soit en échange de services, soit en échange de monnaie prêtée; l'engagement est alors dans la réalité celui de payer tant de poids d'argent fin réduit en monnaie : cependant, comme on exprime cet engagement en valeurs nominales, en livres, par exemple, il en résulte la supposition que la valeur de la livre nominale n'a pas changé dans l'intervalle entre l'engagement et son exécution, sans quoi on serait engagé à payer tant de poids d'argent en monnaie, et on en donnerait un poids plus ou moins grand.

Il peut y avoir une variation dans la valeur réelle de l'argent entre la convention et son exécution. Supposons, par exemple, qu'une même quantité de denrées les plus nécessaires, de journées d'hommes, de terres d'une production égale, équivaille dans un temps à cent livres pesant d'argent fin, réduit en monnaies, et dans l'autre, à cent vingt livres; il est clair que celui qui s'est engagé à rendre cent livres pour cent livres qu'on lui a données, ou pour les valeurs en journées, en denrées, en terres qui équivalaient à ces cent livres, rendra moins qu'il n'a reçu, puisque avec ces cent livres on ne peut plus se procurer la même quantité de denrées, de journées, de fonds de terre, mais un sixième de moins. Cependant, comme le rapport de valeur des denrées entre elles, des journées avec les denrées, n'est pas non plus invariable ; que pour celles qui, dans ce genre, ont les rapports les plus constants, ces rapports ne le sont pas assez pour être employés comme tels dans les comptes, et qu'aucune, excepté les métaux, n'est susceptible d'une identité parfaite entre des quantités de même volume ou de même poids, on fait abstraction de cette variation réelle dans la valeur de l'argent, et on la considère comme constante. Cette convention générale une fois faite, il n'en résulte plus d'injustice, parce que si on ne rend pas la valeur de ce qu'on a reçu, on rend la valeur qu'on a promis de rendre.

L'unité de valeur nominale, attachée ainsi à une unité réelle, n'est susceptible que des mêmes variations, et on la regarde comme constante, en attribuant ces variations aux autres valeurs dont elle est la mesure. C'est ainsi que dans les calculs astronomiques on regarde la terre comme immobile, en attribuant, en sens contraire, aux autres astres les mouvements qui lui sont propres.

Une pièce d'argent n'est autre chose qu'un lingot d'argent dont l'empreinte constate la valeur et le titre; c'est-à-dire, le rapport de l'argent avec l'alliage, et par conséquent constate la quantité d'argent fin contenu dans la pièce.

Comme ce lingot est propre aux mêmes usages que tout autre lingot d'argent ; que, de plus, il sert de mesure commune pour tous les marchés libres ; qu'enfin, il est la valeur qu'on est obligé de donner et de recevoir pour l'exécution des conventions, il est évident qu'un lingot réduit en monnaie doit naturellement avoir plus de valeur qu'un lingot égal qui n'est pas réduit en monnaie : d'où il résulte qu'une livre d'agent fin en lingot doit s'acheter pour moins d'une livre d'argent fin réduit en monnaie.

S'il était possible que la fabrication de la monnaie fût libre, il est clair encore que la différence moyenne entre la valeur du lingot réduit en monnaie, et celle du lingot non réduit en monnaie serait égale aux frais de fabrication ; en effet, lorsqu'elle serait un peu plus grande, il y aurait de l'intérêt à fabriquer, et l'augmentation du numéraire ferait baisser cette différence : si elle était plus petite, il y aurait de la perte à fabriquer, et par conséquent on attendrait que le besoin du numéraire fît hausser cette différence.

Mais la monnaie est partout fabriquée au nom de la nation, qui soumet cette fabrication exclusive à des règles telles, qu'il ne puisse y avoir ni d'incertitude sur le poids de la pièce de monnaie ou sur son titre, ni d'inquiétude sur la vérité de l'empreinte. La nation fixe alors la valeur des frais de fabrication, et les retient sur celle des lingots achetés pour les changer en monnaies, ou portés à la fabrique pour être rendus, après avoir été monnayés : dans plusieurs pays, elle ajoute à ces frais un droit arbitraire ; dans d'autres, enfin, elle se charge de les payer.

Si elle fixe les frais de fabrication, et que la différence établie à l'hôtel des monnaies entre l'argent non monnayé et l'argent monnayé soit égale à ces frais, alors l'état naturel n'est changé qu'en un point : cette différence, qui aurait pu excéder, pendant quelque temps, les frais de fabrication, ne les excédera jamais ; lorsqu'elle sera plus petite, l'équilibre se rétablira de la même manière.

Si la nation ajoute un droit aux frais de fabrication, c'est-à-dire, si la différence établie à l'hôtel des monnaies entre le prix de l'argent monnayé et celui de l'argent non monnayé, est égale aux frais de fabrication augmentés de la valeur de ce droit, il est clair que dans le commerce la différence de valeur ne sera jamais plus grande, mais qu'elle sera souvent plus petite, et alors on ne fabriquera de monnaie que lorsque cette différence naturelle, qui naît de l'avantage réel d'avoir plutôt de la monnaie que de l'argent en lingot, sera égale aux frais de fabrication augmentés du droit. Le numéraire tombera donc au-dessous du besoin, jusqu'à ce que ce besoin, évalué en argent, soit égal à cette différence.

Si la nation se charge des frais de fabrication, l'argent réduit en monnaie est égal à l'argent en lingots.

Avant d'aller plus avant, il est nécessaire d'exposer en quoi consiste l'égalité physique d'un lingot réduit en monnaie, et d'un lingot non réduit en

monnaie. On peut connaître le rapport de l'argent
à l'alliage dans un lingot donné, et le poids de ce
lingot, avec toute l'exactitude dont l'art d'essayer et
celui de construire les balances sont susceptibles, à
un moment donné. Mais comme on exige de faire
les pièces de monnaie d'un poids déterminé, et d'y
employer l'argent à un tel titre, les opérations nécessaires pour parvenir à ce même degré d'exactitude,
surtout relativement au titre, coûteraient plus que
l'inconvénient qui peut résulter de l'erreur.

Supposons, par exemple, que la pièce doive contenir onze douzièmes d'argent fin, et que l'on ne
puisse être sûr, dans une fonte, de parvenir précisément à ce titre sans s'exposer à y faire entrer onze
douzièmes et un cent-quarante-quatrième d'argent;
supposons de plus que cette pièce doive peser une
once, mais que l'on ne puisse préparer une pièce
d'une once au moins, sans s'exposer à la faire plus
forte de deux grains, il est clair que cette pièce qui
devait contenir onze douzièmes, ou $\frac{132}{144}$ d'once d'argent fin, en pourra contenir onze douzièmes et un
cent-quarante-quatrième, c'est-à-dire , $\frac{133}{144}$, si elle ne
pèse qu'une once; mais par l'hypothèse, elle peut
peser deux grains de plus ou une once plus $\frac{1}{288}$, et
par conséquent elle pourrait contenir $\frac{38437}{41472}$ d'once
d'argent fin, au lieu de $\frac{38016}{41472}$, c'est-à-dire, $\frac{421}{41472}$ d'once
de plus.

Cet excédant doit être considéré comme partie des
frais, c'est-à-dire, qu'en supposant que dans la fabrication on se tienne, l'un portant l'autre, entre
ces deux limites, il faudra accorder, en sus des frais

de fabrication, la moitié ou plus généralement une certaine proportion de cet excédant.

Cela posé, si l'on retient seulement sur la monnaie les frais de fabrication, on voit, 1° qu'il n'y a aucun intérêt de la fondre, parce que, même la monnaie choisie, celle qui pèserait, dans l'hypothèse précédente, deux grains de plus, vaudra toujours moins qu'un lingot de pareil poids augmenté des frais de fabrication, qui excèdent cette valeur; 2° que la valeur nominale de la livre sera attachée à une valeur réelle en argent, à très-peu près constante, celle d'un poids donné d'argent fin réduit en monnaie, puisque la différence de valeur entre le lingot et la pièce n'est susceptible que de très-petites variations.

Si, au contraire, on ne retient pas les frais de la fabrication, le lingot non monnayé ayant la même valeur que le lingot monnayé; celui-ci étant estimé au poids et au titre établi, les pièces qui pèseraient une once deux grains, ou même une once un grain, pourraient évidemment être fondues ou exportées avec profit, d'autant plus que la pièce peut être supposée à un titre un peu supérieur à celui du règlement, quoique cet excédant soit incertain.

Les pièces de monnaie se détériorent par l'usage en perdant de leur poids, et c'est au taux commun de cette dégradation, et même plus bas, que tombe alors leur valeur commerciale; ainsi la pièce d'une once renfermant $\frac{132}{144}$ d'argent fin, si on estime le degré de détérioration tel qu'on puisse la supposer diminuée d'un de ces 144es, la pièce ne sera plus estimée que comme en contenant 131.

On voit donc que, dans ce cas, si les frais de fabrication ne sont pas retenus, il y aura du profit à fondre, non-seulement les pièces au-dessus du poids, mais même les pièces de poids; d'où résulte, non pas une petite variation alternative en plus ou en moins de la valeur de la livre nominale, mais une dégradation de cette valeur, qui s'accroît toujours à mesure que les pièces qui restent dans le commerce se détériorent davantage.

Cette détérioration n'est pas non plus sans inconvénient, quand même on retient les frais de fabrication, parce qu'elle peut tomber au point qu'il y ait du profit à fondre les espèces les plus pesantes. La variation de la valeur nominale en est d'ailleurs augmentée, puisqu'elle reste alors entre la valeur de l'argent fin contenu dans les pièces dégradées, et la valeur de la pièce monnayée estimée au taux du règlement.

Ce serait donc même alors une précaution utile de fixer un terme à cette détérioration, c'est-à-dire, d'autoriser, pour les payements au-dessus d'un certain terme, à exiger que les espèces eussent au moins tel poids; par ce moyen, toutes les bonnes espèces ressortiraient de la circulation journalière à mesure qu'elles y rentreraient, et seraient réservées pour les payements; et si, de plus, on avait la précaution de ne faire de petites pièces que pour le besoin, l'utilité dont elles sont dans la vie commune en soutiendrait la valeur dans le commerce ordinaire au taux qu'elles avaient avant d'être détériorées, et celle de la livre nominale serait aussi constante qu'elle peut l'être.

Nous avons déja exposé les inconvénients de l'établissement d'un droit sur les monnaies; on a déjà vu qu'il en résultait cette conséquence, qu'on ne mettait de monnaie en circulation que jusqu'au point où le besoin d'en avoir surpasserait la perte causée par le droit et par les frais de fabrication, auxquels il faut ajouter à présent la dégradation. Cependant, dans toutes les hypothèses de balance du commerce, il est nécessaire de fabriquer des monnaies; en effet, il s'use, il se perd des espèces, on en fond même lorsqu'il n'y a pas de profit à les fondre; par exemple, dans les villes où le commerce des métaux n'est pas en activité, on peut fondre de la monnaie pour s'épargner la peine de chercher une petite quantité de matière dont par hasard on a besoin, et on se dédommage de la perte, s'il y en a, par le prix de la façon de l'ouvrage auquel on emploie cette monnaie. De plus, il sort nécessairement des espèces, lors même qu'il n'y a pas d'intérêt à les faire sortir : à la vérité, elles rentrent en partie, parce qu'il y en a à les faire rentrer, lorsqu'il existe un droit de ce genre; mais toutes ne rentrent pas, à beaucoup près; il doit donc résulter de ce droit une rareté d'espèces.

Pour y remédier, on peut remettre aux fabricateurs de monnaie, à ceux qui possèdent des matières, une partie plus ou moins forte du droit; mais si c'est par des marchés particuliers, on fait une véritable injustice à ceux qui, ayant besoin de vendre des matières, et n'étant pas au fait des spéculations de commerce, vendent aux hôtels des monnaies

suivant le taux établi par le règlement, tandis qu'a-
lors le taux du commerce se règle d'après ces marchés particuliers; si c'est par des lois générales, on
introduit dans les valeurs nominales, et, ce qui en
est la suite, dans les prix, une variation perpétuelle
et une variation arbitraire.

En France, où l'on a voulu allier une grande fabrication des monnaies avec l'existence d'un droit
de monnayage, l'État, en paraissant gagner sur les
monnaies, faisait des traités d'où résultait une perte
réelle : ces marchés augmentaient la rareté et le prix
des matières, et il est arrivé que, malgré l'avantage
qu'a naturellement le lingot réduit en monnaie, sur
le lingot brut, une même quantité d'argent en lingot s'est trouvée valoir plus que la même quantité
réduite en monnaie. Du moins, ces valeurs seraient
restées égales, et les monnaies n'auraient baissé tout
au plus que de la valeur à laquelle on peut estimer
leur dégradation, si on avait révoqué la loi qui défend de fondre les espèces; mais en laissant subsister cette loi, on s'est trouvé dans la nécessité de payer
le risque auquel elle expose; on ne pouvait alléguer
cet expédient comme un moyen de se procurer les
matières à meilleur marché. Les effets de cette différence de valeur entre le lingot non monnayé, et le lingot monnayé, sont devenus beaucoup plus fâcheux
par leur influence sur le cours du papier-monnaie;
car, si pour un lingot produit en fondant de la
monnaie, on reçoit en billets une valeur nominale
supérieure à la valeur nominale de cette monnaie,
il y aurait de la perte à l'échanger contre un billet

égal en valeur nominale, puisqu'on recevrait ce même billet pour un lingot moindre que celui qui serait produit par la fonte de cette quantité de monnaie. Les billets doivent donc perdre même quand la confiance serait entière, et une partie de la perte qu'ils éprouvent doit être attribuée, non au défaut de crédit, mais aux mauvaises opérations faites sur les monnaies depuis trente ans.

Ce n'est pas l'établissement même du droit qui est cause de ce désordre; il a fallu de singulières combinaisons pour parvenir à rendre profitable la fonte de la monnaie dans le système de législation le plus propre à l'empêcher; car tout homme instruit en ce genre sait qu'on ne les fond pas quand il existe un droit de monnayage.

Le droit de monnayage équivaut, dans le commerce étranger, à un impôt sur l'exportation qui n'est considérable que dans le cas où la balance du commerce est favorable. En effet, le négociant étranger est obligé de s'acquitter en monnaie française; il lui en coûterait donc en lingots autant de poids de plus qu'il en faut pour la valeur du droit. Mais, comme en même temps qu'il achète une denrée, lui, ou un autre négociant de son pays, en vend une autre, la totalité des achats ne s'acquitte pas en monnaie, il ne se paye nécessairement en espèces que l'excédant de ce qui est acheté sur ce qui est vendu, et quelque chose de plus, parce qu'il est impossible que dans tous les temps, à toutes les échéances, la compensation entre des achats et des ventes égales soit rigoureusement exacte. Mais un impôt sur l'exportation n'est pas utile par lui-même ; ceux qui soutiennent l'utilité de ces impôts avec le plus de chaleur, ne les approuvent que pour les matières premières qui doivent être manufacturées au dehors.

Le droit de monnayage peut avoir aussi l'avantage de baisser le prix des matières qu'on emploie pour les ouvrages d'art ; mais comme ce n'est qu'en diminuant la fabrication de la monnaie, en la tenant au-dessous du besoin, c'est uniquement favoriser un commerce aux dépens des autres.

Concluons donc que le système le meilleur est de suivre l'ordre naturel ; c'est de retenir sur la monnaie les frais de fabrication, et pour cela, 1º de payer les matières au change d'après ce principe ; 2º d'obliger les fabricateurs à frapper pour les particuliers en retenant le même profit. Cette seconde mesure est nécessaire, parce que l'on ne peut assujettir les fabricateurs à avoir continuellement en caisse la somme nécessaire pour payer comptant ceux qui veulent échanger des lingots contre de la monnaie, et que l'on ne doit pas faire dépendre cette fabrication du plus ou moins de crédit qu'aura tel fabricateur. 3º De proscrire tout traité particulier entre le trésor public et les commerçants en métaux, parce que, si on achète comptant, on fait une opération qui n'enrichit pas le trésor et qui n'a aucune utilité, puisque dans ce système la masse des monnaies se proportionne d'elle-même au besoin, et que si on achète à crédit, il vaudrait autant emprunter l'argent monnayé fabriqué avec ces lingots. 4° Ne frapper de petites espèces que pour le besoin. 5° Autoriser à exiger, dans les payements au-dessous d'une certaine somme, que les monnaies aient un certain poids très-peu inférieur à celui de la loi.

Par ce moyen, le règlement des monnaies ne causera aucun changement dans la valeur nominale, et se rapprochera autant de la nature que le permet la nécessité de ne pas laisser libre la fabrication des monnaies.

DEUXIÈME MÉMOIRE.

D'après quels principes peut-on régler, dans les monnaies, la proportion de la valeur de l'or et de l'argent?

Nous avons vu, dans le mémoire précédent, qu'il existait une unité de valeur nominale par laquelle on mesurait toutes les autres; nous avons vu que cette unité de mesure pouvait être attachée d'une manière presque invariable, à un certain poids d'argent ou d'or fin réduit en monnaie.

Mais si on emploie deux espèces de monnaies, celles d'or et d'argent, par exemple, et qu'on établisse, par un règlement, que l'unité de mesure répond à tel poids d'argent, et aussi à tel autre poids d'or, à une livre d'argent, par exemple, et à une once d'or, il est clair que ce règlement suppose que la livre d'argent est d'une valeur égale à celle de l'once d'or; c'est-à-dire, qu'un poids donné d'or vaut seize fois le même poids d'argent.

Mais l'or et l'argent sont des substances employées dans les arts, qui ont chacune une valeur déterminée par la concurrence entre les acheteurs et les vendeurs; le commerce établit donc entre elles un rapport qui varie nécessairement, suivant que la quantité de l'un ou de l'autre de ces métaux a un rapport plus ou moins grand avec le besoin de l'employer.

Le rapport fixé par la loi peut donc n'être pas le même que celui du commerce. Supposons, en poursuivant notre exemple, que dans le commerce, l'or ne vaille que quinze fois le même poids d'argent; alors, avec une once d'or, on ne peut avoir que quinze onces d'argent; et cependant, avec cette once d'or monnayé, on acquittera la même valeur nominale qu'avec seize onces d'argent monnayé; on s'acquittera donc de préférence en monnaie d'or, et celle d'argent, qui sera de poids, sera fondue ou exportée. La valeur nominale ne sera réellement exprimée que par le métal-monnaie qui a la moindre valeur. Il y aura une perte réelle pour celui à qui on rendra dans ce métal ce qu'il a prêté avec l'autre, et tout homme qui donnera de l'argent en payement souffrira un dommage. Ainsi, le métal évalué trop haut à la monnaie sera presque le seul d'un usage commun; si c'est l'or, il ne restera presque à la longue, dans le commerce, que les monnaies d'argent dégradées par l'usage, et qui servent aux appoints et à la circulation journalière; si c'est l'argent, l'or disparaîtra, et on sera obligé d'en acheter lorsque, par des raisons de commodité, on voudra en porter en voyage, ou en avoir sur soi pour le jeu, pour d'autres genres de dépense.

Il est nécessaire de distinguer ici ce qui a lieu relativement au commerce, et ce qui a lieu relativement à la dépense courante de la pluralité des citoyens. Ceux-ci payent et reçoivent suivant la valeur

nominale, et donnent ou acceptent indifféremment
la monnaie d'argent et celle d'or; ainsi, comme la
valeur des denrées s'exprime d'après la valeur nominale, et que celle-ci se règle dans le commerce
général d'après la monnaie dont la valeur est fixée
par le règlement au-dessus de la proportion du
commerce, c'est-à-dire, dans notre exemple, d'après
la monnaie d'or, la perte est tout entière pour eux,
et le gain pour le commerçant, qui, recevant d'eux
de l'argent comme de l'or, trouve dans ses opérations
de banque le moyen de profiter de la valeur plus
grande de l'argent.

En France il y a eu, jusqu'en 1785, du profit à
exporter les monnaies d'or, parce que leur rapport
avec celles d'argent était plus faible que celui du
commerce; cependant, à la refonte, la diminution
du numéraire s'est trouvée moindre qu'on ne l'avait
imaginé.

Mais il n'avait jamais existé en France de véritable crédit national; le prêt à intérêt et à terme fixe
y était défendu par la loi, et presque avili par le
préjugé; il était donc naturel que beaucoup de gens
thésaurisassent, les uns pour amasser, les autres
pour attendre un placement. Cet emploi de la monnaie d'or devait nécessairement la conserver; d'ailleurs on la vendait avec profit aux voyageurs ou
aux joueurs, ce qui empêchait de songer autant à
s'en procurer un plus grand par des opérations
moins faciles.

On a proposé plusieurs moyens de parer à ces inconvénients.

L'un, de n'admettre, dans les payements forcés, que la monnaie d'un seul métal, en laissant aux monnaies de l'autre prendre la valeur qu'elles ont dans le commerce ; comme si, par exemple, on établissait en France que la monnaie d'argent sera seule reçue forcément, et qu'on ne prendra la monnaie d'or que librement suivant le taux du commerce.

Dès lors tout se règle sur une espèce de monnaie, comme s'il n'y en avait qu'une, et c'est un avantage ; mais en même temps l'autre espèce de monnaie deviendra d'un usage moins commode ; on aimera moins à s'en servir ; elle n'aura presque plus aucun avantage sur les lingots.

Le plus grand inconvénient qu'on éprouverait dans cette hypothèse, et qui a lieu également dans le cas où l'on a établi une proportion sensiblement différente de celle qui existe dans le commerce, est de rendre incommode, dans l'usage, une grande partie de la monnaie, et par conséquent d'en avoir moins à employer pour des entreprises utiles.

Cet inconvénient serait surtout sensible dans les pays où il n'existe pas de papiers de circulation ; mais il est moindre dans l'hypothèse que nous considérons, parce que la monnaie variable sert du moins dans toutes les grandes spéculations de commerce, et dans toutes celles de banque.

Si on ne fixe la valeur de la livre ou de l'unité nominale que pour les monnaies d'un seul métal, il résulte des observations précédentes, qu'on doit

préférer celui avec lequel on peut espérer de fabriquer
plus de valeurs monnayées.

Cependant, il peut n'être pas indifférent de préférer le plus précieux ou le moins précieux. Si on
préfère l'or, on voit que les échanges se font avec une
masse de matière beaucoup moindre; la diminution
sur le volume est plus grande encore. Les transports
sont donc plus faciles, moins chers; les frais de fabrication sont moindres; et, quoique l'argent ait une
infériorité réelle pour les ouvrages des arts, cependant il est d'un usage plus étendu, plus commun, et
il est plus avantageux de l'épargner pour celui des
monnaies.

Dans un pays où il n'existe pas un crédit public
à peu près constant, où la loi et le préjugé proscrivent le prêt à intérêt à terme fixe, beaucoup
d'hommes, comme nous l'avons déjà observé,
cherchent à thésauriser; l'or étant plus commode
pour cet usage, une grande partie de la monnaie d'or
y sera employée, et si c'est l'or qui est pris dans les
payements, au taux du commerce, les inconvénients
du règlement se confondront avec ceux de la thé-
saurisation.

Le changement dans le rapport de valeur entre
les deux métaux, suit, pendant des espaces de temps
assez longs, une marche régulière; par exemple, la
valeur de l'argent, par rapport à celle de l'or, peut
croître pendant un siècle entier, soit parce qu'il
existe un grand commerce, où il est avantageux de
payer en argent, soit parce que l'emploi de l'argent
en vaisselle ou en bijoux est proportionnellement

plus étendu que celui de l'or, soit parce que les mines produisent proportionnellement plus d'argent que d'or.

Si dans ce cas on attache la valeur fixe à celui des deux métaux dont la valeur doit augmenter, ceux qui possèdent des monnaies de l'autre doivent chercher à s'en défaire, parce qu'ils prévoient qu'il doit baisser de prix ; si, au contraire, on attachait la valeur fixe à celui qui doit baisser, la monnaie de l'autre disparaîtrait, puisqu'on serait intéressé à la garder de préférence.

On a proposé aussi d'attacher l'unité nominale de valeur à un seul métal ; mais au lieu de laisser l'autre prendre sa valeur dans le commerce, de lui en attribuer une à certaines époques d'après le taux moyen du commerce (comme si, par exemple, en France chaque législature nouvelle déterminait pour deux ans dans sa première session le rapport de l'or à l'argent).

En répétant cette fixation à des époques rapprochées, il est clair qu'on s'écartera peu du taux du commerce ; mais comme il est facile de prévoir dans quel sens le changement aura lieu à l'époque déterminée, on se trouvera toujours dans le cas de voir la monnaie qui doit baisser de prix employée de préférence dans les payements et servir seule de mesure. Cet inconvénient sera moindre que dans le cas où la proportion est comme irrévocablement fixée, et n'ira pas jusqu'à faire fondre les espèces. Supposons, par exemple, que l'or soit établi aujourd'hui comme valant quinze fois un poids égal d'argent, et qu'on prévoit qu'il ne vaudra à la prochaine fixation que quatorze et demi, il est clair qu'on doit préférer de payer en or; mais, au lieu de fondre et d'exporter l'argent, on pourra le garder, puisqu'il y aura une époque peu éloignée, où, sans le fondre, sans perdre les frais de fabrication, on jouira de l'augmentation que, dans l'intervalle d'une époque à l'autre, il aura pu acquérir.

Dans cette combinaison, celui qui aura prêté sera toujours remboursé dans le métal dont on sait que la valeur doit baisser; il perdra donc de la même manière que si la proportion était fixée; mais moins, parce que le motif de préférence est plus faible, puisque la différence actuelle est toujours plus petite.

Cette méthode paraît préférable à la méthode précédente, qui, comme on l'a vu, rend presque inutile, pour l'usage ordinaire, toute une espèce de monnaie.

Mais elle a un inconvénient assez grave. Si on fixe la méthode de déterminer le taux moyen, il est possible de trouver quelque opération fictive, d'imaginer quelque tour d'adresse qui influe sur cette détermination ; si on laisse la puissance publique libre de l'arbitrer, il est possible de la tromper : on spéculera donc sur ce taux futur, et l'époque de chaque changement sera pour le commerce un temps de stagnation et d'agiotage. Cependant il ne faut pas exagérer cet inconvénient, qu'il est possible d'éviter en grande partie, comme on se propose de le montrer dans un des mémoires suivants.

On peut proposer, enfin, de déterminer seulement
que tous les payements au-dessus d'une certaine
somme seront faits moitié en une espèce de monnaie, moitié dans l'autre, et que, par conséquent,
l'unité nominale sera représentée par tel poids d'or
et tel poids d'argent monnayé.

Supposons, d'après ce principe, que l'unité nominale soit égale à une demi-livre d'argent et à une
demi-once d'or, et que le rapport de l'or avec l'argent, dans le commerce, soit comme seize à un; il
est clair que celui qui possède des espèces d'or, et
celui qui possède des espèces d'argent, sont dans
une situation semblable, soit qu'ils aient à payer,
soit qu'ils aient à recevoir.

Si, au contraire, l'or, dans le commerce, ne valait que quatorze fois l'argent, celui qui a des espèces d'argent choisies pour une moitié de ce qu'il
possède, pourrait les fondre, et en les vendant pour
de l'or, avoir plus de pièces d'or qu'il ne lui en faut
pour équivaloir à la moitié de ce qu'il avait d'argent,
et par conséquent faire un payement nominalement
égal, en conservant quelques espèces d'or; mais on
voit que, vu la nécessité de payer moitié en argent,
il n'a que moitié du profit qu'il aurait eu, s'il avait
pu tout payer en or. Ce profit durera jusqu'au moment où il ne restera plus assez de monnaie d'argent
pour que l'on puisse choisir les pièces d'argent dégradées, afin de les employer au payement, et distraire les pièces fortes.

Cette méthode, dans ce cas, réduirait donc naturellement les espèces d'argent aux taux où leur dé-

gradation, combinée avec la nécessité de faire la moitié des payements en argent, rétablirait l'équilibre entre le taux du règlement et celui du commerce. Par exemple, j'ai cent livres à payer, pour lesquelles je dois cinquante livres d'argent et cinquante onces d'or, et j'ai cent livres d'argent, avec cinquante desquelles je puis acheter cinquante-sept onces deux quatorzièmes d'or; je pourrais donc les fondre. Mais si mes espèces sont dégradées par l'usage, mon profit diminuera en les fondant; et, de plus, si la monnaie d'argent est devenue rare, celui qui est obligé d'en donner en payement doit l'acheter plus cher. Je vendrai donc ma monnaie au lieu de la fondre. La valeur nominale sera ici égale à la valeur en métaux fixée par le règlement (les métaux étant évalués suivant la proportion du commerce), moins l'effet de la dégradation des espèces dont le règlement a établi le prix au-dessous du taux réel.

On trouve ici deux inconvénients : le premier, l'incommodité de payer avec deux métaux dans une proportion déterminée ; le second, l'obligation d'établir une sorte d'équilibre dans la fabrication ; ce qui diminue cependant moins la masse du numéraire que les deux premiers systèmes, de manière qu'il sera peu sensible dans les pays où le papier de circulation est établi. L'existence de ce même papier diminue aussi très-sensiblement les inconvénients de la nécessité de payer moitié en argent, moitié en or.

Nous avons dit ici moitié ; mais on sent qu'il est possible d'établir une autre proportion : par exem-

ple, d'exiger deux tiers en or et un tiers en argent,
ou réciproquement. Si le métal dont la valeur est
fixée au-dessous du taux du commerce est celui dont
on exige le plus, il est clair que le profit de le fondre diminue, du moins lorsqu'il commence à devenir rare, et que la masse qui en existe en monnaie se rapproche de la proportion établie par le
payement.

C'est entre les deux dernières méthodes qu'il faut
choisir : l'une a l'inconvénient d'un agiotage qui se
renouvelle à chaque changement; l'autre, d'un agiotage presque continuel, causé par la nécessité de proportionner les espèces dans les payements. L'une diminue la masse du numéraire de l'espèce dont la
valeur doit augmenter ; l'autre oblige de rapprocher
de l'égalité ou de la proportion donnée, la masse
entière du numéraire. L'une, au moyen de petites
variations périodiques, dispense de toute espèce de
changement; l'autre en dispense jusqu'au moment
où la différence, entre la proportion du règlement
et celle du commerce deviendrait énorme. L'une
peut conduire à ne presque plus employer qu'une
espèce de monnaie; l'autre oblige toujours d'en employer deux, mais dans une proportion forcée. Dans
l'une, la valeur nominale est attachée à une quantité
fixe d'un seul métal; dans l'autre, attachée à une
quantité fixe de deux métaux, elle varie avec leur
proportion. Si toutes deux se balancent en quelque
sorte pour les négociants, la dernière est bien plus
incommode pour les usages ordinaires, pour les
payements des fermiers, ceux des salaires, ceux des

impôts; à moins qu'on ne dispense, pour ces payements, de la règle de payer en deux monnaies; ce
qui, 1° a des inconvénients pour les impôts, puisqu'ils doivent en grande partie servir à faire des
payements assujettis à cette loi; 2° obligerait, pour
les autres payements, à établir une proportion fixe,
c'est-à-dire, à laisser subsister en partie l'inconvénient
qu'on a voulu éviter.

Les payements ne se feraient pas réellement par
moitié, mais il se formerait des conventions libres,
de même que si on avait employé le premier moyen.
Or, de telles conventions, qui, dans le commerce de
banque, et en général dans le commerce, ont peu
d'inconvénients, en auraient dans la vie ordinaire;
et c'est surtout par cette raison que l'avant-dernière
méthode paraît devoir être préférée.

Une grande partie des inconvénients qui, dans un
système quelconque de monnaie, résultent de l'usage
de deux métaux, seront diminués, si les frais de fabrication entrent dans la valeur des monnaies, puisque la perte de ces frais de fabrication diminue le
profit de les exporter et de les fondre.

C'est une raison de plus pour ne pas mettre ces
frais de fabrication au rang des dépenses nationales.

On peut y ajouter encore que, pour ne point s'exposer à payer deux ou trois fois les frais de fabrication de la même monnaie à un monnayeur qui n'aurait que ce moyen de se procurer du travail, la
nation serait obligée de faire un traité avec les fabricateurs; que ce traité serait fondé sur des bases trop
incertaines pour ne pas être onéreux, si ces fabri-

cateurs ne sont eux-mêmes les propriétaires d'une banque de papiers de circulation. Cette banque ne peut donc plus être ni nationale, ni libre, et ce seul inconvénient suffirait pour ne pas adopter le système d'une fabrication gratuite.

TROISIÈME MÉMOIRE.

A quel titre doit-on fabriquer les monnaies, et ensuite quelles qualités doit avoir une bonne monnaie? Serait-il avantageux de frapper des pièces d'or d'un grand poids? Est-il utile que des nations différentes conviennent entre elles d'adopter un même système de monnaie?

Des hommes très-éclairés, et d'un esprit supérieur, ont pensé que, pour la fabrique des monnaies, on devait employer les métaux dans toute leur pureté.

Ils y voyaient plusieurs avantages : celui d'être dispensé d'établir une proportion arbitraire que l'on est toujours tenté de changer; celui de rendre plus simples les calculs du change; celui d'une espérance mieux fondée de rappeler au même titre les monnaies des diverses nations; celui enfin d'introduire dans le commerce des métaux rappelés à leur état de pureté, ce qui peut être utile aux arts.

Dans l'opinion commune, on regarde les métaux non alliés comme trop mous et trop susceptibles d'être dégradés; mais est-il bien prouvé qu'une pièce d'or ou d'argent n'acquiert point, par l'écrouissement sous le coup du balancier, une dureté suffisante?

On peut objecter aussi la difficulté de donner aux

métaux une pureté absolue, d'où résulte une augmentation de dépense; mais il faut observer que cette pureté dispense de laisser aucune latitude sur le titre, parce qu'alors on n'introduit dans les fontes que des métaux purs.

D'autres ont pensé qu'il fallait préférer le titre auquel se trouvent le plus communément les lingots ou les monnaies étrangères, avec lesquels on fabrique le plus généralement de la monnaie, en se tenant un peu au-dessus de ce titre. Il en résulte à la fois plus de facilité pour la fabrication, et la possibilité de réduire à des limites plus étroites, ce qu'on est obligé d'accorder au fabricateur comme dédommagement du sacrifice qu'il peut être forcé de faire pour porter la monnaie au titre exigé par le règlement. En effet, moins il aura de matière à ajouter pour mettre ses fontes au titre exigé, plus les fontes seront homogènes, et plus il sera sûr de ne pas s'écarter du terme prescrit.

Enfin, on a désiré que le titre des monnaies fût le même que le titre unique de la vaisselle et des bijoux, ou que leur titre le plus commun, si la loi en autorise plusieurs, et cela par une raison semblable, dans l'intention de multiplier naturellement dans le commerce les lingots à ce titre, en multipliant les usages auxquels ils peuvent servir immédiatement, et par conséquent de diminuer les opérations sur les métaux; ce qui économise à la fois, tant les métaux eux-mêmes dont on perd toujours un peu, que les combustibles et les agents employés dans ces opérations.

Je me permettrai d'entrer ici dans quelques détails sur le commerce de l'orfévrerie. Comme les métaux employés à fabriquer des ustensiles ou des bijoux ne sont point détériorés par cet usage, qu'ils conservent leur valeur comme matières, qu'ils peuvent être employés à fabriquer d'autres ustensiles et d'autres bijoux, il est important que celui qui en achète connaisse la valeur des métaux précieux qu'ils renferment, surtout quand elle fait une partie considérable de la valeur totale de l'objet travaillé.

Lorsqu'ils sont d'un seul métal, il est facile d'en constater le poids. Mais quant au titre, tout autre moyen que celui d'une marque apposée sous le sceau de la confiance publique, serait trop incommode pour être employé dans la pratique.

S'ensuit-il cependant que les bijoux, comme les monnaies, doivent être à un titre déterminé?

Dans les monnaies, la différence des titres ne servirait qu'à introduire une complication inutile. Il n'en est pas de même pour les bijoux : leur degré de pureté doit dépendre de l'usage auquel on les emploie, du prix que chaque acheteur veut y mettre; la puissance publique n'a même aucun droit de défendre l'usage des ustensiles, des bijoux à bas titre : elle doit aux citoyens de leur assurer les moyens de n'être point trompés sur leurs intérêts; mais elle ne peut les forcer à faire usage de ces moyens. Si quelqu'un aime mieux, dans un marché, se fier à la probité du vendeur, que de payer la dépense nécessaire pour une vérification, pourquoi l'y soumettre malgré lui?

Dira-t-on que l'erreur sur le titre d'un ustensile de cuisine, d'une pièce de vaisselle, peut en rendre l'usage dangereux? Mais lorsque l'on sera prévenu de ce danger, on prendra les précautions nécessaires pour s'en garantir; et il n'est pas juste de gêner la liberté de tous, pour empêcher quelques individus de s'exposer à un danger qu'ils connaissent, et qu'on leur donne les moyens d'éviter.

On ne doit donc pas défendre le commerce des bijoux non marqués, et on ne peut que choisir entre les trois partis suivants : on peut établir une marque qui serve à constater tous les titres entre deux limites déterminées, et pour des différences aussi déterminées, et les moyens de pratique pour y parvenir ne sont pas difficiles.

On peut établir seulement trois ou quatre titres auxquels répondraient autant de marques : ceux qui voudraient faire marquer des bijoux, seraient obligés de les faire fabriquer à l'un de ces titres.

Enfin, on peut n'établir qu'un seul titre : c'est ce que l'archiduc Léopold avait fait en Toscane. Mais comme la tromperie, qu'un marchand aurait commise en vendant à un faux titre des bijoux non marqués, doit donner lieu à une action contre lui, il y a un assez grand inconvénient à n'établir qu'un seul titre, celui de multiplier les procès de ce genre, qui auraient lieu bien plus rarement, si la loi avait établi plusieurs marques, parce qu'elles peuvent embrasser les divers titres auxquels on aurait envie de se procurer des bijoux.

C'est donc entre les deux premiers moyens qu'il faut choisir, et le premier est le plus favorable aux progrès de l'art de travailler les métaux précieux.

On voit que, d'après ces réflexions, il n'existe aucune raison d'excepter cet art de cette liberté indéfinie, à laquelle l'intérêt général et la justice les appellent également tous.

L'affinage doit être également libre; mais il doit exister une marque qui puisse répondre de la pureté absolue d'un lingot.

Les monnaies ne sont que des lingots de métal, dont une empreinte garantit, sur la foi publique, le titre et le poids. Il faut donc s'assurer d'une méthode de constater le titre qui inspire la confiance, et chercher les moyens d'avoir des monnaies dont le poids ne se dégrade pas, et telles que l'on puisse distinguer au premier coup d'œil la monnaie qui a perdu de son poids et celle qui n'a point été détériorée.

Il faut enfin que la vue de l'empreinte puisse faire juger qu'une monnaie a été véritablement frappée dans la fabrique dont elle porte le signe, et que ce n'est pas une monnaie contrefaite.

Pour qu'une méthode de constater le titre, c'est-à-dire, le rapport entre le métal précieux contenu dans un lingot, et le métal moins précieux avec lequel il est allié, remplisse son but, il faut qu'elle réunisse deux conditions : qu'elle soit d'une précision suffisante, et que de plus une loi l'ait réduite en formule. On remplit ce dernier objet, en s'assurant que le plomb qu'on emploie pour la coupellation sera constamment de la même pureté, l'eau-forte d'une force et d'une pureté égales, les coupelles fabriquées de même, et en assujettissant à une marche uniforme les procédés de l'essai, comme ceux par lesquels on prépare ou l'on vérifie le plomb, l'eau-forte et les coupelles. Cette dernière condition est nécessaire pour la sûreté du fabricateur et pour celle du public. Il ne faut pas que la confiance qu'on doit avoir dans une monnaie dépende de la réputation des essayeurs, et qu'il puisse y avoir, sur le résultat des essais particuliers, des contestations qui obligent à examiner les méthodes employées. C'est ce qu'on a senti en France, et la méthode d'essai qui y est suivie, en vertu d'un règlement, n'expose à aucune incertitude. Attaquée par plusieurs objections, soumise plus d'une fois à des examens rigoureux, ils n'ont fait qu'en confirmer les avantages. On la doit particulièrement aux recherches de M. Tillet, de l'Académie des sciences.

Les pièces qui, pour le même poids, ont le plus d'épaisseur, celles dont les formes arrondies offrent moins de parties plates ou saillantes, sont moins exposées à se dégrader. Pour mettre au poids les lames circulaires de métal que le laminoir ne peut rendre d'une épaisseur rigoureusement égale, on est obligé de leur ôter ce qu'elles ont d'excédant. On cherche à s'assurer de les avoir au-dessus du poids, sans quoi on s'exposerait à une plus grande dépense, parce qu'il faudrait refondre toutes celles qui se trouveraient au-dessous. Il faut, pour enlever cet excédant, employer un moyen dont il ne reste aucune trace lorsque la pièce est frappée ; autrement, quand on y remarque des raies, il est impossible de savoir, à la simple vue, si elles ont été faites avant ou après coup ; si la pièce est de poids, quoique mal fabriquée, ou si elle a été limée depuis sa fabrication. Ce défaut est devenu très-commun dans les monnaies de France, surtout dans celles d'argent ; il est nécessaire de le corriger, et les moyens en sont faciles : il suffit de substituer une machine à la lime, ou même d'employer une lime faite d'une manière à ne pouvoir rayer.

Ceux qui contrefont les monnaies, malgré le risque auquel ils s'exposent, ne peuvent espérer de réussir assez en grand pour jeter des doutes sur la monnaie d'un pays et en décrier au moins quelques parties, s'ils ne parviennent à une imitation qui puisse tromper des yeux attentifs et un peu exercés. Il faut que leurs pièces aient sensiblement le même poids, qu'ils n'y aient pas mis un alliage dont un simple examen puisse avertir, et que l'empreinte ne soit pas défectueuse. Ainsi, plus les monnaies seront belles, plus les coins seront travaillés avec art, plus l'imitation sera difficile et coûteuse ; on ne pourra contrefaire avec profit qu'en répandant un grand nombre de fausses espèces, ce qui augmente le danger. Il y a donc une utilité réelle à fabriquer de belles monnaies, à soigner la partie de cette fabrication qui tient à l'art du dessin ; en un mot, à ne frapper comme monnaies, que des pièces dignes d'être conservées comme médailles. Telles étaient, sous Louis XIII, les pièces des Warin.

La contrefaçon la plus dangereuse est celle qui peut être faite par les étrangers, dans les pays où la contrefaçon d'une monnaie étrangère n'est pas punie comme un crime. Il est assez singulier que des nations éclairées aient pu adopter comme une maxime de justice, que le vol fait à un étranger n'est par un délit, qu'elles n'aient pas songé que cette fausse monnaie pouvait aussi tromper leurs citoyens, ou qu'elles aient pensé qu'en faisant de la fausse monnaie, on ne vole que les rois ou les nations en corps, et qu'il soit plus permis de les voler que les particuliers. Mais il importe peu de savoir comment les jurisconsultes de ces nations justifient cet usage, qui n'a d'autre motif réel que ce principe si cher aux politiques de bureaux et de comptoirs, que le mal qui arrive à nos voisins est toujours un bien pour nous : principe que la générosité des nations libres devait se hâter de proscrire.

On a quelquefois proposé de frapper de très-grosses monnaies d'or; la difficulté plus grande de les imiter, la facilité de les conserver dans des boîtes, sans qu'elles puissent même se dégrader par des transports multipliés, la possibilité d'y attacher des numéros qui en rendraient le vol plus dangereux, la commodité dont elles seraient pour les payements, l'économie du transport, qui nécessairement ferait tomber le prix des changes, tels sont les avantages de ces monnaies qui paraissent en tout préférables pour les opérations de commerce aux sacs d'argent qui sont en usage.

Elles sont moins utiles dans les pays où il existe

un papier de circulation généralement reçu, ou plutôt elles n'y conservent plus guère d'autre utilité que dans le commerce avec les étrangers, parce qu'il est presque impossible que, dans ce commerce, des pièces de ce genre ne soient considérées que comme matières, et ne conservent pas leur valeur naturelle, c'est-à-dire, celle de la matière augmentée de la valeur des frais de fabrication.

Je vais maintenant examiner l'utilité de l'adoption d'un système unique de monnaies par les diverses nations.

Je suppose ici que plusieurs nations conviennent de frapper des espèces absolument semblables de titre et de poids, de manière que l'une corresponde exactement à l'autre; que ce qu'on nomme remède soit établi d'une manière égale, que les règlements des monnaies soient absolument les mêmes, en sorte que l'empreinte seule distingue la monnaie d'un pays de celle d'un autre; il doit en résulter que les monnaies de ces divers pays auront dans chacun un cours presque aussi général que celui de la monnaie nationale, et l'on voit combien cette circulation offrirait de facilités aux commerçants, aux voyageurs de ces nations; combien elle leur épargnerait de frais inutiles; combien la comparaison du prix des denrées, devenue plus simple, faciliterait les opérations de commerce. C'est alors que les grosses monnaies d'or deviendraient utiles jusqu'au moment où les hommes, s'éclairant de plus en plus sur leurs vrais intérêts, les papiers de circulation d'un pays pourraient devenir eux-mêmes, à un certain point, communs à tous les autres. Je dis à un certain point, parce que la valeur d'un papier de circulation étant nécessairement fondée sur la certitude de pouvoir le réaliser, la distance du chef-lieu influe sur sa valeur, et que, si cette influence quelquefois est insensible, c'est uniquement par la facilité de le placer entre des mains qui puissent l'en rapprocher.

Pourquoi les deux nations de l'Europe les plus éclairées, les plus riches, les plus libres, ne donneraient-elles pas cet exemple, comme celui d'adopter le même système de poids et de mesures? Pourquoi ne saisiraient-elles pas ce moyen de rapprocher les hommes pour leur bonheur commun? Pourquoi ne sentiraient-elles pas la perte réelle que leur cause cette foule d'hommes que la différence de leurs monnaies occupe en pure perte? Pourquoi ne compteraient-elles pas au nombre des avantages réels la commodité des voyageurs? Comme si tout ce qui contribue à répandre du bonheur sur les hommes n'était pas un devoir pour ceux qui les gouvernent; comme si le bien qui résulte de la seule communication plus libre des lumières, ne méritait pas d'être pesé dans la balance des intérêts nationaux. Une politique insidieuse et barbare a cherché trop longtemps à rendre les nations ennemies; trop longtemps elle a multiplié les obstacles qui empêchent les citoyens d'un pays de s'unir aux citoyens d'un autre, et par là elle a fomenté les haines nationales, au lieu de les éteindre; elle a favorisé quelques classes puissantes et riches aux dépens du reste des citoyens, à qui la plus grande facilité des communications ne peut être qu'utile. Ces idées paraissent encore chimériques à quelques esprits; mais le nombre en diminue tous les jours, et les hommes se lasseront bientôt de se haïr et de s'égorger pour le profit de quelques négociants ou l'ambition de quelques ministres.

Supposons cependant que ces idées, dignes du génie qui a inspiré nos législateurs, dignes de cette philanthropie dont les hommes éclairés de l'Angleterre ont donné l'exemple, soient encore trop éloignées de l'esprit qui dirige le gouvernement des Anglais, et qu'il ne faut pas confondre avec celui de leurs philosophes; rien n'empêcherait la France de prendre un système de monnaie qui, s'éloignant, autant qu'il est possible, de toute détermination arbitraire, mériterait d'être adopté par tous les peuples éclairés; système qui, ayant l'avantage de rendre la monnaie française une espèce de monnaie universelle, accélérerait par là cette heureuse révolution.

QUATRIÈME MÉMOIRE.

Sous quelle forme et de quelle manière doit-on procéder au jugement, soit des pièces de monnaie, pour les déclarer bonnes ou faibles, soit des questions qui peuvent s'élever sur les monnaies?

Il serait difficile de traiter ce sujet d'une manière utile, sans remonter aux principes d'après lesquels l'ordre judiciaire doit être établi; car ils doivent être les mêmes pour tous les jugements, et des principes qui ne s'appliqueraient pas à tous, ne seraient pas dignes d'un siècle éclairé.

Une loi est une règle générale, dont le jugement est l'application à un cas particulier; la loi règle ce qui doit être fait dans tel cas général, dans telle hypothèse qu'on a prévu devoir se réaliser, et le jugement prononce que telle question particulière est dans le cas de la loi; que cette hypothèse s'est réalisée dans telles circonstances, d'où il résulte que ce qui a été prescrit par la loi doit être exécuté.

La loi dit : Un vol de telle nature sera puni par telle peine.

Le jugement prononce que tel individu a commis telle action, et que cette action est un vol de telle nature.

La conséquence est qu'il doit être puni de telle peine.

La loi dit qu'on ne peut disposer, par testament, des biens qu'on a reçus par héritage.

Le jugement prononce que tel bien fait partie de ceux que le testateur avait reçus de son père, et que ce bien est un bien transmis par héritage.

La conséquence est qu'il n'en pouvait disposer.

La loi prononce que telle pièce d'argent qui ne pèsera pas tant de grains, qui ne sera pas à tel titre, sera rejetée.

Le jugement prononce que les pièces fabriquées dans tel lieu, dans tel temps, doivent être jugées peser quatre grains de moins, ou être à tel titre inférieur; qu'ainsi elles n'ont pas ou le poids, ou le titre exigé.

La conséquence est qu'elles doivent être rejetées.

Il y a donc toujours un fait, une comparaison du fait à la loi, et une conséquence.

On peut donc regarder tout jugement comme un syllogisme dont la loi est la majeure, le fait établi sur des preuves comparé à la loi, la mineure, et l'ordre d'exécuter la loi, la conclusion.

Mais ou la comparaison du fait à la loi ne forme pas une question, ou elle est elle-même une question de fait. Si toutes les lois étaient claires, si elles étaient contenues dans un seul livre, et rangées suivant un ordre méthodique, jamais il n'y aurait de question sur l'application du fait à la loi ; car toutes celles que l'on peut élever se réduisent à ces deux-ci : Quelle loi peut s'appliquer à tel fait? Dans quel sens cette loi doit-elle être entendue? Or de ces deux questions, la première a évidemment un fait pour objet, et il en est de même de la seconde. Une loi obscure doit être expliquée ou dans le sens du législateur, ou dans le sens établi par l'opinion générale, ou si on veut même dans le sens grammatical des termes; il faut donc constater ou l'opinion générale, ou celle du législateur, ou ce sens grammatical qui est déterminé lui-même par l'usage du temps où la loi a été faite.

La perfection des lois dépend de la précision philosophique du langage, qui, elle-même, dépend de l'instruction publique. Les découvertes qui se sont multipliées, la connaissance des véritables méthodes de trouver ou de reconnaître la vérité, ont perfectionné les diverses langues scientifiques; mais l'éducation seule peut donner de la précision à la langue usuelle, et pour qu'un peuple soit vraiment libre, pour que les citoyens soient réellement égaux, il faut que la langue des lois se confonde avec la langue usuelle.

J'observerai maintenant que les faits doivent être divisés en deux classes : ceux qui peuvent être constatés par tout homme de bon sens, et ceux qui ne peuvent être constatés que par des hommes qui ont acquis une instruction particulière. Les uns doivent avoir pour juges des jurés, les autres des jurés experts.

Chez tous les peuples où les lois sont obscures ou incertaines, où elles n'existent que dans des coutumes écrites en style barbare, dans des compilations de lois faites pour d'autres pays, et originairement publiées en langue étrangère, ou dans un chaos d'usages des tribunaux, de commentaires de jurisconsultes, l'application de la loi ne peut se faire que par des hommes instruits de cette science ténébreuse. Telle est, non l'origine, mais la raison plausible de la distinction du fait et du droit, des jurés et des juges. Mais en séparant les jurés experts en jurisprudence, des jurés ordinaires, pour leur faire juger à part les faits dont eux seuls peuvent être juges, on doit craindre de les intéresser à perpétuer la législation compliquée qui seule fait leur existence.

On doit donc applaudir au sage projet de M. l'abbé Sieyès, qui, dans un jury unique, s'assurait d'avoir assez de jurisconsultes pour que les faits dont la vérification suppose la connaissance des lois fussent décidés par des hommes assez éclairés, et dont le plan s'accordait avec la réforme nécessairement successive des lois, en diminuant aussi successivement le nombre des jurés parmi les jurisconsultes. Mais il est d'autres espèces de faits qui, par leur nature même, ne peuvent être jamais jugés que par des jurés choisis dans certaines classes comme ayant acquis les connaissances nécessaires pour vérifier les faits; et on peut demander alors si la totalité des faits doit être jugée par un tribunal de jurés experts, parce qu'il y en a quelques-uns qui ne doivent l'être que par eux; si elle doit l'être par un tribunal mixte dans lequel il y aura un certain nombre de jurés experts; ou enfin s'il faut séparer des faits communs ceux qui exigent des juges plus éclairés; faire constater les derniers par des jurés experts, les autres par de simples jurés.

40.

Par le premier moyen on créerait véritablement des tribunaux d'attribution, avec tous les inconvénients qui en sont la suite nécessaire. Sans cesse on aurait des questions de compétence à faire décider; les jugements seraient souvent dictés par un esprit de corps ou de profession; le sort de la généralité des citoyens dépendrait, sous divers rapports, des décisions d'une seule classe d'entre eux. Ce moyen doit donc être rejeté.

Appliqué aux lois générales, il conduit aux tribunaux composés de seuls jurisconsultes, c'est-à-dire, à soumettre les nations aux gens de loi.

Le mélange de deux espèces de jurés a moins de danger; mais il a un autre inconvénient, celui de rendre les jurés ordinaires juges de faits qu'ils ne peuvent entendre. Cet inconvénient n'est pas très-grand, quand ces faits dépendent de la connaissance des lois, parce qu'un homme de bon sens, instruit par les allégations des parties et par les discussions des jurisconsultes, membres du tribunal, est en état de juger les faits de ce genre. Les juges de nos anciens tribunaux étaient très-rarement des jurisconsultes, et ceux qui jugeaient le mieux n'étaient presque jamais les plus savants en jurisprudence.

Il n'en est pas de même des faits dont la vérification exige des connaissances dans quelque genre de science, dans quelque art particulier; ceux à qui ces connaissances sont étrangères ne pourraient jamais croire que sur parole; ils se soumettraient en aveugles à la décision des jurés experts qui se trou-

veraient parmi eux, ou bien ils voudraient juger
par eux-mêmes de ce qu'ils n'entendent pas, se
décider d'après des demi-connaissances, ou enfin
ils consulteraient au dehors des hommes qui auraient
leur confiance; ils ne pourraient donc, dans aucun
cas, assurer la vérité du jugement; ils seraient inutiles ou nuisibles.

Reste donc le moyen de faire juger les faits ordinaires par des jurés, et les faits qui exigent des connaissances particulières par des jurés experts.

Ce moyen me paraît préférable; c'est à peu près
celui qui était en usage dans nos anciens tribunaux;
mais la manière de l'employer était vicieuse. Les
experts étaient nommés par le juge; ils doivent l'être
dans les mêmes formes que les autres jurés. Les experts faisaient un simple rapport sur lequel le juge
prononçait; de manière qu'il ajoutait au rapport
telle foi qu'il voulait, et qu'il pouvait ou en adopter
ou en rejeter les conclusions. Cependant la justice
exige que, puisque le jugement des jurés experts a
pour objet de constater des faits que le tribunal ordinaire n'aurait pu constater lui-même, faute de
connaissances nécessaires, il soit obligé d'adopter
l'opinion de ceux qui ont ces connaissances.

Il peut être encore utile d'établir une distinction
entre les faits qui exigent le concours de jurés experts. Ils peuvent se présenter dans des questions
particulières, ou ils forment eux-mêmes une classe
entière de questions.

Dans le premier cas, c'est au chef du tribunal, à
celui qui dirige l'instruction, et qui ne doit jamais

être juge, à convoquer les jurés experts, à soumettre les faits à leur décision, pour la rapporter ensuite à ceux qui doivent juger les faits ordinaires. Dans le second, il sera plus utile de séparer ces jurés experts, et d'en former un tribunal.

Par exemple, si dans un procès criminel il faut juger de la nature d'une blessure; s'il faut prononcer sur la cause de la mort d'un homme dans une accusation de meurtre ou d'empoisonnement; s'il s'agit, dans un procès civil, de statuer sur l'étendue d'un champ, sur la solidité d'un édifice, sur l'exécution d'un marché d'architecture, c'est au juge ordinaire à convoquer un juré d'experts en médecine, en arpentage, en architecture.

Mais est-il question de juger si les divers travaux qu'on peut entreprendre sur les rivières ou sur les étangs, si les usages auxquels on emploie leurs eaux sont contraires ou non à la salubrité de l'air, si l'on doit défendre certains travaux, certains établissements dans les villes, comme nuisibles, soit à la sûreté, soit à la santé des citoyens, on voit au contraire qu'il est plus avantageux que le tribunal des jurés experts soit convoqué et dirigé par un juge particulier, parce que ces fonctions sont plus habituelles, et qu'il peut être utile que le juge lui-même ait assez de connaissances pour bien entendre la manière de constater les faits soumis au jugement qu'il doit provoquer, et dont il dirige l'instruction.

Appliquons maintenant ces principes à la législation des monnaies. Le jugement le plus important, celui qui demande des décisions habituelles, est le jugement qui doit constater que les monnaies fabriquées sont au titre et ont le poids déterminé par la loi. La nature de ce jugement exige la confiance absolue du public dans les juges, et la méthode de vérifier les faits demande, non pas le secret, mais une liberté de voir et d'agir incompatible avec la publicité.

On peut, sans doute, obliger de faire l'instruction à bureau ouvert, mais on ne peut admettre le public à suivre les opérations de l'essai; et cette publicité, à peu près semblable à celle d'une instruction ordinaire, où les spectateurs ne verraient que les gestes des témoins et des juges, sans entendre leurs paroles, loin d'augmenter la confiance, ne serait propre qu'à faire naître des soupçons injustes et vagues.

Tout paraît donc faire une loi de ne confier ce jugement qu'à des jurés.

Mais ce même jugement demande une opération préliminaire. On n'essaye pas toutes les pièces de monnaie fabriquées, mais seulement un certain nombre de pièces, prises au hasard, dans chaque fabrication; et l'on conclut du titre et du poids de ces monnaies le titre et le poids de celles qui n'ont pu être examinées. Cette méthode peut être regardée comme assez sûre, parce que l'existence d'une pièce faible suffit pour prouver que la fabrication n'a pas été exacte, que les conditions n'ont pas été remplies; d'un autre côté, il est très-probable que si les pièces essayées sont bonnes, il n'y a pas dans la fabrication un grand nombre de pièces faibles, et qu'enfin une seule qui se trouverait dans le nombre faisant condamner une fabrication entière, il n'y aurait aucun avantage à les y introduire en petit nombre. Cela posé, on voit qu'il faut constater d'abord que ces monnaies, destinées à subir l'examen, ont été réellement choisies au hasard.

Un ou deux membres du conseil général du lieu où se fabrique la monnaie, doivent être chargés par lui de ce soin; on les changerait à des époques réglées, de manière que les mêmes hommes ne puissent être envoyés plus d'une ou deux fois de suite, pour choisir ces pièces destinées à servir de témoins : par là toute crainte de connivence serait écartée.

Pour juger ces pièces, on établirait un corps de jurés pris parmi les apothicaires et les orfévres. Tant que ces corps resteraient en jurande, tous les maîtres, après un certain nombre d'années de réception, pourraient être jurés. S'ils cessent d'être en jurande, on fixera le nombre de ces jurés, et quand il se trouvera au-dessous de ce terme, les anciens jurés, concurremment avec les commissaires des monnaies, remplaceront les places vacantes, en choisissant parmi ceux qui exercent ces professions, après les avoir soumis à un examen. Les formes de ce choix seraient combinées de manière que les jurés ne pussent ni se rendre héréditaires, ni prendre un esprit de corps, et que cependant les commissaires des monnaies ne pussent se rendre maîtres des choix.

J'observerai, en passant, que ce moyen est le seul qui puisse concilier rigoureusement la liberté des professions, ce droit imprescriptible, et de ceux qui veulent les exercer, et de ceux qui veulent se servir d'eux, avec l'intérêt réel qu'ont en même temps les citoyens de pouvoir s'adresser, pour des objets importants, à des hommes dont l'exactitude et la capacité puissent être regardées comme constantes.

Il n'y a aucune des professions où cette confiance est vraiment utile, dans laquelle on ne soit obligé de prendre des jurés experts, et par conséquent choisis; or ce titre de juré, donné au nom de la puissance publique, serait un meilleur garant, soit des lumières, soit de la probité, que l'admission dans un corps quelconque. En effet, on ne donnerait le titre de juré qu'à ceux qu'on jugerait mériter l'estime et la confiance, au lieu qu'on ne peut refuser d'admettre dans une corporation, que par des motifs graves et prouvés, puisque cette admission, qui seule confère la liberté de travailler ou de vendre sous son nom, intéresse l'existence même des individus.

Pour chaque jugement, le fabricateur des monnaies pourrait récuser un tiers, et les commissaires des monnaies un sixième des jurés, et on tirerait au sort parmi les autres. Les boîtes cachetées, contenant les monnaies choisies, seraient ouvertes en leur présence, et l'essai fait devant eux par un essayeur, suivant le règlement établi.

On exigerait l'unanimité, soit pour approuver, soit pour condamner la monnaie. Si l'unanimité n'a pas lieu, alors on appellera au sort cinq autres jurés auxquels les premiers exposeront la cause de leur division; il sera procédé à un second essai, et il faudra l'unanimité des cinq nouveaux jurés pour que la monnaie soit déclarée définitivement bonne ou mau-

vaise; si l'unanimité n'est pas obtenue, on formera
un troisième jury, où les deux autres seront enten-
dus, et s'il n'y a pas encore unanimité, les trois
corps de jurés se réuniront, feront un quatrième essai, et la pluralité de onze voix contre quatre suffira
pour déclarer la monnaie conforme au règlement, et
le défaut de cette pluralité pour la déclarer trop
faible. On fixe cette pluralité à onze contre quatre,
parce qu'elle ne peut avoir lieu sans unanimité dans
un des corps de jurés, à moins qu'il n'y ait pluralité
dans un de ces corps de jurés pris séparément.

Le fabricateur pourra demander à être entendu
par le deuxième et le troisième juré, et assister à
l'expérience; il pourra même envoyer un chargé de
procuration à sa place, et l'un ou l'autre ne se reti-
rera qu'au moment où les jurés experts formeront
leur décision.

On pourrait regarder cette loi comme trop sévère; mais il est aisé de voir qu'il s'agit d'un fait
simple, facile à constater pour ceux qui en sont
chargés, et le défaut d'unanimité suppose quelque
circonstance extraordinaire. D'ailleurs, pour condamner une monnaie, il ne faut pas qu'il soit vraisemblable qu'elle est trop faible, il suffit qu'il ne
soit pas prouvé qu'elle est bonne. En effet, le jugement doit prononcer ici que telle pièce contient
tant de grains d'or ou d'argent fin, et non qu'il n'est
pas probable qu'elle en contienne moins.

Si les tribunaux ont besoin d'une décision sur un
fait relatif au titre ou au poids de monnaie, de
lingots, de bijoux, etc., elle sera portée de même à

un jury formé de la même manière. Si la décision doit être seulement que tel lingot est au-dessous de tel titre ou de tel poids, on jugera dans la même forme ; mais, à la dernière décision, la simple pluralité suffira pour décider. Lorsque le jugement pour ou contre a des conséquences semblables, il faut se décider d'après ce qui est plus probable ; mais on se conformera rigoureusement à ce qui a été proposé ci-dessus. Si le jugement pour ou contre n'a pas des conséquences semblables, l'un des deux ne doit être porté que d'après une très-grande probabilité.

Si la décision consiste au contraire à déterminer le poids ou le titre, toutes les fois que les différences entre les opinions des jurés n'excéderont pas certaines limites, on adoptera la valeur moyenne. Si elles passent certaines limites, on convoquera un nouveau jury qui s'adjoindra au premier, et on prendra la moyenne valeur d'après la pluralité la plus grande contenue entre ces limites, et ainsi de suite, jusqu'à ce qu'il se trouve une pluralité entre ces mêmes limites.

Ces limites dans chaque question seront déterminées d'avance par les jurés, à la simple pluralité. Cette première décision est nécessaire ; mais il est difficile qu'elle ne soit pas bien faite, parce que les jurés ne pourraient être de mauvaise foi, sans s'exposer à l'alternative prouvée d'ignorance ou de mauvaise foi.

Ces jurés pourraient changer d'avis d'une décision à l'autre, parce qu'à chacune il serait fait une nouvelle expérience. S'il s'agissait d'autres faits relatifs aux monnaies, comme de savoir si une pièce, considérée relativement à sa forme et à son empreinte, est vraie ou fausse, si tels instruments ont pu servir à fabriquer des pièces de monnaies, etc., on suivrait encore la même forme; mais les jurés seraient pris parmi les ouvriers des monnaies. Dans tous ces jugements, les commissaires n'auraient pas voix, mais seraient chargés du soin de faire rendre la décision par les jurés, d'assister aux expériences, de maintenir l'exécution des formes, de prononcer et de signer les jugements. On peut demander s'ils doivent assister à la discussion des jurés. Je le crois nécessaire dans la forme de jugement proposée. En effet, cinq jurés pourraient, après avoir discuté, convenir de prendre, pour unanimité, l'opinion de la pluralité. Dans le cas d'unanimité forcée, comme en Angleterre, la présence du juge pourrait embarrasser des jurés obligés de changer d'opinion, au lieu qu'ici l'intérêt commun étant qu'ils n'en changent pas trop aisément, la présence d'un commissaire, qui d'ailleurs n'a rien à décider après eux, serait plus utile que dangereuse. Ces commissaires, outre ces fonctions, auraient celles de préparer, pour chaque législature, les moyens propres à perfectionner l'administration et la fabrication des monnaies, d'indiquer ceux de réformer les abus, de faire des mémoires sur toutes les questions qui pourraient se présenter, de donner au corps législatif et aux administrations les éclaircissements qui leur seraient demandés, de faire les inspections qui seraient jugées nécessaires, d'examiner les moyens d'art qui seraient proposés; enfin, si on adopte le principe établi dans le second mémoire, de fournir les données d'après lesquelles la législature déterminera le rapport de valeur de l'or et de l'argent.

Pour le jugement des monnaies fabriquées, on n'aura besoin que de la décision des experts jurés. En effet, s'ils ont décidé la monnaie bonne, leur décision, revêtue de la signature des commissaires, doit suffire pour autoriser à la mettre dans le commerce; si elle était décidée mauvaise, la refonte, qui est la suite nécessaire de ce jugement, serait faite en présence de commissaires de la municipalité.

On peut proposer ici deux questions : Le jugement doit-il absolument précéder la liberté de faire circuler les pièces? La refonte, et par conséquent la perte des frais et celle d'une petite partie du métal qui en sont la suite, est-elle une peine suffisante pour le fabricateur?

Il est singulier peut-être que la première question puisse en être une. En effet, si on laisse circuler de la monnaie inférieure, soit au titre, soit au poids de la loi, ou le jugement rendu postérieurement sera secret, ou il sera public. S'il est secret, ou à peu près, comme il l'a été en France jusqu'ici, qu'arrivera-t-il? Que peu à peu les négociants étrangers, comme les négociants français, sauront en gros qu'il existe des monnaies françaises au-dessous du titre, de telle quantité environ. Ainsi, dans les évaluations commerciales, la monnaie ne sera estimée qu'à ce titre, ce qui revient à la perte réelle de tout ce que les monnaies meilleures contiennent de métaux précieux. Dans les pays étrangers où la monnaie française n'est prise que comme matière, quelques personnes chercheront à reconnaître à quelles années, à quelles fabriques appartiennent les monnaies les plus fortes, et trouveront du profit à les rassembler, puisqu'elles les achèteront au même prix que les monnaies altérées. On saura de même qu'une partie de la monnaie est au-dessous du poids, et la valeur nominale attachée à cette monnaie baissera en conséquence ; mais les étrangers ne prenant les monnaies qu'au poids, ce défaut n'influe pas sur les relations avec eux. Si le jugement est public (il serait difficile de concilier un jugement secret avec les principes de la constitution actuelle), on saura que la fabrication faite dans un tel atelier, dans telle année ou dans tel mois (si on ajoute la date du mois), est trop faible. Alors obligerait-on à la recevoir comme bonne ? L'inconvénient sera le même, parce que le marchand, ne sachant pas s'il ne sera point payé dans cette monnaie, calculera comme si toutes les monnaies étaient également mauvaises. Autorisera-t-on à la refuser, et ceux qui auront reçu de ces pièces pourraient-ils se présenter aux hôtels des monnaies pour les échanger contre des pièces jugées bonnes ? Ces pièces restant quelque temps sans valeur, on ne fera que substituer à la perte du fabricateur, causée par le retard de circulation, une perte plus forte pour les particuliers.

D'ailleurs, si le jugement est rendu public, et la

bonne foi comme la constitution en font un devoir, et qu'en même temps il soit prompt, il est impossible que, dans l'espace de temps qui s'écoulera entre la distribution de la monnaie et le jugement, cette monnaie, non encore jugée, n'ait pas une sorte de discrédit.

Il ne faut pas croire, enfin, que cette nécessité de juger avant la distribution ait de grands inconvénients. En supposant trois commissaires des monnaies et autant d'essayeurs, la distribution ne serait jamais retardée que de deux ou trois jours, ce qui n'occasionnerait qu'une perte légère en elle-même, et d'autant moins sensible, que la distribution ne se fait pas tout entière au même instant.

Ceci nous conduit à demander s'il ne faut, dans un grand État, qu'une seule fabrique de monnaie. Il est certain que l'unité de fabrique peut augmenter la confiance, qu'elle doit aussi contribuer à la perfection de l'art. Cependant, s'il existe dans un empire plusieurs villes assez grandes pour que l'on puisse espérer d'y trouver des ouvriers habiles dans les différents arts nécessaires à la fabrication; si elles renferment assez d'hommes éclairés pour que les jugements puissent s'y porter sous la forme que je viens d'indiquer; si ces villes, par l'étendue ou la nature de leur commerce, peuvent employer habituellement une fabrique de monnaie, alors il peut y avoir même de l'avantage à en établir dans ces villes. Les motifs sur lesquels on préfère une unité de fabrique perdent de leur force, et doivent céder à des motifs plus puissants. Il est bon même d'observer, relativement à la partie la plus difficile de l'art, la beauté des empreintes, qu'il n'est pas nécessaire que chaque ville où l'on frappe monnaie ait des graveurs habiles ; les coins peuvent être faits dans la capitale seule, et envoyés aux divers ateliers. Mais, en décidant cette question, il ne faut se déterminer que par des considérations générales d'intérêt public, écarter toutes celles qui ne sont que locales, et surtout proscrire toute fabrique qui, pour se soutenir dans une activité constante, aurait besoin de faire des traités particuliers avec le gouvernement ou avec des compagnies.

On demande si la perte que le fabricateur essuie par la nécessité de refondre la monnaie trop faible, est une punition suffisante ; s'il convient d'y ajouter une amende, ou une autre peine ? Il est évident que la perte essuyée par la refonte n'est pas une peine, mais l'exécution pure et simple du traité que le fabricateur a fait avec la puissance publique, qui lui a donné le privilége de la fabrication. Il n'est pas moins évident que l'amende, et à plus forte raison une peine plus grave, supposent un délit, et qu'il ne peut y avoir de délit à présenter des pièces faibles à ceux qui sont chargés de juger si elles sont bonnes ou mauvaises. Des manœuvres, pour en imposer, pourraient seules en constituer un, et alors c'est devant les tribunaux ordinaires qu'il doit être porté, sur la dénonciation officielle ou de l'officier municipal chargé de choisir les pièces, ou des commissaires des monnaies.

De plus, si le fabricateur a travaillé pour des particuliers, il doit être obligé, dans le cas où sa monnaie serait condamnée, ou à les payer immédiatement après le jugement, soit en monnaie neuve approuvée, soit en monnaie courante, mais après qu'elle aurait été pesée, et en tenant compte de ce qu'elle aurait au-dessous du poids du règlement. Cependant, s'il ne peut payer sur-le-champ, on pourrait seulement le condamner à dédommager du retard que cause la nécessité d'une nouvelle fabrication, dédommagement qu'on peut ou laisser prononcer aux juges, suivant les circonstances, ou fixer à l'intérêt du retard au taux du commerce, en prenant, non le taux moyen en général, mais le taux ordinaire du moment pour les affaires très-pressées. En effet, il faut que celui qui donne des lingots pour les convertir en monnaie, puisse en regarder la délivrance comme assez certaine pour s'y confier comme sur un moyen d'acquitter ses engagements ; et il faut observer que, quel que soit le propriétaire des lingots, ce n'est plus sur son propre crédit qu'il doit suppléer au défaut des fonds qui peuvent lui manquer, mais d'après celui de sa créance sur le directeur des monnaies. Il serait donc d'une justice rigoureuse d'obliger celui-ci à payer le même jour où, si le jugement avait approuvé ses monnaies, il aurait été obligé de les délivrer. L'adoucissement qu'on propose ne peut avoir lieu qu'autant que, dans l'opinion générale des commerçants, cette clause n'aurait pas leur confiance.

⸺⸺

CINQUIÈME MÉMOIRE.

Une refonte générale des monnaies d'un pays est une opération longue, incommode pour la généralité des citoyens, et surtout pour le commerce. Il est prudent de choisir, pour la faire, les temps les plus paisibles. Jamais on ne doit la considérer comme une source de profits, et elle ne peut être proposée comme un moyen de chercher à ranimer la circulation que par de chimériques spéculateurs.

Elle est nécessaire en France, d'abord comme une suite du plan formé d'établir un système de mesures et de poids, projet beaucoup plus important encore pour l'instruction du peuple que pour la prospérité du commerce, et, de plus, parce que le système actuel de nos monnaies exige des réformes importantes. S'il n'est pas impossible de les faire sans une refonte, cette opération les rendrait du moins plus faciles, et permettrait de les rendre plus complètes ; mais elle ne peut être commencée qu'après l'adoption du nouveau système de mesures, et nous verrons qu'il faut attendre également l'extinction de toute espèce de papier forcé. Enfin, une pareille opération exige que les principes qui doivent y servir de base aient été déterminés par une discussion longue et tranquille qui ait permis de rassembler toutes les lumières.

Examinons maintenant sur quelles bases il conviendra de faire la refonte des monnaies, lorsque le temps en sera venu, pour chercher ensuite quels changements il peut être utile de faire dans l'intervalle.

Après avoir décidé les diverses questions que j'ai traitées dans les mémoires précédents, il faudra d'abord choisir un système de division et de numération.

Dans celui qui existe aujourd'hui, le marc est l'unité de poids, et il se divise en huit onces, l'once en huit gros, le gros en 72 grains; en tout 4608 grains.

Quant au titre, une masse d'or se divise fictivement en 24 karats, et chaque karat en trente-deux trente-deuxièmes, c'est-à-dire, en 768 parties. Ainsi dans un marc d'or, le trente-deuxième équivaut à six grains.

Un marc d'argent se divise en douze deniers, sous-divisés en 24 grains; en tout 288 grains; ainsi, le grain de fin équivaut à 16 grains de poids.

Cette différence entre la manière d'établir le titre de l'or et de l'argent a pour cause d'anciens usages; on a pris une division en plus petites parties pour l'or, qui est plus précieux. Ces dernières parties sont ici dans le rapport de 8 à 3.

Le marc d'or contient 768 livres numéraire; la livre numéraire équivaut donc à six grains d'or allié au titre de la loi, et fabriqué en monnaie, en faisant abstraction des remèdes.

Quant à l'argent, le marc valant 49 livres 16 sous,

la livre se trouve répondre, à très-peu près, à 92 grains 53 centièmes.

Il est vrai que la livre numéraire ne peut répondre en nombres ronds qu'aux divisions en poids d'un seul métal. Dans la plupart des pays, elle n'y répond même pour aucun des deux, et en France cette correspondance n'existe pour l'or que depuis la refonte de 1785; car auparavant la livre numéraire répondait à six grains d'or et quatre dixièmes.

Si on adopte un nouveau système de mesures et de poids, on voudra, sans doute, faire en sorte que toutes les divisions soient sur une même échelle, et que les mesures de longueur, de surface et de contenance aient entre elles des rapports exprimés par des nombres simples, et on cherchera à donner, autant qu'il est possible, le même avantage aux diverses divisions qu'il faut employer dans les monnaies. La division décimale paraît mériter la préférence, à moins que l'on ne veuille aussi changer l'échelle arithmétique. Mais, quoiqu'il soit impossible de disconvenir des avantages de l'arithmétique duo-décimale, il me semble que l'on doit être arrêté par une considération importante. C'est que ce changement augmenterait d'une manière incalculable l'embarras que le changement de mesures doit causer à la généralité des citoyens; au lieu que si l'on conserve l'échelle arithmétique, et qu'on l'adopte pour toutes les divisions, la simplification des calculs, qui est la suite de cette opération, diminuera au contraire cet embarras, et contre-balancera les inconvénients, même passagers, de cette réforme. Il est aisé de sentir, en effet, qu'en réduisant toutes les divisions à l'échelle arithmétique, on n'a plus besoin de savoir calculer des sous et des deniers, des toises et des pieds, des arpents et des perches, et que l'arithmétique des nombres entiers simples devient suffisante pour les opérations de commerce. Supposons donc cette division admise, on trouvera que si on regarde la longueur du pendule à 45 degrés comme unité de mesure, le poids du cube de cette mesure en eau distillée s'éloignera peu de deux mille de nos livres ; qu'ainsi en prenant pour unité de poids la millième partie de ce cube ou le cube de sa dixième partie, cette unité sera égale à deux de nos livres à peu près. En divisant cette livre de dixièmes en dixièmes, en onces, gros et grains, le grain en serait la millième partie, et par conséquent le poids du cube du centième de l'unité de mesure en eau distillée. Si on prend cette même division pour le poids relatif au titre des monnaies, l'unité fictive qui sert dans les calculs se divisera en onces, gros et grains, qui, en étant la millième partie, serviront également pour l'or et pour l'argent.

Il est bon d'observer que si, au lieu de la longueur du pendule simple, on prenait pour unité de mesure la cent-millième partie du degré, on aurait encore, en suivant la même division, une unité de poids à peu près égale à deux de nos livres.

Si l'on veut que la livre numéraire et ses parties aient un rapport en nombres ronds avec la livre de poids, il faudra, pour l'argent, faire la livre numéraire un peu plus du double de ce qu'elle est aujourd'hui, et elle sera le centième de la livre de poids. Pour l'or, il faudrait la faire un peu plus du triple, et elle serait le millième de la livre de poids.

Comme les monnaies doivent avoir des rapports simples à la livre numéraire, il serait impossible autrement qu'elles en eussent avec la livre de poids; et je ne puis partager l'opinion de quelques hommes éclairés, qui ne voudraient pas attacher la livre numéraire à une division simple de la livre de poids d'argent ou d'or monnayé, afin de lui conserver davantage la propriété d'être une unité abstraite. En effet, n'est-il pas simple que la livre numéraire conserve un rapport constant avec une valeur réelle, qui devient alors la mesure commune des valeurs, que de laisser ce dernier rapport sujet lui-même à des vicissitudes? D'ailleurs, en ne mettant dans le commerce que des monnaies ayant au moins le titre et le poids prescrits par la loi, c'est-à-dire, en prenant le remède en dehors, en ne fixant point un rapport constant entre l'or et l'argent, on donnerait à la livre numéraire, quoique attachée à une monnaie, toute l'invariabilité qu'elle peut avoir.

Ce changement dans la livre numéraire n'aurait aucun inconvénient pour les conventions, parce qu'il serait facile d'avoir un tableau où l'on trouverait l'évaluation des anciennes livres, sous et deniers en nouvelles livres nominales; et que si toutes les divisions sont décimales, il suffirait d'une simple addition de nombres entiers pour trouver toutes les sommes.

Il se présente ici deux questions : 1° Si l'on faisait

un changement dans le droit qu'on retient sur les monnaies, sous quelque titre que ce soit, l'évaluation de la livre doit-elle changer ? Non. En effet, dans l'état actuel, 49 liv. 16 sous sont équivalents à un marc d'argent monnayé à tel titre; et le droit retenu n'influe pas sur cette valeur, mais sur celle de l'argent non monnayé avec laquelle on pouvait acheter ce marc d'argent. 2° Doit-on avoir égard, dans l'évaluation, au changement qu'on pourrait décréter en même temps dans la proportion de l'or et de l'argent?

Les conventions n'ont pu être faites que de trois manières : ou en faisant abstraction de la possibilité de ce changement, c'est-à-dire, dans l'idée qu'on recevrait le payement en monnaie courante d'or ou d'argent indifféremment; ou bien en calculant qu'on serait payé dans la monnaie la moins favorable au créancier; ou, enfin, qu'on le serait dans la monnaie employée le plus habituellement dans les payements; par exemple, pour la France, en monnaie d'argent.

Quant à la première hypothèse, si le changement consiste à rapprocher le rapport du tarif de celui du commerce, il ne fera que rendre sans effet l'indifférence des contractants sur l'espèce de métal qui serait employé dans le payement.

Dans les autres, si c'est la même monnaie qui est à la fois la monnaie d'usage et celle de la moindre valeur, les prix se réglant sur elle, on peut dire que les conventions ont été généralement faites dans l'idée qu'on serait payé avec cette monnaie.

Mais si, au contraire, la monnaie le plus en usage n'est pas celle qui se trouve au-dessous de sa valeur, alors les conventions peuvent avoir été faites, les unes, en supposant qu'on serait payé avec la monnaie d'usage; les autres, en supposant qu'on serait payé dans la monnaie de moindre valeur. Les conventions des propriétaires entre eux, ou avec leurs fermiers, seraient en général dans le premier cas; une partie des conventions de commerce pourrait être dans le second. Mais ce ne serait pas un motif suffisant pour faire entrer cet élément dans l'évaluation de la livre numéraire, puisqu'il est clair que cette supposition n'a pas même été assez générale pour rendre de l'usage le plus commun dans les payements le métal inférieur en valeur.

On choisirait, pour faire correspondre la division de la livre numéraire et celle du poids, le métal qui serait supposé invariable, c'est-à-dire qui, dans la proportion à établir entre la valeur des deux métaux, serait regardé comme l'unité. Si c'était l'argent, on aurait des pièces de trois, de deux, d'une livre, de $\frac{5}{10}$, de $\frac{3}{10}$, et jusqu'à un dixième de livre, c'est-à-dire d'environ 6, 4, 2, 1 livre, 12 sous, 8 sous et 4 sous. Cette monnaie se rejoindrait à une monnaie d'or de 4 livres, valant à peu près huit des nôtres. Si on choisissait la monnaie d'or, on pourrait avoir plusieurs monnaies depuis 10 livres, qui équivaudraient environ à 30 livres de la monnaie actuelle, jusqu'à trois, qui équivaudraient à peu près à neuf, et se réuniraient à des monnaies d'argent de deux livres, qui ne seraient pas fort au-dessus de nos écus de six livres, au poids desquels on est accoutumé.

C'est dans l'usage commun que, pendant un certain temps, le changement de livre numéraire serait incommode, et il est question de voir si on doit regarder cet inconvénient comme étant plus que compensé par l'avantage durable d'établir un rapport facile à saisir entre la valeur numéraire et les divisions des poids entre les pièces de monnaie et la livre de métal. Or, je crois qu'on peut répondre affirmativement: en effet, cette incommodité ne durerait que pendant le temps de la refonte, puisque les pièces nouvelles vaudraient un nombre rond de nouvelles livres numéraire. Elle ne serait pas même sans quelque compensation; elle servirait à rendre plus prompt le changement dans les prix qui doit être la suite des changements de toute espèce que la révolution a causés.

Par qui les frais de la refonte doivent-ils être payés? Cette opération ne doit être déterminée que par des vues d'utilité générale. Ainsi, puisqu'elle n'est pas faite seulement pour l'avantage des hommes qui actuellement possèdent de la monnaie, et que surtout cet avantage ne peut être proportionné à la quantité qu'ils en possèdent, c'est à la nation à en faire les frais. On peut dire, il est vrai, que l'ancienne monnaie perdant quelque chose de sa valeur, du moment où il est arrêté qu'elle doit, au bout d'un certain espace de temps, être fondue, et cesser d'avoir un excédant de valeur sur le lingot, mais conservant cependant une partie de cet excédant, tant que la nouvelle monnaie ne suffit qu'à une petite partie des besoins, cette perte se partagerait entre les possesseurs actuels et ceux à qui ils transmettront cette monnaie pendant l'intervalle. Mais il n'en résulte pas moins que le hasard distribuerait encore cette perte avec inégalité.

Les frais de la refonte doivent donc être supportés par la généralité des citoyens. Il me paraît que la nation doit rendre, en monnaie nouvelle, le même poids d'or fin ou d'argent fin monnayé qu'elle reçoit de chaque individu. Le propriétaire de monnaie perdrait alors : 1° la dégradation que sa monnaie a pu souffrir; mais il doit d'autant plus la perdre, que la monnaie en circulation diminue réellement de valeur par la considération de cette perte, et qu'ainsi, en l'achetant d'après le poids, on ne fait autre chose que placer chacun comme il l'aurait été, si, au lieu de se servir de la monnaie dans le cours ordinaire, il avait été un de ceux qui spéculent sur les monnaies, ou n'avait traité qu'avec eux. On ne fait que supprimer seulement l'augmentation de valeur que la facilité de la circulation produit dans l'estimation des monnaies faibles. Ainsi, par exemple, si j'ai des écus ayant tout leur poids, je ne souffrirai aucun tort; car on me rendra en équivalent des pièces ayant tout le poids. Si j'ai des écus très-usés, je perdrai un peu, parce que le taux des denrées ne s'est pas régulièrement établi sur cet état de dégradation, mais sur un état moyen. 2° Le propriétaire perdra une partie de la valeur du droit levé sur les monnaies, dans le cas où ce droit serait supprimé.

Pour évaluer cette perte, supposons, par exemple,

que ce droit soit d'un vingtième, et les frais d'un quarantième; celui qui a porté un poids quelconque d'argent à la monnaie, aura reçu un poids d'argent monnayé moindre de trois quarantièmes. Si avec cet argent monnayé il peut racheter une masse d'argent égale à la première, il en résulte que, dans le commerce ordinaire, l'argent en lingot vaut trois quarantièmes de moins que l'argent monnayé; qu'il ne vaudrait qu'un quarantième de moins sans le droit, et qu'ainsi le droit enlève à tous les propriétaires d'argent non monnayé deux quarantièmes de la valeur de ce qu'ils ont porté.

Les denrées se sont mises au niveau de ce prix de la monnaie, c'est-à-dire que, dans cette hypothèse, elles équivalent à la fois à un tel poids d'argent en lingot et à un poids d'argent monnayé, moindre de trois quarantièmes. Supposons que le droit soit ôté; comme on se procurerait cette même quantité de monnaie avec moins d'argent en lingot, et que l'on consentirait à donner cette somme plus forte, tandis que, d'un autre côté, on ne consentirait à la donner que parce qu'il était impossible d'avoir à meilleur marché cette quantité de monnaie, il y aura une espèce de compensation, c'est-à-dire, une augmentation de prix des denrées exprimé en monnaies, mais elle ne sera pas égale à la dépréciation du métal que le droit avait occasionnée.

Si, au contraire, dans la même hypothèse, celui à qui on a retenu trois quarantièmes pour frapper un lingot en monnaie, ne peut, avec cette même monnaie, acheter qu'une masse d'argent moindre de deux quarantièmes, il est clair qu'on lui a fait payer un impôt égal à ces deux quarantièmes ; mais le droit n'influe point alors sensiblement sur le prix des denrées.

C'est entre ces deux hypothèses qu'il faut se placer ; car, lorsque le droit est un peu fort, la valeur de la monnaie fabriquée n'est point égale à celle du métal, plus celle des frais de fabrication et la totalité de celle du droit ; elle reste au-dessous, parce que les gouvernements qui veulent avoir des espèces renoncent à leurs droits par des traités particuliers, sans quoi le nombre des espèces diminuerait jusqu'au moment où elles auraient acquis une valeur égale à la totalité du droit. Ainsi, en général, le droit aura causé une perte particulière à ceux qui ont fait fabriquer leurs lingots, une perte commune à tous ceux qui en possèdent.

La suppression se bornera donc, relativement à cette partie payée en pure perte, par celui qui, originairement, a fourni la matière, à faire cesser cette injustice, qui ne peut être réparée pour le passé, et quant au reste, à rétablir le prix naturel des métaux et des denrées que l'établissement avait plus ou moins dérangé. Mais, dans la réalité, cette dernière partie est très-faible ou nulle : elle l'est absolument en France dans ce moment, et, par conséquent, il ne peut y avoir lieu à faire entrer le droit dans l'achat des monnaies.

On peut demander encore à quel titre les monnaies doivent être reprises. Il paraît que, comme leur valeur est très-près de ce qu'elle serait, si le remède avait été pris en entier, on ne s'écarterait pas de la justice en les reprenant à ce taux ; et la différence est trop petite pour que, si la nation se charge des frais, on puisse faire des spéculations sur celles des monnaies qui sont à un titre un peu plus haut.

Il paraîtrait aussi naturel de rendre à chacun la monnaie du même métal, sauf l'appoint pour les sommes en or ; et rien n'est plus facile, si la fabrication est bien conduite.

Le remboursement des frais de fabrication accordé aux possesseurs des anciennes monnaies doit cesser ; mais il faut aussi, à cet égard, ne pas s'écarter de la justice. D'abord, elle exige que cet avantage subsiste tant que la quantité des monnaies portées au change emploie les moyens de fabrication qu'on a préparés. Si elle tombe au-dessous, alors il convient de fixer un terme ; de manière qu'il y ait possibilité réelle d'échanger la totalité présumée de monnaie, avant que ce terme soit arrivé. Il faut ensuite supprimer, non d'un seul coup, mais par degrés, ce que l'on accorde au-dessus de la valeur du métal, afin de ne point donner lieu à des spéculations sur les monnaies, et que, pour la presque totalité, l'avantage accordé surpasse le profit de ces spéculations. L'ancienne monnaie doit aussi cesser d'être reçue forcément dans les payements, et il est également utile de graduer la liberté de la refuser ; on obligera donc successivement à payer un quart, une moitié, trois quarts en nouvelle monnaie, si le créancier l'exige.

Si , au moment où l'on ordonne la refonte , il y avait du profit à fondre la monnaie, il paraîtrait à craindre que cette fonte n'augmentât ; cependant cet inconvénient cesserait bientôt , et ne pourrait s'étendre à une masse considérable. On pourrait, de plus, le prévenir, si, avant de faire cette opération , on abrogeait les lois qui défendent la refonte ou la sortie des espèces, si on laissait une liberté entière au commerce des lingots et des monnaies étrangères ; si on commençait à frapper pour les particuliers, en retenant seulement les frais de fabrication.

Il faudrait surtout éviter de faire la refonte dans un moment où il existerait une masse considérable de papier-monnaie, ou plus généralement du papier forcé. Ceux qui ont prétendu que du numéraire fictif, ajouté au numéraire réel, produisait une augmentation réelle de capitaux, ont dit une absurdité qu'il n'est plus pardonnable d'avancer. Le numéraire fictif, s'il est libre et échangeable, s'éteint jusqu'à ce qu'il devienne égal au besoin. S'il est libre et non échangeable, il s'avilit jusqu'à ce que sa valeur, ajoutée à celle du numéraire en circulation, égale le besoin ; s'il est forcé, il s'avilit moins, mais il diminue davantage la masse du numéraire en circulation. Ainsi, tant qu'il existerait du papier forcé ou du papier libre avili, on ne porterait pas le numéraire aux hôtels des monnaies, si on pouvait être obligé à recevoir le payement en papier. Si, au contraire, on établissait que l'on rendrait l'argent en nature, on en porterait encore très-peu, parce que la circulation se faisant très-peu en argent, la monnaie ne gagnerait plus sur les lingots les frais de fabrication. Mais l'existence d'un papier libre s'adaptant aux besoins de la circulation, parce qu'il est échangeable à volonté, serait propre, au contraire, à favoriser le succès d'une refonte, à empêcher l'espèce d'embarras qu'elle produit nécessairement dans le commerce. En général, on ne doit porter à la refonte que la quantité de monnaie nécessaire pour la circulation; et si, pour quelque cause que ce soit, on a plus de monnaie ancienne que n'en exige la circulation actuelle, on ne fabriquera que la partie de cette ancienne monnaie qui correspond à cette circulation.

Je n'ai parlé jusqu'ici que de ce que l'on peut appeler la partie politique de l'opération. Il reste à considérer la partie mécanique.

Les frais de cette opération ne se bornent pas à ceux de fabrication; il faut y ajouter ceux du transport des monnaies à l'atelier, et de leur retour entre les mains du possesseur; et, comme les monnaies sont divisées en très-petites parties, ces frais seraient, pour les citoyens peu riches, une perte importante. On a vu, en 1785, des gens de la campagne perdre plusieurs journées dans l'espérance d'obtenir sur trois ou quatre louis, quelques sous de plus. Il faut donc combiner l'opération de manière que ces frais soient aussi peu coûteux qu'il sera possible, et que la plus grande partie puisse s'en faire par la circulation. Les principes d'après lesquels je propose de faire la refonte ont ici un avantage; il ne peut y avoir aucun motif de s'empresser d'échanger les petites sommes, et il y en a, au contraire, pour échanger les sommes considérables, surtout lorsqu'on approche du terme où il y aura perte pour ceux qui les auraient gardées.

Il est important que la totalité de la monnaie obtienne une égale confiance : par conséquent aucune pièce ne peut être délivrée, sans avoir été déclarée bonne par un jugement rendu dans la capitale (1).

(1) J'ai proposé, dans un autre mémoire, d'établir plusieurs ateliers, et auprès de chacun d'eux un tribunal qui jugerait ces monnaies. On m'a objecté la difficulté d'avoir, dans plusieurs villes, des juges qui méritent une égale confiance. Cette objection est réelle, et l'égalité serait plus difficile encore à établir entre les essayeurs qui doivent faire les expériences, qu'entre les jurés qui doivent en juger les résultats. Mais il ne peut être question que de quelques grandes villes, où, indépendamment d'une fabrique de monnaies, il se fait un commerce de matières, où cette fabrique aurait une activité constante, et où par conséquent il est possible de s'assurer d'avoir un essayeur habile. Il reste donc à juger si la méthode d'essayer est assez parfaite, pour que deux essayeurs habiles doivent constamment parvenir au même résultat. C'est une question de fait qu'il faudrait décider par l'expérience, et rien n'empêcherait de plus d'assujettir ces essayeurs à des épreuves sérieuses qui constateraient, non-seulement qu'ils connaissent l'art, mais même qu'ils le connaissent assez pour que leurs résultats s'accordent avec ceux de l'essayeur de la capitale.

La principale cause des différences que l'on craint, serait celle des substances employées dans les essais. Mais les juges et les jurés seraient chargés de veiller à ce que l'on suivît rigoureusement à cet égard la lettre du règlement.

Au reste, c'est une question sur laquelle les personnes qui ont pratiqué l'art longtemps peuvent donner des lumières certaines. Mais il n'en est pas moins constant que, dans une refonte, il est également utile d'avoir plusieurs ateliers de monnayage, et de faire juger toutes les monnaies par le même tribunal.

J'ai indiqué ailleurs la forme de ces jugements. Mais il résulterait de cette règle, pour les ateliers les plus éloignés, au moins quinze jours de retard au delà du temps nécessaire pour la fabrication et le jugement.

S'il existait un papier libre circulant dans le commerce, ces retards n'offriraient aucune difficulté, parce qu'en payant en papier, sur-le-champ, ceux qui consentiraient à l'être, on trouverait facilement le moyen de conserver en réserve ce qu'il serait nécessaire d'avoir pour couvrir ce retard, et même ceux qui naîtraient des fabrications condamnées.

On établirait de plus dans un certain nombre de villes, des bureaux où l'on échangerait, et on payetait en monnaie neuve, moyennant un droit léger, ou en billets, sans payer de droit. Il est aisé de voir que ce droit peut être très-faible, au moyen de traités faits avec les régisseurs des messageries publiques, qui peuvent rendre les frais de ces transports ou nuls ou presque nuls. Mais il faudra laisser en même temps aux particuliers la liberté de former de ces bureaux de change. Ceux que l'autorité publique aurait établis, et qui seraient distribués de manière à faciliter les opérations le plus généralement qu'il serait possible, empêcheraient d'abuser de cette liberté, qu'on ne pourrait d'ailleurs refuser sans violer le droit des citoyens. On aurait d'avance, dans toutes ces villes et dans les ateliers des monnaies, de nouvelles monnaies frappées pour payer les petites sommes.

S'il n'existe pas de papiers circulants libres, il sera difficile d'éviter quelque retard; mais la lon-

gueur en sera déterminée; il ne sera point payé
d'intérêt pour cet intervalle, et dans le cas où il
serait prolongé par une condamnation de monnaie
fabriquée, l'intérêt au taux commun serait payé par
le fabricateur.

On pourrait proposer de créer un papier circulant
pour ce seul objet, s'il n'en existait pas auparavant,
les billets étant payables à présentation en monnaie
neuve, dont on aurait préparé un fonds avant de
commencer l'opération. Mais l'avantage de ce papier
serait beaucoup moindre. Si les billets existent
d'avance, le bureau où ils seront changés conserve le droit de les payer en vieille monnaie : il
peut donc se réserver un fonds de cette monnaie, et
faire le service avec un très-petit fonds de monnaie nouvelle qu'il aura fait fabriquer, et qu'il
renouvellera en fournissant au besoin des billets
aux fabricateurs de monnaies, et l'on n'aura pas
à craindre que l'on se presse d'échanger les billets pour avoir de la monnaie neuve, parce qu'il
y a une petite perte à les échanger contre de la
monnaie ancienne qu'on serait exposé à recevoir : on
ne les échangera donc que pour le besoin comme
avant l'opération, et le bureau arrêtera toujours l'empressement, en commençant à payer en vieille
monnaie, lorsqu'il s'apercevra qu'on cherche à
l'épuiser de monnaie nouvelle. Mais il serait absurde d'acquitter, en monnaie vieille des billets
créés exprès pour être payés en nouvelle monnaie,
et, par conséquent, ces billets exigeraient un fonds
d'avance bien plus considérable.

Les opérations à faire sur les monnaies en attendant le moment de la refonte doivent se borner, 1° à un règlement sur les remèdes, règlement purement intérieur, et qui ne doit rien changer, ni au titre, ni au poids actuel des monnaies; 2° à supprimer en entier le droit de seigneuriage, mais à conserver les frais de fabrication.

En Angleterre, la fabrication est gratuite, et c'est d'après l'avis de quelques hommes très-éclairés que ce système s'est établi; mais il a contre lui l'autorité de Steward et de Smith.

Steward, qui a discuté dans un grand détail la question de savoir si les particuliers doivent supporter les frais de fabrication de la monnaie, et même s'il n'est pas utile de l'assujettir de plus à un droit, penche pour ce dernier parti. Il montre que ce droit est avantageux à celui qui vend à une nation étrangère, où le droit est moindre, et onéreux, à celui qui, dans le même cas, achète d'une nation étrangère.

Smith n'a pas fait de distinction entre les frais de fabrication et le droit; il dit seulement qu'il est bon d'assujettir la monnaie à un droit, mais il ne prononce pas si ce droit doit être égal à ces frais, s'il doit les surpasser, si même un droit inférieur ne remédierait pas aux inconvénients qu'il trouve dans le système adopté par la nation anglaise. Ainsi les autorités se balancent pour le moins : en effet, sur des objets de ce genre, en supposant même une infériorité réelle, qui dans cette question n'est rien moins que prouvée, ceux qui ont écrit plus tard, et qui ont pu profiter des lumières acquises pendant plusieurs générations , ont assurément quelque avantage.

Examinons donc la question en elle-même.

Si l'on donne pour un lingot d'or ou d'argent, un poids rigoureusement égal d'or ou d'argent monnayé ,

Il en résulte, 1° que l'avantage de rapporter dans le pays la monnaie exportée est presque réduit à rien; ainsi elle rentrera moins; et, toutes choses égales d'ailleurs, on sera obligé de fabriquer davantage.

2° Que ceux qui emploient les métaux, n'essuyant pas une perte plus grande en fondant la monnaie de poids qu'en fondant un lingot, l'emploieront lorsqu'ils en auront, et cette refonte occasionnera une nouvelle fabrication.

3° Qu'il y aura de l'avantage à fondre les monnaies un peu au-dessus du poids, et même les monnaies de poids, parce que les prix se règlent sur les monnaies un peu dégradées par l'usage : ce qui tend encore à augmenter la fabrication.

Il est vrai que ce dernier inconvénient cesserait, si l'on avait l'habitude de peser les monnaies; mais cette habitude ne peut guère s'établir que pour la monnaie d'or; elle serait trop incommode pour les usages journaliers auxquels on emploie la monnaie d'argent. D'ailleurs elle ne peut convenir qu'à une nation presque uniquement commerçante comme la Hollande, et non à des nations cultivatrices et manufacturières, comme la France et l'Angleterre. Aussi n'existe-t-elle pas dans ce dernier pays, quoique la fabrication de la monnaie y soit gratuite.

4° Que la plus petite différence entre le rapport de l'or à l'argent dans le commerce, et celui de l'or à l'argent dans le règlement des monnaies, suffit pour qu'il y ait du profit à fondre celui de ces métaux dont la valeur est trop faible; ce qui occasionne une fonte de monnaie, non-seulement lorsque cette différence est constante, mais même dans les cas où des circonstances particulières occasionnent des différences momentanées. Par exemple, si l'on rétablissait aujourd'hui la proportion ancienne entre l'or et l'argent, proportion évidemment inférieure au rapport moyen du commerce, et à celui que plusieurs nations ont adopté, l'effet de la fabrication gratuite serait de faire refondre et refabriquer continuellement la même masse d'or.

Il est donc très-vraisemblable que la fabrication gratuite aura l'inconvénient d'obliger à fabriquer beaucoup plus de monnaie, sans que la masse en soit augmentée, c'est-à-dire, occasionnera des frais inutiles et une perte réelle de substances. Or, si l'on peut dire que la nation, en faisant payer aux citoyens, sous la forme d'impôts, les dépenses de la fabrication des monnaies, ne fait que changer la manière de contribuer à cette dépense, il n'en est pas de même des frais occasionnés par une fabrication superflue, dont le système adopté par la loi serait la seule cause. C'est un accroissement réel de dépense, un fardeau inutilement ajouté à celui de l'impôt. Or, la France est-elle dans une position où elle doive, je ne dis pas sans utilité, mais sans une nécessité absolue, augmenter le fardeau de l'impôt?

En Angleterre, où la fabrication est gratuite, on a fait de la dépense de cette fabrication une des conditions du privilége exclusif de la banque.

Or, comme elle ne paye en monnaie que quelque temps après avoir reçu les lingots, on préfère le plus souvent d'être payé en billets, en sorte que sa fabrication et son commerce de matières, ne sont que des accessoires de ses opérations essentielles.

Ainsi, en Angleterre, la fabrication est gratuite, parce qu'elle est prise sur les profits de la banque, et en même temps par l'usage général des billets, et le soin qu'a la banque de décourager les fabrications par des retards adroitement ménagés; ces frais n'excèdent pas le besoin réel.

Mais le second de ces moyens ne conviendrait pas à une banque nationale; et une banque privilégiée est un grand mal dans une nation libre, parce qu'il s'établit nécessairement entre les directeurs de la banque et les agents du pouvoir exécutif, une sorte de coalition qui donne à ceux-ci un crédit indépendant du crédit national. C'est ce qu'on voit aujourd'hui en Angleterre; et si les ministres de France avaient eu plus d'habileté et une conduite moins incertaine, ils eussent pu, à l'aide du crédit de la caisse d'escompte, retarder très-longtemps le recours à la nation. La constitution française rend plus difficile qu'en Angleterre l'abus de ce crédit; mais il ne faut pas croire qu'il puisse jamais être sans danger.

On propose aujourd'hui de se charger d'une dépense d'un million, et dans six mois on donnerait pour raison d'établir une banque privilégiée, l'économie de cette même dépense inutile qu'on viendrait de créer.

En proposant de faire supporter les frais de la fabrication de la monnaie par ceux qui la reçoivent, on ne fait au contraire que se conformer à l'ordre naturel des choses.

Un lingot fabriqué en monnaie ayant des usages utiles, auxquels il ne pouvait servir, doit naturellement augmenter de valeur par cette fabrication, et en acquérir une égale à ce qu'elle coûte. Ainsi, en rendant la fabrique gratuite, on change les véritables rapports des valeurs, on augmente celle des métaux en lingots pour diminuer celle des monnaies.

On dit que cette augmentation de valeur réelle, donnée par la fabrication, n'existe que dans le pays même, et cesse aussitôt que la monnaie est exportée. Mais il en résulte seulement que cet excédant de valeur réelle est moindre que s'il existait pour tous les usages auxquels la monnaie peut être employée.

Une pièce d'argenterie vaut naturellement la matière, plus le prix de la façon ; à la revente, elle conserve le prix de la façon commune d'un ustensile semblable ; elle perd cet excédant de valeur, lorsqu'elle est détériorée à un certain point, ou que cet ustensile cesse d'être en usage. Le sort de la monnaie est semblable, et il est également juste d'en faire payer la façon à celui qui s'en sert.

Je ne crois pas que l'on doive gêner l'exportation ou la fonte de la monnaie ; mais on doit encore moins encourager l'une ou l'autre, en diminuant la valeur qu'elle a naturellement, c'est-à-dire, celle de la matière augmentée des frais de fabrication.

Le troisième changement actuel consisterait à fabriquer pour les particuliers;

Le quatrième à cesser tout achat de matières, et toute fabrication privilégiée.

L'existence d'un papier forcé oblige malheureusement à acheter de la monnaie, c'est-à-dire, à échanger des billets au-dessous du pair, pour payer les dépenses qui ne peuvent se solder en billets. Il faut se soumettre à un mal nécessaire, mais il ne faut pas l'aggraver par de fausses spéculations. Or, c'est une fausse spéculation que d'acheter des matières, car ou elles coûtent plus cher, ou il faut compenser la perte, soit par des priviléges, soit en souffrant une altération dans les monnaies. En effet, si vous achetez de l'argent monnayé, vous profitez de la concurrence de tous les possesseurs d'argent qui peuvent employer les billets dans toutes les circonstances où ils équivalent à l'argent; au lieu que si vous achetez des matières, vous n'avez en votre faveur que la concurrence d'une classe de commerçants peu nombreuse.

Il ne me reste plus qu'à examiner la proposition d'une fabrication extraordinaire de monnaie de billon, et celle d'un changement actuel dans le rapport des valeurs de l'or et de l'argent.

En général, on appelle monnaie de billon toute monnaie destinée au commerce de détail, et à faire les appoints.

En France elle est depuis un liard, qui est la 80ᵉ partie de la livre, jusqu'à deux sous, 10ᵉ partie de la même livre.

On en connaît de deux espèces : la monnaie de cuivre pur, et une monnaie d'argent à titre très-bas. Les liards et les sous sont de la première espèce, les deux sous et les six liards de la seconde.

Les pièces de cette dernière espèce ont naturellement, par les frais de fabrication, par la destruction d'une partie plus que proportionnelle du métal précieux qu'elles renferment, et par le droit qu'on ajoute aux frais de fabrication, l'inconvénient de n'avoir, en quelque sorte, qu'une valeur nominale, et d'être une espèce de fausse monnaie. Ainsi, on ne pourrait en fabriquer au delà du besoin de la circulation, sans injustice; et en les fabriquant pour le besoin, comme elles se détériorent assez vite, il en résulte chaque année une perte pour chacun de ceux entre les mains de qui leur valeur tombe d'un degré, ou finit par s'évanouir; ce qui produit de plus une différence entre le prix en gros et le prix en petit détail, plus forte qu'elle ne doit l'être naturellement.

On a proposé de se passer absolument de ces monnaies, en se bornant à la monnaie de cuivre. On a proposé d'y substituer deux différentes sortes de monnaies :

1° De très-petites pièces d'argent ;

2° Des pièces de cuivre auxquelles on unirait mécaniquement une partie d'argent fin.

Les petites pièces d'argent ont de l'avantage sur le billon ; elles sont moins faciles à contrefaire avec profit : la perte serait moindre ; mais elles auraient le désavantage de leur petitesse.

Il est possible d'unir mécaniquement du cuivre avec l'argent, de manière à pouvoir les séparer par des procédés simples et dont la dépense soit presque nulle ; il est possible de les frapper de manière que le cuivre seul soit exposé à s'user par le frottement, et qu'elles conservent très-longtemps leur valeur. Elles pourraient valoir dix ou douze fois une pièce de cuivre du même volume et du même poids. Elles auraient tous les avantages de la petite monnaie d'argent, sans en avoir aucun des inconvénients ; mais elles en ont un autre. Il sera toujours possible, avec une moindre quantité d'argent, de leur donner l'apparence et même le poids qu'elles doivent avoir ; il est vrai que cet inconvénient leur est commun avec la monnaie de billon ordinaire, et même qu'il est moindre pour ces nouvelles pièces, qu'on peut rendre plus difficiles à contrefaire. Cependant cette raison suffit pour les rejeter et faire proscrire toute autre monnaie de billon que la monnaie de cuivre, qui ne doit elle-même être frappée qu'en très-petite quantité, et seulement pour les appoints et le commerce du petit détail.

J'avouerai cependant que, dans un moment où l'existence du papier forcé ferait resserrer les espèces d'or ou d'argent, il peut être utile de frapper une espèce de monnaie qui ne puisse s'entasser dans les coffres, ou s'exporter ; et que, pour cette époque seulement, une monnaie, fabriquée avec du cuivre uni mécaniquement à l'argent, mériterait la préférence.

En effet, comme, dans ces monnaies, l'argent et le cuivre peuvent se séparer sans frais, si on fait en sorte que la perte causée par le frottement tombe sur le métal le moins précieux, les espèces perdraient peu lorsqu'il faudrait les échanger. On pourrait, lorsqu'on en aurait rassemblé une certaine quantité, les vendre comme matière; et lorsque, par la suppression du papier forcé, leur masse se trouverait supérieure au besoin, il serait possible de les retirer avec un petit sacrifice, sans commettre aucune injustice et sans rester longtemps exposé à l'inconvénient des contrefaçons; au lieu que, dans la même circonstance, une monnaie de billon, de celle qui existe, ayant une valeur réelle fort au-dessus de la valeur nominale, ne ferait qu'ajouter à l'augmentation des prix, suite nécessaire de l'existence d'un papier forcé.

Il existe un rapport de commerce entre la valeur de l'or et celle de l'argent. Ce rapport n'est pas le même que celui du règlement des monnaies; il varie, et souvent d'un jour à l'autre, quoique celui des monnaies reste fixe.

Tous les hommes éclairés ont pensé qu'il fallait que le rapport établi par le règlement se rapprochât le plus qu'il est possible de celui du commerce. C'est pour cette raison qu'en Angleterre on a porté un peu haut le prix de l'or, parce que la masse de l'argent, augmentant en Europe plus que propor-

tionnellement à celle de l'or, même si on prend pour
base le rapport établi en Angleterre, ce rapport,
après avoir été d'abord un peu trop fort, doit se
rapprocher de l'égalité, puis devenir trop faible.
Ainsi, en fixant l'or un peu au-dessus de sa valeur,
on n'a pu conserver plus longtemps le même rapport sans s'écarter beaucoup de celui du commerce.
Le principe adopté par l'Angleterre l'a été par M. de
Calonne; et si l'on veut établir un rapport fixe, si de
plus il est vraisemblable, comme le dit M. Smith,
que la valeur de l'or doit continuer d'augmenter
longtemps encore, on ne peut blâmer le ministre
français de l'avoir adopté.

Dans ce qu'on a dit en faveur d'un nouveau
changement dans le rapport de valeur des deux
métaux précieux, on a trop oublié cette proportion
du commerce entre l'or et l'argent; proportion que
le règlement des monnaies altère un peu quand il
en établit une différente, mais qui ne force pas à
suivre la sienne.

La perte sur le change supposé au pair, dont on
a fait une objection contre le règlement de 1785,
est purement idéale.

Si notre livre de France paraît perdre depuis ce
moment, c'est parce que l'on suppose la moitié de
cette livre payée en argent et l'autre moitié en or :
en effet, si on a dit que le marc d'or vaudrait
768 liv. au lieu de 720, il est clair que la livre en
or a eu dès lors une moindre valeur, et qu'ainsi on
doit donner moins en Angleterre et ailleurs, pour
une moitié de livre payée en or.

D'après cette manière de raisonner, si on disait en France, par un édit, que la livre numérale sera le double de la livre actuelle, on devrait croire s'être procuré un avantage de moitié dans le pair du change.

Il ne peut y avoir de véritable pair du change lorsque l'on emploie deux monnaies, et que le rapport des valeurs entre les deux métaux n'est pas le même dans les pays qui traitent ensemble, et de plus n'y est pas le même que celui du commerce. Le pair qu'on établit est, dans tout autre cas, purement hypothétique ; l'hypothèse commune qui consiste à regarder le payement comme fait, moitié en or, moitié en argent, est absolument précaire, et la question de séparer dans le change ce qui appartient aux monnaies, de ce qui appartient au commerce, est plus compliquée qu'elle ne semble l'être au premier coup d'œil.

On a confondu, dans l'opération de M. de Calonne, le changement de proportion entre l'or et l'argent et l'avilissement de la livre numéraire, deux choses très-distinctes ; car, si M. de Calonne, au lieu de porter le prix du marc d'or de 720 liv. à 768 liv., eût rabaissé, dans le même rapport, le marc d'argent, il aurait établi la même proportion entre les deux métaux, et aurait cependant augmenté la livre numéraire. Par son opération, il a fait un avantage aux propriétaires de louis, et procuré un profit aux débiteurs, au détriment des créanciers. Par l'opération contraire, il aurait ôté aux propriétaires d'écus, et favorisé les créanciers aux dépens des débiteurs.

Enfin, il aurait pu faire gagner un peu moins aux propriétaires d'écus, et ne point changer la livre nominale. Alors les créanciers et les débiteurs seraient restés dans le même état. Mais, comme il fallait que les frais de fabrication fussent couverts, et qu'on a même cherché à se procurer un profit de quelques millions, il a fallu prendre le parti qui faisait gagner les porteurs de louis et garder une partie de leur gain.

Quant au commerce des matières avec l'Espagne, s'il s'agit de piastres provenant de la balance du commerce, les Espagnols nous payent avec le métal qui, dans la comparaison de leur rapport de valeur avec la nôtre, ou plutôt du rapport du commerce entre les métaux et celui de notre règlement des monnaies, leur coûte le moins : il est possible qu'ils payent moins en piastres depuis que la valeur de l'or en France a été augmentée, et il suffirait pour cela que l'on se fût seulement rapproché de la valeur du commerce ou de celle de leurs monnaies; mais en revanche ils payent plus en or. S'il est question de métaux achetés, il est clair qu'on n'achète un métal qu'avec un autre métal; on ne donne point un marc en écus pour avoir un marc en piastres : du moins ces achats ne se font qu'en vertu de fausses opérations de finance. On achète donc, avec profit le métal dont la valeur est moindre dans un pays, avec celui dont la valeur est moindre chez soi. Si donc l'or valait, par exemple, en Espagne quinze fois l'argent, et en France quinze et demie, nous achèterions de l'or avec de l'argent; et si l'or valait en France quatorze et demie seulement, nous achèterions de l'argent avec de l'or.

On trouve toujours à acheter, avec plus d'avantage, le métal qu'on a porté plus haut que sa valeur dans le commerce; et c'est la monnaie de ce métal que l'on conserve, l'autre s'exportant ou se fondant de préférence; et ces marchés sont toujours aux dépens du pays où le règlement des monnaies s'écarte le plus du rapport naturel établi par le commerce.

Il n'y a donc que trois questions à résoudre pour apprécier le projet de rétablir notre ancienne proportion. 1º Se rapproche-t-elle davantage de celle du commerce? Non.

2º Avons-nous intérêt de hausser la livre numéraire? Non, car nous avons des dettes à payer?

En effet, on ne pourrait pas proposer de laisser subsister dans leur valeur toutes les dettes qui, contractées avant 1785, n'ont point été aliénées depuis, et de diminuer les autres, à proportion du changement dans le rapport de valeur des métaux; car ce changement dans la valeur numéraire de la livre n'est pas précisément la moitié de celui qui est fait dans ce rapport : il n'est pas, avec ce changement, dans le rapport de la masse de la monnaie d'or à celle d'argent, et il serait très-difficile de le déterminer avec exactitude.

3º Vaut-il mieux fabriquer plus de monnaies d'or que de monnaies d'argent? Pour une somme égale, si la monnaie d'or coûte deux de fabrication, la monnaie d'argent coûte onze; si, pour une somme égale, la monnaie d'or coûte un de transport, la monnaie d'argent coûte quinze. Ces deux observations suffi-sent pour se décider. J'ajouterai, de plus: 1° que les pièces d'argent étant moins précieuses, se con-servent moins soigneusement, et perdent davantage par l'usage ; 2° que l'or étant très-cher, ne sert pres-que que pour les monnaies et pour des objets de luxe, tandis que l'argent peut être employé pour un grand nombre d'usages commodes ou utiles ; qu'il serait même assez important , pour la santé, qu'il le fût davantage, surtout si on trouvait moyen de l'al-lier ou de le doubler facilement avec un métal qui ne fût point malfaisant.

Les effets momentanés de cette proposition se-raient très-funestes. Le lendemain du jour où nos louis seraient réduits à 22 liv. 10 sous, les proprié-taires actuels ou ceux qui s'occuperaient de les ras-sembler, pourraient les placer dans les effets publics d'Angleterre, à près de 5 pour cent ; ce qui, vu la défiance actuelle, tenterait beaucoup de gens. Au lieu qu'à présent il y aurait beaucoup moins d'avan-tage à exporter notre argent, parce que, s'il est au-dessous du rapport du commerce, il l'est d'une quantité plus faible. D'ailleurs, cent mille francs en lin-gots d'argent pèsent dix quintaux, et tiennent assez de place. Cent mille francs en or pèsent 66 livres, et forment un volume vingt-cinq fois moindre.

En un mot, ce retour à l'ancienne proportion n'au-rait qu'un avantage, celui de faire accroire, pendant quelques semaines, que, dans son administration , M. de Calonne a commis une erreur de plus.

Je n'ai voulu exposer dans ces mémoires que des

principes simples, faciles à comprendre pour ceux
qui ont le moins étudié la science monétaire, mais
suffisants pour les préserver des erreurs où les préjugés et la charlatanerie pourraient les entraîner.

Ces principes sont tous des conséquences nécessaires de cette définition, qu'une pièce de monnaie
est un morceau de métal, dont une marque constate
le titre et le poids, sous le sceau de la foi publique.
Or, le seul moyen de tirer la politique du chaos, et
de délivrer les peuples du danger des vains systèmes
ou des spéculations intéressées, est de considérer
chaque objet en lui-même, de l'examiner d'après
les seuls principes de la justice et de la raison, en
rejetant loin de soi toutes les idées d'utilité indirecte,
d'avantages politiques, avec lesquelles on éblouit
les hommes au lieu de les éclairer, on les trompe
au lieu de les instruire.

FIN DU TOME ONZIÈME.

TABLE DES MATIÈRES.

FIN DE LA TABLE DES MATIÈRES.